U0368375

上海交通大学
人文社会科学成果文库

# 从晚清到五四

程亚丽 著

## 女性身体的现代想象、建构与文学叙述

# From the Late Qing to the May Fourth Period

## Modern Imagination, Construction and Literary Narration of Female Body

上海交通大学出版社
SHANGHAI JIAO TONG UNIVERSITY PRESS

**内容提要**

本书全面考察了晚清至五四期间女性身体在中国走向民族国家的进程中被社会话语想象、建构的历史过程，对晚清新小说与五四小说中女性身体的隐喻叙述机制和叙事形态做了具体深入的文本分析，全方位呈现了女性身体与国家、民族、革命、启蒙、科学等话语伴生与交互的复杂面相，也揭示了女性从对象化客体进而实现主体建构的历史、文化与文学意义。

**图书在版编目(CIP)数据**

从晚清到五四：女性身体的现代想象、建构与文学叙述/程亚丽著. —上海：上海交通大学出版社，2021.12

ISBN 978-7-313-22663-1

Ⅰ.①从… Ⅱ.①程… Ⅲ.①女性—研究—中国—近现代 Ⅳ.①D693.968

中国版本图书馆CIP数据核字(2019)第281738号

**从晚清到五四：女性身体的现代想象、建构与文学叙述**

**CONG WANQING DAO WUSI：NUXING SHENTI DE XIANDAI XIANGXIANG、JIANGOU YU WENXUE XUSHU**

著　　者：程亚丽

出版发行：上海交通大学出版社　　地　　址：上海市番禺路951号

邮政编码：200030　　电　　话：021-64071208

印　　制：当纳利(上海)信息技术有限公司　　经　　销：全国新华书店

开　　本：710mm×1000mm　1/16　　印　　张：21.75

字　　数：341千字

版　　次：2021年12月第1版　　印　　次：2021年12月第1次印刷

书　　号：ISBN 978-7-313-22663-1

定　　价：98.00元

本书系2010年教育部人文社会科学研究项目“从晚清到五四：女性身体的现代想象、建构与文学叙述”(项目批准号：10YJA751013)成果

# 序

前几日，我在山东师范大学指导的博士生程亚丽给我寄来了她等待付梓的书稿《从晚清到五四：女性身体的现代想象、建构与文学叙述》，嘱我为之作序。作为她的导师，我自然无可推卸，只有欣然接受。客观看，这本专著，程亚丽虽是以她先前的博士论文为基础，但在内容上显然又做了不小的修改及拓展，的确是十年磨一剑的成果。拿来与她原初的博士论文相比，本书在品质上有了相当提升，已经体现出业见成熟的学术气质，其中不少章节内容被她先后发表在全国一些重要的学术期刊上，应该产生了一定影响。20年来，我的博士生毕业数量着实不少，很多学生多在毕业后不久就迅速将博士论文出版了，她的这部大概是最为迟滞的一个，如此沉得住气，我颇期待因为她的耐心打磨，能使这本书可以真正得到同行的认可。

这本专著在目前有关身体的文化研究与文学史研究中，是有其特殊意义的。与一般身体研究的路径明显不同，程亚丽的研究显然是以女性身体的现代性作为研究的聚焦点。她通过对晚清、五四报刊的史料爬梳与经典作家及代表文本的细读，试图寻绎女性身体的现代性发生和发展的文学叙述轨迹，探究其被社会话语加以现代想象、建构的过程。这番努力显然没有白费，尤其是著者对于晚清新小说与五四文学中女性叙事形态与规律的把握，显示出独到之处。从结构上看，该著按照时间先后，分为晚清、五四两大部分，分两个阶段考察了女性身体在晚清民族主义社会思潮与五四知识分子主流话语中被现代想象和建构的文化史实，在此基础上对晚清新小说和五四小说的女性身体叙事形态展开具体研究，着重以作家个案或群体性现象为中心探讨了女性身体是如何被组织进晚清和五四的文学叙述之中，以及这种对女性身体的文学叙述又如何与社会文化对女性的现代想象、建构形成互动及运行的规律。

可以说，程亚丽是从身体建构的理论角度入手，认真梳理并分析了中国自近代以来女性身体在中国现代性进程中的作用及女性自身奔赴现代性的复杂历程。研究认为，女性身体除了具有生殖的、欲望的传统指意功能，还从晚清中国开始伴随民族国家想象及因现代社会秩序的不断重组而形成新的文化指涉，如牵涉国家的、民族的、阶级的、性别的符码指认，或者革命与启蒙、民主与科学等社会话语对女性的建构，这些都是女性身体产生现代隐喻的场所。研究从人类学、历史文化、社会学及文学等多种角度，探讨并阐发了女性身体伴随民族国家想象的符指演变过程，清晰考察了女性身体与国家、民族、阶级、革命、启蒙等话语的内在关系，揭示出女性身体在晚清文学、五四文学中的组织机制、叙事形态及其现代性意义和悖论性缺陷。我认为，这些女性身体文化研究既是该著研究的重要面向，也形成了相当有力的结论。事实上，晚清和五四两个阶段的文学叙事始终与现代女性身体的社会想象与文化建构过程形成互动，从而产生了女性身体叙事的现代性质素，以启蒙为目的的晚清新小说的确有着明确强烈的工具性要求。程亚丽在专著中提出金一《女界钟》是女性现代修辞的起点，而梁启超倡导新小说就是贯彻新民主张，而新身体正是其小说界革命之要著，在梁的影响下，一批废缠足题材的小说充分显示了晚清精英的现实关怀和政治吁求。而由于女性在国家革命中的政治作用被想象性夸大，遂形成了晚清政治小说中“美女救国”和“国女当道”两种叙事模式；同时，晚清狎邪小说则让拜金主义的“神女”颠覆了既往优雅的侠妓传统的古典叙事，改写了才子佳人的叙事传统，这为晚清新小说在叙事上带来了道德伦理上不可克服的矛盾。这些观点和论证都是新颖而有力的，值得重视。

该著聚焦于女性身体的现代性问题，在我看来无疑是拓展了文学研究的新的意义向度。 尤其是程亚丽从此角度对五四文学的解读颇具新意，提出了颇为独到的看法，对五四文学提供了新的研究面向。 比如她的著述将五四文学中的身体书写、身体叙事作为一个文学的现代性事件来看待，认为在女性身体叙述上五四文学彰显了与中国旧的文学传统和审美传统的决裂；将身体的发现与直陈视为现代作家文学叙事一个有意识的突破，身体获得了充分的能量并在五四文学中得到真正的释放与书写，这构成五四作家和时代文化的共同选择。 该著从此角度对鲁迅、郁达夫和五四女作家作品所作的个案分析、展开的论述确实让人一新耳目，这些个案也是论著中相当精彩的部分。 比如，对鲁迅小说中的女性身体叙述，代表了启蒙主义者对女性身体伦理意义的理解和诠释，女性身体的病相表达担当了指示反封建或个性解放的显著功能；认为郁达夫小说中女性身体叙述仍然摆脱不了欲望对象或罪化符号的传统指意功能，作家对民族主义、人道主义、个性主义的夸张表达与女性身体欲望化、对象化的客体书写形成互渗，其中可见封建主义和男性中心主义遗留的明显印记，这与郁达夫的成长经验、传统文化的浸淫和没有接受五四新文化的完整洗礼有关。 而该著对五四女性文学的研究更是独辟蹊径，从女性身体叙述角度进行定向突破，分析并揭示了新女性作家如庐隐、凌叔华、冯沅君、丁玲的女性书写的普遍性经验与独特性意义，将她们在五四文坛的群体性崛起看作是一个历史性事件，她们惯以女性特别的感知、体验、遭际和声音表达自己的身体，通过写自己的身体，打破了女性身体在“他看”的目光中被扭曲的叙事格局。论著通过对五四女作家笔下闺阁女体、出走女体、疾病女体、欲望女体几种叙述形态的综合分析，将之与男性作家病态、丑怪、恣肆的女性身体叙述相比较，由此揭示女性身体写作对传统性别秩序的颠覆与独特的美学意味。 该著认为，通过书写与传达真实的女性经验，五四女性写作无疑具有强烈的文化反抗意味，也是既往文学和五四其他作家所不能达到的境界。她们基于自身性别经验与忠实于女性身体经验的书写方式，对于五四文学来说，也有重要的开疆拓土的价值。 但 20 世纪 20 年代五四退潮期，随着政治形势的骤变，茅盾的革命小说却有意将女性身体置于革命漩涡的语境中，使政治与女性身体再次勾连，在这一过程中，女性身体成为充满魅惑的肉身精灵，与革命年代的浪漫情愫相激荡，催生了后来革命文学的繁荣。 因为角度的新颖，对这些作家作品的研究所形成的结论都让人耳目

一新。

在我看来，程亚丽这本书还是实现了不小的突破：首先，目前学界尚无系统研究晚清至五四女性身体叙述的专著，有填补空白的意义；其次，这一研究打破了文学研究与历史研究的界限，有意将文化考辨与文学分析融为一体，更好地呈现出文学历史本身的复杂性；再次，研究有着很明晰的问题意识，从晚清女性现代性修辞的起点追寻女性身体文化建构与文学叙述的互动过程，突破了以往近现代女性文学研究的有限视域；最后，研究把握时代主流话语走向及文学本文中女性身体叙述的复杂形态，也提供了女性性别书写的反抗与悖谬面向。因此，程亚丽关注于女性身体现代性问题的研究，提供了目前女性文学研究新的价值维度。

在研究方法上，该著将文化研究与文学本体研究有机结合，既有对西方身体现代性社会理论的多方吸收及运用，又结合了传统的社会学批评和性别批评方法，使研究较好地克服了理论片面性弊端。研究明显是建立在史料考证的基础上，对原始报刊、资料进行认真的发掘梳理，清晰把握了女性身体从晚清至五四社会话语中的发展走向，寻绎出其被现代建构的清晰轨迹。同时，运用身体现代社会理论、身体叙事学理论、性别文化批评等方法，系统分析了女性身体在文化建构和文学叙事中的功用及其意义。

但著者对晚清至五四期间小说的研究似乎只强调文学追求现代性、女性身体伴随民族国家过程被现代想象到建构的面向，而忽视了这一时期文学发展女性身体呈现的更为驳杂的一面，比如辛亥革命前后鸳鸯蝴蝶派通俗小说女性叙述新旧杂陈的形态，女性身体叙事从古典向现代的过渡转型其实也都与该著的论题相关，但也许牵涉过于庞杂，被著者有意舍弃，这不能不构成研究的一大遗憾，还有待于在今后的研究中来弥补。

是为序。

吴义勤

2020年1月27日

# 目录

## 下　编

# 导 论

# 女性身体的"现代"：被社会化建构的历史的客体

## 一、西方作为"显学"的身体研究

在西方，对于"身体"的关注由来已久，但被奉为价值论"准绳"并进入知识言述的中心仍然是一个现代事件。

古希腊人既崇拜日神又崇拜酒神，一方面对身体乃灵魂快乐的本源深信不疑，另一方面也逐步认识到约束身体的必要性，开始将知识研究的兴趣从自然、科学逐步转向人类自身，对身心关系的探讨也就顺理成章地成为自苏格拉底、柏拉图及亚里士多德等古希腊哲学家们研究的重心。他们依据"身心的二元论"，视身体与精神（或肉体与灵魂）为一组对等的概念，认为它们彼此间处于一种对立、紧张的关系，智识与肉体地位是根本不对等的，灵魂凌驾于肉体之上。如柏拉图就十分贬低肉体而推崇灵魂，认为身体是物质的、低级的、贪欲的、虚假的，只有意识才是精神的、高级的、纯洁的、真实的，强调"我们要接近知识只有一个办法，我们除非万不得已，得尽量不和肉体交往，不沾染肉体的情欲，保持自身的纯洁"。[1]

当身心二元对立的思想机制既经形成，于是身体就成为西方知识社会严加防范和管束的对象，尤其基督教兴盛后，发展出一整套肯定灵魂而贬斥肉体的禁欲文化，身体被完全置于人的灵魂的对立面，其价值更是受到极力

① [古希腊]柏拉图：《斐多》，杨绛译，沈阳：辽宁人民出版社 2000 年版，第 17 页。

贬损。经院哲学传承了古希腊哲学的柏拉图主义传统,奥古斯丁把哲学和神学结合起来,提出基督教文化的"原罪"学说,更加崇灵魂贬身体。在他看来,灵魂体现的乃是凡人的神性,而肉体却是原罪的容器、邪恶的根源。在漫长的中世纪,经历封建神学长期统治的西方社会,把身体的能量始终幽禁在黑暗的洞穴,身体遭受宗教文化严格的规训和禁锢,成为各种知识论排除驱逐的对象,即使欧洲的文艺复兴和18世纪启蒙运动,也未将束缚在身体上的道德枷锁真正打破。笛卡尔虽开创了西方近代哲学,但他也是一个身心二元论者。在他那儿,灵魂与肉体依然相互独立并完全对立,"我思故我在"其实就蕴含着对于一切身体感觉的拒斥,"我"仅是一个思想或者精神的实体,"这个我,也就是说我的灵魂,也就是说我之所以为我的那个东西,是完全、真正跟我的肉体有分别的,灵魂可以没有肉体而存在"[①]。当然,法国大革命和英国工业革命以后,随着西方知识界对人类自身和理想社会形态的认知与反思逐步深化,原来只定义在医学、生物学范畴的身体被重新认识。尼采提出"要以身体为准绳",他把身体作为一切知识的起点,重新赋予身体以该有的地位,"身体乃是比陈旧的灵魂更令人惊异的思想"[②]。尼采以后,统治西方已久的重灵魂轻身体的哲学传统被逐步改写,经由马克思、舍勒、梅洛·庞蒂、弗洛伊德,直至福柯、巴塔耶、罗兰·巴特等哲学家的西方思想界与学术界,结束了身心二元对立的叙事传统,重建了身体的知识体系。

值得注意的是,随着后工业时代到来,特别是在20世纪八九十年代西方消费文化出现以后,身体理论话语逐渐滋长,并快速进入各种新的知识言述,占据了现代社会科学理论的显著位置。1984年布莱恩·特纳的《身体与社会》出版之后,约翰·奥尼尔的《身体形态》,大卫·阿姆斯特朗的《身体的政治解剖学》、克里斯·希林的《身体与社会》等身体社会学著述也次第出现并引起极大关注,身体的理论研究已进入哲学、社会学、人类学、宗教学、精神分析学以及女性主义等诸多学科的视境,甚至作为推动各种理论进步的枢纽。如法国后现代思想家福柯在他的《疯癫与文明》《规训与惩罚》《临床医学的诞生》《古典时代疯狂史》等系列著作中,从医学、精神病学、犯罪学出发有关社会与权力机制对身体的规训和统治的阐发,为身体社会问题的研

---

① [法]笛卡尔:《第一哲学沉思集》,庞景仁译,(《汉译世界学术名著丛书》),北京:商务印书馆1986年版,第91页

② [德]尼采:《权力意志》,北京:中央编译出版社2000年版,第37、38页。

究确实提供了更为有效的理论工具，无疑推动了当代西方理论研究的深入与突破，也使身体理论几乎构成西方学术界的一种“显学”。从20世纪末期至现在，身体现象学、身体本体论、身体神学和身体叙事学等以身体为研究中心的跨学科新领域在西方已经纷纷出现，成为身体医学、病理学之外社会人文科学新的学术分支，而作为“新文化史”或“社会文化史”的身体史研究、身体的性别文化研究等，在欧美及日本学术界其实也都非常流行。

在西方学术界，有关身体的体现、再现与表现，身体与社会、文化、政治之间的关系，身体与医学、性别、权力、主体的纠葛，身体与性、欲望、快感、劳动，身体与社会现代性、后现代性等的互动过程，身体研究学科的涵盖领域是广泛而全方位的，女性身体研究成为其开拓的重要的方向。身体涵义的不确定和女性身体的符号性、象征性，导致了身体研究与女性主义研究方法的多元与交互，并带来身体与性、女性身体社会性别建构等问题，值得特别关注。西方女性主义理论家如朱利亚·克莉丝蒂娃(Julia Kristeva)和露西·伊利格雷(Luce Irigaray)等，她们反对女性身体只具有生物学和自然属性的观点，认为女性身体是刻写意义的场所，作为社会和文化的象征符号体现社会的等级秩序、道德规范和文化习俗。伊丽莎白·格罗斯(Elizabeth Grosz)则强调说：“身体肯定不能仅仅被认为是一个生物学的实体，而应该被视为社会的烙印、历史的记号，是心理和人际关系的重要产物”[①]。珍妮特·沃尔夫持相同观点，她把女性身体视为社会历史、社会关系和社会话语的产物[②]。在西方，从西蒙娜·德·波伏娃(Simone de Beauvoir)到朱迪思·巴特勒(Judith Butler)、斯皮瓦克(Gayatri Chakravorty Spivak)、露西·伊利格瑞、埃莱娜·西苏(Hèléne Cixous)与伊丽莎白·格罗斯等女性主义学者一直没有停止思考女性身体为何被社会与文化构建以及以何种方式建构。

由于身体史与社会性别史在研究领域上存在着重要交叉，在国外，美国学术界对性史、生育史以及女性身体史的研究开展得较为充分，其中费侠莉的《藩息之阴：中国医学史中的性别，960—1665》、高彦颐《缠足：“金莲崇拜”

① Garole Pateman and Elizabeth Gross, *Feminist Challenges: Social and Political Theory*, Boston: Northeastern University Press, 1986, p.140.

② Janet Wolf, *Feminine Sentences: Essays on Women and Culture*, Berkeley: University of California Press, 1991, p.133.

盛极而衰的演变》关于缠足的研究,是海外汉学有关中国身体史性别研究中的上乘之作。西方身体理论涉及全面而丰富,国内学术界也经历了一个身体转向之潮,但女性身体仍是一个待开发的学术领域。

## 二、中国身体话语的"生成"与"转向"

身体的内涵多义而模糊,它既是指人类群体所共有的客观的、自然的、物质的身体,也指个体体验的、文化的、社会的身体。但在现代性社会中,身体经常被表述为象征、知识、实践、传统等意义,也被赋予身份、性别、种族等内容。身体和文化之间存在着紧密的关系,不仅是身体的劳动促进了人类物质文明的进步,而且人的身体本身也正是社会发展进化的产物,是主流文化与意识形态不断建构、形塑的结果。女性身体则有其特殊性,除了具备雌性动物基本的自然与生育属性外,还在人类从母系社会向父系社会发展过程中形成了一定的文化属性与审美属性,尤其是进入近代以来,与民族国家追求、建构所伴生的女性动员,使女性身体获得与种族、族群以及集体和文化再生产需要相应的职责,女性身体的价值得以被社会性重构,甚而衍生出比前现代社会更多的象征性和符号意义,受到主流文化新的规范和引导。

中国传统文化有自成一体的身心之学,但古代先贤的身体观和身体思想仅散见于儒释道、传统医学等典籍之中,并未形成像西方那样长期压抑身体的身心二元对立哲学传统。尊儒家为正统的中国传统文化虽然强调身体治理的重要,但不像西方那样简单地以心抑身,而是与道家、法家文化进行有机整合,既推崇身心合一,更将修身、齐家与治国三者并举。当然,传统文化中就并非不存在扬心抑身的"反身体"叙事,"存天理灭人欲"的宋明理学,封建礼教的"饿死事小,失节事大",与先秦儒学"食色性也"式的自然身体观完全背道而驰。对女性身体实行的较为严格的禁锢与规范,曾经有力维护了封建专制统治下的传统道德秩序[①],但扬心抑身、女性三从四德的封建道德传统,在20世纪早期五四新文化运动中遭到明确清算与批判。

正如法国哲学家福柯所揭示的,权力遍布于身体生成的社会过程之中,

---

① 参见周与沉:《身体:思想与修行——以中国经典为中心的跨文化观照》,北京:中国社会科学出版社2005年版。该书对古代身体文化进行了全面深入的研究,是目前在这方面具有权威性的研究成果。

以话语或知识的形式对身体进行操控和规训，并参与身体的微观层面的活动与实践，这在进入现代社会后尤其如此。20世纪初以来，伴随着中国近现代社会民族国家想象与建构的历史过程，身体在中国思想文化价值系统具有重要地位，从新身体而新民乃至新国家是从知识精英到现代国家制度追求的目标，身体首先作为现代民族国家建构的核心符号，一直被赋予了各种现代性的想象和规划，同时被各个时期的主流社会思潮进行文化的建构。身体的现代话语在清末开始生成并得到着力发展。而进入五四时期，在个性主义价值崇尚下，伴随着五四新文化运动的开展，新的人道主义价值观确立，现代个体意识确立，"人"的发现也使身体的发现成为现代启蒙思潮的连带成果，人的性爱、欲望等身体诉求获得了思想界正视和五四文学正面的表现。然后，从九一八事变开始，救亡逐渐演变为巨大的时代洪流，主导的民族主义、国家主义、集体主义对女性身体形成新的规约与宰制。在一切为了抗战的名义下，个人话语被主流话语遮蔽、裹挟，女性身体成为民族主义象征性假借、挪用的工具，由此，五四倡导的女性解放被迫中断，淹没到民族解放、阶级解放的历史进程中。中华人民共和国的成立，历史为女性解放提供了新的契机，但在"冷战"确立、世界政治阵营明显分化的国际环境下，集体、阶级话语成为主导，使得阶级意识湮没个性意识，性别话语被政治话语抑制，在以革命、阶级斗争为主题的宏大叙事中逐渐隐匿并缺席。改革开放之后，第二次思想解放运动的开展，特别是新启蒙思潮的涌动，人的价值才得以重新确立，人道主义重新得到正名，个体的身体欲求重新被认同，身体的表现在文学中才有了充分的正当性与合法性。但物极必反，消费文化模式在20世纪90年代登陆中国之后，尚未走出前现代阶段的中国在市场化的前沿区域显出与西方消费文化下"肉体社会"日益接轨的迹象，女性身体在市场化的浮躁中不断被物化、欲望化、商品化，乃至完全肉身化、符号化，加上"身体写作"的推波助澜，种种因素促成知识界与文学界"身体"意识的完全觉醒。

近二十年来，国内已有很多学者沿着西方身体理论研究的脉络，开始催生并打造中国本土的身体美学、身体文学、身体社会学、身体历史学、身体文化政治学，在学术界形成一个引人注目的"身体转向"之潮。新世纪以来有几个学者的身体文化研究十分值得注意，如周宪对消费时代的身体意识形态研究、汪民安对身体的文化政治和后身体理论的研究、南帆的身体修辞研

究、谢有顺的文学身体学、葛红兵的身体政治等这一类专门阐述现当代文化与文学中“身体”研究的著述[①]，都丰富了当前身体研究的层次。但上述成果，大多侧重对身体某一侧面进行文化批评和文学研究，微观深入研究的展开幅度显然并不够，身体研究仍蕴蓄着有待开拓的广大空间。台湾学者黄金麟依据福柯权力理论研究近代身体生成的社会学著作《历史、身体、国家——近代中国的身体形成》是一部力作，该书认为近代身体生成过程有着某种历史特定性，是由中国被引入世界资本主义体系后所唤起的民族国家建构而自发形成的，作者将之归纳为身体的国家化、法权化、时间化和空间化。这种从身体视角考察社会演变的方式无疑是帮助我们认识近现代社会历史发展的一个新面向。作为一新兴学科，身体研究 2003 年以来发展非常快，有分量的成果已经相当可观，一些哲学、文艺学的学位论文已经相继关注这一领域，如台湾大学龚卓军的博士论文《身体与想象的辩证：尼采、胡塞尔、梅洛-庞蒂》通过对西方 20 世纪现代社会激进理论的考察，揭示身体与想象的辩证关系；刘连杰《梅洛-庞蒂的身体主体间性美学思想研究》等博士论文。国内也有一些博士论文在不同论题中涉及文学中的身体，如华东师大李蓉的博士论文《中国现代文学的身体阐释》从身体角度研究现代文学，阐释很具有想象力；中山大学姚玳玫博士论文《想象女性——海派小说（1892—1949）的叙事》从叙事学角度对海派小说女性想象进行了多元立体的阐释；李俏梅《中国当代文学的身体叙写（1949—2006）》，对于当代文学中的身体书写进行了论述与阐发。有的学者如赖翅萍等人从女性文学角度，运用了福柯权力规训理论诠释五四女作家笔下的身体言说（《论五四女作家的身体叙事》）。首都师范大学陶东风的论文《中国当代文学中身体叙事的变迁及其文化意味》，对当代文学身体叙事进行了广泛考察，特别关注身体在当代文学中被叙述的情况和形态的阶段性变化。上述成果及后续的一些研究都充分显示出身体研究在文学领域也已经大趋活跃的事实，“身体”已构成了新

---

① 相关成果有周宪的《读图，身体意识形态》（载《文化研究》第 3 辑，天津：天津社会科学出版社 2002 年版）、《社会空间中的身体审美化》（载《文化研究》第 5 辑，南宁：广西师范大学出版社 2005 年版），汪民安主编的《身体的文化政治学》（开封：河南大学出版社 2004 年版），汪民安、陈永国主编的《后身体——文化、权力和生命政治学》（长春：吉林人民出版社 2003 年版），汪民安的《身体、空间与后现代性》（南京：江苏人民出版社 2006 年版），南帆的《躯体修辞学：肖像与性》（载《文艺争鸣》1996 年第 4 期），谢有顺的《文学身体学》（载《花城》2001 年第 6 期），葛红兵、宋耕的《身体政治》（上海：上海三联书店 2005 年版）。

世纪以来海内外学界文化、文学研究新的学术增长点。

## 三、女性身体的隐喻叙述机制

人类的一切活动都在自然身体上打上深深的烙印，不同历史时期的政治、文化不断地在身体上铭写各种印记，并使身体生成各种意义。因此，身体可以作为我们考察社会历史进程的出发点，我们既可从身体的角度考察社会历史的发展，也可从社会历史的角度考察身体。

身体与文学密不可分，但身体却难以超越其生物生理学功能，也无法超越它由文化和历史构造的社会属性。作为社会性存在，尼采认为身体是各种力量发生和开展的基本空间场域，对它的书写无疑会显现出身体的自然生产、身体的社会表征、身体观念的历史演变等诸多文化因素，并且身体、文化和社会在文学叙事中显示出更为复杂的互动过程，对之考察有助于我们把握历史、文化、文学发生的真实状况。

当前文学范畴内的身体研究成果极为庞杂，多为泛身体研究，缺少对性别身体的真正关注。近二十年，虽然身体研究方兴未艾，涌现了大量成果，但少见从社会、政治、文化与文学演进的历史角度专注于女性身体叙述的系统研究成果，这和当前女性文化的繁荣态势很不相称。文学身体学研究中虽然采用身体阐释、身体书写、身体叙事等不同的研究视角，但并未把女性身体的现代叙述与历史、文化对女性身体的现代建构结合在一起作为研究中心，研究切入的问题与机理都与本论著的路径不同，或者仅仅限制在研究女性文学和写作的层面上。在笔者看来，文学中的女性身体叙事，虽与作家本身的性别有一定关系，但更多受到的是彼时彼刻主流社会政治与文化的引导、制约，作家有关女性的躯体形态、外貌服饰、欲望感觉等的描写及叙述，反映了主流话语对女性的政治、文化想象，彰显出一个时代的精神面影。本人不仅考察了文学叙事中有关女性身体的叙述，关注文学中的女性书写本身，还研究创作者为何将女性身体组织进文学叙事的社会历史文化背景及心理动因，在这一过程中如何体现出作家的文化意识、社会意识、色情动机及性别经验，这显然是本书区别于其他身体研究的地方。

身体是一个生物有机体，但身体又是有性别的，在男性中心价值系统中，女性与其身体具有同一性，女人或者被等同于身体，身体就是女性性别的符号表征。英国社会学家布莱恩·特纳在《身体与社会》中指出：“对身体

的控制从本质上是对女性身体的控制。”[①]考察20世纪中国走向现代的历史进程，社会、政治、文化、文学各种权力均作用于女性身体，尤其是众说纷纭的现代性问题也指向女性身体，使女性身体形成了过多的指涉及隐喻。

身体是人与外部世界沟通、联系的桥梁，是人们借以认识世界的媒介，是一切知识赖以产生的平台，即人类的身体经验是所有认知的基础。所谓隐喻，就是言在此意在彼，是借助另类事物的暗示去感知、体验、想象、理解、谈论彼类事物的心理行为、语言方式和文化再现，是人类进行知识、经验转换的高级认知活动。文学、艺术是创造文化隐喻的典范，作为身体能量最可发挥效力的场域，某种意义上干预着时代文化的发展。而任何文学的想象和虚构，我们也都可看成是隐喻策略下的身体思考。因此通过对文学中身体“隐喻”的揭示，可以更有力地解读各种社会和文化现象，同时也未尝不可超越当前文学研究理论僵化的危机，为文学研究提供一个新的疆域。福柯在他的《规训与惩罚》《疯癫与文明》《性经验史》和《古典时代疯狂史》等著述中，诠释了他对身体遭受历史文化统治过程的理解。福柯通过对社会边缘史的考察，透视了权力控制和规训身体的秘密，揭示了身体的现代性观念如何形成、主体如何通过“身体”被社会政治秩序所建构、社会又如何达成对身体的集体性理解的过程。“身体政治”作为福柯后期理论中的核心概念，被广泛用于政治社会学中。在《性经验史》中，福柯提出一套理论，认为“生命权力机制”是主导现代社会的秘密，这一机制以“肉体的规训和人口的调整”两种方式来进行，前者称为“人体的解剖政治”，后者是“人口的生命政治”。福柯的身体理论无疑为我们认识现代权力控制下的女性身体提供了方法论基础。如果说人类身体处于权力/知识的机制中，作为一种文化表征的话，那么女性身体在现代社会民族国家建构过程中更成为权力控制的焦点，几乎女性生命的每一个阶段——怀孕、分娩、哺育、性交及至疾病、衰老、死亡都处于现代知识体系及机构的管理与控制之下，并由此生发了各种隐喻策略。美国文化批评学者苏珊·桑塔格在《疾病的隐喻》中，成功地从文学与文化角度对西方社会中有关疾病的文化与道德意义进行了深入解读与批判，试图将疾病从过多的负面意义、隐喻当中解救出来从而还给身体。进入近现代文化、文学，剥离并解读女性身体被社会主流话语想象、建构和与之

① ［英］布莱恩·特纳：《身体与社会》，马海良等译，沈阳：春风文艺出版社2000年版，第347页。

形成同构的文学叙事中的女性身体隐喻机制既有意味又着实必要，也是本论著力求解决的关键问题。

## 四、女性身体的现代想象与建构

女性身体有着甚为丰富的符号指意功能，从原始崇拜与禁忌到历史中被规训被统治的女性身体，还包括现代社会秩序的不断重组作用于女性身体所形成的现代性指涉，如牵涉国家的、民族的、阶级的、性别的指认，或者革命、启蒙、科学等话语，这些都是女性身体产生现代隐喻的原因。隐喻，被尼采视作“身体想象”最基本的知识表达模式，他据此主张不同层次的隐喻都是“身体”对世界诠释的结果。因此从人类学、历史文化、社会学及文学等角度，阐发女性身体的符号意义及女性身体蕴含的丰富的文化与历史信息甚是必要；考察女性身体与国家、民族、阶级、革命、启蒙等话语的隐喻关系，女性身体如何被组织进中国文学现代性的宏大叙事，及此过程中的意义和悖论性缺陷，对于构建当代女性文化体系都是不可或缺的历史参照。

进入近现代中国，伴随着民族国家想象与建构的现代性过程，女性身体包括其性活动和生殖活动，都被纳入现代民族国家想象与建构的思想体系之中，为国家、民族、阶级、革命等宏大社会话语所裹挟，开始了一个个被重新定义和建构的过程。女性身体受到来自国家的法律性规制、专家们以科学名义进行的权威性规制，以及与时俱进的现代家庭观和女性观等社会一般观念的社会性规制。在现代国家观念下，科学、社会知识不仅重新定义了“女性身体”，而且在战争频仍、社会动荡不断的近现代中国重新塑造了女性身体，使女性身体本身逐渐成为一个敏感的“政治”领域。女性身体也不再单纯是女性自身的问题，而构成一个严肃的社会问题，从传统意义上生育与欲望的身体，进而衍生出现代意义上社会的身体、道德的身体、政治的身体多个层面。可以这样认为，女性身体在现代中国的建构过程不仅仅隐喻了女性身体的政治，其上还附会着生动的民族国家现代性想象和构建的各种因素，并由此生发出许多新的意义。当然，在女性身体的传统隐喻和现代性文化指涉之间既存在着呼应与联系，又有着明显的意义分野。

现代中国许多针对女性身体的社会文化思潮都证明了女性身体被“政治化”的过程。从近代反缠足到五四新文化运动中反封建的提倡，以及有关妇女贞操、婚姻性爱问题、家庭问题的讨论，到反对纳妾、蓄婢、嫖娼的激进

言说等，还有20世纪二三十年代对于西方现代科学理论持续的引介，进化论、优生学、遗传学、妇女卫生学，无论由激进思想家挑起讨论的各主流媒体，还是传布民间的女性生活杂志，无不将女性身体纳入有关民族国家建构的话语框架，共同演绎了女性身体"国族化"或"国家化"的过程。当女性身体被置于特殊的历史和文化语境时，当女性身体与民族、革命、国家、阶级、权力、政治等纠缠在一起时，女性身体往往更显示出其不寻常的意义，关于女性身体的言说就演绎成了文化，成了符号，成了政治。

就文学话语层面来看，从晚清到五四，国家危亡的现实和主流报刊对女国民的倡导相呼应，在国族主义舆论主导下，女性身体作为强国保种的工具，被织入了宏大的国家话语，开始了现代女性身体想象与生成过程；而五四新文化运动中的个性主义、人道主义和科学主义思潮促成了女性身体的主体建构，"娜拉"成为引领女性"出走"的新的精神符号；20世纪30年代，忧国意识带来民族主义上升，日军对中国的觊觎及入侵，使女性身体又成了民族话语的策源地。遭受蹂躏的祖国母亲和女儿成为国家沦亡的性别象征，文学中饱经风霜的母亲形象增多，构成韧性的民族意志的体现。中华人民共和国成立后，从制度与法律上获得男女平等权利的中国妇女，被充分整合为一种"劳动资源"，在"时代不同了，男女都一样"的集体主义氛围下，与男性一样参与生产劳动，"妇女能顶半边天"，为社会主义生产和建设做出了有力贡献。但在"男女平等""同工同酬"的原则下，意味着所有生产组织皆可以忽视两性差异，这不免让女性走向"雄性化"的歧路，"铁姑娘"成为那个时代的特殊产物。到了"文化大革命"时期，随着极左思想愈演愈烈，性别差异从根本上被抹杀，如"革命样板戏"中"去性别化"女性形象所体现的，没有"肉身"的女性身体只是作为一个"政治符指"，是"文化大革命"极左话语悖逆人性的表征。改革开放后，随着中国进入市场经济时代，女性身体则迅速成为消费符号，充斥于铺天盖地的广告媒体的窗口上，作为美丽的中介物，诱导着时尚与消费，因而愈来愈远离了从晚清开始的女性解放的现代性命题本身。女性身体在一个世纪中的意义更迭，实际上为我们研究中国文化和文学提供了一个性别身体的重要入口。透过它，我们将可以看到藏身在文化和文学背后的丰富景观。

# 上编

# 第一章

# 晚清国族危机中现代身体话语的浮出

在晚清思想界，身体始终是一个重要的关目，作为一个象征性的话语符码，伴随着中国人想象、建构现代民族国家的过程。强国保种，唤起了中国人的身体意识，一时间以人体喻说国事非常流行，表明身体不仅成为日趋衰亡的国家的喻体，还是中国人追求“新民”进而“新国家”反观自身的载体。作为指称国体的语义符码，身体承载着晚清思想界对于现代国家——“想象中的民族共同体”的追求。考察这类身体话语，可以发现其中清晰呈现着从新身体至新民进而新国家的逻辑理路，而与之伴随的身体权利化、国家化的政治面向，是现代身体话语在中国生成的标志。

## 第一节　从“病夫”到“弱女”：晚清政治场域中的身体言说

1894 年中日甲午战争的失败，让一向自大的中国人再次品尝到落后挨打的耻辱滋味，随后的戊戌变法失败和紧接着庚子事变后向西方列强的割地赔款，使大清帝国国势彻底衰颓，朝野上下自信心全失，中华民族遭遇空前的生存危机。面临着迫在眉睫的“亡国灭种”的威胁，晚清思想界陷入了持续的精神焦虑和惶惑之中，政治精英对付危机的第一步是言说灾难，唤醒民众。正是在对国族灾难的持续言说中，“新民”“军国民”等现代身体话语开始浮现，并迅速在知识分子当中流行。

在晚清，身体话语在思想文化界的传播与泛滥主要表现在两个层面：一

是身体隐喻;二是身体再造。前者主要是借助一套为人们所熟悉的语言修辞让身体获得伸展开来的与国家等同的意义空间,预示着知识精英对国之政体的感性审视与自省;后者则代表着精英们意图经由新民和军国民完成国民现代身体改造以达到新国家的政治理性与理想。但上述两个话语层面其实往往纠缠在一起,在具体实践中界限并不分明。

就身体话语的使用而言,晚清最具典型意义的概念是"东亚病夫"或"东方病夫",它和"睡狮"等喻说的出现类似,都属于生成于近代思想史上的文化事件,共同传达和书写着中国的国家形象,但它的衍用成风又着实有一个舆论逐渐发酵的过程。通常认为,"病夫"是西方人以白种人的种族优越感对"一根辫子、一杆烟枪"的中国人漫画式与妖魔化的蔑称,而事实上最初"病夫"说法出现时并非指中国人,喻说的是内在肌体几乎腐蚀殆尽、国势衰颓乃至屡次遭受列强荼毒、国土日削月割的"中国"这个国家政体。"病夫"命名权也不应归于外国人,而是由中国人首先使用"辱及自身"。1895 年 3 月严复在天津《直报》上发表《原强》一文,就如此说:"盖一国之事,同于人身,今夫人身逸则弱,劳则强,固常理也。……今之中国非犹是病夫也耶。"这被认为是最早用"病夫"喻说中国的文字。两年后,梁启超援用了严复的说法:"今日之中国,则病夫也。……中国之为俎上之肉久矣。商务之权利握于英,铁路之权利握于俄,边防之权利握于法、日及诸国……"[①]显然,严、梁二人在使用"病夫"一词时,都是用其指代"中国"而非"中国人",在将"一国之事"比喻为"人身"方面,他们的思维方式是一样的,都是借用一套身体语言,来对当时"国事"进行直观描述。这当然不仅仅体现为一种修辞技巧,更为重要的是,采用这样的语言表述,让我们看到了借身体思考与言说国事的一种思维方式,"身体"由此堂皇进入政治场域,开始承载一个新时代国家的内涵。可见,"病夫"并非中国人"自我东方化"的一个结果,而反映了晚清时期的中国人以此鞭策国人以图变革图强的强烈愿望。

在中国人自称"病夫"的时候,外国人也主动加入了这一言说的行列。1896 年的《字林西报》刊登了一篇《中国实情》的文章,英国作者直指中国人为"病夫":"夫中国——东方病夫也,其麻木不仁久矣。然病根之深,自中日

---

① 梁启超:《续论变法不知本原之害》,《时务报》,1897 年 8 月 11 日。

交战后，地球各国始患其虚实也。”[1]这类出自外国人之手的文章，不但没有引起中国人的反感和抵制，相反，“病夫”的说法却获得了中国知识分子的广泛认同，甚而更加夸大其词。1901 年由中国人在日本办的《国民报》上发表过一篇“丛谈”《东方病人》[2]，指出甲午之后，中国被西人指称为“东方病人”，戊戌之后，则成为西人眼中的“东方死人”，“已骨朽肉腐，行将飏为灰烬，散诸无何有之乡矣”。作者激愤于中国的落后，为唤起国人的自省意识，以西方他者眼中的中国形象明白谕示之，希望国人知耻而后勇，奋发图强以挽救国族危亡。可见，甲午战争失利与戊戌变法失败加重了中国的民族危机，也导致了国人自信心的全盘丧失，中国人被扣上“病人”乃至“死人”的帽子，自然是莫大的耻辱，沮丧之际带来的是深刻的自省，也随之激发起强烈的民族自救意识。

20 世纪初流亡到日本的梁启超在倡导“新民”时，还将“病夫”之谓延伸到国人的身体上，提出需经由“尚武”以“新民”实现“新国家”的救国方略。同在日本的蒋百里感于国家的现状，1902 年在梁主编的《新民丛报》上发表《军国民之教育》一文，提出应在中国学校推行军国民教育，因为中国已属“东方病夫国”之列：“东方病夫国二，支那与土耳其是也。然土耳其犹能力战强俄以存其国，而支那者何如也？”由此看来，外国人称中国病夫，如果说是自高于在现代价值系统中的老大地位，含有蔑视病弱中国的意思，中国人自称病夫却绝对不是盲从，完全是一种民族自醒、自强意识的表现，这之间显然有根本不同。直到 1905 年曾朴出版《孽海花》时，用的笔名还是“东亚病夫”。如此自称，我们自然不能理解为是对“病夫”这一称谓的认同，实际上隐含着强烈的警示国人的意味。

“‘现代中国’传统的形成不但与西方对清代帝国的想象有关，而且更与中国人自身对这种想象的再利用密不可分。晚清以来，中国人的‘身体’乃至由这些‘身体’组成的‘国家’都是被视为‘病态’的，西方人相信，亚洲人不像欧洲人（或白人）那样会对疾病感到痛苦和悲痛，把疾病与穷人或社会中的异类在想象中联系起来，也强化了疾病与异域通常是原始地区之间想象

---

① 《中国实情》刊载在 1896 年 10 月 17 日《字林西报》上，此文为英国人所写；同年 10 月 28 日的《时务报》（光绪二十二年十月一日）转载其译文，对国人影响与刺激甚巨。

② 《东方病人》，《国民报》第 1 卷第 3 期，1901 年，第 16 页。

的关联。”①就晚清中国而论，国家机体衰弱，各种官僚组织机制衰退而缺少活力，自然就如同一个因病弱而运转不灵的人的肢体；而另一方面，裹着小脚的女人和吸食鸦片拖着辫子的男人均呈病弱之相，确为中国的“病夫”喻体的成立增添了直观的形象依据。

在当时，报刊普遍从中医学角度将生物性的“病相”与国家当时的状况联系起来，以唤起人们警觉：

> 今中国之病，何病乎？吾切其脉，则元气虚也，筋络散也，血轮滞也，外感重也，而脏腑之内又生无数微虫，肺气杀虫之力暂形不足，此病不过延之三年耳，五年耳，十年耳，不亡何待？②

蔡锷《军国民篇》中也有大量的疾病比拟，非常生动地将中国形容为疾病之身，渲染提倡尚武和军国民的必要性：

> 昔日中国罹麻木不仁之病，群医投以剧药，朽骨枯肉，乃获再苏，四肢五内之知觉力逐日增加。然元气冷零，体血焦涸，力不支躯，行伫起卧，颤战欲仆，扁和目之曰：疾在筋骨，非投以补剂，佐以体操，则终必至厥萎而死矣。人当昏愦于睡梦之中，毒蛇猛兽，大盗小窃，环而伺之，惧其不醒也，大声以呼之，大力以摇之。既醒矣，而筋骨窳弱，实力不支，虽欲慷慨激昂，以与毒蛇猛兽、大盗小窃争一日之存亡，岂可得哉？③

描述疾病的各种身体语言，就这样被熟练运用于国家问题的诸般讨论中，救治国家的政治方略隐含在个人一套套身体医学的解释之中。身体在精英眼中显然充当了国体的代码，疾病构成的隐喻则指出国家变革图强的重要性。

在人们操持着一套娴熟的身体语言表达对于国族命运的焦虑时，女性身体也被广泛用来指代中华民族在列强环伺下的弱势地位。如梁启超《新

① 黄东兰主编：《身体·心性·权力》，杭州：浙江人民出版社 2005 年版，第 307 页。

② 杨子玉：《中国病源论》，《湘报》第 104 号，1898 年。

③ 蔡锷：《军国民篇》，《新民丛报》第 1 号，1902 年 2 月 8 日。此篇连载于《新民丛报》第 1、3、7、11 号，为蔡锷 1902 年在日本新民丛报馆为其师梁启超襄笔政时所作，署名“奋翮生”。

民说·论尚武》把衰败中国形容为“不数年间，遂颓然如老翁，靡然如弱女”，及“鬼脉阴阴，病质奄奄，女性纤纤，暮色沉沉”的恐怖态[①]。蔡锷《军国民篇》则拿中国与西方列强相比：“若罹癞病之老妇，而与犷悍无前之壮夫相斗，亦无怪其败矣。”[②]中国不仅是“病夫中国”，还成了世人眼中的“老妇中国”。民族主义话语将本无关系的女性身体与国家硬拉扯上关系，这种话题的泛滥表征了中国知识者对中国在世界体系中被降到“女性”地位的恐惧和焦虑，突出强化了弥漫于当时的国族忧患与危机感。

喜欢将弱势一方作阴性类比，这是中国人向来的思维方式。中国古代人对于世界的认识通常是二元论的：阴阳、乾坤、天地、上下、左右、男女。在这种二元世界里，尊卑、强弱形势对比鲜明。这一思维方式也影响了人们对社会秩序、伦理秩序、性别秩序的认识，因而在社会层级中处于从属等级的那一方有时就被置于或者自置于阴性或女性地位。如屈原在《离骚》中以花草美人自况，表面看来似乎是志存高洁，但说穿了无非是臣子以女人的身份向君王邀宠献媚而已。以鸦片战争后中国如此衰败不堪，又处于被强势的西方国家所威逼压抑的境况而言，其地位与女性的受压迫格局差相类似，所以中国人以“女性”的身份“自看”当然就无足奇怪了。有研究者指出，就20世纪初期的中国知识分子来说，“对自己从属地位的体悟形成了他们利用下属群体做文章的修辞手段。他们并不承认自己享有社会权力、处于下属群体的上方并参与对它们的压迫，而是以下属群体受到的压迫作为证据，来讨伐中国的政治和文化。他们还利用妇女，尤其是妓女作为隐喻，表现自己在军阀社会中受到的压迫和中国在世界等级体系中经受的苦难”。[③]

在晚清中国，比比皆是的“病夫”“弱女”的描述，一方面说明没落的大清帝国国势衰败得已经无以复加，另一方面也隐隐透出中国急于进行国家和民族改造的现实焦虑和紧迫感。正如苏珊·桑塔格在《疾病的隐喻》中所指出的，“现代疾病隐喻使一个健全社会的理想变得明确，它被类比为身体健

① 梁启超：《新民说·论尚武》，《新民丛报》第28号，1903年3月27日。
② 蔡锷：《军国民篇》，《新民丛报》第1号，1902年2月8日。
③ [美]贺萧：《危险的愉悦——20世纪上海的娼妓问题与现代性》，韩敏中、盛宁译，南京：江苏人民出版社2003年版，第29-30页。

康，该理想经常具有反政治的色彩，但同时又是对一种新的政治秩序的呼吁”。[①]在当时风行的社会达尔文主义思潮影响下，种族生存的危机感让中国人不能不产生自省和自强意识，既然适者生存，优胜劣汰，那么将病弱国家改造为健康国家，将衰弱的国人改造为强健的国民就成为精英们当时的理想。而在两个端点之间存在着互为因果的逻辑关系，国不强则民弱，民不强则国弱，新国民与新国家是相伴相生、相辅相成的问题，如梁启超所言“欲维新吾国，当先维新吾民”[②]，而实现新国家与新民的前提就是新身体，所以要通过倡导尚武、体育、体操，开展新民和军国民运动。由此看来，现代中国人的身体建构直接伴随着晚清精英对于现代民族国家的想象，在这一起始语境中，个人的身体呈现出“国家化”政治面向，被明确地归属于一个“民族想象的共同体”。

如果认为在晚清“身体”“疾病”等话语的流行，仅仅是一种民族国家的喻说方式，是一种话语的借用，那无疑是片面的。身体话语的流行，最终指向了中国知识分子对中国人身体的问诊和审视，结果发现了中国人两个方面的“病弱”：一是身体的畸形与丑陋；二是精神的愚昧和麻木。前者引发了晚清至五四思想精英对中国人身体的再造运动，后者直接导致了中国近现代改造国民性启蒙文学的发生。很显然，在晚清时代，鉴于国族危机的愈演愈烈，虽然启蒙精英希望二者并行不悖，但在国民身体改造的议题上吁求明显更为亟切，希望通过新身体从而新民新国家；而进入五四时期，鲁迅一代启蒙知识分子，因为他们由反思辛亥革命失败的教训而来，则以改造国民精神为己任，把国民性改造的重点放在揭示中国人精神的病苦上来。在晚清与五四两个不同阶段，中国知识精英们只是承担了各自的历史使命而已，其实追求的目标殊途同归，都是为了建构他们心目中理想的现代民族国家，因此其间并无价值上的高低与不同，如王德威先生所质疑的：“没有晚清，何来五四？”长期以来，研究近现代文学的学者往往忽视晚清启蒙与五四启蒙的精神联系，重后者而轻前者，造成了“精神启蒙”对“身体再造”的压抑和遮蔽，从而忽视了认识中国文化和文学极为重要的一个维度。

---

① [美]苏珊·桑塔格：《疾病的隐喻》，程巍译，上海：上海译文出版社2003年版，第68页。

② 梁启超：《新民丛报章程》，《新民丛报》第1号，1902年2月8日。

## 第二节　从“新民”到“军国民”：身体改造工程的启动

当梁启超1903年提出“新民说”时，黄遵宪曾经提出这种疑问：“以如此至愚极陋之民，欲望其作新民，以新吾国，其可得乎？”[①]固然对国民的“愚陋”极为失望，但并没有阻碍这一代思想精英对“新民”的热情。因为除此之外，似乎找不到更好地解决中国问题的方略，所以“新民”成为晚清中国的“第一急务”。

梁启超对“新民说”的鼓吹，其实直接继承此前严复、康有为等人的维新主张。1895年3月，严复在天津《直报》上发表了《原强》，提出“是以今日要政统于三端：一曰鼓民力，二曰开民智，三曰新民德”，这就是影响甚远的“智力德”(现代德智体并举教育方针其实源自这一思想)。严复此说显然重在重铸国人的身体、品德，开发民族的智慧。在严复看来，“进者存而传焉，不进者病而亡焉”[②]，这显然与梁启超同时期的变革主张同声相应，也是他之后发起“新民”运动的思想来源。而康有为除了在家乡自办禁缠足组织，还与梁启超共同上书光绪请求在全国通令废缠足，此外他最早主张对男子实行断发易服，提倡“以民为兵”，培训新军，使其“入学堂学习布阵、骑击、测量、绘图”[③]。其实在涉及国民改造的相关议题中，晚清精英格外关注身体的“西化”，主张“易服更制”者也不在少数。如宋恕在《致李中堂书》中建议清政府：“欲更官制、设议院、改试令，必自易西服始。”[④]应该说，指向身体的国民改造在维新期间就已启动，从为开通民智大办新式学堂，到兴办女子教育、训练新军，以及倡导男子断发易服、女子废缠足，诸如此类的政治话语实践无不体现出维新精英改造国民身体的自觉。

维新运动的失败给晚清思想精英带来严重的挫败感，让他们重新思索

---

① 黄遵宪：《致梁启超》，《黄遵宪集》(下)，天津：天津人民出版社2003年版，第506页。

② 严复：《〈天演论〉导言十五》，[英]赫胥黎：《天演论》，严复译，北京：商务印书馆1981年版，第37页。

③ 汤志钧编：《康有为政论集》(上册)，北京：中华书局1981年版，第369页。康有为应是军国民教育的最早提议者，但名称不像蔡锷《军国民篇》那么明确。

④ 转引自《中国思想史参考资料集·晚清至民国卷》(上)，北京：清华大学出版社2005年版，第48页。

国家的前途,对现代民族国家的想象由此开启。庚子事变后,革命派和维新派开始注目同一个方向,即整体的国民改造和新的国家建构,尽管他们各自对未来国家的理解有明显不同,但都明确期望祭出“民族主义”这一通行世界的“法器”,以求在中国锻造出新国民,从而新国家。

1902年2月,“戊戌政变”后流亡日本已三年多的梁启超,在横滨创办了《新民丛报》(半月刊)。来到日本的他思想开始发生重大转变,将改良政体的思想主张嫁接到“新民”上,“取《大学》‘新民’之义,以为欲维新吾国,当先维新吾民”①。《新民丛报》从第1号上即开始连载梁氏的系列政论文《新民说》,对其新民思想做全面充分的阐释。梁启超认为:“苟有新民,何患无新制度,无新政府,无新国家?”②这时的梁氏把“新民”作为要务置于一切事情的顶端,并视为兴国的根本举措。“吾思之,吾重思之,今日中国群治之现象,殆无一不当从根柢处摧陷廓清,除旧而布新者也,天演物竞之理,民族之不适应于时势者,则不能自存”。③

梁启超的新民思想不是微言大义,而是论述全面并富有系统,构成晚清启蒙思想最核心的部分。他所提出的拯救国族的理路有明晰的思辨逻辑,对中国衰弱劣败的病灶、病因乃至病理有全面理性的分析,开出的疗治药方多达数种,“致衰弱者原因复杂,而非一途,故所以为救治者亦方药繁重,而非一术”④,认为必须从家族、地方团体、国家、群俗、学问及道德、宗教方面都进行改革,才能达到“群治”目的。但梁启超有关新民必要性的诸多言述,均为最终建构一个他心目中的“少年中国”,而实现这一理想的前提,在他看来就是提高国民素质,舍此别无他途:“在民族主义立国之今日,民弱者国弱,民强者国强,殆如影之随形,响之应声,有丝毫不容假借者。”⑤

那么,如何“新民”,其办法何如?梁启超在《新民说》第三节“释新民之义”中这样阐说:“新民云者,非欲吾国尽弃其旧以从人也。新之义有二,一曰淬厉其所本有而表之,二曰采补其所本无而新之,二者缺一时用无功。”⑥按照他的解释,先贤圣哲留传的“宏大、高尚、完美,厘然异于群族者,

---

① 《本报告白》,《新民丛报》第1号,1902年2月8日。
② 梁启超:《新民说·论新民为今日中国第一急务》,《新民丛报》第1号,1902年2月8日。
③ 梁启超:《新民议·叙论》,《新民丛报》第21号,1902年11月30日。
④ 梁启超:《新民议·叙论》,《新民丛报》第21号,1902年11月30日。
⑤ 梁启超:《新民说·第四节》,《新民丛报》第2号,1902年2月22日。
⑥ 梁启超:《新民说·释新民之义》,《新民丛报》第1号,1902年2月8日。

吾人所当保存之而勿失坠也”，至于中国人“其所本无”需“新之”的方面，在他看来，一方面是民族特性，另一方面是公共品质。他认为白种人为何优于他种人，为何会“雄飞于全球”，其原因在于“非天幸也，其民族之优胜使然”；他总结了白种人和他种人在民族特性上的差异，归纳为“他种人好静，白种人好动；他种人狃于和平，白种人不辞竞争；他种人保守，白种人进取”，因此造成“他种人只能发生文明，白种人则能传播文明”。这些民族性格，正是我中国“召衰、召弱”，彼国“致兴、致强”的原因。[①]如此，将论说的重点转移到中国人身体改造上来。

就梁启超的新民说而言，进行国民改造是全方位的而不仅仅是及于国民身体的，特别是应致力于从国民品格方面着手，如公德、国家思想、进取冒险、权利思想，以及自由、自治、进步、自尊、合群、生利分利、毅力等方面，对此梁启超均分门别类进行了论述。但我们又的确不能说这些方面是无关身体的，因为恰恰是在国民品格的现代建构中，现代中国人身体观念、才可能形成。如在《新民议》中，梁启超提出应禁止中国人早婚。在他看来，“早婚一事，正自杀之利刃，而自侵自由之专制政体也”，早婚害于养生，“少年男女身体皆未成熟，而使之居室，妄斩丧其元气，害莫大焉”，并且还害于传种，也害于蒙养、修学、国计，实是中国致弱天下的最大原因。他说，“夫我中国民族无活泼之气象，无勇敢之精神，无沈雄强毅之魄力，其原因虽非一端，而早婚亦实尸其咎矣。一人如是，是为废人，积人成国，则为废国。中国之弱于天下，皆此之由”[②]，认为无论于个人、于种族，还是于国家，早婚都不可取，甚至夸大早婚是妨碍中国成为现代国家、中国人成为现代国民的重大障碍。这种说法固然有点夸张，但却反映出梁氏对国人身体改造的重要关切，和他将身体改造作为建构新民新国家前提的思路。

梁氏还特意撰写《论尚武》一文补充新民说，通过宣传西方国家的“尚武”精神和“军国民”思想，重树中国的尚武传统，从而造就未来新型国民。梁氏指出，由于中国长期重文轻武，造成“武事废堕，民气柔靡”，“以文弱为美称，以羸怯为娇贵，翩翩年少，弱不禁风，名曰丈夫，弱于少女”，以至于百事不举，“二千年来，出面与他族相遇，无不挫折败北，受其窘屈，此实中国历

① 梁启超：《新民说·释新民之义》，《新民丛报》第1号，1902年2月8日。
② 梁启超：《新民议·禁早婚议》，《新民丛报》第23号，1902年12月30日。

史一大污点，而我国国民百事弥天之大辱也”。有何办法改变中国国民的这种柔懦品质，在他看来，那就是必须“易其文弱之旧习，奋其勇力”，实行全体国民“尚武、习武、尊武”的策略，只有推翻“腐败之群俗”，“而能铸成雄鸷沈毅之国民”[①]。

当然，尚武并非自梁启超那儿提出，也不是他一人的专利，“寓兵于农”本就是中国人的古老传统，但国疲民弱的现实使这一民间传统在20世纪初被赋予民族主义与国家主义的内涵，在民族危机的晚清语境里焕发出新的时代光彩，进而衍发成一个整体性的社会思潮。1901年冯自由、郑贯一在日本横滨的《天智录》中就号召：“我国民乎，其当奋发尚武精神乎?”1905年因抗议日本文部省《取缔清国留学生》条令而“蹈海自杀”的革命家陈天华，除了写出《猛回头》《警世钟》等书，还以“思黄”为笔名在《民报》第一期上撰写过一篇《论中国宜改创民主政体》的文章，提出“国之治化，其进在群”，然“中国经二十余朝之独夫民贼，闭塞其聪明，钳制其言论，灵根尽去，锢疾久成，是虽块然七尺之躯乎，而其能力之弱，则与未成年者相差无几，遽欲与他人之成年者同享自由之福，其可得乎？其不可得乎？此殆为当今切要之问题也”。[②] 1907年鲁迅作《摩罗诗力说》，有鉴于我国“生民之始，既以武健勇烈，抗拒战斗，渐进于文明矣，化定俗移，转为新懦”，呼唤中国也出现西方那样的“精神界之战士”，“有作至诚之声，致吾人于善美刚健者乎？有作温煦之声，援吾人出于荒寒者乎”，断言“黄金黑铁，断不足以兴国家”，惟有以诗即文学启蒙国民，才可“破中国之萧条”[③]。此文表达了作者在青年时代就矢志追求做凌空高蹈“精神界之战士”，以拯救国族为己任、改造国民的强烈愿望，如此才有五四新文化运动中作为旗手转而致力于改造国民性的自觉实践。

与梁氏新民说尚武论在言论上形成同声呼应的还有蔡锷，他最早明确提出“军国民主义”，并实际发动了中国军国民教育运动。1902年蔡锷以“奋翮生”笔名在梁启超创办的《新民丛报》第1、3、7、11号连载了他的著名《军国民篇》，显然是对其师梁启超新民说的策应。如果说新民说还将“新民”贯以全方位关注，那么蔡锷的“军国民”则完全把国民身体改造当作振兴国家之

---

① 梁启超：《新民说·论尚武》，《新民丛报》第28号，1903年3月27日。

② 陈天华：《论中国宜改创民主政体》，《民报》第1号，1905年11月26日。署名“思黄”。

③ 鲁迅：《摩罗诗力说》，《鲁迅全集》(第1卷)，北京：人民文学出版社2005年版，第103页。

症结所在。他称："中国人口虽逾四万万，其无疾病嗜癖之人，必如凤毛麟角之不可多得矣。遍观当代，默究吾国人之体魄，其免为病躯弱质者，实不数数观也。天下滔滔，逝者如斯，不有以清其源而澄其流，则恐不待异种之摧挫逼迫，亦将颓然自灭矣。"①《军国民篇》全文充满着强烈的民族主义情绪，把中国人的身体病弱程度作了夸大其词的渲染，由此映射了当时精英人士对中国民族素质低下的焦虑，从而凸显了在晚清实行"军国民"的必要性和急迫性："居今日而不以军国民主义普及四万万，则中国其真亡矣！"②蔡锷在该文中分析了导致中国民族体质羸弱的原因，不是单一因素造成的，而是多方面因素的作用，这涉及教育、学派、文学、风俗、体魄、武器、郑声（注：音乐）、国势等八个方面，而具体改正也须从这几个方面着手。蔡锷在论述这一问题时所指涉的相关事项往往采用中外比较的方式，其中尤为推崇日本的军国民主义，显然更是他注重借鉴的方面。相对于日本的"国民皆兵"，中国在甲午战争失败后又受其威迫的境状，"堂堂中土，欲求一肮脏丈夫，如东西各强国之所谓国民兵者，岂可得哉！"③痛心之辞振聋发聩，让改造国人身体的吁求在国族危机情势下尤其显得急切。

就在1902年，除了梁启超和蔡锷，还有蒋百里在《新民丛报》上发表《军国民之教育》一文，论证在中国进行军国民教育的必要性和途径："苟不行全国皆兵主义于吾国，而终不得出而谈天下事。"其所谓的军国民，就是"自精神上言之，则凡社会上一切之组织皆当以军事的法律布置之；凡国防上一切之机关，皆当以军事的眼光建设之；社会之精神、之风俗、之习惯，皆当以军人之精神贯注之。"他认为要培养军人精神，这是国本、国魂之所在，新国民所由出须从四方面着手培养：爱国、公德、名誉心、质素与忍耐力。而实施军国民教育的途径，他指出，"其一在学校，其一在社会家庭"，二者皆不可偏废。他特别重视学校之于军国民培养的作用，"学校者，国民之制造所也，国风之渊源也，而国民职业之预备校也。苟欲组织全体以军人乎，则当先自学校始，欲使将来国民有如何之起业心，如何之锻炼力，如何之军人气质精神，则当先知学校教育之方针"，建议在学校中扩充体操及各种活动游戏如爬山、射击之类，变学校组织为军队建制，"使其完成一军国民之资格，而为入

① 蔡锷：《军国民篇》"五、原因于体魄者"，《新民丛报》第3号，1902年4月8日。
② 蔡锷：《军国民篇》，连载于《新民丛报》第1号，1902年2月8日。
③ 蔡锷：《军国民篇》，连载于《新民丛报》，第1号，1902年4月8日。

军队之预备校”。另外，还要促成社会组织军队化，通过新闻、艺术、奖励等手段促使社会风纪转向勤苦与尚武并行，由此风气大开，“上下一致，以谋养健全之国民，而发扬我历史的国粹”。①

1903年，军国民教育在中国达到高潮，不仅有军国民主义的各种提倡，而且舆论宣传也开始落到实处。4月份，留日学生参加的青年会组织“拒俄义勇队”，“学生军”日夜操练准备对沙俄一战，却被清廷勾结日本政府强令解散。义勇队遂在5月11日改称军国民教育会，以“养成尚武精神，实行爱国主义”之宗旨(后将宗旨中的“实行爱国主义”改为“实行民族主义”)，由陈天华执笔制订了《军国民教育会公约》②，还定制了会徽，吸纳会员有200余人，以“鼓吹、起义、暗杀”三种方式组织反清革命活动③。《江苏》(东京)《浙江潮》(东京)《湖北学生界》等进步报刊均报道了此事，起到了激发鼓舞人心的作用。几乎同时，1902年由蔡元培在上海主办的爱国学社，也注重在学生中进行各样军事操练、暗杀训练，仁人志士已经着手为反清革命积蓄青年力量和后备军。

军国民思想的提出在内外交困的晚清深得人心，尚武任侠蔚然成一时社会风气，这也进一步影响到官方教育层面。1903年，清政府颁布《奏定学堂章程》，把“兵武体操”作为学堂体操课教学内容。1906年学部进呈《学部奏请宣示教育宗旨折》，具体提出在中小学堂开展军国民教育的方针及课程设置上针对身体养成所宜采取的措施：“欲救其弊，必以教育为挽回风气之具。凡中小学堂各种教科书，必寓军国民主义，俾儿童熟见而习闻之。国文、历史、地理等科，宜详述海陆战争之事迹，绘画炮台兵舰旗帜之图形，叙列戍穷边使绝域之勋业。于音乐一科，则恭辑国朝之武功战事，演为诗歌。其后先死绥诸臣，尤宜鼓吹抡扬，以励其百折不回视死如归之志。体操一科，幼稚者以游戏体操发育其身体，稍长者以兵式体操严整其纪律。而尤时时以守秩序，养威重，以造成完全之人格。”④上海爱国公学是近代以来最先进行军国民教育实践活动的学校，校长蔡元培还把军国民教育的思想带到民国成立后，1912年4月，蔡元培以新任教育部总长身份，提出《对于教育方

① 蒋百里：《军国民之教育》，《新民丛报》第22号，1902年12月12日。署名“百里”。
② 陈天华：《军国民教育会公约》，《江苏》(东京)第2期，1903年。
③《军国民教育会之成立》，《江苏》(东京)第2期，1903年。
④《学部奏请宣示教育宗旨折》，《申报》，1906年4月1日。

针之意见》[①]，仍强调“所谓军国民教育者，诚今日所不能不采者也”。他提出五项教育方针，其中包括军国民主义、实利主义、德育主义、世界观和美育主义五项，“皆今日之教育所不可偏废者也”，“军国民主义为体育”。他的意见被教育部采纳并且得到全面贯彻，这标志着军国民主义在政治精英主导下开始从社会话语层面真正落实到学校教育的实践层面，由此达成了现代体制与组织对国民身体从形体到内心的规训与塑造。

由上可知“新身体”是晚清国族危机时代思想界想象国家的一种重要方式，“新民”“军国民”的主张中，都明确隐含着将“新身体”作为逻辑前提，而最终指向是“新国家”的思想理路。另一方面，风行一时的“新民”“军国民”运动，从口号的提出到具体实践，建构了以“尚武”为内涵的中国人理想的身体，遂衍生了现代中国人有关身体的观念。同时，这个过程也表明，在现代中国人身体生成的起始语境中，主流话语对身体进行铭刻的痕迹非常明显，从对旧身体的改造到学校教育对新身体的规训与形塑，实际都存在着对个体身体加以国家化的意图，也标志着以民族主义、国家主义作为思想载体的中国现代身体观开始正式生成。

① 《教育部总长对于新教育方针之意见》，《东方杂志》第8卷第10号，1912年4月。

# 第二章

# 祛魅与解码：对女性身体现代话语生成过程的考察

茅盾曾经以女体比拟中国的半殖民地社会形成的过程："老处女的中国受了帝国主义经济侵略的强奸以后，肚子里便渐渐孕育着半殖民地的资本主义的胎儿了。"[①]中国现代民族国家的建构不是无中生有，而是要将落后变为进步，将衰弱变为强大，因而完成这一建构所需要的就是将原来国家机体中的异质性因素逐步祛除，也可换喻为改变国家"女性化"的过程。美国学者高彦颐在其著名的《闺塾师——明末清初江南的才女文化》一书中指出："从晚清到'五四'新文化时期，有着落后和依从的女性身份，一直是一个与民族存亡息息相关的紧迫问题。当帝国主义侵略加剧时，受害女性成了中华民族本身的象征——被男性外国强权'强奸'和征服。对作为整体的中华民族的政治解放也对中国进入现代世界来说，女性启蒙成了一个先决条件。"[②]

女性身份与晚清国家之间相互对应的关系是造成女性身体在近代中国具有丰富隐喻性的原因。传统妇女的建构植根于19世纪中国和西方列强碰撞过程中产生对妇女形象的曲解和总体化，"被监禁于内闱的、剥夺了所有自由和真正尊严的、父系之间相互交换的无能为力的对象、裹脚造成身体畸

① 茅盾：《关于"创作"》，《茅盾全集》（第19卷），北京：人民文学出版社1991年版，第265页。

② ［美］高彦颐：《闺塾师——明末清初江南的才女文化》，李志生译，南京：江苏人民出版社2005年版，第1-2页。

形和父权制专治下道德畸形的生孩子的机器、被如此损害失去生产劳动能力的人”，这样被精英话语所建构的女性形象，其实“并不是中国妇女状况的真实写照，它只是当时中华民族面对历史危机时刻的一种表达”①。金一在《女界钟》中为“新中国之女子”的身体养成设立的十个目标就预示了女性身体在近代中国被想象、被定义、被建构的命运，所以女性身体既是能指又关乎所指，其隐喻性在晚清体现在：其一，女性身体被符码化，病弱的女性身体在民族国家想象建构的起源语境中成为衰弱国体的表征，缠足女性被维新派话语实践符码化，成为民族主义话语中落后的民族耻辱符号。维新派解放妇女的启蒙话语实践，归根结底还是“从妇女在家庭的地位出发来发起一场正面的重新定义‘妇女’的运动”②，所以经过他们对“贤妇良母”的鼓吹，生育的女性身体被提升为维新派“强国保种”策略的工具，为满足国家主义“诞育佳儿”的要求，成为其性别生物学身份的牺牲品。其二女性身体被国家化。“19和20世纪的中外改革家认为，一个束缚妇女双脚并剥夺她们受教育权力的国家也在削弱其自身和其一半的国民”。③ 在激进民族主义的表述策略下，女性作为“国民”（国民之母和女国民双重身份）在世纪初被纳入想象中民族国家的秩序，女性身体归属的对象从家庭被置换为国家。其三，女性身体权利化。对西方现代文明的有限吸纳和接受，使权利与自由成为现代人的精神表征，女性对个人权利有明确诉求被视为是确证民族国家建构成功的符号性标志，但在晚清强大的历史惯性和现实的巨大阻力让女性身体权利却仅止于诉求而未实现。其四，女性身体革命化。权利与义务相伴相生，晚清革命派鼓吹女权，不是倡导女性的个性解放，而是要解放妇女的手脚，动员其参与由男性主导的民族国家建构的工程。女性自身的解放被完全湮没于民族国家的宏大叙事，但少数女性精英仍然通过自我身体的革命实践，争取到个体解放，但女性身体的现代性在晚清远未完成。

穿过由近代女性身体而形成的隐喻叠嶂，我们似乎能够目见女性身体曾经遭遇的现代性危机和迷思，而解读晚清思想界女性身体的隐喻策略，也

---

① ［美］白馥兰：《技术与性别——晚清帝制中国的权力经纬》，江湄、邓京力译，南京：江苏人民出版社2006年版，第213页。

② ［美］杜赞奇：《从民族国家拯救历史——民族主义话语与中国现代史研究》，王宪明译，北京：社会科学文献出版社2003年版，第10页。

③ ［美］白馥兰：《技术与性别——晚清帝制中国的权力经纬》，江湄、邓京力译，南京：江苏人民出版社2006年版，第213页。

可借以观察近代中国激进社会思潮，是如何借助女性身体现代想象构建起民族国家的乌托邦图景的。

## 第一节　符码化：维新派启蒙话语实践中的女性身体政治

由于清朝政治腐败，“国地日割，国权日削，国民日困”①，中国被西方人指为“病国”。中国男人拖着辫子吸食鸦片、女人裹足的形象，让中国人也成了西方人眼中的“东亚病夫”。这种直接讥评身体之耻让中国人的民族自尊心受创巨深，由此才有了改造国民身体的自觉，“强兵”“强种”其实都落实在身体这个维度上，不然也就没有林则徐虎门销烟、袁世凯天津操练新军了。而在维新时期，国族生存危机加之西方男女平等观念和社会达尔文主义的冲击，中国人自强保种意识更为自觉，他们不仅要改造民智、民力、民德，也要追寻民弱之本源，以挽救国族颓败的趋势，而提倡“保国、保种、保教”，兴女学，废缠足，进行各种女性身体话语实践，最终完全无关女性解放，而演绎成干预女性身体的一种政治。

虽然妇女身体的萎弱不是由鸦片造成的，但中国汉族妇女自古幽囚于家庭，普遍缠裹小脚，行动能力受限，而且较少有室外活动，更谈不上任何体育锻炼，所以才导致身体病弱。这一事实为维新人士及革命派所共指，但女性病弱的程度和规模在晚清的有关女性启蒙的话语实践中得到了相当的夸饰和渲染，其表现是将缠足女性符码化，指其为民族衰弱的总根源，是民族落后的耻辱符号。无疑，这种小题大做的举措背后实隐含着晚清思想精英重新定义建构女性身体的意图：国家欲行变革，光靠男性的力量无法成事，势必需要女性力量的介入。康有为表达得非常清楚：“率二万万人有用之才，而置之无用之地，弥天憾事，孰有过此？况当世界竞争优胜劣败之时，岂可坐弃人才哉！”②如此一来，就必须让女性走出家庭的禁锢，通过学习知识提高自身素质，以适合建构现代民族国家的需要。所以维新精英选取兴女学、废缠足作为他们进行启蒙实践的突破口，他们将缠足习俗视作限制女性

---

① 汤志钧编：《康有为政论集》(上)，北京：中华书局1981年版，第233页。

② 康有为：《大同书》，《民国丛书》(第3编第7卷)，上海：上海书店1989年版，第22页。

身体走出闺阁的最大障碍，“缠足一事，贻害无穷，作俑千年，流毒四域。今以不缠足为富国强种根本，所见尤大”[1]。由此，在民族主义话语激扬的晚清时代，缠足女性遂成为维新精英首先要改造的目标。

晚清维新派启动了兴女学、废缠足运动，要达成的根本目的是“强国保种”：“开一乡一邑之风气，即能增千手千足之事功；破匹夫匹妇之愚痴，即以保四万万人之种族”[2]。为了实现这一根本目的，女性之于国族的重要性在这一阶段获得了前所未有的关注，如梁启超将“天下积弱”的本源归于女学不兴：“推极天下积弱之本，则必自妇人不学始”，“母教之本，必自妇学始，故妇学实天下存亡强弱之大原也”[3]。为何妇女是否就学与国族命运扯上关系，这之间存在何种逻辑关系？按照梁启超《论女学》的说法，其实在于女性的母职有关人才培养大计，关乎国本强固：“欲强国本，必储人才，必开幼学，欲端幼学，必禀母仪，必由女教。”妇女是建构民族国家不可或缺的力量，这种强调女性作用的认识在中华男尊女卑传统中已经有了相当进步，其落脚点在于兴国强国上：“今不务所以教之而务所以刑戮之，倡优之，是率中国四万万之半而纳诸罪人贱役之林矣。安所而不为人弱也。”[4]不是女性本身应该享有和男性一样受教育的权利，而是女性教育的价值附着在女性身体的生物属性，与生育相关的自然角色上。由此可见，维新派发起的贤妻良母主义，兴女学、废缠足等话语实践，看重的显然不是要解放占国人一半的女性，让她们从传统父权的压抑下解脱出来，获得男女平等的地位，而是女性在“传种”和“育种”上的身体价值使其得到精英们的眷顾。说到底，女性不过是维新派手中一件可资利用的“强国保种”的工具而已。康有为、梁启超等维新派其实都并不属意将女性赋予主体性价值，而在于意图通过女性身体自然角色与家庭角色的改良来完成他们拯救国家的使命，正如杜赞奇所言：“国家之所以有责任教育和‘解放’妇女，是因为有必要塑造出能够在生物学和文化意义上生育‘优质’公民的高效母亲。”[5]

1898年8月13日康有为向光绪皇帝上《请禁妇女缠足折》，指责缠足一

① 黄遵宪：《黄公度廉访批士绅刘颂虞等公恳示禁幼女缠足禀》，《湘报》第53号，1898年。
② 黄遵宪：《黄公度廉访批士绅刘颂虞等公恳示禁幼女缠足禀》，《湘报》第53号，1898年。
③ 梁启超：《变法通议·论女学》，《时务报》，1897年4月12日。
④ 梁启超：《戒缠足会叙》，《时务报》，1897年1月3日。
⑤ [美]杜赞奇：《从民族国家拯救历史——民族主义话语与中国现代史研究》，王宪明译，北京：社会科学文献出版社2003年版，第10页。

事："以国之政法论，则滥无辜之非刑；以家之慈恩论，则伤父母之仁爱；以人之卫生论，则折骨无用之致疾；以兵之竞强论，则弱种展转之谬传。"[①]无独有偶，黄遵宪指责缠足为"废天理，伤人伦，削人权，害家事，损生命，败风俗，戕种族"[②]，共列七大罪项，也可谓晚清反缠足最有力的言论。女性缠足不仅关涉法律公平、人伦亲情、个人卫生与健康，关键是女性身体健康与否影响到种族传承的质量，由此将国族强弱与兴亡与否系于妇女向不向学或者她们的一双"小脚"上。这种推论显然是荒谬而可笑的，但放在晚清国家所处的列强环伺的险恶环境下，采用这种夸张的女性身体修辞以成就革除旧弊也情有可宥。缠足是一种长期沿袭下来的习俗，历朝历代皆有人提出废止，特别是清朝入主中原后，就开始明令禁止汉族妇女"束发缠足"，并和强令汉族男人剃发留辫同步进行。但妇女放足在民间的推行受到很大抵制，因为缠足本身也是汉民族坚持身份认同的一种符号，所谓"男降女不降"，女子不改缠足似乎是前朝遗民表示不臣服异族统治的最后的尊严，成为一种坚持下来的习俗。而清王朝对于汉族妇女缠足不像男人剃发有着"留发不留头"这样的强制性，毕竟在汉族传统中妇女地位低下，不足以对清王朝统治构成威胁。但到晚清维新运动中，此一习俗的废止却成为选择民族进步还是落后的政治标识，事关国族存续。但察看当时各种危言耸听的废缠足之论，显然并非出于对妇女的人道体恤，而是大多着眼在妇女的"传种"和"育种"，强调妇女承担的"作为族群成员生物学上的再生产者/生育者"[③]这一职能上。如张之洞称缠足"使母气不足，弱之于未生之前，数十百年后，吾华之民，几何不驯至人人为病夫，家家为侏儒，尽受殊方异俗之蹂践鱼肉，而不能与校也"[④]。

另外，缠足习俗固然"残忍酷烈、轻薄猥贱"，"流毒千年"，给女性造成的身体痛苦巨大，"龀齿未易，已受极刑，骨即折落，皮肉溃脱，创伤充斥，脓血狼藉，呻吟弗顾，悲啼弗恤，哀求弗应，嗥号弗闻，数月之内，杖而不起，一年之内，舁而后行"。但事实上，女子缠足并非是一日速成的工夫，缠裹的过程是慢工细活，循序渐进，天长日久才将足骨屈折而成形的，而所谓"父母以此

---

① 康有为：《清禁妇女缠足折》，《康有为政论集》（上），北京：中华书局 1981 年版，第 336 页。
② 黄遵宪：《湖南署臬司黄劝谕幼女不缠足示》，《湘报》第 55 号，1898 年 5 月 9 日。
③ 陈顺馨、戴锦华选编：《妇女、民族与女性主义》，北京：中央编译出版社 2004 年版，第 71 页。
④ 张之洞：《张尚书不缠足会叙》，《知新报》（第 32 册），1897 年。

督其女，舅姑以此择其妇”的民间习俗决定着缠足女子的心态很复杂，固然有违逆本性被迫的因素，但也有受制于婚俗自愿的成分，因为“三寸金莲”是被作为汉族妇女有教养、有身份的象征，缠足似也承载着女儿们对幸福婚姻生活的单纯预期，并不一定全似梁启超等人所渲染的那如屠戮一般的恐怖场景！所以有研究者认为这种刻意的夸大其词的言说或许遮蔽了女性真实的经验。[①]如此渲染缠足痛苦的背后，不啻是维新派意图“强国保种”的身体政治在起作用，显然反映了政治精英期望将占人口一半的妇女纳入民族主义运动的良苦用心，“是率中国四万万人之半，而纳诸罪人贱役之林，安所往而不为人弱也”[②]。

缠足女性被视为民族衰弱的根源，在维新派启蒙话语实践中由民间的审美对象转喻成民族耻辱的一个符号：“内违圣明之制，外遗异族之笑，显罹楚毒之苦，阴贻种族之伤。”[③]曾出使过美、英、日几国的黄遵宪也撰文指出，“惟华人缠足，则万国同讥。星轺贵人，聚观而取笑，画图新报，描摹以形容。博物之院，陈列弓鞋，说法之场，指为蛮俗。”而作为一个外交官却因此在国外感受到巨大的心理压力和民族耻辱，“欲辩不能，深以为辱。既闻寓居西人，联合大会，名为天足，意在劝惩，在彼以普渡众生为名，使我增独为君子之耻”[④]。康有为《请禁妇女缠足折》在向光绪皇帝进言时，同时列举了种种中国“野蛮贻诮于邻国”的落后现象如蓬荜、蓝缕、鸦片、乞丐，指出这些都遭“外人拍影传笑，讥为野蛮久矣”，更特别强调“而最骇笑取辱者，莫如妇女裹足一事，臣窃深耻之”[⑤]。维新一派共同将缠足指为民族耻辱符号，视作国家积弱之源，为使中国进为文明富强之国，不为西方列强所蔑视欺辱，他们采取先易后难，由表及里的策略，将废缠足和禁鸦片以及男人断发易服都列入变革事项。希望首先革新风气，然后改良政体，先治标再治本，将维新的目标最先指向了中国人的身体，如康有为向皇上建议断发易服时所称，“皇上身先断发易服，诏天下同时断发，与民更始，令百官易服而朝，其小民一听其

① 杨念群：《从科学话语到国家控制——对女子缠足由“美”变“丑”历史进程的多元分析》，见汪民安主编：《身体的文化政治学》，开封：河南大学出版社2004年版，第1页。

② 梁启超：《戒缠足会叙》，《时务报》，1897年1月3日。

③ 梁启超：《论女学》，《时务报》，1897年4月12日。

④ 黄遵宪：《湖南署臬司黄劝谕幼女不缠足示》，《湘报》第55号，1898年5月9日。

⑤ 康有为：《清禁妇女缠足折》，《康有为政论集》（上），北京：中华书局1981年版，第335页。

便，则举国尚武之风，跃跃欲试，更新之气，光彻大新”①。而后来的资产阶级革命派更视辫子为民族耻辱，公开断发易服表达他们进行种族革命和建立现代民族国家的决心，辛亥革命成功后孙中山以大总统身份首先饬令割辫和废缠足，正可视为中国人现代身体观念形成的表征。

“千里之行，始于足下”，中国进入现代性过程居然是以妇女的脚、男人的发辫获得“解放”为标志。在当时与西方世界的比照中，在强势西方人指缠足为“蛮俗”的语境中，被耻辱感所压抑的维新派知识精英产生民族主义思想，图谋于变法自强，却剑走偏锋极力去倡导兴女学、废缠足就一点也不足奇怪了，解放妇女问题应运而生自然也是顺理成章之事。

虽然借助维新派启蒙话语实践女性开始步出闺塾，但从这时开始女性身体也正式成为现代性所欲规划与改造的目标，成为主流话语所严格监视并加以规训的对象。《中国女学会书塾章程》将书塾办学宗旨概括为：“以彝伦为本，所以启其智慧，养其德性，健其身体，以造就其将来为贤母良妇之始基。”为培养有素质的现代女性，在作息制度和课程设置上章程均做了严格规定，首先在课程上是中西并置，并“习练体操”，“藉以活泼天机，发舒神智”；出于培养贤妻良母目的，也要求“学生必宜兼习女红中馈等事”；但在身体行为上又加以严格规范，强调身体健康朴素，如“更须饮食有节，运动适宜，庶精神气力悉臻快健，荒怠不形，于养生之道亦步亦有所益。而尤以不缠足为第一要义，凡衣服起居，宜以朴素为主……幸勿竞美争丽，致启骄奢恶习”。② 女性除了为“保种”要废缠足以强身健体外，还要戒惕奢华，在服饰上以朴素为尚，足可见出现代性知识权力对女性身体全方位的规训和宰制。

## 第二节　国家化：女性身体的现代归属

当女性身体被组织进入民族国家叙事时，其价值被夸大是无疑的，这是

---

① 康有为：《请断发易服改元折》，《康有为政论集》（上），北京：中华书局 1981 年版，第 369 页。

② 《中国女学会书塾章程》，《湘报》第 64 期，1898 年。

建构民族国家所必须采用的策略。如果没有女性参与，民族国家的建成是不可想象的；但也绝非有了女性的参与，民族国家就能一日奏凯。女性身体解放只能是建构民族国家的必要条件，绝对不是唯一前提，各种社会因素都会在这一过程中起作用。然而在20世纪初的时代话语中，女性被置于建构民族国家的焦点和矛盾位置，成为国民改造的重头戏，从而使女性身体脱离了家庭樊笼后事实上又成为激进话语控制的对象，受到知识权力如学校等社会机构相应的规训。

当维新派处于国家政治中心时，衰弱的女性身体被指为国家致弱的根源，是导致中国一切坏事情发生的源头。但当维新派退出政治漩涡后，到了20世纪初资产阶级改革派的口中，缠足女性与疲弱国家之间的换喻关系更为醒目，已由传统道德的理想载体完全堕落为民族耻辱的最大符号，是“亡国奴种之罪首”，“我黄帝子孙、神明汉裔之大耻辱也”[①]；并且男子之弱也归罪于女子：“吾中国男子弱矣，惟女子之弱实致是”[②]。这种对女性身体的激烈指责虽然可能与事实相左，有点耸人听闻，但当时妇女身体素质普遍低下，也的确是一个事实。既然衰弱的女性身体与建构现代民族国家的目标相距甚远，那么就必须重新为之裁量，预设一个理想的标准，以此承载建构未来理想国体的希望。

于是20世纪初主流话语刻意营造了这么一种时代氛围：女性从维新派所期许的贤妻良母被擢升为“国民之母”，赋予她为国“诞育佳儿”的崇高责任；还要求女子必须作为国民一分子——“女国民”与男子一起参与民族建国，要承担天降大任。“女权革命”“女界革命”的呼声此起彼伏，尤为急切，“论家国革命之先后，并无秩序可言；论男女革命之重轻，则女子实急于男子万倍”。[③]女子一时间被置于清末舆论的风口浪尖上，似乎被视为救振国族最后一剂良丹妙药。而革命形势愈往前发展，似乎对女性的要求愈高，不仅要成为与男性比肩的“女国民”，更要成为巾帼不让须眉力压群雄的“女豪杰”“英雌”，岂不知，主流话语为即将踏出闺阁的女性制作的此等重担，以她们还没摆脱缠足之困的瘦弱之躯该如何胜任？

20世纪初围绕着女性身体展开的言说虽仍追循晚清维新派的民族主义

① 刘瑞平：《敬告二万万同胞姊妹》，《女子世界》第7期，1904年7月。
② 丁初我：《女学生亦能军操歌》，《女子世界》第13期，1905年1月。
③ 初我：《女子家庭革命说》，《女子世界》第4期，1904年4月。

思路，但显然已进入国家主义话语层次。维新运动虽失败，但女子教育思想已深入人心，满清政府这时也不得不采取了较为开放的政策。1907年，清廷学部奏定的女学堂章程公布，女子教育合法化，这样民间女学堂无论从组织、办学宗旨到具体课程设置相对于维新时期都更为开放，所不同的是更突出了女子受教育与建构民族国家的关系。比如1906年上海群学社印行的《最新女子修身教科书》，特别强调"女子同为国民，当知爱国"，"女子有国家社会之责任"等内容。女子教育也开始突破原来的贤母良妇模式，转变为以培养女国民为主旨，"举国无名媛，将从何处觅贤妇，以佐佳儿而诞育贤子孙哉"[①]。由此也可看出，虽然强国保种仍然是兴女学、废缠足言说的一个重要方面，但无疑这类话语实践在20世纪初增加了国家主义的新内涵。"缠足之母，运动不灵，血脉停滞，人人皆病夫；所生儿女，亦瘠弱夭昏，多不获尽其天年，其得成立者类多病夫。故我国人以病夫贻笑地球万国，揆厥所由，大率根于秉赋。所谓流传弱种是也"。[②]秋瑾在她未完成的自传体弹词《精卫石》中，以女主人公黄鞠瑞的口吻宣传缠足害处，断言："尖尖双足成何用，他日文明遍我洲，小足断然人唾弃，贱视等作马而牛。"[③]女性身体构成隐喻性的社会体现，改造女性身体的根据在20世纪初也与维新派贤妻良母的提倡有所不同，女性身体在新的头衔——"国民之母"名义下，改造的目标性已经更加明确。

"国民之母"命名由金一首次提出："国于天地，必有与立。与立者，国民之谓也；而女子者，国民之母也。"[④]在维新派贤妻良母主义基础上，金一对女性的身体价值予以再一次擢升，他对女性"国民之母"的身份命名获得晚清知识者的热烈响应，从此成为号召"女界革命"的新流行语，屡见于当时报刊。特别是由金一、柳亚子参与主办的《女子世界》，对推动这一命名卓有贡献。"女子者，国民之母，种族所由来也"。[⑤]甚至由"国民之母"还衍生出另外的多重命名，如"女子者，强国之元素，文明之母，自由之母，国民之母"[⑥]。当女性身体的生物功能被充分夸大时，女性实际上凭借其生育的身体进入了

---

① 炼石：《女界与国家之关系》，《中国新女界杂志》第2期，1907年3月5日。

② 竹庄：《论中国女学不兴之害》，《女子世界》第3期，1904年3月。

③ 郭延礼选注：《秋瑾选集》，北京：人民文学出版社2004年版，第238页。

④ 金一：《女界钟》，上海：大同书局1903年版，第13页。

⑤ 竹庄：《论中国女学不兴之害》，《女子世界》第3期，1904年3月。

⑥ 曾竞雄：《女权为强国之元素》，《女子世界》第3期，1904年3月。

国家政治的宏大话语，女性的身体自然便被"国家化"了，女性的生育也有了特别的意义：不再仅仅是为一己家族繁衍后嗣，责无旁贷地要身属国家，负责为国家生育新一代优秀国民。所以当时主流舆论基于女性身体的生育功能，有意夸大了女性主宰国族命运的能力。"欲新中国，必新女子；欲强中国，必强女子；欲文明中国，必先文明我女子；欲普救中国，必先普救我女子，无可疑也"。[1]而且荒诞的是，相应的宣传甚至陷入"鸡生蛋，蛋生鸡"的连环套："欲造国，先造家；欲生国民，先生女子。"[2]"国无国民母，则国民安生；国无国民母所生之国民，则国将不国。故欲铸造国民，必先铸造国民母始。"[3]还有的完全将拯救国族的希望寄于女子生育新国民的能力，"将来造成新国民，养成新民族，皆此辈女子之责矣"，"女人以生产国民，教育国民为独一无二之义务"[4]。女性要重建其对生产和生育孩子的信仰，不仅仅是为家族繁衍后代，种族延续、国家兴亡也皆系于女子，这当真是令女性身体不堪承受的生命之重。正如夏晓虹在《晚清女性与近代中国》中所分析的："'国民之母'并非一项只是给女性带来'最敬重、最尊贵'荣誉的桂冠，而实在蕴涵着脱胎换骨的改造与重塑国民的使命。"[5]

"国民之母"是对女子母职身份的强调，不是将女子视为与男子平等的个体，真正对女性解放有实质性贡献的是"女国民"口号的提出，这才是之于男女平等意义上对女性身份的现代指涉，是附属于国家法理上对女性公民身份的确认，并为以后女性身体走向法权化提供了认知基础。

1905年《女子世界》发表了丁初我讨论女子体育的文章，指出倡导体育"不特养成今日有数之女国民，且以养成将来无数之男国民"[6]。虽然落脚点仍在女性的母职上，但推出了一个更为激进的概念——"女国民"。女国民这一身份的命名，是在国民概念基础上对"国民之母"的延伸，反映出国家意识、人权意识与女权意识的结合。但与国民之母不太相同，"女国民"意味着女性被视为国家完全的一分子，对国家兴亡女性和男性同样要有一份责任承担，这个命名的认知基础是男女平等；而"国民之母"是退而求其次，并不

① 金一：《〈女子世界〉发刊词》，《女子世界》第1期，1904年1月。
② 丁初我：《女子家庭革命说》，《女子世界》第4期，1904年4月。
③ 柳亚子(署名亚特)：《论铸造国民母》，《女子世界》第7期，1904年7月。
④ 刘瑞莪：《记女学体操》，《女子世界》第7期，1904年7月。
⑤ 夏晓虹：《晚清女性与近代中国》，北京：北京大学出版社2004年版，第82页。
⑥ 丁初我：《女学生亦能军操欤》，《女子世界》第1期，1905年1月。

讲求与男子平等身份，依然以男性为主体，女性是附属身份，这是两者的最大不同。但两种身份命名相同的一点却是女性身体的归属和男性国民一样都是国家，这是毫无疑问的，女性在国家危急之秋从此再也不能作壁上观。正因为如此，这种提法很快得到广泛认同，《东方杂志》上有文章提出，“国民二字，非但男子负此资格，即女子亦纳此范围中”，并强调“文明之国男女有平等的权利”①。在此情势下，女国民教育与军国民共同成为社会热衷的教育运动。所以，到了1906年，上海群学社发行的《最新女子教科书》中已经明确指出“女子同为女国民”的事实，强调“必先自爱其群，始勉尽己力，牺牲私利，维持公利”。

不过于今看来，在20世纪初主流舆论从“国民之母”过渡到“女国民”之倡，还是因为对女子是否享有国民身份有疑问，梁启超、邹容、孙中山等在界定“国民”时，都是笼统的泛指，如《新民说》中多次提到“四万万人”“四百兆人”“全体国人”“中国人”等，性别概念其实极为模糊。而基于女性的历史与现实地位，男女平等观念在这时又并未为全体国人所接受，所以女国民之倡更凸显了对这一问题的疑问。但无论如何，女国民之倡更加速了女性身体的国家化过程，现代女性身体从此有了一个新的归属对象，那就是国家。这种身体的国家化面向，过多强调的是女性对国家的责任和义务，相对比较忽视权利，当然这样说也并非无视当时社会话语对女性权利的吁求。

在主流舆论的引导下，先进女性对个体之于国家的责任也有一份明确的自认。江阴潘梦蕉《女子歌四章》将当时女性渴望打破闺阁生活，承担社会责任的愿望强烈表达出来：“我女子如蜉蝣，困守闺中不自由；堂堂巾帼胄，辱为男儿羞”，“我女子不自由，洞耳穿足如楚囚”，并崭露了女性在新的历史条件下努力追求男女平等的心声：“我同胞焉可再因循，社会进化权力伸，我女子亦国民”，呼吁“二十世纪尊平等，我女子需自振”。②而秋瑾所作《勉女权》同样鞭策女性打破男女不平等的现实，鼓励女性争当时代弄潮儿：“旧习最堪羞，女子竟同牛马偶。曙光新放文明候，独立占头筹。愿奴隶根除，知识学问历练就。责任上肩头，国民女杰期无负。”③可谓喊出了女界革

① 《论文明先女子》，《东方杂志》第10期，1907年11月30日。

② 潘梦蕉：《女子歌四章》之三，《女子世界》第6期，1905年6月。

③ 秋瑾：《勉女权》，《中国女报》第2期，1907年3月4日。

命的时代最强音。秋瑾言为心声，不仅这样说，也是这样实践的。她和男子一样参加革命，还身体力行如男子那般穿衣喝酒吟诗、骑马仗剑用枪。辛亥革命前期，她组织绍兴起义事败被捕，断头绍兴古轩亭口，一句“秋风秋雨愁煞人”为自己的革命生涯画上完美句号，实践了“虽死犹生，牺牲尽我责任”① 的革命誓言。当时有人这样评价秋瑾：“以国民之权利、民族之思想，牺牲其性命而为民流血者，求之吾中国四千年之女界，秋瑾殆为第一人焉。……以巾帼而具须眉之精神，以弱质而办伟大之事业，唤起同胞之顽梦，以为国民之先导者，求之吾中国二万万之女界，秋瑾又为第一人焉。”②

1902年蔡元培于上海创办的著名爱国女学，“不取贤母良妻主义，乃欲造成虚无党一派之女子”③，目的是培养苏菲亚式的刺客。蔡元培说：“觉得革命只有两途：一是暴动，一是暗杀。在爱国学社中竭力助成军事，算是播下暴动的种子。又以暗杀女子最为相宜，于爱国女学，预备下暗杀的种子”④。蔡元培号召女性报效国家本也无可厚非，但利用女性身体作为革命的一种特别资源就大可深究。吊诡的是，女性身体的价值竟是以“诱饵”这种方式实现的。1911年11月上旬，上海刚光复，闸北守卫团曾拟招募一队女侦探，专门派于沪宁、沪嘉两车站侦探奸细，每月薪水洋20元，似乎盘费在外，要求加入者需通晓数省方言⑤。1911年12月，妓女张侠琴、唐六琴发起“中华女子侦探团”，宗旨是“因择我国良家妇女所不能为不肯为之事，发起女子侦探团，冀稍尽国民之一分”，并公开声称“挟红粉为行军之饵，借美人为诱敌之谋”。侦探团《简章》称：“专以探取行军时之敌情及国际上之秘密为宗旨，团员先行额定五十人，以十六岁以上三十岁以下粗识文字者为合格。”⑥非常之事采用非常手段，正当妙龄的女性身体成了为国家服务的最好工具，身体的国家化让女性身体本身便成为革命可资利用的一种“资源”，可以说革命与女性身体从一开始就演示了一种充满吊诡的结合。

---

① 郭延礼选注：《秋瑾选集》，北京：人民文学出版社2004年版，第23页。
② 明夷女史：《敬告女界同胞》，《时报》，1907年8月10日。
③《孑民自述》，南京：江苏人民出版社1999年版，第38页。
④《孑民自述》，南京：江苏人民出版社1999年版，第47页。
⑤《闸北种种》，《申报》，1911年11月18日。
⑥《中华女子侦探团缘起》，《申报》，1911年12月19日。

金一在《自由血》中介绍俄国女虚无党人事迹时，曾提及巴枯宁一句名言："女员者，虚无党之宝物也。"①文章介绍说俄国女杰读过巴枯宁书的，"多自矜高其位置，养成自尊独立之态度"，"然其入于民间，则虽千金爱娇亦必身缠褴褛，口甘粗粝，亲与劳动者共起居，而其爱娇恍惚之性又如磁石之力，巧能牵引人情感化捷速"。所以金一大赞曰："'使百男子破嗓于万众之前，不如一女子呖音于社会之上。'以是功效成而势力大也。"②让女性介入爱国活动就是要利用女性身体的资源以达到最大价值，这是那个非常年代所产生的非常事件，所以有研究者将一些表现女性革命的晚清小说命名为"姿色救国"③，这简直就是古代"美人计"的现代翻版，也由此说明女性身体的国家化想象所呈现的另一个奇诡面向。

## 第三节　权利化：女性身体的"国民"想象及追求

为应对晚清以来日益加重的亡国灭种危机，强国保种这一民族主义策略得以在维新运动时期采用，部分女性以"贤妇良母"身份，摆脱了传统强加于女性身体的禁锢，走出闺阁，加入正在着力建构中的新的社会秩序。虽维新百日便被保守势力扼杀，强国保种策略却并未一起被废除，兴女学、废缠足仍在大张旗鼓地继续。1901年蔡元培在他著述的《学堂教科论》中重提兴女学主张，强调"正本清源，自女学堂始"，认为"女子不学，则无以自立，而一切倚男子以生存，至乃不惜矫揉涂泽，以求容于男子"，"妇女不学，其以掣男子之肘、败男子之业者多矣，而害于人种尤巨，遗传也，胎教也，蒙养也，何一不关女权者。顾乃以童昏侧媚之材任之"。④这时的兴女学宣传看起来是延续维新派思路，实际上却是"西风东渐"女权观念浸染的结果，上文中即有"泰西女权之盛，已有充律师、觊议员者""中国女权尤稚，尤不可不受之以渐"等语，女性身体改造在20世纪初迅速呈现出一个新的面向——权利化，

---

① 金一编译：《自由血》，上海：镜今书局1904年版，第127页。

② 金一编译：《自由血》，上海：镜今书局1904年版，第28页。

③ 刘慧英：《女权启蒙中塑造的救国女子形象》，《中国现代文学研究丛刊》2002年第2期。

④ 蔡元培：《学堂教科论》，《蔡元培全集》(第1卷)，杭州：浙江教育出版社1997年版，第343－344页。

这无论是男性启蒙者为女子权利的吁求还是女性先觉者的权利自诉，都可体现出这一趋势，这是不同于维新话语实践的地方。

维新精英仅受西方文化观念的影响，他们的启蒙话语实践并非以承认男女平等现代价值观为前提，真正开始倡导男女平权是20世纪初西方女权主义被引介到中国后。“历史环境促成了影响妇女的重要的物质和意识形态变化，而帝国主义和西方思想的影响冲击无可否认属于这一历史环境中影响深远的因素”[①]。自从马君武将斯宾塞的《女权篇》[②]译介到中国以后，晚清思想界对于西方妇女解放理论的了解“便由过去的道听途说、众口异词而渐趋一致”[③]。西方人的现代平等观念开发了中国人对女性身体的现代想象，使中国女性向社会公开要求权利自由有了合理的外来理论依据。康有为在1902年流亡印度期间写成的《大同书》用整整一节《去形界保独立》，洋洋两万余言论述解放妇女的问题，就已经不完全是维新时期提倡贤妻良母的腔调了，而是在现代的男女平等认识基础上讨论解放妇女的问题。《大同书》这一节着重从女性身体所遭受的规约和宰制出发，讨论在未来中国解放女性的计划。如果就身体层面上而言，之后为妇女解放张目呐喊的文字都未脱出康有为《大同书》的范畴，到五四新文化运动时期依然是延续了这位维新派先驱的主张，只不过更注重女性精神层面的解放而已。或者换言之，晚清维新派接受西方的人权平等意识，在妇女解放问题上确实看到了传统礼法禁锢女性身体的表象，却未能形成民主主义和人道主义思想，也做不到由表及里，深究压迫妇女的社会机制的根本，断其源头，斩其毒根。真正大张旗鼓地反对封建礼教，从根源上对男尊女卑的性别统治进行深度挖掘批判，主张思想和个性解放那是五四一代人的任务。

康的主张大多是建立在乌托邦设想上，他完全接受了西方的人权观念，为未来中国妇女的地位规划设计，为她们争取为“人”的平等权利：“既得为人，其聪明睿哲同，其性情气质同，其德义嗜欲同，其身首手足同，其耳目口鼻同，其能行坐执持同，其能视听语默同，其能饮食衣服同，其能游观作止

---

① 陈顺馨、戴锦华选编：《妇女、民族与女性主义》，北京：中央编译出版社2004年版，第74－75页。

② 斯宾塞的《女权篇》1902年由马君武译介过来，“是我国近代翻译、出版的第一本关于妇女问题的译著。它运用西方资产阶级关于人的‘自然权利’学说和进化论观点论证了男女平等、男女同权的道理”。参见刘巨才：《中国近代妇女运动史》，北京：中国妇女出版社1989年版，第150页。

③ 夏晓虹：《晚清文人妇女观》，北京：作家出版社1995年版，第71页。

同，其能执事穷理同”，那么“女子当与男子汉一切同之。此为天理之至公，人道之至平，通宇宙而莫易，质鬼神而无疑”[①]。他揭露父权意识形态规训女性身体的政治，“甚且斫束其腰，蒙盖其面，刖削其足，雕刻其身”，其目的是“抑之、制之、愚之、闭之、囚之、系之”，将女子“为囚为刑，为奴为玩具”，“为男子私有物”，剥夺女子参与公共事务的权利，自立的机会，“使不得自立，不得任公事，不得为仕官，不得为国民，不得预议会，甚至不得事学问，不得达名字，不得预享宴，不得出观游，不得出室门”[②]。鉴于此，康有为提出一个空前大胆的预设，女子与男子不仅应该一切同之，做“国民”的权利也应等同：“女之与男，既同为人体，同为天民，亦同为国民。同为天民，则有天权，而不可侵之；同为国民，则有民权，而不可攘之。女子亦同受天职，而不可失；同任国职，而不可攘焉！”[③]

女权观念的引入催生了中国现代女权运动的开展。1903年金一《女界钟》的问世，则奏响了妇女革命的冲锋号，在男子尚且“沉睡于黑暗世界”，女子更是“绝不知文明国自由民有所谓男女平权、女子参与政治之说”的晚清中国，他发出振聋发聩之呼喊，断言“十八、十九世纪之世界，为君权革命之时代；二十世纪之世界，为女权革命之时代”，急切呼吁女性奋起革命以求共和，以争取个人身体权利及自由。“国之亡也，权利为之先；种之奴也，权利为之兆。人而能牺牲其一身之权利，则去奴隶禽兽不远矣”。[④]他论及了女子应该享有的权利，包括入学、交友、营业、财产、出入与婚姻自由等六项，他将女子参政视为恢复女权的核心关节，他所寄望的“理想国”就是“女子参政之国”(进一步的论述详见第二章)。

女性身体的现代建构必然以身体的权利化为标志，这在中外皆然。当女性对自己的身体不能拥有权利，没有自由权、平等权、受教育权、参政权时，就不能说是一个现代身体的概念。中国民族国家想象的起源语境，既然在新的社会秩序中为妇女留出了位置，不将公民权利赋予妇女，也就无以动员妇女“将其能量诱导向对新国家的支持上”[⑤]。

---

① 康有为：《大同书》，《民国丛书》(第3编第7卷)，上海：上海书店1989年版，第194页。
② 康有为：《大同书》，《民国丛书》(第3编第7卷)，上海：上海书店1989年版，第193页。
③ 康有为：《大同书》，《民国丛书》(第3编第7卷)，上海：上海书店1989年版，第200页。
④ 金一：《女界钟》，上海：上海大同书局1903年版，第56－57页。
⑤ [美]本尼迪克特·安德森：《想象的共同体——民族主义的起源与散布》，吴叡人译，上海：上海人民出版社2003年版，第58页。

先进的知识女性受西方女权观念的熏陶，对自己的天然权利也有了一份觉醒，她们对权利的自诉似乎更能代表晚清女性解放的程度。秋瑾作为女界革命先驱者，曾作《勉女权歌》宣称："男女平权天赋就，岂甘居牛后?"竹庄(蒋纬乔)于《女子世界》上撰文《论中国女学不兴之害》，提出："男女同生天地间，同有天赋之权利，同有争存之能力"，"吾国女子，正宜奋发其争存之能力，规复天赋之权利，以扫除依赖男子之劣根性，各自努力于学问，以成救国之女豪杰，夫而后中国或有可望也。"[①]男性同盟柳亚子也慷慨相助，吁求男女共享权利："夫天生男女，各有义务，即各有应享之权利。"[②]可见，男女同为国民，女性应获得同等权利是20世纪初女界革命的最强音，也成为时人共识。"今日中国女学，渐普及矣！抑知阴阳相配，男女各半，国民二字，非但男子负此资格，即女子亦纳此范围中。文明之母，男女有平等之权利，即有平均之责任"[③]。但归结起来，20世纪初女性身体的权利化想象有这么一个特点，即以争取男女平等为旨归，所谓平等，其内涵是：一为法权上的平等，要求女性与男性具有平等的国民地位；二为平等的责任要求，强调在救国家救民族上男女承担相同的职责("国家兴亡，女子与有责焉")。当这种观念折射到晚清文学叙事上时，得到了更为夸张的放大，女子不让须眉，甚至在爱国革命上要独擅专场，成为一种理想化模式。

但可以看到，在20世纪初对于女性权利的伸张与吁求中，先进的女性个人成为想象的主体，她们自觉地从男权阴影中走出，有着强烈的女性自身权利的要求。但在追求权利时，她们也有清醒的性别自认："权是天付他的，女子自己有的；等是天定他的，女子自己生成的，并不是随人付给他。"[④]不过，对女性身体的权利化想象，先进的男性却能够超越性别偏见，振臂为女性权利呐喊，所起到的同盟军作用也不容小觑。因此，女性对国民平等权利的诉求虽然在辛亥革命前期得到了社会呼应，达到了最高潮，但在民国成立后很长时间并未具体落实到法律条文上，因而停留于想象的层面，事实上并没完成黄金麟所称的"法权化"。但这并不能抹杀20世纪初女性身体的权利化想象与追求，为现代女性身体在今后的法权构形奠定了很好的基础。

---

① 竹庄：《论中国女学不兴之害》，《女子世界》第3期，1904年3月。
② 亚特：《论铸造国民母》，《女子世界》第7期，1904年7月。
③ "社说"，《论文明先女子》，《东方杂志》第10期，1907年10月。
④ 杜清持：《文明的奴隶》，《女子世界》第9期，1904年9月

## 第四节 革命化：女性身体的再造与实践

### 一、女性身体为何要脱胎换骨

“二十世纪，神圣女国民，激昂慷慨赴前程，觥觥自由魂。铁血作精神，侠骨柔肠和爱情”。[①]女子既属国民一分子，就要责无旁贷参与民族国家建构过程中去，事实上女界革命完全附属于现代民族国家想象这一大命题。然而，在晚清中国女性有了“国民”的名义却并未获得“人”的地位，以“不知不识之女界”并不足以负担救国的使命，尤其是中国女性的身体素质，让20世纪初的改革派十分焦虑：“今我国女子，大都废人、病夫，乃愚乃顽乃怯乃惰，遑论女权！虽欲国之不亡，乌得而不亡！所谓亡国之源也。”因此断定，如果长此下去，后果可堪忧虑，“以此今日孱弱污贱之女子，而欲其生伟大高尚之国民，是将化铁而为金，养鹨而成凤也”。那么这种状况是如何造成的呢？虽然是“种种恶孽，种种谬因”，但男子中心文化给女性制定的“身体政治”却为第一罪魁祸首：“足使纤，耳使贯，面目使姣好，身体使孱弱，以确守旧训为无上法门，以服从家主为第一要义，以女才为天所忌嫉而禽兽其行，以女质为人所轻贱而奴隶其心”，所以“忧愁惨淡，家庭被压抑，娇躯弱质，身体被戕贼，以‘三从’‘七出’而终”，“塞聪堕明，弃圣绝智，或流为人奴，或转为人妖”。[②]

鉴于此，中国女性既然如此甘于做“囚徒”又“不知不识”，指望生育一代优秀的新国民，指望其成为与男子比肩的女国民，自然就成为缘木求鱼，因而对她们的身体非加以改造不可。“女子为国民之母，欲列其国势于优等，必先跻入人种于优等，种族进步之权基于妇女，吾愿为人母妻者，俱以体健貌美为万国先”[③]。按照蔡锷《军国民篇》中的说法，“鸦片之毒”和“缠足之毒”是使“茫茫大地，几无完人”之原因，所以要“新民”，要“军国民”，缠足习俗必先要根除。这个按说也不成问题，缠足本来就在君命之下没有了合法性，更

---

① 《女国民》，《中国新女界杂志》第5期，1907年5月。

② 竹庄：《论中国女学不兴之害》，《女子世界》第3期，1904年3月。

③ 许家惺编：《最新女子修身教科书》，上海：上海群学社1906年版。

何况在这时慈禧又追发了一道晓谕全国戒缠足的上谕呢。不过废缠足仍然是女性身体改造的重点关目，杜清持在《男女都一样》一文中格外强调在女子裹足与“复女权”之间的关系：

> 殊不知女人不裹脚，第一件是复回他天赋的权利，因为天生出他来，原是想他不裹脚的，不是一生出来，就带他一双小脚来的呀！第二件的好处，是保全他的卫生，不裹脚，周身的血气，才能够运动，身体自然由此强壮，就是寿命也会长些。第三件，遇着水火刀兵的事，走也走得快些。第四件，可以随意出外游历，自然那见识就会一天多比一天。①

但是除此以外，其他之于女性身体的束缚在这时也是必须被解除的，包括吃穿用戴及言行上的旧的规范及习惯。秋瑾鼓励女性姊妹“这个幽禁闺中的囚犯”独立，以摆脱“牛马奴隶的生涯”。她痛惜中国妇女身处脂粉地狱尚且麻木不仁的现状，以生动的笔法描述这种形状：

> 二万万的男子是入了文明新世界，我的二万万女同胞，还依然黑暗沉沦在十八层地狱，一层也不想爬上来。足儿缠得小小的，头儿梳得光光的，花儿朵儿扎的镶的戴着，绸儿缎儿滚的盘的穿着，粉儿白白脂儿红红的搽抹着，一生只晓得依傍男子，穿的吃的全靠着男子，身儿是柔柔顺顺的媚着，气虐儿是闷闷的受着，泪球儿是常常的滴着，生活儿是巴巴结结的做着，一世的囚徒，半生的牛马。

她告诫妇女们“这些花儿朵儿好比玉的锁金的枷，那些绸缎好比锦的绳绣的带，将你束缚得紧紧的”，②鼓励女同胞打破这些枷锁束缚。1907年潘梦蕉所作的《女子歌四章》，以朗朗上口的歌谣，形象表达女性“困守闺中不自由”“洞耳穿足如楚囚”的现实处境，鼓励她们：“我女子须自振，处人胯下非才俊。救世学批茶，心侠性悲悯。”③

然而，千百年来女性就是这般过来的：没有独立人格，没有主体，没有自

① 杜清持：《男女都是一样》，《女子世界》第6期，1904年6月。

② 秋瑾：《敬告姊妹们》，《中国女报》第1期，1907年1月。

③ 潘梦蕉：《女子歌四章》，《女子世界》第6期，1905年6月。

我，没有外面的世界，她只是男子欲望的对象、家族生殖的工具，她被定义为一个“物”，一个客体，甚至就只是作为身体本身而存在：一个快感的、生育的身体，但从来没有人觉得有什么不对。那么如何把具有这样身体的女性塑造成“国民之母”和“女国民”，这是摆在20世纪初知识精英们面前的一个重要问题。柳亚子为铸造“国民母”提供的方法是：“盖必断绝其劣根性，而后回复其固有性；跳出于旧风气，而后接近于新风气；排除其依赖心，而后养成其独立心。”①

女性身体在晚清中国处于激进的民族主义、国家主义话语统摄之下，精英们在对未来民族国家进行想象时，女性身体的现代性改造构成其中突出的重要议题。但中国现代性起源语境中的女性身体被做了与传统完全不同的定义，由原来归属家族到现在归属国家；由原来崇尚趋弱的身体形态，代之以健康的、尚武的、军国民的；由原来《女诫》《女训》《女则》《女学》等旧闺范对妇女德言容工的要求，转变为主流话语强调的女国民应有素质；由原来追求做淑女、贞妇转而以西方女英雄、女豪杰为楷模。似乎只能通过这样的内外兼修，女性才能获得参与公共事务的资格，从而以女国民这一社会身份在民族国家想象的秩序中占得一席位置，成为与国家相关的能指。而与民族国家想象相呼应，女性身体的生物功能受到突出强调，为生育优秀新国民计，女性就不能不有一个与想象中的现代民族国家相匹配的身体。

## 二、如何建构现代女性身体

女性身体的现代改造势在必行，20世纪初主流话语在讨论这一话题时经过了这样几个步骤：

首先是建构现代女性身体观念，确立新的时代标准。

不破不立，传统礼教对女性身体的规范在这时被视为陈腐的说教受到摒弃。如果说男性在古代尚且还算一直有尚武的传统，那么女性却不知从何时沿袭下来以弱为美的风气。《女诫》之首节即为《卑弱》，在《敬慎》章中明确了“阴以柔为用，女以弱为美”。这是女性身体形态从此趋弱的根源。另外，以男子中心的文化传统造成了中国畸形病态的女性身体审美文化。在古代女性身体从来都是男性审美和欲望的对象，男性可以居高临下对女

① 亚特：《论铸造国民母》，《女子世界》第7期，1904年7月。

性身体评头论足，说长道短，像宋玉、李渔都是古代品评女性身体的“专家”，而女性在“被看”中则形成了以男性为中心的身体意识。既然要依赖男性供以衣食，那么男性的目光就决定了女性的身体形态，女性的一切当然就以男性趣味为转移：男性爱“金莲”，女性就会风行缠足；“楚王好细腰，宫中多饿死”。为了满足男性畸形病态的审美趣味和性偏好，女性不得不以扭曲身体的方式来投合，正因为如此，缠足习俗才能风行千余年成为“国粹”，古代女性身体尚弱尚娇甚至尚病的思维倾向也在这种风习中不断地被强化。然而，这种陈腐的女性身体观念随着废缠足话语宣传在晚清中国的主流话语中受到了清算，并在20世纪初中国随着新民、军国民、女国民的倡导，重新确立了以健康、尚武为时代崇尚的现代身体观念。女性身体在民族国家的现代叙事中，由女国民话语统摄并进行了重新定义。

经晚清精英人士的大力鼓吹及不无夸饰的宣传，原来传统的视为理所当然的女性身体观念受到唾弃。胡彬在《论中国之衰弱女子不得辞其罪》中认为中国之弱不仅是男子之罪，女子也摆脱不了干系。女子那种“时形于辞色，涂脂抹粉，效时装以自炫”的虚荣娇饰风气，对国家前途“袖手旁观，任其灭亡，而反委过于男子”的做派，被斥责为“不以人类自处”①。在清算传统女性身体观念的同时，20世纪初的主流舆论也引导崇尚天然素朴的新的时代审美趣味，确立以民族国家为中心旨归的现代女性身体观念，正如当时一首劝放足歌所宣称的“变国俗，禁缠足，天然风，无拘束，活泼一身习体育，循我女儿最初之天职，不使惨遇摧残毒”②。1903年陈撷芬在《论女子宜讲体育》中揭露缠足、穿耳及养指甲等时尚之美是男人制造的身体政治，“明明非美观，不过丧心病狂之男子为便于其狎侮压制，因造作此等名词、此等形容词，诱吾辈趋之”③。女学生孙汉英以切身体会劝诫女同胞“切勿去裹足”“切勿爱修饰”，以朗朗上口的歌谣形式传达时代重新定义的女性身体观：“勿勿勿，女同胞，切勿去裹足，伤筋断骨遭惨毒。笋尖连瓣都是娼家言，淫风流行此最恶。读书明理乐莫乐。女同胞兮，自今伊始勿裹足。勿勿勿，女同胞，切勿爱修饰，珠玉脂粉件件撇。淡妆浓抹都是画中人，妖娇只取男儿悦。读

① 胡彬：《论中国之衰弱女子不得辞其罪》，《江苏》第3期，1903年6月。
② 德莹：《乡女学劝放足歌》，《中国新女界杂志》第5期，1907年5月。
③ 陈撷芬：《论女子宜讲体育》，《女学报》第2期，1903年4月。

书明理求自立。女同胞兮，自今伊始勿修饰。”①秋瑾作弹词《精卫石》，在序中她严词批判女同胞处黑暗地狱且麻木不觉的精神病状：“尚日以搽脂抹粉，评头束足，饰满髻之金珠，衣周身之锦绣，胁肩谄笑，献媚于男子之前，呼牛亦应，呼马亦应，作男子之玩物、奴隶而不知耻，受万重之压制而不知痛，受凌虐折辱而不知羞，盲其双目，不识一个，懵懵然，恬恬然，安之曰：命也。奴颜婢膝，靦颜不以为耻辱。”②她呼唤姐妹们觉醒自强：“脱范围奋然自拔，都成女杰雌英。飞上舞台新世界，天教红粉定神京。”③

崭新的价值崇尚是主流文化对女性的引导和规约，这也反映在新式女学堂的教育规则对女性身体的规训和形塑上。如《香山女学校学约》明确规定：“缠足为女子之陋习，不可不戒”；“脂粉妆饰为女子之陋习，不可不戒”；“妖姿弱质，为女子之陋习，不可不戒”，并告诫女学生：“嗟我汉裔，气息奄奄。返视女流，鬼气弥重。凌波微步，玉树临风。婀娜娉婷，转相慕效。国奴种灭，职此之咎。戒之戒之，应忏斯罪。”④蔡元培担任校长的爱国女学堂公布的章程甚至对女生的身体行为从衣饰到出行都作了全面明确的规约，强调：

> （甲）不得缠足（已缠足者入校后须渐解放）。（乙）不得涂脂抹粉。（丙）不得著靡丽衣服及手饰，亦不为诡异之装束及举动以骇众。（丁）不得常骛游观，即集会学说之场，非监督率领亦不参与。（戊）不得请人代作文字流布外间，猎取虚名。（己）不得以闻有女权自由之说，而径情直行，致为家庭、乡里所不容。⑤

那么究竟女性身体改造到什么样子才符合理想？金一在《女界钟》提出了具体想象，他认为能合乎国民愿望的现代女性，不仅要具备国民之母地位，也应有慧眼、敏腕、悲悯之心肠、粲花之舌的身体。但这种女性不要说在

---

① 孙汉英：《女子四勿歌》，《女子世界》第8期，1904年8月。
② 郭延礼选注：《秋瑾选集》，北京：人民文学出版社2004年版，第181页。
③ 郭延礼选注：《秋瑾选集》，北京：人民文学出版社2004年版，第182页。
④《香山女学校学约》，《女子世界》第7期，1904年7月。
⑤《爱国女学章程》甲辰秋季补订，1904年8月1日。《蔡元培全集》（第1卷），杭州：浙江教育出版社1997年版，第440－442页。

20世纪初一人难求，就是在现代社会也属凤毛麟角，因此也只能归于想象而已。

其次，是提倡通过女子教育特别是体育，完成对现代女性身体的形塑。

女性身体既破且立，但与之相关的问题则是如何才能塑造合乎现代国家需要的女性身体。要成就未来“女国民”，女性除了需成为权利主体，具有现代公民意识，还要有承担“大任”所需要的强健体魄，否则“虽有日日导我以平权，聒我以自由，且任之取携者，我亦岂能受之哉？”[①]在妇女放弃缠足残毁肢体后，强身健体是可能通过现代体育来完成的。所以20世纪初主流话语针对女子身体改造的话题除了倡导“天足”，还借鉴西方教育方式呼吁开展女子体育。

中国古代几乎不存在真正的女子教育，有的也只是闺塾中的零星授予，更不可能存在任何女子体育活动，“六艺”技能中的骑、射等项目，也只针对男子。晚清维新派在倡导兴女学、强国保种时，就开始认识到女子教育和女子体育的重要性和相关性，“妇学是天下兴亡强弱之大源也”，康有为、梁启超都曾以西方学校重视女子体育作参照，说明母强则子壮，亦即女子体育与“传种”之间的因果关系：“各国之以强兵为意者，亦令国中妇人，一律习体操，以为必如是，然后所生之子，肤革充盈，筋力强壮也。”[②]康有为停留于乌托邦想象，梁启超对女子体育并未多有阐发，因为他们对女子体育在封建意识浓厚的中国推行的可行性并无把握。梁氏创建中国女子学堂(称经正女塾)，出于培养贤妇良母、强国保种的目的，在办学方法上开始注重体育这一环节，建议开设体操课，所希望的也不过是让女子经由“习练体操”，“藉以活泼天机，发舒神智”“培体却病”“以杜单弱”[③]这样简单的目的。但20世纪初倡导女子体育的呼声却调门突然升高了。金一不仅在他的《女界钟》中大声倡导女子体育，以欧洲培植女子体育的经验来强调在中国发展女子体育对于提高女子能力的重要性，“运动而后身体强壮，而后精神愉快，乃办事而有余”，将女子强身健体视为国族振兴的关键。金一还在《女子世界》第1期上撰写了《女学生入学歌》，在宣传“新世界，女中华”的同时，将女子学堂体育的热闹景象在歌词中想象得一片花团锦簇，以此向国人传达先进的女子体

① 陈撷芬：《论女子宜讲体育》，《女学报》第2期，1902年4月。

② 《论女学》，《时务报》，1897年4月12日。

③ 《中国女学会书塾章程》，《湘报》第64号，1898年。

育理念："紫裙窣地芳帅系，戏入运动场。秋千架设网球张，皓腕次第攘，斯巴达魂今来乡，活泼地，女学堂。"①

女子体育在20世纪初被纳入国民改造这一整体工程中，反映了全社会乃至女性精英的亟切诉求。广东女学堂学生张肩任在响应《女子世界》杂志的《急救甲辰年女子之方法》②征文中，提出加强女子体育的看法："吾以为急救目前女子之方法，断自体育始，断自本年本日始。"在她看来，原因是中国女子"体魄无一完全者"，"躯体之不完，遑言学问？纤微之不举，奚论戈矛？"但作者强调女性对国家所应负的责任，立意依然着落在强国保种上，"故女子之体魄一弱，关乎全国人种之问题。试观我国人种皆短小，西国人种皆奇伟。不待一朝决战，而其气概已大胜人矣。人种与国家之关系，诚有如斯之密切"。作者提出了所谓加强女子体育能够"救国"的观点，实际上延续了梁启超、蔡锷"尚武"与"军国民"的思维，岂是用体育救女子，实是以体育救中国而已。丁初我在他主编的《女子世界》杂志上也曾撰文提出："今日女子之教育，断以体育为第一义。"但他对女子体育的倡导，似也跳不出救国保种的男性视角的俗套："不特养成今日有数之女国民，且以养成将来无数之男国民。"③

值得留意的是，当时很多论者在提出如何实施女子体育时，大多只是关注体操一科，与现代体育的概念差距甚远。女子的身体生理结构及机能还停留在简单的中医学认识上，生理学、生物学知识尚未建立，国人多以为女子生理体质特别，不能与男子一样参加剧烈的体育活动，也不主张女子进行体育比赛(到20世纪20年代才有女子参加运动会之倡)，所以认为只有体操较适合女性身体。因此不见得当时所有的新式女学堂都设体育课，而如设体育课必以体操为主，由此可见时人对女子体育认识之浅薄，更遑论有规模地组织女子体育运动了。不过，舆论对体操的健身效果很是倾心："体操诚急务矣，可以活筋骨，可以怡性情，可以强种族。……故体操者，学堂必不可缺也。"④如果说欲借助简单的体操就能够锻造强健的女性身体，而后提高全民族的体魄，且不谈能够进入学堂的都只是贵族女子，平民女子极少能够接

① 金一：《女学生入学歌》，《女子世界》第1期，1904年1月。

② 张肩任：《急救甲辰年女子之方法》，《女子世界》第6期，1904年6月。

③ 初我：《女学生亦能军操欤》，《女子世界》13期，1905年1月。

④ 刘瑞莪：《记女学体操》，《女子世界》7期，1904年7月。

受教育，拘于当时封闭的观念，那么无非是奢望而已。但奢望归奢望，强调体育的声音一直很响亮，因为新的国家秩序必须有健康的能充当合格母亲的女性身体作保证。“盖女子者，国民之母也。一国之中，其女子之体魄强者，则男子之体魄亦必强”，“将来造成新国民，养成优民族，皆此辈女子之责矣”[①]。1906年《最新女子修身教科书》也提出“体育一事，男女并重”[②]，强调女子要革除自戕身体、牺牲健康以邀宠男子的陈规陋习，注重锻炼身体。看上去，学校教育中已明确树立了以健康为美的新的女性身体观。

再次，学习与效仿西方现代女性典范。

西方女杰的事迹在晚清被大量引介到中国，一是借以表达男性文人的沙文主义思想，表达在救亡图存时代对爱国革命者慷慨赴死的期待与渴慕，再是旨在为中国女子树立以供学习和效仿的现代样板，为女性身体的现代性建构张目。金天翮《女学生入学歌》大唱：“缇萦、木兰真可儿，班昭我所师。罗兰、若安梦见之，批茶相与期。东西女杰益驾驰，愿巾帼，凌须眉。”[③]晚清精英在倡导女性解放时，不仅借用传统叙事，还以斑斓瑰丽的西方女杰的传奇，来表达相同的旨趣。特别是以弱龄女子之身跃马疆场后被俘牺牲的法国少女贞德、法国大革命中血溅断头台的罗兰夫人、俄国女虚无党员苏菲亚等，尤其受到晚清文人的青睐，将她们的事迹推介给中国女性学习。这些来自异域的西方女杰，“巴黎狮吼女罗兰”“胭脂队里苏菲亚”，其事迹的感染力，可能并不完全在于她们都具有爱国爱自由的革命思想与精神，主要还是作为女子为爱国而喋血断头台上的英雄气概，让清末思想精英和为反清革命四方奔走的志士仁人十分倾倒，所谓“我爱英雄尤爱色，红颜要带血光看”，以及女性献身更多了一层让人感动的意义而已，“欲为须眉邀幸福，慈肠终比侠肠多”。[④]用女性身体与鲜血组成的一幅幅女英雄的诡丽意象势必给人们的感官带来强烈冲击，无啻对人心理的一种强烈刺激与召唤。可以说，西方的贞德、罗兰夫人和苏菲亚，这些外来的女性英雄楷模在晚清的适时出现，完全是精英有意造势和渲染的结果，反映了时代对英雄女杰的心理期待。

---

① 刘瑞莪：《记女学体操》，《女子世界》第7期，1904年7月。

② 许家惺编：《最新女子修身教科书》，上海：上海群学社1906年版。

③ 金一：《女学生入学歌》，《女子世界》第1期，1904年1月。

④ 公夙：《咏史八首(之七、之八)》，《中国新女界杂志》第3期，1907年。

梁启超以"中国之新民"笔名在《新民丛报》上发表《近世第一女杰——罗兰夫人传》[①]长文,首先将罗兰夫人隆重推介到中国,特别把罗兰夫人的爱国精神与形象传达给中国妇女。罗兰夫人"以纤纤一弱女之身,临百难而不疑,处死生而不屈,放一文明灿烂之花于黑暗法国大革命之洞里者",这种"磊落之绝特之气概",令梁启超在文末不禁感叹:"念铜驼于荆棘,能不怆然? 见披发于伊川,谁为戎首?"虽然梁启超借罗兰夫人传记曲折表达的是他对革命这个"洪水猛兽"的焦虑,但对罗兰夫人的赞美是不遗余力的,呼唤中国式罗兰夫人的心思也尽流露于笔底。他的《新中国未来记》等小说也传达了同样的意向,不仅寄希望于当世男英雄,也召唤中国女英雄的出现。

在当时备受推崇的还有俄国女虚无党人苏菲亚,除了各种传记之外,金一的《自由血》、罗普的《东欧女豪杰》,甚至著名的《孽海花》都先后介绍了苏菲亚的故事。金一几乎与《女界钟》同时译介了《自由血》一书,积极宣传暴力革命,且以专章向读者介绍了众多西方女杰,其中法国三女杰:爱国女子贞德、革命党女杰罗兰夫人、无政府党女将军路易·美世儿。他用如此笔墨歌颂她们在革命与战争中的表现:"以其拿龙掷虎之活剧,而每间嗔莺叱燕之风流;拼如螓之首于战争之潮,掷惊鸿之身于革命烈火。值血雨刀霜之夕,美人虹来;正铜围铁马之秋,胭脂虎啸。"[②]他大加推介俄国虚无党女杰如韦露、苏菲亚等及其"圣徒"的事迹,称"彼天仙之化人也,彼孕革命之花而胎自由之母也。明慧其才,婵媛其姿,芬芳其质,美妙其心",又感叹她们舍弃高贵投身革命的气魄,"处于民间,日饮奴隶之卮而口为涩,处压制之笼而体为困,忍之又忍,郁之又郁,不得已而守如处女者。出如脱兔,挥其妙腕,提其慧剑,迸其热血,牺牲其轻躯,投身民党而为革命之运动"。[③]作者还生动描述俄国女虚无党独特的外表形象以引起示范作用:"彼等服装又异常人,着黑短之衣服,用柔皮带,挂青色眼镜,斩发,圆顶戴草纤之冠,吞吐烟草,效一切男子之所为以鸣得意。容貌风态亦随之而变矣。"对于苏菲亚之流的革命壮举,"贵者不自以为贵,娇者不自以为娇,辞金闺,出乡阁,奔走风尘,投身烈火,倒戈皇室,挥剑乘舆,终至断脰伏尸而后已",作者发自肺腑地坦承:

① 梁启超:《近世第一女杰——罗兰夫人传》,《新民丛报》第17-18号,1902年10月。

② 金一编译:《自由血》,上海:镜今书局1904年版,第124页。

③ 金一编译:《自由血》,上海:镜今书局1904年版,第125页。

“吾崇拜之，愿吾同胞皆崇拜之。”①

被当时觉醒女性争为效仿并以之为学习榜样的西方女英雄还有很多，这些西方现代女性的杰出人物为中国“不知不识”的女界带来了新风气，鼓舞了女性争取身体革命的劲头。蒋智由1902年为上海爱国女校做开校演说时倡言：“今开学堂，则将使女子为英雄豪杰之女子。”他大声向学堂女生呼吁：“木兰能为之，吾何不能为之？贞德能为之，吾何不能为之？批茶能为之，吾又何不能为之？若木兰者，吾将与之比烈；而批茶者，吾将与之相颉颃矣。”②在时代对女英雄的赞美与呼唤声中，有志女性怎能不奋身而起投身革命狂潮呢？秋瑾在她未曾写完的弹词《精卫石》的序中自陈：“我日顶香拜祝女子之脱离奴隶之范围，作自由舞台之女杰、女英雄、女豪杰，其速继罗兰、马尼他、苏菲亚、批茶、如安而兴起焉。”③当然，在中国古代能够披挂上阵沙场杀敌的女英雄如花木兰、梁红玉等也被当作典范来激励当时的女性，鼓励女子尚武从戎、舍身爱国。这些东西方女杰频繁出现于精英文人笔端，在20世纪初构成一个特别的话语景观绝不是偶然的，更有傲视群雄的“鉴湖女侠”秋瑾现身说法，配合了当时的国民改造运动，所起到的实际作用，除了为女性身体改造提供可资学习与效仿的范本，还切实树立了时代女性的新风貌与典范。

## 三、身体的革命实践：“扫除脂粉，共事铁血”

随着1907年3月清廷学部《奏定女子小学堂章程》及《奏定女子师范学堂章程》公布，女子教育由民间到官办开始合法化，妇女进入公共空间已无可阻遏地成为社会发展的必然趋势。特别是女革命家秋瑾的前驱作用，她的身体力行与革命实践，召唤着众多觉醒女性不仅走出闺塾甚至走出国门求学问长智识，更兼学有所成后回国完成时代要求的女性身体革命化，走向了资产阶级革命的第一线。

在民族国家想象的起源语境中，对于女性身体的规约和形塑意在造就什么样的现代女性呢？金一在《女界钟》中所提供的女性理想形象是“女革

① 金一编译：《自由血》，上海：镜今书局1904年版，第132页。
② 蒋智由：《爱国女学校开校演说》，《女学报》第9期，1902年12月。
③ 郭延礼选注：《秋瑾选集》，北京：人民文学出版社2004年版，第181－182页。

命军”“新中国之女子”。他向国人指出女性身体的现代实现的途径必须是献身革命，投身共和，亦即实现上面所说的身体的革命化。“今以其身入于革命之风潮，利剑入卿手，黄袍加卿身，洪水淹卿足，枪花弹雨落卿顶，而犹不知耶。欲避不得避，则惟有挺身以为战”[①]。

在革命风潮更为深入时，激进的时代话语对“薄于种族观念，习于奴隶教育”的“中国男子”[②]反而不抱太大希望，痛骂男子“不识羞，不识耻，狗彘不食，万国顺民”，号召妇女起来打倒男子救我国家，“坐在桃花马上，张着革命旗号，合我二百兆女同胞的无量热血，溅杀此一般畜类”[③]，所以期待“女子雄飞”起而拯救国家的女权言论大为盛行。“今日之世界，女子之世界也；今日之中华，女子之中华也”[④]。女性被赋予创造新中华的重任，“今中华之男子，皆须眉而巾帼矣，中华巾帼且耻须眉而不为乎？吾知今后中华非须眉之中华，而巾帼之中华。中华舍二百兆之巾帼，其谁归乎？”[⑤]在辛亥革命前夕，由于传统女性道德规范逐步松懈，进步舆论不再提倡女性做驯服的困守闺阁的淑女、孝女，而鼓励她们做当世女英雄、女豪杰，使“军国民主义”“铁血主义”在女子中倡行一时，女子从戎蔚成风气，“他年成败利钝不计较，但恃铁血主义报祖国”[⑥]。女国民成为革命时代弄潮女的最高追求目标。南海崔羡元女士的《普告大汉同胞书》表达了中华女儿献身革命的宏图之志：“宁血肉横飞以购自由，宁身着两断以买独立，宁血流杵以脱专制，宁求生于枪林弹雨，不安死于异族惨毒。”[⑦]

在辛亥革命期间，有不少女子投身军戎，共襄光复大业，“莫不以投身军队为无上荣誉、惟一之天职”，“以纤弱女子身，具慷慨丈夫志，组织军队”[⑧]，女子军事团、上海中华女国民军、上海女子国民军、女子敢死队、女子北伐光复军等女子军事组织以及其他女子后援组织纷纷成立，女子军事团传单向妇女们发出从军号召：“愿我姊妹，扫除脂粉，共事铁血。兴亡之责，昔已签

---

① 金一：《女界钟》，上海：大同书局1903年版，第56页。
② 柳亚子：《〈女界钟〉后叙》，金一：《女界钟》，上海：大同书局1903年版，第95页。署名“中国少年之少年柳人权”。
③ 汤雪珍：《女界革命》，《女子世界》第4期，1904年4月。
④ 莫雄飞：《女中华》，《女子世界》第5期，1904年5月。
⑤ 《志女中华》，《选报》第31期，1902年10月。
⑥ 郭延礼选注：《秋瑾选集》，北京：人民文学出版社2004年版，第52页。
⑦ 崔羡元：《普告大汉同胞书》，《民立报》，1911年12月25日。
⑧ 张纺赢：《书赠女子北伐队》，《民立报》，1911年12月9日。

遗巾帼；光复之功，今宁独让须眉？”[1]这些女子团体作为准军事组织加入了北伐军队或后援组织，负责战场救护等事宜，更有大多数女性投身前线，成为反清革命的马前卒，她们无疑实现了女性身体的革命实践，演绎了现代女性史上至为光辉的一页：“风潮之冲，舞台与须眉分占；振五千年文弱之敝，国魂偕纤手同招。”[2]沪军政府都督陈其美感念女国民军积极参战的革命热情，称赞其“捐除红粉，从事黑铁，娘子军容，胡儿胆落。”[3]孙中山先生对妇女们在革命中的卓越贡献也予以充分肯定：

> 女界多才，其入同盟会奔走国事百折不回者，已与各省志士媲美。至若勇往从戎，同仇北伐，或投身赤十字会，不辞艰险；或慷慨助饷，鼓吹舆论，振起国民精神，更彰彰在人耳目。[4]

在举国均以民族建国为理想时，女性身体以前所未有的姿态被纳入这一民族国家宏大话语里，与国家利益紧紧串联在一起，这构成女性身体现代叙事的最大特征。1905年，江浙地区第一所女子学校——苏苏女校开学典礼上，苏英向全体女学生发出号召：“总要握定一个坚贞激烈的宗旨，做他日女军人的预备工夫，一面研究国文，开通智识，发达爱国的思想；一面注重体操，练习体魄，提倡这尚武精神。”[5]而女性进行身体训练所要达成的目的即是服务于世纪初想象中的现代国家：“练其胆识，练其身体，练其冒险耐苦之精神志气，使人人有军人之资格。鼓吹以古来之任侠风，贯输以国家思想，一呼而起，一跃而走。病夫既苏，国家可理。”[6]这种服务于国家目标的女性身体训练也反映到当时的女子教育上。1902年蔡元培于上海创办了著名的爱国女学，在1904年秋公布的《爱国女学校补订章程》中称：“以增进女子智、德、体力，使之以副其爱国心为宗旨。”《章程》还规定学生不得缠足，不得涂

---

① 《女子军事团传单》，《民立报》，1911年11月19日。
② 《尚侠女学代表薛素贞上陈都督书》，《申报》，1911年11月13日。
③ 《女国民军出现》，《申报》，1911年11月16日。
④ 孙中山：《复女界共和协济会函》，《孙中山全集》（第2卷），北京：中华书局1982年版，第52-53页。
⑤ 苏英：《苏苏女校开学演说》，《女子世界》第12期，1904年12月。
⑥ 张肩任：《急救甲辰年女子之方法》，《女子世界》第6期，1904年6月。

抹脂粉及著靡丽之衣服及首饰，不为诡异骇众之装束与举动等[①]。革命家秋瑾从日本回到绍兴，除了秘密开展革命活动，还积极从事女子教育，开办了明道女学，主持大通体育学堂，非常重视学生的机械体操和兵式体操，目的是为革命培训军事干部，培养一支未来的女国民军。据史料载，秋瑾亲任教练，"身着黑色制服，骑马率学生赴野外打靶训练"，当时就有人赋诗赞秋瑾："强权世界女英雄，尚武精神贯浙东。博得儿女都拜倒，热心体育有谁同。"[②]

在革命风潮涌动的晚清时代，有关女性身体改造的话语实践中，还有人相继提出了家庭革命问题、女界革命问题，甚至提出了比五四和20世纪二三十年代更为激进的女权主张，如何震在《天义报》上"女子复仇"[③]的宣传。至于对封建旧礼教的攻击在这时也并不鲜见，并非如后来研究者所说，是五四时期才开始对束缚妇女的传统礼教进行批判与清理的。这也说明中国女性的解放开端于晚清而不是五四，只不过晚清和五四各自侧重点不同，一个格外关照身体，一个更注重精神而已。金一在1903年撰写的《女界钟》可以说涵括了20世纪初有关女性身体想象与改造的一切问题，为女界革命的深度发展绘制了总蓝图，其开辟的女性身体现代修辞主导了女性身体解放的方向。

---

① 蔡元培：《爱国女学校补订章程》，《蔡元培全集》（第1卷），杭州：浙江教育出版社1997年版，第442页。

② 郭延礼选注：《秋瑾选集》，北京：人民文学出版社2004年版，第285页。

③ 震述（何震）：《女子复仇论》，《天义》第3卷第2号，1907年。

# 第三章

# 《女界钟》：女性身体现代修辞的发生

作为中国20世纪第一篇倡导女界革命的著名檄文，《女界钟》之于中国妇女解放运动的意义自不待言，女性学研究者已多有阐发。本章对《女界钟》的讨论却是该书所关涉的女性身体的现代性命题，有意质询这部小书在一百多年前的20世纪之初出现于还停留在封建帝制的晚清中国，其所开创的身体修辞对于建构20世纪中国女性现代身体究竟有何意义。

## 第一节 《女界钟》写作缘起

《女界钟》，光绪二十九年（1903年）八月由上海大同书局出版，作者署名“金一”，第二年五月再版，杨千里题书名，作者署名“爱自由者金一”，定价大洋四角。笔者见到的即是这重刊本。作者金一（1874—1947），本名天羽，又署天翮，字松岑，号鹤望，江苏吴江人，兴中会会员，金一、“爱自由者”都是其在报刊上撰写文章时的笔名。作者早年曾积极鼓吹反清革命，创办自治学社和明华学堂，还曾任教于著名的上海爱国女学堂。除《女界钟》外，他另外还翻译、撰写了《自由血》《哀邹容》等文，但晚年的金一却精神消沉文名不再。1903年，因“苏报案”章太炎等遭清政府追杀，金一从上海中国教育会返回吴江。按照柳亚子的说法，他“伤政党之憔悴，痛女界之沦胥”，感于当时妇女界“春眠潦倒，妖梦惺忪”之现象，郁闷之际，“代舌以笔，竭四星期之力”写就《女界钟》，欲“以此为欲觉之晨钟”打破妇女界沉寂的黑暗[1]。从他的追述中,我们可知一方面金一对西方盛开“文明之花”的钦羡,另一方面他对晚清女性“犹然前旋纴纩,桎梏疏属,冬缸诉梦,春篋言愁,绝不知文明国自由民,有所谓男女平权,女子参与政治之说”(P12)的焦虑心境,所以并不奇怪作者借《女界钟》,“缥笔礼天,渡苦海以慈航,照漆室之一灯”,要为女同胞“婆心说法,苦口陈辞”的意图和努力(P12)。此等志向表明作者期待于民主自由、男女平等思想深入人心,女界能一朝觉醒。所以《女界钟》所论都只能是建立于对女性的未来想象之上,不过于今看来,他的想象却开创了女性身体的现代修辞,女性身体借《女界钟》的鼓吹也想象性地构形了其现代的最初模态。

《女界钟》篇幅不长,不足五万字,从女子之道德、品性、能力、教育、权利、参政、婚姻七方面立论,讨论女界革命问题。与当时激进的资产阶级革命言论相区别,该文的特殊性正在于对女界革命的剀切倡导,和对妇女打破约束和桎梏争取个人人身权利和自由的激情呼吁。于今日看来,这等言说仍是一种理想性描画,与中国妇女的现实境况存有很大的差距。然而作者却能在20世纪初中国扫荡旧传统旧道德的五四新文化运动还未开展之前,约束妇女的传统礼法尚未真正松动之际,激昂慷慨,雷霆万钧,为女界革命未雨绸缪,先行谋划,思前人之所未思,发前人之所未发,这对唤醒沉睡的国人确可起到振聋发聩、醍醐灌顶的作用。我在这里尤感兴趣的是《女界钟》围绕着号召妇女革命所展开的身体修辞。在晚清维新派兴女学、废缠足启蒙话语实践中,出于强国保种策略之需要,妇女身体作为“仁而种族,私而孙子”[2]的民族主义工具,显已被纳入正在想象和建构中的社会政治秩序。而经戊戌变法失败和庚子事变,国族危机更加严峻,种族对立日益尖锐,政体改良已不可期待。在这一情势下,资产阶级革命共和之要求却潜滋暗长成为强劲的时代风潮。于此历史情境中,与革命派交往甚密并显然积极追随革命的金一,首先意识到发动妇女的重要意义,才有了“欲新中国,必新女子;欲强中国,必强女子”[3]这种结实的论断,将原先对贤母良妇的期许提升为对“国民之母”和女界革命先锋的呼吁。所以一点不奇怪他的《女界钟》能

---

① 金一:《女界钟》,上海:大同书局1903年版,第95页。下面凡是牵涉《女界钟》引文,不再一一标注出处,只在正文中注明页码。

② 梁启超:《倡设女学堂启》,《时务报》第45期,1897年11月15日。

③ 金一:《〈女子世界〉发刊词》,《女子世界》第1期,1904年1月。

率先举起女界革命的旗帜，将维新派渐进的解放妇女的主张悄然转换成呼吁妇女身体革命的激进想象，重新确立妇女在新的社会政治秩序中的位置。我们不妨以此为切入点对金一《女界钟》的身体修辞进行解读，从现代想象、革除旧习、女子体育、身体革命四个方面，审视世纪初中国资产阶级革命启蒙话语实践中建构女性身体的崭新叙事及这种女性身体修辞之于女性解放的重要历史和文化价值。

## 第二节 想象女性

古代女性幽囚深闺，细脚伶仃，不得也无能参与国家大事，即使有花木兰和梁红玉、杨门女将等救国女英雄，也是凤毛麟角，关于她们的传说可能更多附会了后代男性文人的夸张与想象，正如女性文学研究者指出："她们的事业并不是封建社会对女性的企盼，而是男性对自身的梦想。"[①]但《女界钟》修改了古代女性身体的传统叙事，为新世纪中国妇女提供了崭新的道德想象，表达了对女英雄、女丈夫的期许。贯穿《女界钟》全篇，金一一再寄希望当时中国尚幽居深闺的女性去学习苏菲亚、罗兰夫人、娜丁格尔、批茶等西方女性革命家，为救国救民而奋斗。他说，"我中国今日二万万同胞中，有是人，为是言，吾将铸金绣丝，香花崇拜"，并断言"诞出新中国新人物，必此人也，张女界之革命军，立于锦绣旗前，桃花马上，琅琅吐辞，以唤醒深闺之妖梦者，必此人也。"(P14)让新世纪妇女充当"国民之母"——"女子者，国民之母也"(P13)[②]，女子扮演国家革命先锋，这是划时代的，使女性的生物身份与政治身份合一，无啻是金一对妇女现代身份的一种想象性假定，其革命性是前人所不能匹敌的。柳亚子高度评价此书的"革命"意义："金君之书其女界黑暗狱之光线乎？其女界革命军之前驱乎？其女界爆裂丸之引电乎？"[③]显然柳亚子将《女界钟》当作是启发女子觉悟、唤起女界革命的暮钟晨

① 孟悦、戴锦华：《浮出历史地表——中国现代女性文学研究》，台北：时报文化出版企业有限公司1993年版，第22页。

② 当时流行的说法："女子者，诞育国民之母。"见林宗素：《侯官林女士叙·女界钟》，金一：《女界钟》，上海：大同书局1903年版，第1页。

③ 柳亚子：《〈女界钟〉后叙》，金一：《女界钟》，上海：大同书局1903年版，第97页。

鼓，并预言在其启发下中国女界革命的灿烂图景：“不十年，吾知若安玛利侬、苏菲亚、韦拉之徒，必接踵于中国，无可疑也。”[①]

但为何晚清维新派对于女性身体进行贤妻良母的栽培，时隔不几年却一举转换成革命派言说中如金一这般对于女英雄的期许呢？这自然取决于时代语境的移步换位。当维新变法失败之后，民众指望改良政体，实行日本式君主立宪的期待落空，而1900年蜂起的义和团运动不仅未能驱逐洋人洋教，反而带来了八国联军血洗北京的庚子事变，清王朝统治的合法性受到质疑，通过革命手段推翻清廷统治，成为更多人的共识。在革命语境下，时代必然呼唤英雄，梁启超那话再好不过地传达了这个期盼：“不有非常人起，横大刀阔斧，以辟榛莽而开新天地，吾恐其终古如长夜也。英雄乎？英雄乎？吾夙昔梦之，吾顶礼祝之。”[②]而在20世纪初西方女权观念更多的输入中国，女性独立呼声日高，使得女性与国家的关系被重新认识。如果说维新派对女子的国民身份尚有疑虑，不过称妇女为“居四万万国民之半”，对妇女也仅止于贤母良妇的期许，那么进入新世纪妇女在主导舆论中则瞬即升格为“国民之母”，被寄予更高更大的期望，认为“全国之民智民气，妇女可以转移之”[③]。所以随着资产阶级革命运动的兴起，在女界革命的呼声中期待女英雄出现自然成为情理中事，这让裹脚布还未完全抛弃的女性先行者，刚迈出闺塾还立足未稳，就一下子又被裹挟进了革命时代的血雨腥风。柳亚子称：“与其以贤母良妻望女界，不如以英雄豪杰望女界”[④]。而1907年初，加入同盟会，回乡准备起义的秋瑾，创办了《中国女报》，呼吁中国女界“为醒狮之前驱，为文明之先导，为迷泽筏，为暗室灯”[⑤]。让受传统礼法禁锢的妇女走出闺塾并不太难，但起身如男子那般浴血革命，毕竟不能靠几个先觉者登高一呼就马上奏效，当然，如果离开先觉者顺时而动的振臂呼吁自然也不成。

《女界钟》为完成号召女界革命的使命，首先将几千年来禁锢女子身体的旧道德横扫开去，对之给予彻底批判，为妇女能够走出闺塾扫除障碍。在“女子之道德”一节中，作者指出：“大抵流俗，所谓道德，与其奴隶鹿豕之相

---

① 柳亚子：《女界钟·后叙》，金一：《女界钟》，上海：大同书局1903年版，第97页。
② 《梁启超全集》(第1册)，北京：北京出版社1999年版，第340页。
③ 《黄菱舫女士序·女界钟》，金一：《女界钟》，上海：大同书局1903年版，第5页。
④ 亚卢：《哀女界》，《女子世界》第9期，1904年9月。
⑤ 秋瑾：《发刊词》，《中国女报》第1期，1907年12月。

去，实表之于里。”(P15)而所谓“‘女子无才便是德’，此不祥之言也”(P15)，是男人的愚人手段，至于班昭的《女诫》对于女性的规训，代表着礼法对女性身体品行的要求，金一明确表示反对，“妇德不必明才绝异也，清闲贞静，守节整齐，行己有耻，动静有法”(P14－16)，认为这种“曰守身如玉，曰防意如城”(P20)的旧道德与世界文明的进步相悖逆，指出当今时代“读书、入学、交友、游历皆女子所以长知识、增道德之具也”。(P16)在金一看来，传统礼法对女性身体的拘囿禁锢，其悖谬之处主要还是不能区别“公德”与“私德”，“公德者，爱国与救世是也”(P21)，公德才是至高无上的道德，而且“男子尚刚质，而女子多柔肠，爱国与救世，乃女子之本分也”(P21)。当然，“公德”之说并非起于金一，梁启超在《新民说》中首倡公德之论，认为中国人“偏于私德，而公德殆阙如”，而“知有私德不知有公德”，正是国家“政治之不进，国华之日替”的原因[①]。如果说金一还不能站到五四运动反封建的高度来认识女子受旧道德旧礼教压迫的问题，但比维新派兴女学废缠足以强国保种的主张显然更进一步，而与梁启超20世纪初所著《新民说》中的认识不谋而合。有意味的是金一将这种公德之论推广到女子身上。在他看来，女子不再是强国保种的被动工具，而应该和男子一样具有爱国救世的主动职责和义务。可以说，正是这一对于女性身份的政治想象与认同，开启了现代中国女性入世救国的大门。

迷信之害是金一认为阻碍“人群发达”之根，应予以彻底“冲决”，不然“胶粘缠缚，则一事不能做，寸步不能行”(P30)，对此他表现出雷霆万钧般的破除迷信之害的坚决，“我将为君一拳槌碎黄鹤楼，君亦为我一脚踢翻鹦鹉洲”(P30)，唯有破除迷信之束缚，才能去除压制，解除对女子身体的最后一重束缚，才能使女子心无挂碍地走出家门，然后有“文明国自由民出现于中国”的局面。

金一在构建现代女性想象时，对中国妇女的历史与现实处境、身体被规范拘囿的生存状况有着深刻认识：“中国女子，习闻三从七出之恶谚，竞业自持跬步，不敢放纵；生平束身圭壁，别无希望”(P17)，“拘挛成习，窒塞无知”，“幽囚妆阁，琐琐筐箧，断断锱铢”(P16)，还必须遵守所谓“阃范”，如胎教、母

① 梁启超：《新民说》第五节“论公德”，《梁启超全集》(第二册)，北京：北京出版社1999年版，第661页。

仪等。正如杨锡纶纫兰在《同邑杨女士序·女界钟》中指出："方今女权堕地，女学不昌：顺从以外无道德，脂粉以外无品性，井臼以外无能力，针绣以外无教育，筐筥以外无权利。胶蔽耳目，束缚形骸，无论未来之新国民。"面对女性被锢囿的黑暗现象、想象与现实之间存在的巨大距离，《女界钟》还是向妇女提出了崭新的期望，那就是彻底打破传统女性"不出于阃"的陈腐规范，号召她们起来做当世女英雄和女丈夫："同胞乎！女子乎！愿以炯炯之眸，横览世界；愿以纤纤之手，扶住江山。愿振妙舌以随批茶之后，愿提慧剑以出苏菲亚之前，愿发大心以与娜丁格尔相驰逐也。其无使裙衩巾帼，为今日之恶名词，女丈夫、娘子军古人得专美于前也，斯道德之兴也。"(P21)这些全新的女性想象论述，虽然由于女性身体的现代语言修辞尚未建立，仍袭用了古代笔记话本小说中形容女子身体的陈词滥调，所谓纤手、妙舌、慧剑、裙衩、巾帼等，但无啻为女界雄起描画了较为形象的现代蓝图。

在金一笔下，理想的新妇女面貌已经迥异于旧女子，是"享平等之生涯，葆千金之价值，眉英英其露爽，语侃侃而逼人，宝剑蛾眉，神龙活现"的"新中国之女子"(P31－32)。何时我们见过中国女子具备如此姿态形貌呢？甚至是气质个性都一洗旧女子那种唯唯诺诺之态，这种对于女性身体的想象实在是超前。古代女子以卑弱和顺从、贞静和无知作为行为准则，并非没有女英雄，但也仅是代父出征的花木兰似的女丈夫，不脱闺阁女儿的本色，"脱我战时袍，著我旧时裳"，既善女红，又工打仗，特别强调男女兼修的品质个性。而金一却明确树立了女性品貌的新规范，完全冲破传统礼法给女性规定的条条框框，将"活泼机警，英爽迈往，破除迷信，摆脱压制，而学问次之"(P22)，视为妇女"品性可贵之第一义"(P22)，将之视为"新国民"必具之品质，认为"能如是也，则半部分新国民成矣"(P22)。

且不说金一构想的新中国女性形象有几分现实合理性，男尊女卑的传统又如何能一朝打破，在封建专制顽固的20世纪初的中国，实现的概率又有几何，但金一将"新国民"身份赋予妇女(女界革命倡导"女国民"，正可谓是这一概念的正常延伸)，并且反其道而行之，尊女卑男，是现代女权思想在中国的最早萌发，"女子者，天所赋使特优于男子者也"(P35)，"20世纪天造之幸运儿，其以女子为之魁矣"(P35)。因此，金一所期望的新中国女子不仅仅是身体的局部的革新，而是全新的现代身体的塑造：

盖女子，汝之眼，慧眼也；汝之腕，敏腕也；汝之情，热情也；汝之心肠，悲悯之心肠也；汝之舌，粲花之舌也；汝之身，天赋人权、完全高尚、不可侵犯之身也；汝之价值，千金之价值也；汝之地位，国民之母之地位也。吾国民望之久矣！(P94)

这种期望的寄予让女性身体从此正式与国家话语联系在一起，进入了想象与建构中的新的民族国家社会政治秩序，从而开辟了与传统中国完全不同的女性身体现代叙事的样本。

## 第三节 革除旧我

《女界钟》不仅为20世纪的女性形象提供了理想范本，而且既破旧立，还提出了旧女子身体改造和如何改造的问题。

在女子品性这一节中，金一特别指出，古代规范禁锢女子身体主要有四大“外界之障害”——缠足之害、装饰之害、迷信之害、拘束之害，认为不革除这四大障害，中国妇女就无以成为“新国民”。针对缠足旧俗，他首先批评女子不觉悟，质疑“将以为美观乎？则外部纤戾，内容腐败，未见其高尚也”。但为何却“自戕自毒以至于此”，指出习俗引导的结果不外乎是让女子符合男子的性趣味，而女子不该“矫揉造作，以自侪于玩好”(P24)。因此他号召妇女要革除旧俗，首要除缠足之害，称“冠可裂而履不可弃，颅同圆而趾同方。名为戴天履地，而偏有此径寸之物钳制束缚”(P23)，同时从强国保种的角度力主让女子废除缠足之恶现象、恶风俗：

从古灭种之国皆由于自造，而非人所能为。今吾中国吸烟缠足，男女分途，皆曰趋于禽门鬼道，自速其丧魂之魄，而斩绝宗祀也。我同胞其念之矣，脱压制者先去束缚，天全神完则种强，种强则国兴。所愿三十年后，此缠足之恶现象、恶风俗流传淘汰，仅抱残守缺于倡伎之一部分，而澌以灭也。夫欲避澌以灭之厄，必先自放足始矣。(P24-25)

金一虽仍将女性身体置于维新派强国保种的思维框架内，甚至将放足

与避免亡国灭种作了危言耸听的链接，但立脚点却在女界革命，这是与维新派最大的不同。20世纪初很多人对兴女学废缠足的倡导，一般的思路仍是延续维新派的救国保种，女性仍附庸于男子，在国家事务上没有任何话语权，而金一却坚称“国家兴亡，匹妇与有责焉”，与同时代其他精英人士对于女性“他日以纤纤之手，整顿中华者，舍放足读书之女士，其谁与归”[①]的期待和展望，明显增加了女性解放的社会含义，强调女性先解放自身再去救国，由此体现出与时代语境的互动。

其次对束缚妇女的所谓装饰之害痛下针砭。金一明确提出不赞成中国女子改穿“西服”，针对当时在服装上存在的崇洋西化的说法，他提出，欧洲女子“蜂其腰而鼓起乳，花枝缤纷于其冠”，其实于“卫生”于“文明点缀”无益，不值得近年来在衣着上“宽窄宜而修短合”的中国女子效仿。这个提法有点新奇，其实服装并不见得就是西方的款式好，有民族特色又能合乎卫生当然最好。金一在其他方面都追随西方，但在女性服装上持中国优越论，不似五四时代如张竞生那般一味鼓吹女性应学习西式革新服装。在金一所认为的装饰之害中，他将“脂粉”视为“尤有甚者”，而穿耳、盘髻是“更有甚”者，都是女子应废弃之举。有意味的是金一同张竞生一样对于“天然”身体审美观念的倡导，他用李白“清水出芙蓉，天然去雕饰”为喻，告诫妇女应将“天然”二字，置于与“天赋人权”“同其珍贵”的位置，不要让“心力目力”“耗诸无用之地”(P26)。至于穿耳之害虽较缠足为轻，但“与约指手钏皆为野蛮时代男子降伏女子之一大确证、一大表记”，不应“反以为荣”(P26)。对于盘发，作者尤其深恶之，虽然“鬟雾鬓发乃女子所恃以为美之具”，但“女子娇惰腐败之劣根性，皆自缠足与盘发深造阅历而来”。金一出于鼓动女性革命的设想，将女性的身体改造视为中国人进化的重要步骤，主张女子应追随志士剪发，要进化“当求截发始”：

抑今世俗社会所谓神圣不可侵犯，若有无数祖先、神灵集于其上者，非辫发是耶，同此父母遗体，以美观之故。故刵刖重刑有所不恤，惟是尺寸毫毛护持周至，遗弃委蜕，则簏而藏之矣。貂不足而狗尾续，不惜重价以购诸人矣。今四方志士知识进化，截发以求卫生，吾以为女子

① 莫虎飞：《女中华》,《女子世界》第5期，1904年5月。

> 进化亦当求截发始。此非吾好为惊人之言也。慧剑柔情一朝斩断，自由不死，烦恼捐除。（P27）

从目前资料来看，金一是女性剪发最早的倡导者。因为在当时女性剪短发似绝无仅有，即使同一年留学日本的秋瑾也并不曾将长发剪去，我们所见到的都是盘着日本式发髻的鉴湖女侠形貌。如果说在晚清男子断发就是造反，有杀头之虞，是政治行为；女子剪发则是惊天骇俗，与传统和世俗全不相容，辛亥革命要革掉的也只是男子的发辫而非女子的长发。直到五四新文化运动期间由于女性解放成为时代主题，倡导女子剪发的文字才在报刊上逐渐多了起来，着素衫黑裙、剪短发作为女学生的经典形象，成为标榜为新女性的人所追逐的时尚装束，为时髦妇女所效仿。

另外，金一还提出女子要冲决禁锢，不仅需扫除束缚女性精神的“迷信之害”，还要摆脱“拘束之害”。金一讽刺旧女子“陈人”之态，嘲笑其“颜色腼腆，词气蹇涩，见人则惊，而走如婴儿”的拘束之形（P30），号召妇女打破“金闺深邃，绣阁寂寥”（P31），走出家门，走向社会。“循吾说而行，则家庭之幸福，惟女子制造之。键户而出耶，旅行、游学皆可也；当户而居耶，跳舞、延宾、摊卷修业亦可也。能生利，不分利，有自立，无依赖，国未有不强者也”。（P31）这里虽然仍沿用梁启超倡导兴女学时所谓的“生利”“分利”之说，但显然在倡导妇女解放的层次上更进一步，女性不仅可以出头露面，甚至还可跳舞延宾，而且将社交、修学都视为女性当然的课目，更把妇女解放视为国家强大之前提，这和康有为在印度同时写的《大同书》如出一辙。

《女界钟》深入洞悉了男子中心社会统治女性身体的秘密，即女子无才是德和红颜薄命的统治技术。在“女子之能力”一节中，金一揭示传统男子中心社会的“身体政治”：“吾益不解世俗女子何以辟其所谓才，而增益附丽其所谓貌也。夫皓齿蛾眉，名曰伐性之斧；哀感顽艳，乃为凄神之药。缠绵濡渍，锲而不舍，此养生家之厉禁，而圆满快乐之日，即伏萧飒凄凉于其后也。”（P38）所以他主张妇女要冲破男权社会的统治术，要敢开风气之先，“束缚于旧习气者，下也；跳出于旧风气者，次也；跳出旧风气，复能改造新风气者，上也”。（P32）这些关于女性身体改造的言说在20世纪初的中国对于改变国人陈旧的女性观念、培养新的现代妇女观，确实无啻于晴天霹雳，有骇人听闻之功效，可以说是针对不醒不觉的传统妇女施行疗救的一副猛剂。

## 第四节　女子体育

改造女性身体就是去除旧的束缚，修正传统"卑弱"的病态身体观，建立新的身体规范。如何改造，在金一看来，最根本的途径是强身健体，体育运动"女子所当有事也"，正是"助成其身体之发达与健康"的关键，"夫世界处物竞天择之场，非独择别优种，盖体格强壮之人，必得最后之胜利。今中国人种殆失优胜之地位，而为病院之大标本"。金一强调：

> 种种不可称量不可思议之美疢恶疾，尤以女子为多。难受病之源，根于缠足而拘囚、懒散、起居失常，亦当分任其咎。夫能体育，则岂有是也。(P41)

而中国当时女子体魄如何，稍晚于《女界钟》的一篇文章称："观其体魄，则病夫耳，死尸耳。缠足之毒，中之终身，害及全国。躯体之不完，遑言学问？纤微之不举，奚论戈矛？"[①]由此看来，强身健体在20世纪初舆论里成为国家振兴的首倡，女性身体要承担生育新一代优秀国民的职责，更不能不重视体育。但事实上中国体育落后，甚至只能从零起步。在古代，中国有武术无体育，可称之为体育活动的虽然可能从文史记载中找出一些蛛丝马迹，比如有人考证中国早有足球，因为在宋代宫廷中就有这类体育活动，太尉高俅不就因擅长"蹴鞠"而获皇帝宋徽宗宠信的吗？历史上由官方自觉倡导体育却很稀罕。《论语》中不是没有关于体育的表述，"四体不勤，五谷不分"，也不妨认为是在从反面倡导体育，但始终在中国未形成古代希腊、罗马那样的全民体育健身运动。在中国倡导女子现代体育，我认为是金一的首倡，因为维新派兴女学的论述中，废缠足是第一步，虽然也强调女子锻炼身体的重要性，也有对西方各国发达体育情况的介绍，但并未能提出发展女子体育的设想，有在女学堂设体操一说，却因为基于所谓造就贤母良妇之教育宗旨，不

---

① 张肩任：《急救甲辰年女子之方法》，《女子世界》第6期，1904年6月。

过是“活泼天机，发舒神智”而已[①]。

金一《女界钟》明确倡导女子体育，他认为，女子体育发达是国家强大的标志，如欧洲女子体育发达，国家就强大，而我国女子如果要“褰裙逐马，以上20世纪之舞台”（P43），也必定要从发展体育开始，只有“急宜先求运动之法，夫运动而后身体强壮，而后精神愉快，乃办事而有余”（P41）。所以他在为女子师范教育开设的课目中，将体操设为三年中各学期必开课程，正是出于发达女子体育的目标。女子体育是女子解放的必要步骤，这一点俨然已经成为同时代后来者的共识，《女子世界》上当时就发表有不少倡导女子体育的文章。如丁初我《女学生亦能军操欤》[②]和亚华《女子简易的体育》[③]。这些“体育不分男女的”提法不免落进强调女性母职的俗套。金一的主张却从女子自身解放着眼，看起来精神境界的确要高出同时代人一筹。

体育是女子教育第一义，但仅有体魄的改变还不够，还要有心智的提高。所以兴办女子教育，成为从维新派到资产阶级革命派一直致力的目标，但维新派塑造贤母良妻的女学观念有其历史局限性，实际并未突破男性中心文化传统对女性“温良贤淑”的规范和训导。而金一在《女界钟》中一举超越了封建旧女学观念，甚且颠覆了维新派为开风气取得社会习俗认同所提出的造就贤母良妻的女学主张。在第六节“女子教育之方法”中，《女界钟》不仅将封建教育直斥为“奴隶”教育，而且把批判的矛头指向封建的经典和圣贤，指出“六经三史，尽让仆之文；诸子百家，乃僮约之事。其他所谓人师、女宗、名臣、列女，无非颖士之才奴，康成之诗婢”（P44），认为造成中国奴性的根源，“要皆自不自尊自立之教育而来”，而中国女子却是“以无教育之恶名誉闻于世界”，比之男子的奴隶教育更是不堪，“女子者，奴之奴也，并奴隶之教育而亦不得闻”（P45）。但金一仍然认为，改变妇女奴隶地位唯教育一途，“救奴隶之方法如何？曰：惟教育。”（P45）“夫巾帼而欲含有新造中华之资格，舍教育其仍无由”（P48），“教育者，造国民之器械也”（P46）。特别是他首倡女子师范教育，将设立女子师范学校看作女子教育的“第一要义”（P48），为其设计了培养“新中国之女子”的八大目标：①教成高尚纯洁完全

---

① 《中国女学会书塾章程》，《湘报》第64号，1898年。

② 丁初我：《女学生亦能军操欤》，《女子世界》第1期，1905年1月。

③ 亚华：《女子简易的体育》，《女子世界》第10期，1904年。

天赋之人;②教成摆脱压制自由自在之人;③教成思想发达,具有男性之人;④教成改造风气,女界先觉之人;⑤教成体质强壮,诞育健儿之人;⑥教成德性纯粹,模范国民之人;⑦教成热心公德,悲悯众生之人;⑧教成坚贞激烈,提倡革命之人。(P54-55)应该说,金一从女子精神、身体两个维度出发,在《女界钟》中首次提出了20世纪中国女子教育的现代目标。尽管这仅是一种启蒙想象,却是中国女性现代教育观念开始建立的重要表征,虽然说从观念的建立到推广普及再到相应教育制度的建构和确立,之间还要经过半个世纪整合和分化过程。

## 第五节　女权革命

在《女界钟》中,金一十分重视让女性争取固有的"人"的权利和在革命大业中与男人并驾齐驱的国民的权利,但权利是由能力决定的,无能力者自然不能享受权利。所以,首先他提出让女子接受与男子一样的教育,将受教育与否视为判断女子能力之标准和提高女子之能力的必由路径。所以在"女子之能力"一节中,他提出"能力之伸,乃由其人之禀赋与其构造,而教育实为助长"(P33)。但有意思的是,他对于女子能力的认可也是从身体构造的考量得出的"科学"结论他持一种子虚乌有的奇怪的理论,以身体体积与脑之比例来判断男女能力的高下,"女子身量弱小,正其能力决可以发达之证,正不得以娇养如花,谓无用而横加摧折矣"(P34)。所以作为"20世纪天造之幸运儿"(P35),金一赋予妇女以高出男子的期望,"欲崭新世界,扭转乾坤,恢复权利,转移风尚,令天下父母不重生男重生女,非异人任也,吾女子其自勉之"(P36)。

但金一在《女界钟》中无论对女性身体进行如何想象和改造,其最终还是要落脚到妇女权利的问题上,他的论述因此涉及女性身体自由、参与政治及婚姻自由等题旨。他宣称20世纪是"女权革命之时代",号召女子奋身革命,为入学、交友、营业、掌握财产、出入自由及婚姻自由六项权利而战斗,但又认为权利不是赐予而是争取得来的,鼓动妇女为权利不惜采用暴力流血手段,"女权之剥削,则半自野蛮时代圣贤之乖训,半自专制世界君主之立法使然。然而终不可以向圣贤君主之手乞而得焉,自出手腕,并死力以争已失之利权，不得则宁牺牲平和，以进于激烈之现象”(P58)，“欲求平权而不得，则先以强权为实行”(P60)，“竞争流汗，则莫如收回国民之权利，战民贼，战外虏”(P65)。他同时认为，女性获得身体解放首先是在争取婚姻恋爱自由权利问题上，《女界钟》对此有精彩而别出心裁的说法：“婚姻之自由，我中国无此出产之自由花也，男女皆然。然而男子犹有爱好别择之权利，若女子则非独禁区制于言，抑且防杜于色也。”(P62)金一认为由于古代男子中心社会压抑妇女身体，禁锢妇女权利，遂产生“河东之狮，胭脂之虎”，形成“所谓女子操纵其男子之怪现象”，其实正是中国女子在压抑之下由于“无法律而求权利”所致。“名誉去，而权利存，此我中国之人格所以至于今日也”(P63)。金一并不赞成女子为求权利使人格畸形发展，对于封建传统之于婚姻上的束缚压制，作者认为“犹可脱”，“惟理想上之束缚压制，乃如疥癣之疾附于身，心非不知平权自由之乐，欲求之而不敢说，犹知其痛痒而不敢示人以求疗也”(P88)。所以他号召妇女要争取“婚姻自由”，想象在未来的婚姻中，“必以一夫一妻为之基础，红袖添香，乌丝写韵，朝倚公园之树，夕竞自由之车，商量祖国之前途，诞育佳儿，其革命婚姻之好果，孰有逾于此者哉!”(P91)女性身体自由带来如此“革命婚姻”的良果，对女界革命非常具有号召力。

至于“女子议政之问题，在今日世界已不可得而避矣”，“始中国而为女子参政之国，理想国也”(P75)。然而20世纪初中国君权革命尚未实现，女权革命更加无从谈起，所以金一明确号召妇女起来进行反清革命，建立20世纪理想的新中国新政府，希望“吾女子之得为议员，吾尤愿异日中国海军、陆军、大藏、参谋、外务省皆有吾女子之足迹也。吾更愿异日中国女子积其道德、学问、名誉、资格而得举大统领之职也。功德圆满，女子之荣亦极矣(P76)”。这种对于民主共和国家及妇女参政前景的理想描述对于女性极具感染力，显示出20世纪初精英人士在构想民族中国框架时关于女性问题所能形成的极致想象。称其为想象，是因为这图景至今也未完全实现，妇女参政者除少数能进入国家决策阶层，大多只是限于宪法所规定的权利，充当着按照某种心照不宣的男女比例而搭配的制度点缀而已。

《女界钟》本就是一个“革命”文本，它之所以能成为指导20世纪女性解放的纲领性文件，也许正在于它之于女性身体上的革命性。古代中国妇女在男权制度下的从属性及依附性，使其居于玩具和奴隶地位，甚至还无法获得人的待遇,比之精神上所受的压制和奴役而言,解除其身体上所遭受的压迫和痛苦更是女性解放应有之旨,而《女界钟》的出现恰是应和了这一要求,也完全符合辛亥革命前期"革命"时代的语境下对女性身体的叙述导向。

女性身体解放应以获得法权地位作标准,绝非以参与暴力和流血革命为表征,但权利之获得终究是争得而不是赋予,这是当时女界之共识。正如林宗素为《女界钟》所撰之"叙"所言:"金君诚我中国女界之卢骚也,虽然权也者,乃夺得也,非让与也,今使为我女子辩护而代谋者,策出于金君,其与不流血、不颠覆,而希冀政府之平和立宪法也,何以异?"

女性解放本来就当从身体解放开始,当女性试图摆脱掉父权之于她们身体的拘囿,女性解放就由此发端了。解放的本意就是去除束缚,美国林肯解放黑奴也是首先让奴隶的身体获得自由,不再从属于某一主人,而是属于国家,即成为公民或国民,因为只有是一国公民的人才有法律上的平等权利。中国女性取得身体权利与她们对国民身份的追求是一致的,但这个身份不是凭空来的,而是有资格者才能获得,需要她们和男子一样用革命来争取,所以世纪初有"女国民"倡导和在这一口号下女性身体激烈的革命实践。

但公民权利问题涉及民族国家之形成,那么金一关于民族国家的想象是什么样子的呢?"世界何以造造于人之心?国家","国者,积人而成国。权之受苦痛,乃与吾身有直接之关系。夫今全地球一草木、一土石,无不有主人翁者,插标画界,以为之管领,独吾国民反赘瘤悬旌,不知异日将为张氏妇,抑李氏妾也"(P65)。可见,《女界钟》关于国家的想象不是君主统治下的中国,而是有着统一的民族认同和明确疆界的现代民族国家,"疆土"是其中一个重要的概念,但"独夫民贼"丧权辱国,将疆土"便其呼吒奔走,或抵押移赠于人","彼偷一日之生,我受千年之辱","国民共不之毒也"(P65)。这里已具有确定的建立现代民族国家的意识和国民权利意识,更有与封建专制革命的胆识,"竞争流汗,则莫如收回国民之权利,战民贼,战外虏"。视己为国民,但这种国民意识不属于当时具有合法性的清王朝统治的帝国,而是自觉定位在想象中的现代共和国的范畴,"今吾中国国民之称,其无有矣,其代名词则乃万姓是也"(P13)。

在现代中国的想象与构建过程中,首先是产生了国民权利和意识,有了国民的观念,然后才有共和革命和现代国家的实际构建。而民族意识相应附着在国民意识之下,"苟不得此权利,则虽酿四万万同胞男女之脑血、心血、颈血以购之，所不辞也。而不然者，爱妾可以换马，邯郸才人嫁为厮养卒，索虏有何人心？”(P65)有意义的是，建立共和的目的就是要保护自己国家的女性身体不被外虏所有，女性身体俨然成了号召共和革命的工具。

金一在《女界钟》中极力呼吁妇女投身革命风潮，争取国民资格，他称：“女界风潮，盘涡东下，身无彩凤，突飞有期；心有灵犀，真宰上诉。女子乎？其好规画，其自拥护，勉为新国民。”(P73)鉴于此，他鼓励妇女向古今中外的女英雄女豪杰学习，如木兰、冯嫽、红线、聂隐娘，或西方的批茶、娜丁格尔、玛丽侬、贞德、韦露、苏菲亚等，“此皆我女子之师也”(P93－94)。他充满信心地断言20世纪正是女子进入政治中心的一个时代(当然他的这种判断已为历史所证实)：“十九世纪之中国一落千丈于世界竞争之盘涡，若二十世纪之中国则一跃千丈于世界竞争之舞台，此理势所必然者也。男子然，女子亦何独不然？”(P14)他预言并且为妇女呐喊：“十八、十九世纪之世界，为君权革命之时代；二十世纪之世界，为女权革命之时代。”但权利却非赐予，必须靠争取而得，“然而终不可以向圣贤君主之手乞而得焉，自出手腕，并死加以争已失之利权”(P58)，靠女性个人革命争取得来：“欲避不得避，则惟有挺身以为战。战云密，战鼓鸣，战旗开，两大革命之来龙，交叉以入于中国，中国女子其犹不知耶！”(P56)一个革命时代的来临，意味着社会政治秩序的重组，“今日中国革命之烈火，星星其燎；瓜分之祸水，汪汪其溢。政府千钧压制之石，沉沉其重；国民十万横磨之剑，霍霍其扬”。于此革命形势风雨欲来之际，他号召妇女不要置身事外，应学习古代小说虚构的“理想”女子，“夫不见有锦心绣口，而对等于殿庭者乎？夫不见有绛唇玉貌，而出将以入相者乎？夫不见有双刀匹马，汗血疆场，以显祖国之荣誉者乎？夫不见有青裙素服、怀刃宫禁，以雪父夫之仇毒者乎？此正吾同胞所思之烂熟者也”(P75)。总之，女性应奋身起来和男子一样进行革命，反抗奴隶命运争取自身权利，只有如此才能避免更大的“亡国奴”羞辱：

> 我女子而不急起乎！霹雳一声，天翻地覆，神号鬼哭，拔山折木，豺虎入邑，龙蛇起陆，伶仃弱细，宛转觳觫。悲哉！革命之剧，惨剧也；亡国之剧，亦惨剧也；奴隶之剧，大惨剧也；京津旅顺之剧，惨剧也；扬州十日，嘉定三屠之剧，尤惨剧也。俘于湩酪，臣于异种，妾于膻族，悲哉！吾观文姬归汉，昭君出塞之事，女界污点，倾五大洋之水不能湔之矣！(P93)

在金一看来，革命虽为惨剧，但亡国、做异邦奴隶对于女子更是惨剧，这种民族主义的思路其实一直支配着他的论述。他的思想中国家主义也占相当大的比重，他主张女子不仅要进行国家革命，也要进行种族革命，同时还要进行性别革命。不过在性别革命上金一的主张还不算激进，他固然夸大宣传女性的救国能量，同时也希望男女一起革命，创建共和，“破坏而建设，乃吾男子与女子共和之义务也。其要求也，绞以脑，卷以舌，达以笔。脑涸、舌敝、笔秃而溅以泪，泪尽而迸以血，血溢而助以剑，剑穷而持赠以爆烈丸与低列毒炮，则破坏之事也”(P75)。由上所述，《女界钟》对暴力革命的大张旗鼓的宣传和女子铁血主义的主张，正是从身体上着眼为女性解放张目，他为女性解放设计的逻辑程式是先革命而国家，然后获得国民权利，“而如其急起也，爱自由，尊平权，男女共和，以制造新国民为起点，以组织新政府为终局”(P93)。这种为女子假定的新国民资格的追求程式，显然是搭建在民族国家想象的框架之下，更是由女性身体作为这种现代想象的支点。

20世纪之初，金一《女界钟》的诞生宣告了古代女性身体叙事传统的终结，女性身体的现代修辞也由此发端。在此著中，金一极力鼓吹女性要走出闺阁，革除旧习，借助女子体育将旧身体一举改造，并设想女性通过诉求国民权利，全身投入资产阶级共和革命的政治实践，由此完成身体的现代性转型。由《女界钟》所开创的关于女性身体修辞的现代性言述，完全更新了女性身体的古代叙事传统，并直接推动了女性投入资产阶级共和革命的身体实践。尽管中国妇女随后的解放进程并没有完全按照金一《女界钟》所设定的轨迹来运行，但《女界钟》仍为中国女性身体的世纪想象提供了理想的现代范本和不断革命的叙事动力。

# 第四章

# 晚清小说中的女性身体叙事

历史一再证实，个人“身体发肤”经常被赋予重大的意义，“身体”不断进化的过程包含着十分丰富的政治、文化信息，而通过身体我们可以找到进入历史的密钥，从而可以洞察社会历史并非线性发展的本质。在20世纪中国，与身体变革相关的事务似乎都足以成为全社会的焦点，并多被放大为众人瞩目的政治文化事件，如维新派发起的“废缠足”，清末革命党人引起哗然的“割辫”行为，五四时期被保守派群起攻讦的“女生剪发”，诸多社会风波，无不表征着身体现代性生成过程的复杂性及艰巨性。

## 第一节 “脚”上的政治：晚清“废缠足”小说

历史发展到晚清，千年沿袭的缠足陋俗注定不合乎世界潮流，和男人发辫一样被视为民族耻辱的符号遭到唾弃，“内违圣明之制，外遗异族之笑，显罹楚毒之苦，阴贻种族之伤”，[①]因此从维新派发起废缠足到实际推行，十数年间，在官方层面和上流社会开展得相对容易，但在民间特别是穷乡僻壤实际推行起来却又非常困难。一方面习俗的力量非常强大，而另一方面顽固保守势力也会从中作梗加以阻挠。但尽管如此，经各派人士共同推动，清政府出于推行“新政”的需要以三次发布“上谕”或“懿旨”的形式劝禁缠足，“奉

① 梁启超：《论女学》，《时务报》，1897年1月3日。

旨放足”让废缠足运动终于有了法理化依据。从此意义上说，废缠足实质上是晚清唯一的能真正由上及下的解放妇女运动，别的口号似乎不具备这一条件。从今天的眼光来看，废缠足首先从身体上解放妇女，它应该是之后五四时期妇女个性解放最重要的物质前提，因此废缠足运动在妇女现代解放历史上的意义实在不容小觑。如果认识不到这一点，无异于一叶障目、不辨源流。

反映这一段妇女解放历史的晚清新小说，就笔者视野所及，主要存在于相当数量的“废缠足”叙事中。作为一批因急切的觉世愿望而被匆促制作的启蒙小说，废缠足叙事在艺术上实际相当粗疏，这也造成它们一向为研究者所忽视。而其实它们的历史价值并不该被埋没，毕竟是相对真实地表现了废缠足运动于晚清民间开展的情况，复制了晚清女性日常生活的历史现场，再现了废缠足这一启蒙话语对改变女性传统命运的作用。就晚清文学而言，涉及缠足问题的小说其实为数不少，特别是一些所谓的“女界小说”多数与“天足”女性的革命活动有关，标榜着时代风尚的渐变。但单纯表现废缠足主题的新小说并不多，大多将废缠足的内容与有关女性的政治叙述结合起来，我将其分为三类：一类是公开宣传放足，打破小足为美的传统观念，张扬新的时代风尚的；第二类是着重树立完美的放足或“天足”的女界先锋，试图依靠小说“熏”“浸”“刺”“提”的作用，引领世风的转变；第三类小说一般不直接表现废缠足，通常以废缠足作为时代背景，旨在折射世态人心的复杂性。

## 一、破除“小足为美”的陋俗习见

由男性主导的女性废缠足，旨在贯彻“强国保种”的政治策略，在民族主义立场下，出于维护自身利益的考虑，要让女性从“分利”到“生利”（梁启超语），以改变严复所定义的“妇人毕生之事，不过敷粉缠足，坐食待毙而已”[①]的状况，而宣传造成的客观效果却是给女性的现代解放带来契机。

在晚清，废缠足话语宣传及其阐释权完全掌握在男性知识者手中，女性真实的声音、自身的体验在其中很难得到真实传达。即便如此，在男性启蒙下，还是有一批女性先觉者，她们开始意识到缠足这一陋习对自身健康的戕害，极力通过放足来挣脱传统对女子的定义与束缚，从而以激进之姿走向社会大舞台。废缠足小说多数叙述的是这类先进女性的故事。将晚清女性如

① 严复：《论沪上创兴女学堂事》，《国闻报》，1898年1月10日、11日。

此刻写在历史上有相当的现实依据，像秋瑾这样著名的女性革命家虽然为数不多，但她们个个走过了这样一条经由反缠足走上革命大舞台的人生道路。秋瑾个人就是身体革命的积极践行者和倡导者。她在其弹词《精卫石》中借叙述人口气表达了让女性起来打破“缠脚装扮”这类身体枷锁、追求自主自立的吁求。第一回开篇就向女性提出一个质问：“我们女子为甚么甘心把性命痛苦送在一双受痛受疼、骨断筋缩的脚上?”然后用大量细节渲染女性缠足的痛苦，借女主人公鞠瑞之口鞭策女性，让她们放足以争取自主解放，“缠足由来最可羞，戕残自体作莲钩。……争如放足多爽快？行道路，艰难从不皱眉头，身体运动多强壮，不似从前姣又柔，诸般事业皆堪做，出外无须把男子求”，并断言“尖尖双足成何用，他日文明遍我洲，小足断然人唾弃，贱视等作马和牛”[①]。同样的废缠足言辞在晚清女性报刊诸如《女子世界》《中国新女界杂志》里多可见到，说明了文学与社会主流话语完全形成了有机互动。

废缠足意识在文学中的出现应可上溯到清代小说《镜花缘》，虽然小说里并未明确提出“废缠足”口号，但通过来到“女儿国”的林之洋被缠足的经历，述说了缠足给人身体带来的痛苦，含蓄地提出了女子应废缠足的问题。小说以文学笔法描写的缠足过程，将缠足的恐怖可谓渲染到极致。如果说清代李汝珍在《镜花缘》中对于男人缠足的身体叙事只是对男女不平等社会的文学反讽和批判，那么晚清表现废缠足的小说则确切地有了改革派的理论依据，宣传废缠足有了光明正大的“强国保种”理由。或者是出于对“女国民”舆论的现实呼应，晚清废缠足话语的生产与传播都意味着文学与政治达到有机互动的状况。

《天足引》[②]从题目就可看出小说的废缠足主题。作者在《序例》中即明言“我这部书，是想把中国女人缠足的苦处，都慢慢的救他起来”，故“连每回目录都用白话”，以便女先生可以在课堂上“说与小女生听”，“乡村人家，照书念念，也容易懂了”。讲述的故事也颇有生活气息：一对双胞姐妹，姐姐十全因有一双小脚被富豪的夫家宠爱，而妹妹双全却因脚大，只能嫁给清贫书

---

① 郭长海、郭君兮辑注：《秋瑾选集》，长春：吉林文史出版社2003年版，第467、511、512页。

②《天足引》，上海鸿文书局1907年石印本，题“武林程宗启佑甫演说，朱大文勤甫评点”。作者生平不详。是书应成于光绪三十二年（1906年）或光绪三十三年（1907年）。有图像20幅。正文每半叶10行，每行24字。每回末有总评，书首有《序例》，交代作书意旨、特点。

生。但后遇匪患，十全的三寸金莲备受折磨，双全的天足却能为全家救急解难。恰值朝廷推行新法，其中有“不许缠足”一条。双全被推为榜样，受封为一品夫人。姐妹命运形成鲜明对比，大脚小脚孰优孰劣，不辨自明。小说借两位主人公不同的人生模式颠覆了民间小脚为贵的世俗传统，但如果放脚仅仅是为了在偶发事件中获得富贵，提倡放脚的意义就不免大打折扣，由此看出作者对放脚与女性解放的关系尚缺乏深入思考。

长篇小说《中国之女铜像》[①]则是依据真人真事写成，说的是江苏沭阳胡仿兰女士热心女学、提倡天足，却为姑翁逼死，天足会为之立铜像的事迹。胡仿兰是第一个有案可稽的为提倡天足而牺牲生命的女性，但她也是在男性(她兄弟象九)的启蒙和影响下开始觉醒的，然后自己放了脚，再劝别人放足。她力劝丈夫读新书，坚拒为女儿裹脚，还宣传禁烟，因此遭到夫家的毁谤和囚禁，最后被姑翁逼死。天足会为她伸张正义并立铜像纪念。胡仿兰的悲剧是先觉者的悲剧，说明她所在的时代尚不具备女性解放的土壤。这一小说依据真人胡仿兰的事迹敷衍而成，主要是以之见证女性身体解放在晚清的困难处境，批判顽固势力对妇女身心的迫害。小说写胡仿兰公婆迁怒于她败坏家风：“大的孙女，已耽误到今日，还没有缠脚。如今这个怪妇，好好的小脚，尚且去放大了。以后孙媳孙女，决不会再变小脚的了。只可惜着我们一二百年的小脚家风，被这个怪妇断送得尽尽绝绝！他既断绝我们的小脚种子，我也只得给他些利害看看的了！”女子放足对抗习俗，自身所面对的社会与家庭的压力，由此可见一斑。胡仿兰弃生就死，不仅是翁婆逼迫，也是出于她自己精神的幻灭，因为她发现自己崇拜的秋瑾居然是与丈夫离婚的女人，这让她无法接受。主人公新旧杂糅的思想状态，在某种程度上说明了晚清女性解放还只是停留在废缠足兴女学的浅表层次，并未深入人的思想意识深层。

长篇小说《侠义佳人》[②]在晚清以女性叙述为中心的小说中是最长的一部，按照作者自序所称，小说本着“愿吾女子睹黑暗而思文明，观强暴而思自

① 《中国之女铜像》三卷二十回，题“南武静观自得斋主人编”。宣统元年(1909年)改良小说社排印本，现仅见上册，首图20幅，似为每回一幅，则书当有20回。楔子引《劝不缠足歌》一篇，次谓甄醉新、聂钟人于徐家汇游李文忠祠，谈及沭阳女士胡仿兰热心女学，提倡天足，为姑翁、丈夫逼死，天足会为其立铜像事。

② 邵振华：《侠义佳人》，《中国近代小说大系·女子权　侠义佳人　女狱花》，南昌：百花洲文艺出版社1993年版。署名“绩溪问渔女史”。

振”这一宗旨，围绕着一批先进女性孟迪民、萧芷芬、高剑尘、白慧琴等兴女学的活动，歌颂了她们倡导男女平权、勇于革新旧俗、艰苦创业的事迹。她们与旧女性走着完全不同的生活轨迹，无疑成为女性解放的楷模，但较为理想化。在作者笔下，她们个个相貌超凡脱俗，才情飞扬，志存高远，更兼一副绝美的“天足”，简直如虎添翼，不仅助她们实现兴女学的愿景，还让她们个个获得称心爱人，可以说构造了一个理想的女子“乌托邦”。在小说中，作者先是通过大量的“身边”故事，树立天足为美、小脚为丑的审美观念。写华涧泉、孟亚卿是“晓光会”会员，二人结伴到乡间考察，因为穿着一身黑裙“洋装”，又都是“天足”，“脚同男人的脚一样”，被村里妇女认作“洋鬼子”。二人虽出身富有家庭，也都有“出洋经历”，但却完全能放下“小姐”身份，盘腿坐在村人炕头上，趁机向妇女演说放足道理：“这好好的一双脚，裹他做甚？况且小脚没有什么美，大脚也并不难看，何苦自讨苦吃呢？”并现身说法，“若说女人就要裹脚，我也是女人，你看我好好的两只脚，一日也不曾裹过”。各个新女性活跃在生活的大舞台上，对身边的妇女进行言传身教，既揭示了“中国女界的黑暗”，也再现了20世纪初妇女日常生活的真实场景——废缠足运动推行不力，乡间僻壤仍然坚持缠足。小说开篇就描写了羊氏为女儿桃姐缠足的故事，“任他哭泣，不肯放松”，怒斥女儿“装小脚”，“脚要裹得小，哪有装得小的？”还向邻人炫耀：“他的脚已裹断了，脚指头也折了，再裹紧点，不敢说三寸，那四寸是拿得稳的。怎奈他不长进，不肯上劲裹，所以脚还是这么大。”观念的改变并非朝夕之间，缠脚习俗顽固在于女子嫁娶好坏在于是否脚小，在当时决定着女子的幸福。小说真实描写了在乡间实际推行废缠足的困难，以大量的较为真实的细节描写进步与迷信思想的交锋，既揭示了“女界黑暗”所呈现的历史复杂性，也有力地表达了主流的思想观念。

废缠足显然是小说极力铺衍的主题之一，人物通常涉及两类女性，一类是“天足”，一类是缠足，落实到具体人物时几乎形成稳定模式：凡“天足”女子，总是面目姣好，品学兼优；而缠足既然表征着“女界黑暗”，所以在叙述缠足女子时，把她们写得要么面目可憎，既泼又淫；要么矫揉造作，扭捏作态；要么百无一用，形同废物。只有一个例外——花影怜，她出身高贵却因父母早逝而不得已寄人篱下，虽小脚伶仃却一心向往现代文明，但小说也通过她行动不便，在别人健步如飞时，她却只能坐轿，对“小脚”和“天足”的优劣做了对比：“走不上半里路：这位花小姐果然走不动了。那双小小弓鞋，在石子路上，左一拐右一拐，一点儿不得劲，连身躯都晃晃荡荡的摇个不定。还亏采菁扶着他，不然早翻筋斗了。累得影怜汗渍春衫，红添香颊，走一步喘一喘，看样儿实是走不动了。”迪民的说辞更是指出“放足”的必要：“裹脚的人吃亏就在这种地方。影妹慢慢的放大了，将来走起路来，就轻松了。”在废缠足问题上，小说态度非常鲜明。在写到这些先进女子宣传废缠足时，作者又有意让她们劝导的声音循序渐进而不激烈，比较得当而不与人起冲突，劝导方式不千篇一律而力求有所变化。小说中这些先进女子不失时机地向民众宣传放脚，多方面证明“小脚”的不合时宜，努力营造小脚为丑、天足为美的时代风尚。但不管是从风气、审美、生育、健康、实用方面，还是从“审丑”（臭气熏天的裹脚布、小脚的“猪脚”形态、走路的丑陋姿态等）、逃生等角度进行的劝说，往往收效甚微，得到的回应并不积极，着实说明了废缠足运动在民间实际开展时的困难状况。小说非常注重在行动、心理描写中揭示人物性格，而不似同类政治小说有浓厚的说教气。女性作者的写作笔法也颇为细腻生动，尤其是对于空间场景的展示，生动地再现了女性在私密空间、家庭空间以及公共空间的活动，女性心理描写也较多渗透着女性的生活体验，艺术水平相对较高。

当然，这一类小说或者因写作的时代较早，或者是受作者的思想认识程度所限，或者出于作者对读者接受的考虑，往往在有关废缠足叙事上，显示出较为犹疑的叙述态度，在男女平权的立场上也介于传统与现代之间。但这些小说叙事稳健，态度平和，往往较为客观地表现了当时的现实生活。

## 二、树立勇于放足的女界先锋

第二类小说，不把宣传废缠足作为唯一主题，目的是树立有一副“天足”或勇于放足的女界先锋，借助榜样的力量来开通社会风气，这些女性多勇于挑战世俗传统，追求与男子相匹敌的事业。小说故事偏于理想化，结局也往往是实现了女界革命的美好愿景。

如小说《黄绣球》①虽是表现因循苟且丧失了文明创新精神的晚清社会百相，但对女性的革命力量寄予了极高期待，小说以生动的笔法写女性经过废缠足走向社会生活的过程，从而宣传男女平等、女子教育及强国保种的启

---

① 颐琐：《黄绣球》，吴组缃等主编：《中国近代文学大系》（第5卷），上海：上海书店1992年版。

蒙思想。女主人公黄绣球自幼父母双亡，与婶娘一起生活，备受苛待。到了裹脚的年龄，婶娘却不敢马虎，要为她未来“负责”，一面絮絮叨叨，一面“咬紧牙关，死命的裹”：“裹起来使着手劲，不顾死活，弄得她鲜血淋漓，哭声震地，无一天不为裹脚被打个半死。”结婚后，黄绣球从丈夫那里听说世界上有些地方“也有女子出来做事，替得男子分担责任”的，就有了解放自己身体的觉悟，“不知自古以来男女是一样的人，怎么做了个女人，就连头都不好伸一伸，腰都不许直一直?”她萌生了放脚的念头，“要做事，先要能走路；要走路，先要放掉了这双臭脚。如今这脚底下缠了几十层的布条，垫了两三寸的木头，慢说要与男子一同做事，就是走路，也不能同男子大摇大摆，这便如何使得?”所以黄绣球大胆地撕掉了裹脚布，“一跷一拐”地走出了家门，自觉承担起改造社会的使命，去引领女性放脚的潮流。

《女狱花》[①]中的沙雪梅天生具备反抗性，从小不习惯于恪守传统的妇女角色，而喜欢舞枪弄棒，却嫁给了迂腐秀才秦赐贵。丈夫要求她“涂脂粉、带耳环、缠小足”，并且不让她走出深闺。沙雪梅一怒之下，一拳将这“男贼”打死。在监舍里她向犯人宣传推翻男女不平等的世界。于缠足一事，她指出：

> 你想我们女子，六七岁时候，只因有了男人娶小足的陋习，父母就硬了心肠，把我们一双圆兜兜光滑滑的天足，用布裹起来，受这无罪的弄罚。我们那时眼泪不必说起，就是脓血，也不知出了多少。幸而皮肉腐尽，筋骨折断，方成了三寸金莲。你想人生血脉，犹如机器一般。一件损坏，件件都出毛病。我们国中，缠成小足，害瘵病死的，也不知多少。即不死去，行一步路，尚须扶墙摸壁。名虽为人，实与鬼为邻了。

小说主要讲述了沙雪梅和她结识的一些女界先锋们的事迹，她们或“天足”或“已放足”，通过她们的大段演说来宣传女子革命的道理，废缠足构成其中重要的说项。如沙雪梅“逃出狱门”结交的第一个朋友文洞仁，自称“幼时亦受小脚的毒，近来虽已竭力放开，终觉不大自然。且我们国中旧风俗，做女子的专讲袅娜娉婷，娇姿弱质。所谓体育之事，一些儿也不讲究。我前

① 王妙如：《女狱花》，《中国近代小说大系·女子权 侠义佳人 女狱花》，南昌：百花洲文艺出版社1993年版。

时亦染了这些陋习，以致今日身子很不强壮，不能为同胞上办一点事业”。小说提供了一个基本认知，就是“身体革命”，倡导女子首先需放足，打破以装扮修饰取悦男人的习惯，提倡女子体育，甚至幻想改变女子生育的生物规定性，由此达到的自然是主人公所希望的完成女界革命之愿景。

《娘子军》①的主旨是宣传女子教育，女主人公在公共领域内的活动开展却是由在家庭内抵制缠足起步。赵爱云因为是父母的独生娇女，故而有条件与传统闺范相抗，最终走向与封建礼教决裂的道路。小说里写她“从小便最欢喜读书，女工针黹也件件俱能，般般都会，但却不喜欢去弄它”，强调女主人公每日里“脸不搽粉，唇不涂脂，衣裳朴素，裙下露出一双也不长也不阔的天足”。叙述的口气里充满对“天足”妇女的赞赏。赵爱云后来遵父母之命、媒妁之言嫁给了李固齐。在第三回“为天足夫妻小冲突　谈女权巾帼抒伟论”中，小说生动叙述了赵爱云抵制缠足的故事：李固齐思想守旧，新婚以后即对赵爱云的“天足”产生不满，想要凭夫权让她缠足，以适应旧习。“自从成婚那天送入洞房，过后就看出了爱云是双天足，心中便老大不自在”，后来有一晚因为喝了一点酒，进房后“看见爱云坐在床沿上边，弯了些身子，搁起了一只六寸肤圆的天足，正在那里换睡鞋。固齐不看犹可，一看之时，顿然间长叹一声，又恨恨的说道：‘咳，我家好好的门风这遭儿被你败尽了。’”小说借李固齐的心理，揭示了天足妇女在婚嫁上遇到的阻力，把他的心情写得很是逼真：“正撞着这件不称心的东西，直刺到眼中，一阵儿的懊恼”，忍不住对她那“六寸肤圆的天足”发表议论：

> 那些亲亲眷眷婶儿姨儿姑儿姐儿们不论年轻年长，哪一个不是端端正正，尖尖瘦瘦的一双小脚儿，你几曾见过一个大脚的么？她们穿了礼衣礼服都是又娉婷又苗条，好模好样，哪里有像你这般走起路来同打着绰板儿的样子？咳，偏偏我这倒运人娶着你的一双大黄鱼，岂不要被亲戚们背后耻笑？我们李家好好个诗礼之家，这遭儿这门风不是被你辱没尽了么？你若识趣一点，我劝你明儿还是裹起来的为是。

① 佚名：《娘子军》，梁心清，李伯元等编校：《中国近代孤本小说集成》（第1卷），北京：大众文艺出版社1999年版。

为此，李固齐“常常摆出丈夫的势力、压制的手段”，要让新妇俯首就范于传统的身体规范，“见爱云不搽粉不涂脂，又要逞蛮儿；爱云穿着得朴素，打扮得清净，又要杀威。”赵爱云却在新思想的支持下，声称：“你要我把这好端端的天足再去削趾折骨的裹小起来，那是万万做不到的。”她借用了很多新思想，与丈夫做了多次有理有节的斗争，说服了公婆，进了学堂，编了课本，做了女教师，最后还到日本去考察，回来办了学堂。李固齐也在她的带动下，进入了新式学堂，思想也有了根本转变：“我如今入了学界，才知道中国女子实在无用。就是论到上等社会的女子睡得很早，起来很迟，也不治什么生业，专门做梳头缠足那些事情，这半天光阴已经错过。还有那些呆笨的女子，连梳头也不会得，那男子要她装饰，只好替她雇人代梳，岂不成了废物?”在此之后，小说走向了大团圆结尾，“夫妇平权，文明进化”。应该说，小说关于女子教育的思想完全是搬用主流话语的说法，故事情节与现实生活明显存在着脱节，偏于理想的描画使作品的真实性和艺术性大打了折扣。但围绕赵爱云缠足一事，小说的叙事却格外生动，李固齐的表现显然反映了社会上大多数男性的普遍心理，以此也显示了女性放足时所面对的婚姻压力和实际困难。

纵观晚清主流话语于解放女性问题上所有的造势活动，不可谓不用心，从维新派“强国保种”对“贤母良妇”一厢情愿的期待，到革命派对“国民”“国女”“国母”声嘶力竭的倡导，各种声音不一而足，种种看似热闹的口号后面，都带有明显的强制性与混杂性，其中既夹杂着故作姿态的惊人之语，也不乏貌似激进实则保守、看似创新实则陈腐的平庸论调，鼓吹的结果也相类似，往往在喧嚣一阵之后就偃旗息鼓或者改弦更张。但历史还有不为人所知的另一面，从维新派时期就极力倡导的“废缠足”其实际上演情况和上述昙花一现的各类口号有所不同，推行废缠足毕竟着实在官方与民间都获得推进，对打破女性封闭的生活空间十分有意义。考察新小说中黄绣球、沙雪梅、赵爱云、孟迪民、田容生等女界先锋，她们莫不是以身体革命为起点。首先，以抵抗世俗的缠足传统为标志，黄绣球自主放足，沙雪梅抵制缠足，赵爱云坚守天足，均不怕被人耻笑。其次，她们都打破了女人不能出头露面的封建礼法约束，勇敢地走出家门，到社会上去做事。第三，她们不仅要和男人平权，还要尽国民一分子，主动担当教育妇女的责任。第四，她们有明确的性别自认，巾帼不让须眉，不仅兴女界，还要新世界。作为解放女性不能回避的身

体前提，推动废缠足在晚清权力和知识阶层几乎是一无阻力，上述有关女性问题的小说应该说都呼应了知识阶层的主流舆论，既反映了女性对男女平权理想的追求，也有合理的现实依据，符合晚清政治改良到革命的演化轨迹。但这些小说的构思往往脱离现实，采用了十分理想化的叙事模式。所有的小说主人公从废缠足开始的身体革命，几乎建立在作家凭借虚构想象任意剪裁现实的前提下，即使到了清末，现实生活中如秋瑾那样的女性并不是随处可以见到的，之所以如此叙述不过是为传统女性向现代女性转型进行理想描画，或者说是作家为了宣传女性解放而有意使用的“障眼法”。像黄绣球，她如何能从传统妇女摇身一变而为女界先锋，这中间需要跨越的世俗沟壑如何能轻易填平，小说作者不得已只能让其通过“做梦”接受罗兰夫人的传授。这就很说明问题，显然这种叙事笔法是无说服力的，也是作者无力编织现实生活的无奈之举。

### 三、折射世态人心变化

有些晚清小说不直接讨论废缠足问题，而是将此附属在其他社会问题之上，重点是折射废缠足所反映的世态人心的变化。与《二十年目睹之怪现状》类似，这类晚清新小说一律采用了讽刺手法。

短篇小说《小足捐》①表面看起来与废缠足有关，但实质上是揭露官场的小说。小说写一候补官员某巡检，为仕途计，想出一个章程，让官府打着堂皇的维护国家和妇女利益的旗号，抽取“小足捐”来筹措“改良军政”款项，但巡检爱妾正是“纤纤莲瓣”，因而他的提议为同僚讥刺，未获上司采纳，他升迁之事当然也就成了泡影。小说主旨其实是借此讽刺巧立名目收取苛捐的制度黑暗，影射官场中人表里不一的假新学面孔。但小说既然以“小足捐”入题，批判晚清以来围绕缠足而进行的身体政治也是小说的一个重要关切，并且我认为这是其他小说所没有的思想高度。从小说我们可以看到，废缠足虽为官方公开推行，在公共话语层面小足受到贱视，但在私人生活中缠足妇女却仍然满足了一些保守人士的“莲癖”。小说对此表现得极为细致与生动，写巡检百般考虑筹款善策而不得，“偶入内室，则其妾默坐床沿，俯首若有所思，玉手纤纤，持一碧色之带，因环而上下。此碧色之带，果何物？此回

① 陶安化：《小足捐》，《月月小说》第6号，1907年。

环而上下，果何为？其筹虑家政困难欤？其勤习针黹事业欤？否否，彼盖料理其如蚕自缚之小金莲，藉以献媚于此老头子之前，为此老头子之玩具”。叙述人讽刺缠足妇女的口吻很明显。但“金莲”却刺激了巡检的“灵感”：“巡检觏此，愁眉为之展，笑颜因之开，雀跃狂喜，露骄矜态，俨然胸有成竹，其热心功名利禄之思想愈炽，勃勃而莫能遏。良久，忽拍案叫绝曰：妙哉！妙哉！愈小愈好！”而小妾却误会了他的意思，以为赞她的小脚，“其妾红潮上脸，香汗微滴，急煨足于裾底，出惯技，故示庄重，低声笑骂曰：‘不意老头子，于思于思，尚轻薄乃尔。’”有“莲癖”的巡检能借“小脚”写出冠冕堂皇的与“废缠足”公共言论相同的官样文章，无啻于挂羊头卖狗肉，“倡立小足捐，使其不禁自禁，则国家得此一时之利益，妇女免受无妄之灾殃”，是“兴利除弊，一举两得之事”。但巡检的用意又确不在废缠足而在收取官税上：“凡妇女足小二寸余者，每日收捐五十文，按寸以十文递减。若大至六寸者，即行免捐。按户稽查，另立捐册。”正如另一官员所担忧的，“此惟富室则易，若贫穷无力者，既难于筹资，又不能遽放，未免势同勒索”，一幅辛辣的讽刺晚清官场丑态的世相图，展示了公共领域如火如荼的废缠足运动在私人生活中的真实面相，揭示了缠足与废缠足在晚清同为“符号”的文化功能。

《最新女界鬼蜮记》[①]则是一部不大为人注意的讽世小说，讽刺一些闺阁女性为赶时髦进了学堂，却不学无术，尽搞那些竞逐新潮、自由结婚的勾当，批判女子教育的失败。小说主旨逆时代潮流而动，讽刺起步不久的女子教育，思想价值实际并不高。但于废缠足，作者却充分放开了想象，将当时社会对废缠足的各种心态纳于笔下。

莺娘要进学堂，临别前，于老又叮嘱了几件大事：“第一件是别学那秋瑾女子，开口革命，闭口革命，可知闯出事来，连我白发老翁的胡子都被你割了呢。第二件是一双剔透玲珑的小脚，你当初不知哭了多少眼泪，才缠得这样的纤小可玩，切记这国粹，千万要保存牢的。”封建文化保守派将“小脚”视作必须保存的“国粹”，说明废缠足的风气虽已经渐行开来，但遭遇的保守阻力还是很大。对于年轻女子来说，她们似已接受了新的思想，但处于社会过渡阶段，仍然不能坚决地放弃这一陋习。小说写莺娘一入校，就在另一时髦女

① 蹉跎子：《最新女界鬼蜮记》，《中国近代孤本小说集成》（第1卷），北京：大众文艺出版社1999年版。

生沉鱼“揣摩些新风气”的怂恿下没了主意，“觉道放也不好，不放也不好，最妙须得个可大可小的法子”，因此她设想倘若有一个法子既能免了缠足的苦头，又能让老父满意就好了。如果说在现实生活中当然没有两全之策，但在小说这一虚拟的世界里，这种天真的想法却可完全兑现。莺娘的同学沉鱼自己组织了一个“足界如意公司”，让美国大化学师研制了“收放自由液”，正好具备这一想象中的功能，大可符合莺娘的愿望，“你若要放足呢，只消取半脚盆的温水，把这红色的，滴了一滴，又搅和了，尊足便浸入水中，凭你一丢丢的小足，不上半句钟，就变做其大无外的天足咧。倘或要收小他起来，也是这般的，不过换用那绿的药水，不知不觉，渐渐儿会得缩小了”。莺娘一试之下，“确然收也自由，放也自由”。“药水”的想象真是匪夷所思，这显然可以最好地解决新旧不能相容的矛盾，满足废缠足时代这些女性新旧调和的需要：“你今后要新就新，要旧就旧，好算个无往不利，普通社会中的妙人儿了。”更妙的是，小说这一点还是借用了当时流行于留学生身体上的“辫发”政治，“见了旧学，乌沉沉似小青蛇的，便垂在背后；见了新学，却光秃秃的化为乌有先生”。小说中写沉鱼教育莺娘说：“咱们的足儿，和他们的辫儿，一而二，二而一的，这收放自由液，分明是女孩儿家个活宝，咱们一班人借此便可雄飞海内了。要知新新旧旧，占尽了不多不少的便宜呢。”如此看来，小说通过虚拟加写实，对辛亥革命前复杂的社会形势作了生动再现，那个风云激荡的时代，缠足确成旧俗，而天足为新潮人物所追求，但对于那些仍然顽固抱守旧传统观念而对新的时代风尚心存犹疑的人而言，外在世界最好如小说中女性的脚能变戏法一般要新则新要旧则旧。小说以这种方式对此类惯于见风使舵的投机分子给予辛辣的讽刺。不过，这种基于想象性而展开的叙事却在某种程度上反映出当时过渡在新旧时代之间女性的真实声音，这些声音往往被铺天盖地的废缠足主流话语压抑在边缘和底层难以得到有效释放，然而女性在激烈的时代风潮中只能随波逐流的尴尬历史处境由此可见一斑。

当女性的“脚”和男性的辫发一样在晚清突然放大成为一个时代的焦点所在，并在时代风潮的急剧演化中被主流话语刻意建构成区分新旧女性的一个标志性符号抑或象征时，那么废缠足事实上就已经成为宰制女性的“身体政治”，因为我们不能不质疑，废缠足为“强种保国”这一国策所贡献的社会功用是否能与女性个体的真正利益趋于一致，而在此过程中缠足女性在缠放之间的身体痛苦和选择时的纠结难堪是否可借助小说这种途径得到真实传达呢？正如王桂妹在研究五四女性书写时所指出的："中国历史的解放进程与中国女性的解放进程实际上并非是一个时时重合的同一性进程，而长期以来正是对于启蒙所带来的历史进步价值的整体性认定掩盖了女性解放中的一些盲区。"[①]

虽然不缠足只是从形体上解放了女性，它却为女性挣脱家庭的枷锁、摆脱对男性的依附、走向未来更广阔的社会空间提供了最重要的前提。正是"千里之行，始于足下"，当然放了足的女性，要取得进一步解放仍然是任重而道远的。从清朝民间传统对"小脚"的一力维护，到晚清维新派上下推行兴女学废缠足，从新小说鼓吹女性革命一心树立天足为美的时代风尚，到辛亥革命一俟完成便由孙中山颁布大总统令将男人发辫和女人缠足一举废除，这种从观念改变到付诸实践居然在晚清短短的十几年间迅速实现，不能不说晚清文学的宣传推动起到了很大的作用。然而也应看到，晚清小说有关废缠足的女性身体叙事却依然是作者一厢情愿的政治幻想，对天足女性的赞美和对缠足女性的贱视，都充分映射着晚清政治对女性身体现代性的过度期待和苛求。从女性主体角度看，晚清废缠足启蒙话语文学实践，是将国族政治逻辑强加于女性身体，未必切合晚清女性的生活实际，以强国保种为宗旨倡导的放足，实际透射着浓重的男性中心意识和民族主义气息，而真正能从关怀缠足女性生命出发，由衷为女性群体利益考虑、为女性真正解放张目呐喊的，在晚清文学中却很难见到有分量的小说文本。

## 第二节　"美女闹革命"：女性身体的政治美学

### 一、"女革命者"被文人炮制的背后

"天下无无妇人之小说"乃晚清文人所认为的"小说之公例"，"以论理学

① 王桂妹：《被书写的叛逆：质疑"娜拉精神"》，《西南师范大学学报》（人文社会科学版）2006年第3期。

演之，则天下之小说，有有妇人之凡（范）本，然必无无妇人之佳本也”①。循此“公例”，晚清小说中遂出现大量的女性形象，尤以女性革命者为多，正如《新民丛报》为《东欧女豪杰》所作广告言称的：“其中叙事虽及男儿，然注重女子。有孅有艳，有老有少，有女公子，有女学生，有为党魁，有执贱役，有伪托夫妇，有假充农工，有杀夫夺产，有钻穴劫财，有陈义法庭，有主持报馆，有坐捐党资，有演说微行，有新式结婚，有拒奸全节。此外，约暗号，造密语，开店子，制炸药，种种色色，光怪陆离。”②但最为引人注目的还是其中大量美貌的“女革命者”主人公形象，如《新中国未来记》中的陈猛，《东欧女豪杰》中的华明卿、苏菲亚，《女狱花》中的沙雪梅，《瓜分惨祸预言记》中的夏震欧、《女子权》中的袁贞娘，《女娲石》中的金瑶瑟，《孽海花》中的夏雅丽等，她们虽千姿百态，但尽是美女，救国、革命皆如灯蛾扑火，毫不惜身。

同一类型的人物形象一时间集中出现，这在中国文学史上还是第一次，一方面是由于当时执笔为文的小说撰稿人充分意识到了女性参与民族救亡的重要性，想借小说引领中国妇女走向社会：“妇人女子，慕名女美人故事，莫不有模效之心焉。”③周作人译介《女猎人》时也说：“因吾国女子日趋文弱，故组以理想而造此篇。过屠门而大嚼，虽不得肉，聊且快意耳。然闻之理想者事实之母，吾今日作此想，安知他日无是人继起实践之？有人发挥而光大之，是在吾姊妹”④。另一方面对“女革命者”的书写，虽是“拾取当时战局，纬以美人壮士”，⑤有鼓动世风人心的考虑，但更多的是作者为了激发读者兴趣而不得已采取的商业策略，如林纾所言：“小说一道，不着以美人，则索然如啖蜡。”⑥事实是，伴随着晚清报刊业的发达和稿费制度的盛行，小说家为了自身经济利益不得不更多地制造噱头来吸引读者眼球，而女性革命家在小说中的飒爽英姿及涉险生涯，无疑会给读者带来一些神秘与刺激。所以，即使是梁启超的《新中国未来记》，虽名为“政治小说”却也不讳言男女，“美人

---

① 曼殊：《小说丛话》，《新小说》第3期，1905年。

② 《中国唯一之文学报〈新小说〉，第一号要目豫告》，《新民丛报》第17号，1902年10月2日。

③ 海天独啸子：《〈空中飞艇〉弁言》，《空中飞艇》，上海：明权社1903年版。

④ 周作人：《女猎人约言》，《女子世界》第1期，1905年。署名“会稽萍云女士”。

⑤ 林纾：《劫外昙花序》，《中华小说界》第1期，1915年。

⑥ 林纾：《英孝子火山报仇录译余剩语》，阿英：《晚清文学丛钞·小说戏曲研究卷》，北京：中华书局1960年版，第214页。

芳草，别有会心；铁血舌坛，几多健者"[1]，他要借英雄美女的色彩搭配来激发读者的阅读兴趣，借以达到宣扬"群治"的目的。但由于在现实生活中女革命家毕竟如凤毛麟角，偶有几位，也多处于地下状态，非一般文人所能知会与了解，这就逼得小说家们不能不靠想象来弥补生活经验的不足，由此形成了文人对女革命者的想象性创造。这种想象而非写实，倒更能反映当时文人的文化心态和审美心理。

遍览当时小说中的女革命者形象，人们会惊讶地发现她们身上有着那么多的相似性，看似群女争艳、色彩斑斓，实则单调、乏味、脱离现实。这主要表现在，小说中的女革命者多貌若天仙，深明大义，在精神气质上有着明显的男性化倾向。一向被压抑、被排斥在政治舞台之外的女性，突然之间姿态妖娆，才华迸发，为国族利益奔走呼号，俨然成为护国天使。这种嘉年华式的恣肆想象，将女性身体织入了近代错综复杂的政治格局之中，从此女性与革命胶合在一起，成为20世纪中国文学书写不厌的重要题材之一。

## 二、"女革命者"形象的滥觞

梁启超是新小说的始作俑者。他的断篇《新中国未来记》[2]是引爆新小说创作热潮的火花，也是被竞相效仿的模板。而这篇小说中初露峥嵘的女革命者形象，为后来的新小说家提供了不少灵感，并在其后很多作品中闪现着她的身影。

小说在开篇出现的两个人物是黄克强和李去病，他们从欧洲游学归来，怀有拯救华夏之志，但在维新和革命问题上，两人出现严重分歧。从法国归来的李去病主张暴力革命，而从德国回来的黄克强则主张改良立宪。梁启超借二人之口，表达了自己的政治见解——长段的辩驳显得冗长而乏味，完全丧失了小说的形象性和可读性。但在这枯燥、拖沓的辩论之后，另一个重要人物的出场却让读者眼前一亮，这就是这部断笺中唯一的女性人物陈猛。小说为她的出场作了层层铺垫：先是用了"未见其人先闻其声"的旧小说技

---

① 梁启超：《清议报第一百册祝辞并论报馆之责任及本馆之经历》，《清议报》论说卷一第100期，1901年。

② 梁启超：《新中国未来记》。前四回连载于1902年11月至次年1月的《新小说》第1-3号，第五回在第7号（1903年9月）上，但对这一回的作者学界有争议。见夏晓虹：《谁是〈新中国未来记〉的作者》，《中华读书报》，2003年5月21日。

法，让黄、李二人偷听她吟唱拜伦的诗，随后是惊鸿一瞥，未及相识；最后才是餐厅偶遇，寒暄攀谈。经过详细交流，黄李二人对陈折服不已，于是“三人如胶似漆，成了真正同志”。即使到这个时候，陈猛的女子身份仍未暴露，直到她离去之后，从题壁的和韵诗上，二人才恍然醒悟——这“美少年”原来是女儿身。根据小说的暗示，这位陈猛与黄、陈二人必定会再次相遇，甚至还可能会出现感情纠葛，但因小说戛然夭折，后面的情节也就不得而知了。

正如有人指出的那样，《新中国未来记》“既反映了新小说的种种不成熟和弊病，也反映了新小说作者自觉的求新意识与探索勇气”[①]。但在对女革命者形象的塑造方面，它确有开风气之先的意义。小说中陈猛是以男性身份率先进入读者的视野，所以作者对她的描述也着眼于她身上的“男性”特征：“却原来是二十来岁一个少年，中国的美少年，穿着一个深蓝洋绉的灰鼠袍，套上一件青缎对襟小凤毛的马褂。头戴着一件蓝绒结顶的小帽。两人细细打谅(量)他一番，那人也着实把黄李二位瞅了几眼，便昂昂然踏步去了。”从男性着装到“昂昂然”的神态，这位女革命者没有丝毫的闺秀气，这大概就是梁启超想象中的女革命家的形象了。梁氏如此处理情节，不脱“女扮男装”的俗套，显示他在小说创作方面对传统技法的依赖。但让女性以男性的姿态亮相，展示超越男性之上的仪表和才华，其目的不只是增加小说的悬念、提高小说的兴味(梁氏写小说其实很少顾及这些)，更重要的是让女性获得言说政治的权利。因为在封建社会，女性被排斥在政治之外，像花木兰那样，女性只有在掩盖自身的女性身份后，才能拥有参与政治的机会。而当陈猛以男性的身份赢得男性同志充分的尊重之后，小说再揭破其女性身份，其宣传女性解放的效果才能达到极致。所以在陈猛身上，我们看到了梁启超在女性身体与政治人物身份转换上的煞费苦心。“你本是和平时代的爱娇，你是战争时代的天骄”，陈猛所吟唱的拜伦的这两句诗，可以看作是对陈猛女性身体的注解。这一女性形象虽亮相不多，但不再是羞答答的闺阁少女，也不再是相夫教子的贤妻良母，她是一个混合着不同质素的新的人物类型，女性身体特质与男性气质融汇一体，从而构成梁氏心中现代女性的理想概念。梁启超对这一人物显然寄予厚望，然而对其如何完成从闺中女性到社会革命家身份的转变未曾交代，而对人物故事下一步如何发展又缺乏明显

---

① 夏晓虹：《传世与觉世——梁启超的文学道路》，北京：中华书局2006年版，第42页。

的想象力,我们也只能妄加揣测。不过如果从后来历史发展的实际走向来看梁氏在小说中对女性命运的认识,却是完全预见到了女性在未来新中国与男性共同担当国家责任的前景,更超越了晚清一些宣传女权小说执着于争取女性权利的叙事窠臼。

女着男儿装,横刀上战场,这在晚清虽不多见,却也有案可稽。著名女革命家秋瑾喜着男装,长于赋诗、饮酒、舞剑,自号"竞雄",就是一个典型的例证。这既是对男权统治的挑战,也是对男权政治的屈从。所谓挑战,是指女性超越性别界限,争取与男性同样的参政机会;所谓屈从,是指女性只有在放弃了女性性别特征之后,才能获得与男性同样的权利,不然平等又从何谈起呢?正如有人指出的那样:"衣着的控制是身体政治非常重要的手段,在革命叙事中,衣着和身体属性一样都处于革命的控制之下,他们不是追求生命个性的领域,相反是革命表现其功利性的领域,因而也是政治必须照看的非常重要的领域。"[①]《新中国未来记》中二男一女"如胶似漆"的"革命"场景,是以陈猛在衣着和行为做派上的性别遮蔽为前提的,这并非是真正的性别平等,而是在真相不明的情况下偶然出现的理想愿景。

据梁启超自述,《新中国未来记》有5年的酝酿时间,作为当时"舆论界的骄子",梁氏能够把握时代脉搏,也能引领时代潮流。因而《新中国未来记》对女性革命者的期待与想象,既反映了当时的一种时尚,也引领了新小说创作的方向。自然,并非所有的作家,都让笔下女性以"女扮男装"的形式登上政治舞台,而是在当时小说中出现的"女豪杰"大多都像陈猛一样,既美艳绝伦,又兼具英武之气、松柏之姿,由此构成了晚清小说中"美女闹革命"的热闹场景。

与《新中国未来记》同时在《新小说》上连载的《东欧女豪杰》[②]以俄国虚无党的故事为依托,塑造了一群为国事谋划奔走、为民众刺杀奸佞的烈性女子,其中最具影响力的人物是苏菲亚。作为俄国虚无党的重要成员,她参与策划了刺杀亚历山大二世的壮举,赢得了晚清士人的顶礼膜拜,她与法国罗兰夫人一起成为晚清女界的两大偶像。小说以传奇笔法重述苏菲亚的故事,本没有多少新意,但对苏菲亚身体的叙事极具"晚清"特色:

---

① 葛红兵、宋耕:《身体政治》,上海:上海三联书店2005年版,第82页。

② 罗普:《东欧女豪杰》。全书共5回,连载于《新小说》1-5期,1902年11月至1903年初,署名"岭南羽衣女士"。

一千八百六十九年，青春十六，正长得不丰不瘦，不短不长，红颜夺花，素手欺玉。腰纤纤而若折，眼炯炯而多情。举止则凤舞鸾翔，谈笑则兰芬蕙馥。当时俄国某小说报有才媛小传一门，做到苏菲亚的传，那主笔构思了三天，想要描写她的风采，总觉得落了语言文字反把她的天然之美写不出来，因作了"任教三绝难绘其神，嫁与子都犹嫌非偶"那四句虚话就停了笔了。

作者着力铺陈古人描写美女的陈词滥调，无非是想将苏菲亚的美貌渲染到极致，让读者去遐想。小说中的其他女性，也得到作者的这般"厚爱"。如另一位人物桃宝华：

只见一位佳人，身上披着深墨大呢半身短褂，腰下系着天青点花曳地长裙，颈上搭着海虎领子，帽边插着五色花压，带口扣着烧青八宝如意钩，襟头挂着新式镶龙小金表。生得杏眼蜂腰，修眉俊眼，亭亭玉立，顾盼神飞，正从梅花小径闪身出来。

所谓"杏眼蜂腰"之类仍脱不出传统小说描绘美女的虚文浮词，不过是为了显示主人公的美艳，倒是那一身纯中国式的装束和形容、姿态，却全然抄袭《水浒传》中的人物描写笔法，即便有一个西洋的"小金表"作点缀，也暴露出作者对于女革命者想象力的匮乏。该小说中还有一位中国美人华明卿，显然作者对之寄予厚望，其由"仗剑美人"投胎，由未婚处女分娩来到世间，有类似耶稣降临式的神奇而又荒诞不经的出身，自然也匹配着相当不俗的外貌，"眉清目秀，尔雅温文。且又性情蕴藉，聪明过人"，仍然是兼集女性的美貌与智慧于一身。

女性救国如何在晚清小说中构成"美女闹革命"的叙事模式的呢？作家的思想动机源出何处？这的确是值得一再深究的问题。

## 三、"美女闹革命"的叙述逻辑

晚清多数政治小说都编织了典型的女性以色相救国的荒唐故事。《女娲石》[1]志在描写48位女豪杰、72位女博士的传奇，作者以性别革命作为女性参与政治的标志，借助美女暗杀情节，让色情诱惑成为改革政治的凭借，显示了不择手段激进救国的理路。其中对女性救国有意构织出一番脱离现实的虚幻镜像，通过美女献身以图救治国族，既暴露了作者思想的偏激之处，也使小说题旨显得十分肤浅。此小说有关国家政治想象的部分对女性身体的工具化利用格外极端化：不仅是自谓作者化身的年方二九的中国女史钱挹芳，“生得有沉鱼落雁之容，闭月羞花之貌”；而小说主人公之一自号“花溅女史”的金瑶瑟，更是“面映朝霞，目横秋水，真个太真再世，飞燕复生”。故事的关键在于，作者不仅赋予女性集体娇艳的容貌，而且让她们个个颇具雄心壮志，整日为国事奔走，更兼得无不鄙视男子，并甘愿以女子之身担当拯救天下的重任。另一部小说《女狱花》，主人公沙雪梅，一个激进的爱国者，“杀人不眨眼的女魔王”，却分明容貌“艳若桃李”，身材“燕瘦环肥，适合乎中。素口蛮腰，兼备其美”。小说里写她受西方斯宾塞女权思想影响，不愿接受酸腐丈夫让她“涂脂粉、带耳环、缠小足”的拘束，失手打死丈夫，然后逃出狱门，四处奔走，牵头女权革命，立誓向男子复仇，并要“组织一党，将男贼尽行杀死”，使“国内种种权利，尽归我们女子掌握”。小说借用了许多古代小说中形容女性貌美的陈词滥调，在铺写这些女革命者的传奇“事迹”时，对其美貌极尽渲染之能事，把“美女”与“革命”两种元素作了非常显眼的调和。

并不以宣传革命为宗旨的讽刺小说《孽海花》，受潮流影响也在赛金花傅彩云的故事主线以外很突兀地插入了一段有关俄国虚无党人的描写。其中对革命党人夏雅丽的身体描画，与革命小说中的笔法极为相似：

> 雯青正听着，忽觉眼前一道奇丽的光彩，从舱西犄角里一个房门旁边直射出来，定睛一看，却是一个二十来岁非常标致的女洋人，身上穿着纯黑色的衣裙，头戴织草帽，鼻架青色玻璃眼镜，虽装饰朴素的很，而粉白的脸，金黄的发，长长的眉儿，细细的腰儿，蓝的眼，红的唇，真是说不出的一幅绝妙仕女图，半身斜倚着门，险些钩去了这金大人的魂灵。[2]

---

[1] 海上独啸子：《女娲石》，《中国近代珍稀本小说》(第3卷)，沈阳：春风文艺出版社1997年版。全书共16回(未完)，卧虎浪士批，王翠兰校，题“闺秀救国小说”。

[2] 曾朴：《孽海花》，北京：中华书局2001年版，第64页。

从小说对夏雅丽这位俄国女虚无党的描写来看，作者很难对女英雄的革命史迹采用小说家笔法进行大量虚构与加工，只能根据报载资料据实敷衍，然而于西方女革命家的肖像外貌上，显然做足了功课，除了突出其金发碧眼红唇、洋装草帽眼镜的西方美女身体特征，用“仕女”的形容和“半身斜倚着门”的姿态，活脱展示了一个“洋为中用”的翻版，反映了晚清文人想象大于生活的缺憾。但无论怎么说，对女性革命者美丽外貌进行精心雕凿，却不管她们的国籍种族、文化背景，这似乎一直构成晚清小说家们过度的兴奋点。很多晚清小说都使用了类似的手法，如《女子权》《侠义佳人》《自由结婚》等，女豪杰莫不是闪亮出场，格外靓丽逼人。当然，之所以让女性个个貌美如仙，气魄不凡，不过是小说家有意迎合读者接受心理的一种写作策略，林纾所谓“小说一道，不着以美人，则索然如啖蜡”，这显然是所有小说家的担心，正是他们在政治小说中无不对美女趋之若鹜的考虑。

其实不只是美女，晚清新小说对丑女的描写采用的也是同样路数。《女娲石》中凤葵相貌十分丑陋粗莽，但武功高强，心性单纯，性格豪放，投身革命更是绝不含糊；绿林大盗魏水母“如牛首马面”般凶狠，不论青红皂白誓要杀尽天下“野猪”“赤洗世界男子”，“还一个女子清平世界”。二人在美女如云的救国队伍中显得非常突兀异类，但这样漫画般丑化女性，无疑有制造“笑点”的嫌疑！人物类型本身其实并无创新，与《水浒传》中的李逵和孙二娘颇为形似，并构不成对“美女救国”模式的颠覆和修正，只是为小说提供了另外一个搞笑的噱头。将《水浒传》中男英雄把持的梁山泊男权社会，翻转为《女娲石》中女豪杰主宰的新世界，从性别角度看，也不啻是对《水浒传》男性霸权的反讽与戏仿。

总之，美女必革命，革命者必是美女。但晚清小说如此想象女性也可在现实中找到一定依据，因为在晚清并不缺乏真实的女革命者、女英雄。其中影响最大的，则是著名女革命者秋瑾，因为她是“以巾帼而具须眉之精神，以弱质而办伟大之事业，唤起同胞之顽梦，以为国民之先导”的“女界流血者”“第一人”，所以在她牺牲后，文人纷纷趋之若鹜，出现了一大批以秋瑾生平事迹为题材的作品[①]，诗文、戏剧、小说、说唱文学等不绝如缕。“秋瑾文学”

① 参见夏晓虹：《秋瑾之死与晚清的“秋瑾文学”》，《山西大学学报》（哲学社会科学版）2004 年第 2 期。

创作者们的出发点虽各有不同，但秋瑾的女侠身份，无疑是引发文学创作热潮的重要酵素，不然我们无法解释，为什么比秋瑾牺牲更为惨烈的徐锡麟没有在文学作品中得到广泛传播。对此，研究晚清文学史的学者夏晓虹指出："女性、鲜血，都是刺激文人创作的要素，不是小说的史实中，已天然具备'传奇'的基因。"[①]而更加不可理喻的是，这些作品都充分展开想象，将秋瑾刻画为既勇猛、刚毅而又非常美丽的女性。正是所谓"饱刀铓锋芒，红雨热，断美人头"[②]，这是很多晚清作品反复咏叹的主调。在作者看来，似乎不如此不能表达对秋瑾的敬仰，不如此也难以唤起读者的共鸣。显然，"一位女革命者被杀"和"一位美丽的女革命者被杀"在政治意义上毫无分别，但在社会影响力上却能见出高低，文学创作获得接受效果的差别就更为明显。

晚清小说家为何普遍陷入"美女闹革命"的窠臼，除了吸引受众的眼球、鼓动世风人心的考虑，更因为在晚清小说作者看来，女性在救国方面"成事"的能力远为男子所不及。《女娲石》第一回开篇中女史钱挹芳强调得好：

> 第一项说道："女子是上帝的骄子，有一种天赋的能力，不容他英雄豪杰，不入我的彀中。"第二项说道："今日世界，教育经济，以及理想性质，都是女子强过男子。"第三项说道："男子有一分才干，止造得一分势力。女子有了一分才干，更加以姿色柔术，种种辅助物件，便可得十分势力。"[③]

所谓上帝骄子、天赋能力，亦即"姿色柔术"，美妙的女性身体成为女性救国事业得以告成的天然资本，这种优势显然为男子所力不能逮。小说里因此有诸多女性利用"天然资本"去搞救国活动的事迹，如第二回写金瑶瑟为了救国身入妓院学习歌舞，"姿色娟丽，谈笑风雅，歌喉舞袖，无不入神"，目的便是"在畜生道中，普渡一切亡国奴才"；"花血党"不惜花重金从民间买来大量"绝色少女"，对之加以培训，"专嫁与政府中有权势的做妾"，以从事

① 夏晓虹：《晚清女性与近代中国》，北京：北京大学出版社2004年版，第317页。

② 古越嬴宗季女：《六月霜》，上海：改良小说会社。1907年9月下旬出版单行本，后对作者进行考订，中华书局1959年再版，作者改为静观子。

③ 海天独啸子：《女娲石》，《中国近代小说大系·东欧女豪杰　自由结婚等》，南昌：百花洲文艺出版社1991年版，第448页。

刺杀活动。美貌女性身体俨然成了革命、救国可以一再利用的自然资源。

当然“美女闹革命”这一思路，其实不止在晚清，在整个20世纪，都一直是文学创作表现女革命者的基本模式，从茅盾、蒋光慈小说中的时代女性，到当代文学创作中的林道静、江姐，无不是沿袭了这种套路，尽管我们知道，在现实中的女革命者，并非个个都美丽妖娆，而美貌的女性也并非个个都积极参加革命。在晚清表现女性革命（或改革）小说中，只有少数作品超越了“美女闹革命”的叙事模式，以较为平和的心态，描写女性在社会变革中的作用，例如《黄绣球》，它被阿英奉为“当时妇女问题小说的最好作品”[1]。黄绣球作为一位普普通通的妇女，不是天降大任的女神，她的革命（改革）手段也极为平和，主要是通过开学启蒙，教育妇孺；她的爱国作为似乎也是渐进式的：“日后地球上各处的地方，都要来学我的锦绣花样，我就把各式花样给与他们，绣成一个全地球。”[2]气魄不可谓不大，志向不可谓不高远，但作品并没有将黄绣球刻意描写成姿容俊秀的玄女再现、耶稣再生。但像这样的作品在当时毕竟太少，构不成晚清小说想象、叙述女性的主流。

## 四、“美女闹革命”的文化价值

晚清泛滥的“美女闹革命”创作现象，有着重要的文学史意义，值得认真讨论。

中国传统文学由于受儒家文化的影响，在塑造女性形象时，总是凸显其柔美、病弱之姿。“病西施”即是病弱之美的典型代表。古代妇女的修身之本《女诫》中就有“阴以柔为用，女以弱为美，以侮夫为大戒”的句子，直接构成了对妇女身体形容姿态的规约，影响所及，在文学叙事中也将女性的病弱之美看作女性美的极致。对此，梁启超深有感触：

> 近代文学家写女性，大半以“多愁多病”为美人模范，古代却不然。《诗经》所赞美的是“硕人其颀”，是“颜如舜华”；楚辞所赞美的是“美人既醉朱颜酡，娭光眇视目层波”；汉赋所赞美的是“精耀华烛，俯仰如神”，是“翩若惊鸿，矫若游龙”。凡这类形容词，都是以容态之艳丽和体

---

① 阿英：《晚清小说史》，北京：东方出版社1996年版，第121页。

② 颐琐：《黄绣球》，《中国近代小说大系·负曝闲谈　黄绣球》，南昌：江西人民出版社1988年版，第184页。

> 格之俊健合构而成，从未见以带着病的恹弱状态为美的。以病态为美，起于南朝，适足以证明文学界的病态。唐宋以后的作家，都汲其流，说到美人便离不了病，真是文学界一件耻辱。我盼望往后文学家描写女性，最要紧先把美人的健康恢复才好。[①]

梁启超这番话虽发表于20世纪20年代，但这种想法恐怕由来已久。20世纪初期，蔡锷发起了一场旨在改造国民身体的"军国民"运动，梁启超也奋笔应和，鼓吹尚武，指斥中国人"以文弱为美称，以羸怯为娇贵，翩翩少年，弱不禁风，名曰丈夫，弱于少女"[②]的恶劣风习。而晚清新小说对当时思想界主流话语显然做了积极的反应，对女性身体的想象与文学叙述展示出新的审美意趣。《新中国未来记》中首次出现的现代女性身体，就毫无病弱之姿。在梁氏该小说的影响下，晚清小说中出现的女豪杰女革命，遂颇多性情刚毅、意志坚忍之辈，貌美如花，却肢体矫健，眉宇之间更具男性豪迈之态，显示了女性与男性双重气质的融合。古代小说中也有男性化的女性，如"梁山好汉"中的"母夜叉"系列，豪迈、粗野，与男子无异，这些"女汉子"显然无法进入美好女性的行列，甚至常常成为说书人的笑料。晚清小说出于对革命的鼓吹，将"美"和"刚"强行糅合到一起，塑造出一大批"铁血美人"的形象，一时形成了一种新的美学范式，这对近代文学走出男权传统藩篱，当然具有重要的推动作用。夏晓虹在研究以秋瑾为题材的作品时也注意到了这一点："所有题写秋瑾的作品，都尽力刻画了其为爱国女杰的情思，也不无慷慨激昂的豪气。"[③]这其实也是晚清女性革命题材小说的共性。

在任何一次社会动荡或社会转型之际，身体都是极为重要的关目。政治、道德对人的控制，最终都会铭写在身体上。晚清之际，中国遭遇"三千年未有之大变局"，旧的世界已经死亡，新的世界却无力出生。在历史的涡流中，一个民族的何去何从，不只是一个思想政治问题，也是一个身体问题。晚清文人从"废缠足""兴女学"到"新国民""尚武""剪辫子"，都致力于对身体的解放和再造，同时也是为了将国民的身体纳入一个新的社会秩序中进

---

① 梁启超：《中国韵文里头所表现的情感》，《梁启超全集》(第13卷)，北京：北京出版社1999年版，第3948页。

② 梁启超：《论尚武》，《新民丛报》第28、29号，1903年3月27日、4月11日。

③ 夏晓虹：《晚清女性与近代中国》，北京：北京大学出版社2004年版，第316页。

行规划与控制。在晚清一系列革命小说中出现的“美女群像”，反映了晚清士人对时代女性的期盼与想象，或者如王德威所言，是男性一筹莫展时对女性的狂想，这种狂想反映出来的集体无意识，潜藏着那个时代文学和思想的秘密。对此我们可以提出以下问题：女革命者为什么总是要美艳绝伦？美貌与革命之间是一种什么关系？所谓“杏眼蜂腰”之类的身体特征，与献身民族赴汤蹈火之间难道真有什么关联？这一系列问题的解决，有助于我们了解晚清小说革命的面貌，也有助于理解“美女闹革命”背后女性身体的政治运作，对把握之后革命文学的发展轨迹不无裨益。

在现实生活中，投身革命的女性不一定拥有美丽的身体外形，至少我们从来没听说过，有哪一个革命组织在接受女性成员时将美丽的外貌作为一个重要条件。与之相反，在 20 世纪五六十年代那些面容姣好的女性常常被看作是破坏革命的不稳定因素，被描述成不具备坚毅的革命性因而受到排斥。但具体到了文学创作中，问题却出现了明显逆转：那些令人尊敬的、富有献身精神的革命女性，几乎每一个都拥有美丽动人的容貌。文学叙事与现实政治竟然在同一问题上发生悖离，形成巨大的裂缝。考察 20 世纪的革命文学史，这种缝隙一直未得到弥合，晚清的革命文学显然是其中的第一个潮头。这一现象的出现可能有着极为复杂的背景，其中最为重要的原因应来自文人对革命与女性之关系的想象。“女学既兴女权盛，雌风吹动革命潮，我华男子太无状，蝇营狗苟穷俯仰，多少兰闺姊妹花，相将携手舞台上”[①]。在中国近现代史上，革命具有非同寻常的意义，它是一个处于劫难中的民族获得新生的重要途径，能够激起文人对未来的狂想；而女性作为激发文人创作灵感的重要力量，也常常能唤起文人不着边际的浪漫遐思。所以当革命与女性遭遇之后，作家的理智就会难以抵挡心中迸发的激情：“铁血美人”“侠骨柔肠”这些隐含着传奇色彩的文学酵素，在文人笔下就会演化为一个个“美人革命”的故事。所以，从文学史的角度而言，文人的这类创作是对革命现实的遮蔽与粉饰，无法深入革命现实的深处，揭示复杂的“革命”问题。在整个 20 世纪，革命题材的文学作品难得出现真正的杰作，与文人的这种狂想也许大有关系。

从思想史的角度看，将女性革命者写得像天仙一样美丽，实际上是一种

① 高燮：《女中华歌》，《江苏（东京）》第 12 期，1904 年。

新的造神运动。在晚清时代，女性在政治革命中的作用常常被夸张到极为荒唐的地步。提倡废缠足时，就说女性放脚是中国得救的不二法门；提倡兴女学时，就说女性读书是中国得救的根本；提倡女性革命的时候，就将女性看作是观音菩萨下凡或是基督再世。如《东欧女豪杰》写华明卿的出生就化用了基督降生（仗剑美人投胎、处女怀孕）的情节，而有关苏菲亚的描写则更为离奇："菲亚生时，白鹤舞庭，幽香满室"，而"菲亚长来，果然秀慧无伦"。而同时代描写男性革命者的作品极少见到如此的铺垫、烘托。女性出身凡胎却变身为女神，自然就会集所有的美德和美貌于一身，这与其说是对女性的尊重，不如说是男性对晚清社会政治感到无力和无望时的迷乱臆想。如果说男性要通过这种臆想来推脱自身的救国使命，显然过于苛刻，但是借助这种臆想缓释他们内心的政治焦虑，起到重振民族信心的作用，则有相当的合理性。

从性别意识的角度讲，女性的美貌历来与爱情或性有着不解之缘，虽然在这类革命小说中，女性的美貌往往成为政治革命的附属品，与之相关的感情和欲望明显受到叙事的压制。从《新中国未来记》看，小说后面可能会出现有关爱情的描写。小说未能终篇，具体情节我们虽不得而知，不过从梁启超倡导新小说对《红楼梦》"诲淫"的指责中，就能猜出他是不会过分渲染私人感情的。从极善铺陈情爱的《孽海花》来看，夏雅丽和她的恋人最终为了国家利益牺牲了爱情，美貌成为她报复敌人的工具。而其他小说中女革命者美丽的容貌在推动情节中所起的作用也不过是由妓女张侠琴、唐六琴倡导的"中华女子侦探团"的使命："然挟红粉为行军之饵，借美人为诱敌之谋，必牺牲躯壳，始克为此。"[①]女性身体不过是作为性的符码、革命的道具而已，这也和蔡元培在爱国女校中执意培养女暗杀者的动机如出一辙。《女娲石》中的"春融党"，"不忌酒色，不惜身体，专要一般国女，喜舍肉身，在花天酒地演说文明因缘"。秦夫人领导的"花血党"要求手下女党徒"除三贼"，其中一条是"绝夫妇之爱，割儿女之情"，因为"人生有了个生殖器，便是胶胶黏黏，处处都现出个情字，容易把个爱国身体堕落情窟，冷却为国的念头"。个人情欲历来是政治革命最为警惕的危险因素，当革命者是倾国倾城的美女时，这种提醒显得尤为必要，对于凤葵这般丑女，"身体政治"越发直截了当：身体从"天

① 《中华女子侦探团缘起》，《申报》，1911年12月19日。

生的，娘养的，自己受用的”，被建构成“党中的，国家的，自己没有权柄了”① 。

由此可看出，女性要革命，身体需要“纯净化”，更需要“政治化”，要经历从自然的身体（“天生的”）、私人的身体（“娘养的”）和欲望的身体（“自己受用的”）转化为政治的和国家的身体（“党中的、国家的，自己没有权柄了”）的过程。那么，这究竟代表着女性身体的解放，还是对女性身体的再禁锢和驯化？不难看出，近代女性的解放是一个女性身体被符码化、工具化的过程。如果说在古代，女性身体是男性欲望化的对象，那么到了晚清之后，女性身体则被两极化，要么把缠足女性指为民族耻辱的符号，要么将“美女”建构为救赎国族的工具，为救国，手段上才可以无所不用其极。“最先则求之以泪，泪尽而仍不能得，则当求之以血。至于实行法子，或刚或柔，或明或暗，或和平，或急激，总是临机应变，因势而施，前者仆，后者继，天地悠悠，务必达其目的而后已”②。所以研究近代身体生成的台湾学者黄金麟指出：“这种以国家存亡作为身体开发取向的发展，虽然是一个特定时代的产物，却也造成身体自此成为国家权力的从属物。”③由此看来，晚清小说恣肆的女性臆想将女性身体置于尖锐的国族危机中，过多强调了身体国家化的面向，而脱离了人的解放取决于个体身体自由的本义，显然离真正意义上的现代女性解放还有很远的距离。

当然，如果说从文学史、思想史和性别文化的角度，一味将这类“美女闹革命”的小说全盘否定，也未必合乎历史的实际。在历史上，美女多养在深闺，长成之后嫁给才子或沦落青楼，演绎一出出团圆喜剧或艳情悲歌。晚清小说家摆脱了这些古老的俗套，将美女送上反帝反封建的政治舞台，让她们踏上匡扶社稷的暗杀之路，这种将美女政治化的写法突破了传统文学表现才子佳人的狭窄空间，真正创造了一个想象中的“小说中国”，为女性虚构出一片施展自身才华的新天地。同时，晚清小说以想象性为前提创造的这样一种新的情节模式，对于推动女性解放的进程也有着不可忽视的意义。在

① 岭南羽衣女士：《东欧女豪杰》，《中国近代小说大系·东欧女豪杰　自由结婚等》，南昌：百花洲文艺出版社 1991 年版，第 14 页。

② 海天独啸子：《女娲石》，《中国近代小说大系·东欧女豪杰　自由结婚等》，南昌：百花洲文艺出版社 1991 年版，第 479 页。

③ 黄金麟：《历史、身体、国家——近代中国的身体形成（1895—1937）》，台北：联经出版社 2000 年版，第 210 页。

晚清社会亡国灭种的历史语境中，“女辱咸自杀，男甘作顺民。斩马剑如售，云何惜此身？”[①]女性要获得解放，颠覆传统男性中心政治对其身体的桎梏固然重要，但“国家兴亡，匹妇与有责焉”，在亡国灭种的空前危机下，牺牲女性肉身以救振国族自然是其中应有之义。晚清小说家们将美女推向政治舞台，这种文学想象显然折射了他们对于女性革命的偏狭理解，而由此形成的“美女闹革命”的固定创作模式却是女性与革命、革命与文学的想象性关系在文学现代性起始的表征，革命文学女性叙事恰滥觞于此。

## 第三节　“国女”当道：晚清小说中的女性“乌托邦”乱象

### 一、“慌乱病相”下的“女子救国”及清末文学生态

亡国灭种的焦虑，使晚清文人从政治实践到报刊舆论都有明显的“慌乱病相”：其一，为了救国，时人想出种种怪招，从“女子暗杀团”到“扶清灭洋”、打拳、扶乩、关羽、张飞、朱元璋、太上老君“急急如律令”等不一而足。其二，晚清忧心国事的文人喜欢言过其实，趋于极端。梁启超、邹容等人排山倒海的排比语式和虚张声势的夸饰之辞，就是典型代表。其他文人的文章也充满了这种“不……便不……”“欲……必先欲……”的句式，看似振聋发聩，实则粗疏空浮。其三，晚清文人有强烈的功名之心，“铜像巍巍”是他们时常挂在嘴边的话。谭嗣同、章太炎、邹容、秋瑾、陈天华等都怀有百年之后“铜像巍巍”的梦想（《中国之女铜像》《女子权》都有后人为前人塑铜像的情节）。这种渴望流芳百世的功名之心，导致了他们不计成本、不计策略而急于献身的浮躁心态，如果在一个革命趋近成熟的年代里，是不会出现类似情况的。

种种“慌乱病相”中，最为引人注目的是“女子救国论”的推出，“女国民”“国民之母”“国女”的说法都是其派生物。晚清文人特地创造这些词汇，就是为了凸显“女”国民的身份地位，强调其救国“与有责焉”，“妇人从古系兴亡，岂独匹夫责有与？”[②]特别是“国女”一词，明显把“国民”和“国女”对立起

---

① 静观子：《六月霜》第十一回，上海：改良小说社1911年刊本。

② 《女中华歌》，《江苏（东京）》第12期，1904年5月。

来，将不含性别意识的“国民”一词等同于“国男”：“我国今日之国民，方为幼稚时代；则我国今日之国女，亦不得不为诞生时代。”①号称“中国女界之卢骚”的金一（即金天羽），在其1903年所著的《女界钟》中，高声倡导女权，呼唤女性以“纤手”“妙舌”“慧剑”“裙衩”投入“革命风潮”，铸就“巾帼”不让“须眉”之地位，特别将“新国民”“国民之母”等桂冠赋予他所期待的女性，并夸大女性的政治能力，推崇女性的价值：“汝之价值，千金之价值也；汝之地位，国民之母之地位也。吾国民望之久矣！”②金一的言论如巨鼓铜钟，在当时产生了很大的影响，但这种将拯救国族全寄望于女性的偏狭的思路，特别反映出晚清文人在女性解放问题上的浮躁和不切实际。动员女性群体投入民族国家建构，增大国民与“卖国贼”的对抗力量，本不失为一种有益的启蒙话语策略，但是晚清文人在话语实践上几近走火入魔，完全走到另一个极端。他们张扬极端女权，尊女卑男，乾坤扭转，“我华男子太无状，蝇营狗苟穷俯仰，多少兰闺姊妹花，相将携手舞台上”③。视男子为无能，救国完全仰仗妇女，这就演绎成了一种脱离现实的狂想。《女娲石》作者海天独啸子在性别问题上迎合当时潮流：“什么革命军，自由血，除了女子，更有何人？况且，今日时代比19世纪更不相同。君主的手段越辣，外面的风潮越紧，断非男子那副粗脑做得到的。”④这时已东渡日本的秋瑾也在呼吁当代女性，要“脱范围奋然自拔，都成女杰雌英。习上舞台新世界，天教红粉定神京”⑤。按说，女性觉醒等于唤醒了一支潜力巨大的后备军，确实能给民族复兴带来某些希望，但并不意味着可以将男性完全撇开，让“国女”独自担当此重任，她们应该与男性一起“共事铁血”，而不是剑拔弩张视男子为“畜类”。所以，由于晚清思想界对女性救国给予过高期望，或是有意鼓风放火，随之导致了整个晚清文人阶层对女性问题的肤浅认识，呈现出舆论宣传话语铺张的情形，情绪化和狂欢化非常明显。正是在这样一种整体浮躁的时代氛围中，晚清小说创作就集中出现了各种关于“女性乌托邦”的虚幻影像，一时构成晚清热闹非凡的

---

① 海天独啸子：《女娲石序》，《中国近代小说大系·东欧女豪杰　自由结婚等》，南昌：百花洲文艺出版社1991年版，第442页。

② 金一：《女界钟》，上海：大同书局1903年版，第94页。

③《女中华歌》，《江苏（东京）》第12期，1904年5月。

④ 海天独啸子：《女娲石》，《中国近代小说大系·东欧女豪杰　自由结婚等》，南昌：百花洲文艺出版社1991年版，第447页。

⑤ 郭延礼选注：《秋瑾选集》，北京：人民文学出版社2004年版，第184页。

文学景观。

卑男扬女思潮影响所及，使得晚清文学到处充满了女性主导的“嘉年华”景观，攻击男性、戏弄男性无能的诗文随处可见，如秋瑾未写完的弹词《精卫石》中言：“见那般缩头无耻诸男子，反不及昂昂女子焉。……投降献地都是男儿做，羞煞须眉作汉奸。如斯比譬男和女，无耻无羞最是男。”[①]小说里也构筑了各种女性“乌托邦”，如《女狱花》里表现的“纤手翻成新世界，香闺普种自由花”，沙雪梅、张柳娟、仇兰芷、吕中杰等六女将，“日夜组织革命”，轰轰烈烈闹革命的场景。沙雪梅持极端女权思想，完全鄙视男子，“我们女子的身体，虽被男贼害得如风吹得动样子，但男贼亦安见强壮呢？各种卑陋的贼男，我且不说他，就有几个人人崇拜，号为国民的，平日间烈烈轰轰说些流血事件，及闻捕拿会党的信息，即东逃西窜，甚有改变宗旨者……我们女人冰霜性质，何患敌这种墙头草的男贼不过。”[②]她著书《仇史》，组织了女性同盟，并设定了以男性为寇仇欲杀之而后快的“破坏手段”，所谓“手执钢刀九十九，杀尽男贼方罢手”的激进目标，最后“大事不成”，与另外七十余女性“自焚而死”，这种情节设计简直让人瞠目。《女娲石》中像凤葵、魏水母这样专杀男人的“女江湖”，和里面给人“洗脑”手段堪称“科幻”又特立独行立志灭“四贼”、守“三守”的诸多女子救国组织，还有《自由结婚》与《镜花缘》中的女子世界与“女儿国”。晚清小说虚构出这样的“女性乌托邦”盛会，鼓吹男女二元对立，颠倒传统性别秩序，设想由女性主宰世界，剥夺男性介入政治的权利，“从今以后，但愿我二万万女同胞，将这国家重任一肩担起，不许半个男子前来问鼎”[③]。这些在今天看来匪夷所思的想法，在晚清文学创作中均有所反映，其背后有很多耐人寻味之处，是晚清特殊“身体政治”的表征，值得认真解读。

## 二、“女性乌托邦”表现形态

纵览晚清有关女性革命的小说，其构造“女性乌托邦”突出表现在四个

① 秋瑾：《精卫石》，《秋瑾集》，上海：上海古籍出版社 1965 年版，第 139 页。
② 王妙如：《女狱花》，《中国近代小说大系・女子权　侠义佳人　女狱花》，南昌：百花洲文艺出版社 1993 年版，第 741 页。
③ 海天独啸子：《女娲石》，《中国近代小说大系・东欧女豪杰　自由结婚等》，南昌：百花洲文艺出版社 1991 年版，第 447 页。

方面：

其一，过分夸大女性的政治能量，将被传统规范束缚在闺门之内的女性一下子赋予超常的社会活动组织能力，这显得荒唐和不切实际。

小说《黄绣球》的主人公黄绣球，在丈夫影响下突然顿悟，一时就获得了锦心慧眼，其远见卓识和雄心抱负丝毫不逊色于她的丈夫黄通理。她自己率先放脚，还向众人宣扬放脚的好处，又自主创办女学，要让“日后地球上各处的地方，都要来学我的锦绣花样”，要从“一家四个人再慢慢的推到一个村上”，进而“绣成一个全地球”。尽管小说对黄绣球从家庭主妇到社会活动家的角色转变交代得较为合乎常情，但毕竟对其政治能力作了夸大性表现，因为思想觉悟的提高绝非一日之功，不可能短期就有质的飞跃，甚至超过男性启蒙者。《娘子军》也采用了男不如女的情节模式。主人公赵爱云要走向社会，她丈夫李固齐开始只顾扯后腿，思想见识与赵爱云相比判若云泥，后来虽在赵爱云动员下思想有了转变，但在社会活动上却并无任何作为，反而是赵爱云发愿心要“分身无量亿数，遍劝二万万女同胞，使她们早早醒悟，各图自立”，自己把读书、演说，办女学等每件事情都做得红红火火。当然小说创作的主旨即是宣传女性在救国方面的作用，也有让男性相形见绌的某种故意。小说通过赵爱云的故事实际上完成了对一个品貌出众兼能力非凡的晚清新女性的塑造。赵爱云在小说中作为生活的主宰，牢牢掌握着自己的命运，也不放弃在社会事务上支配男人的可能。从她不服丈夫的规训，不在求学办学上向丈夫妥协方面，说明了她个人意志的坚忍和办事的能力都是男人所不能比拟的。但在那个时代，作者对这种女性角色的把握，显得过于理想化。特别是小说后来的情节简直是天方夜谭，写爱云轻易地就去了日本考察女子教育，回来自己成功地开办了一个女学堂，完成了“救济同胞唤醒女界”的宏愿，而且立志要“造出一个花团锦簇的新女界”。这明显地想象大于生活。《女子权》中一个本来很幼稚的女学生贞娘，为向父自证清白之身而跳江，但却为未婚夫所搭救，自此就如变了一个人，为了争取女权，还出国游历，俨然脱胎成为一个出色的思想者和社会活动家。

《侠义佳人》中也塑造了多个新女性，她们留洋求学，接受了西方“新学”，组织“中国女子晓光会”，建立女性同盟，多方奔走，忙于各种公共事务，除了兴办女学，也对身边以及穷乡僻壤的妇女宣传有关男女平等、废缠足、除妆饰、破除迷信等思想。小说中头绪繁多的日常生活描写，无疑提供了较为丰富的晚清女性民间生活的真实场景。但小说对于上述新女性的进步思想形成的轨迹缺少合理交代，她们的先进行为也完全没有演绎出人物性格发展的逻辑，这些均语焉不清。值得肯定的是，小说在故事叙述、生活场景的表现上，还是体现出较高的艺术性。

这类文本在人物性格的刻画方面乏善可陈，其所表达的女性解放的理念在当时却有进步意义。小说固然过分夸大了女性的政治能力，使女性解放的举动带上了浪漫、虚幻和理想色彩，但从情理上基本还说得通，较符合历史发展的内在逻辑。而另有一些作品如《女狱花》《女娲石》却完全走向极端，将女性对世界的改造变为女人对世界的主宰。

其二，极力宣传性别对抗，鼓动女子向男子复仇，企图建立一个"女儿国"，小说《女狱花》正是这种情绪的集中体现。主人公沙雪梅自幼习武，功夫超群，但艳若桃李，冷如冰霜，一拳打杀酸腐的丈夫。越狱之后，发誓要用"男贼"的头"堆成第二个泰山"，让"男贼"的血，"造成第二个黄河"，并认为在此"夫妇专制时代"，"做女子的，应该拼着脑血、颈血、心血，与时代大战起来"。其理想就是，"组织一党，将男贼尽行杀死。胯下求降的，叫他服事女人，做些龌龊的事业，国内种种权利，尽归我们女子掌握"。她向往女子革命的纷繁"气象"，"一声革命，恐有如铜山西崩，洛钟东应，罗裙儿为旗，红粉儿为城。顷刻之间，尽是漫天盖地的娘子军了"。沙雪梅与张柳娟、仇兰芷、吕中杰等六位女将致力于组织革命，后遭遇挫折，自焚身亡。小说作者大概意识到极端性别革命可能带来的不良后果，让另外一个人物许平权提倡"平和革命"，对沙的激进思想进行中和折中，认为沙雪梅的思想脱离现实，"你将今日普通女子形状仔细一想，就知不施教育，决不能革命的"，但认可"今日时势，正宜赖他一棒一喝的手段，唤醒女子痴梦"。小说在写人、叙事、状物上，笔法明显脱胎于古典小说《水浒传》，从沙雪梅踢死丈夫秦赐贵、打虎等情节的描写看，都颇有几分相似。

《女娲石》一味宣扬性别对立，立志要建一个完全的女子世界。从情节的发展来看，《女娲石》可看作是《女狱花》的续篇，沙雪梅式的人物在《女娲石》中十分活跃，多个妇女政党在小说中轮番登台亮相，使我们得以窥见沙雪梅的后续故事。魏水母声称"擒贼须擒王，杀人须杀男，入刀须没柄，抽刀须见肠"，一副要将男子置之死地而后快的女子复仇心态。作者着意将小说人物炮制成一个理想中的女子世界，"遍搜妇女之人材，如英俊者、武俊者、

伶俐者、诙谐者、文学者、教育者，为意泡中之一女子国”，以此表达对中国女豪杰的向往之情。其中的女子政党多以救国和建立女权社会为旨归，且各有特点。天山省的“中央妇人爱国协会”，以“专扑民贼”为宗旨，她们将培养的绝色少女嫁给政要作妾，以实施暗杀。女性身体成为暗杀的道具。“花血党”是小说中描写最为详尽的政党。她们以妓院为掩护，建立了一个“女儿国”。该党以暗杀为手段，拥有百万党人，两千支部，三姊妹山精、水母和社狐分别在山路、渡口和城市截杀被她们称为“野猪”的男人，她们的目标是“不许世界上有半个男子”。有志于描写“48位女豪杰和72位女博士”非凡业绩的《女娲石》，可惜未能卒篇，但从仅有的半部来看，它完全不失为晚清时期集科幻、哲思、古典小说传统于一体的“奇书”，处处充满了匪夷所思的人物想象和改良政治的激情，让人惊奇、震撼。如果说《黄绣球》是晚清女性小说在艺术上最为成熟的著作，那么《女娲石》则是这一时期最具创意、最有个性、最具“乌托邦”思想视野的作品。

其三，充分夸大女性身体功能，将其作了赤裸裸的政治的理解和运用，使一向深受传统禁锢的闺阁女性借由救国的名义堂而皇之地登上政治舞台。

《自由结婚》中关关虽然与黄祸相爱，但她发誓“一生不愿嫁人，只愿把此身嫁与爱国”①。以身许国与其说是晚清文人对女性的政治苛求，更不如说是爱国女性的自主选择，身体成为她们投身政治的当然工具。《女娲石》中开篇就写金瑶瑟自愿舍身妓院，希望靠自己的色艺“普度一切亡国奴才”。而“春融党”有着和她较为相似的策略，通过在全国开办妓院、勾栏，让有志救国的“国女”舍身其中，既能够传播文明，又能让那些贪婪的权贵们死在石榴裙下，达到一举诛杀的目的，这看上去确实是一石双鸟的良策。又如“春融党”与“花血党”的禁欲主义不同，主要是开设勾栏妓院，利用“肉身”腐蚀男学生，也“腐败官场”，通过让他们“无不销魂摄魄，乐为之死”，达成颠覆男权的目的。而“白十字社”却能对人大动手术，做法更让人瞠目结舌。她们的主要工作是将人的脑子挖出来清洗，目的是造就一个干净的世界。

在这里我们明显看到了女性身体被政治的充分征用，在肉欲的放纵中

---

① 犹太遗民万古恨：《自由结婚》，震旦女士自由花译，《中国近代小说大系·东欧女豪杰　自由结婚等》，南昌：百花洲文艺出版社1991年版，第155页。

实现政治上的变革，这到底是崇高的牺牲还是无奈之下的堕落，是对女性的尊重还是对女性身体的羞辱，是给女性指出了一条救国的出路还是将女性解放引入了歧途，事实上很难说清楚。即便如此，我们仍然佩服作者挑战道德底线的勇气，将崇高的救国大业，与肮脏的性交易纠缠在了一起，将“战场”摆到了“国女”卖淫的床上。作者的本意是褒扬献身的“国女”，可无意中也构成了对政治的极度反讽。如果我们认为这是作者的突发奇想，也未免武断。事实上，青楼与家国兴亡之间的界限从来就不清晰。早期的《桃花扇》，后起的《孽海花》，以及辛亥革命前蔡锷与小凤仙的政治与“性”的合作，都折射出了风花雪月与家国兴亡的密切联系。由此看来，作者对女性身体的政治演绎，也是渊源有自。

与“国女”沉浮欲海、舍身救国的行为相对照，《女娲石》还通过对女性情欲的隔绝，在小说中建构起了截然相反的女性身体的另一意义。

小说中“花血党”的章程分为“灭‘四贼’”“守‘三守’”。这一女子救国组织杜撰出一个貌似合理的“革命逻辑”，女性要实现国家、民族、家庭和性别四重革命，首要前提是以女性自己的身体为敌，以男人世界为敌，不仅是“遏绝情欲，不近浊秽雄物”，更要革男子的命，“不许世界有半个男子”。这就将世界完全虚构成了一个女权乌托邦，女性在这个乌托邦世界里完全掌握权力，是“天然主人”与“文明先决”，这显然非常虚妄，不合情理，“国女”们的作为纯粹是在用一种新的不平等（女凌男）代替旧的不平等。也许意识到这一逻辑的荒悖性，文本也曾经试图弥补这一思想缝隙，幻想无性繁殖的科学把戏，要繁育后代就靠人工授精，由此保证女性身体的性的独立。“花血党”的宗旨很明确，绝不允许它的党员接近“秽男”。对男性的仇视遂导致了禁欲主义：“人生有了个生殖器，便是胶胶黏黏，处处都现出个情字，容易把个爱国身体堕落情窟，冷却为国的念头。”而为了保证“爱国的身体”，就要取消“情欲的身体”，秦夫人对凤葵“天生的，娘养的，自己受用的”“自然身体”，矫正为“政治身体”——“先前是你自己的，到了今日，便是党中的，国家的，自己没有权柄了”，看似荒唐的话却符合晚清当时女性救国的逻辑，这与为了救国舍身青楼的金瑶瑟相比构成了身体的两个极端，让我们由此洞悉晚清时期在女性身体与救国之间复杂、暧昧的关系。

《女狱花》中沙雪梅似乎天生有女权思想，因为平时受到丈夫让她“涂脂粉，带耳环，缠小足”的拘束，对丈夫心生不满，斯宾塞的《女权篇》让她觉悟，

她痛感男权对女子的压迫，在被丈夫斥骂时，气急之下一脚踢死丈夫。之后的她更是性情大改，完全戒情绝欲，视天下男人为寇仇。在监狱里，她向女囚宣传，“世上无知的女儿，到了十几岁时候，就想要嫁男人，以为嫁了有多少好处，咳！你不晓的这男人，正是我们千世冤家百世仇，只可以杀，不可以嫁的”，声称要“手执钢刀九十九，杀尽男贼方罢手”。[①]

上述小说是政治科幻小说，完全虚构了一个想象的世界，作者扬女抑男的倾向很明显，但作者为何将国女的身体处理成一个与男性完全敌对的客体，却特别值得认真的解读。这是对晚清社会传统性别秩序的质疑？还是想进行一番性别秩序重整？难道扩张了女性力量，就可振救国族？这无非是一种不切实际的奢望，源自《西游记》“女儿国”的一种文学传统而已。这一理想在李汝珍的《镜花缘》中也曾得到重现，以武则天君临天下的盛唐来对既定的性别秩序予以颠覆。在“女儿国”中林之洋出尽洋相，裹足、穿耳等，让长期被男尊女卑压迫的女子长出了一口气，虽失之极端，不妨看作戏说，但实可看出当救国乏术时，男性文人把女性作为最后利器的奇思妙想。

其四，大扮女性易身游戏，让蒙昧的传统女性一夜之间脱胎换骨成为革命“女杰”。

女性的觉醒是一个漫长的过程，但晚清小说在处理这一问题时，都不约而同地走了捷径：似乎让女性一夜之间就获得她们需要的一切思想和智慧，达到脱胎换骨的改造效果。一般“捷径”就是让她们在梦中接受“神”的指点，当然这“神”不再是指点宋江的“九天玄女”，也不是隐藏在深山老林里的“世外高人”，而是法国大革命时的罗兰夫人、卢梭等西方先哲。被晚清文人誉为“近世第一女杰”的罗兰夫人，经过大量诗文小说的颂扬和传播，成为“中西合璧的启蒙角色”[②]，担当起启蒙中国女性走向政治舞台的导师。卢梭作为法国大革命的精神先驱，也引起了中国人的神往，因而获得了为中国人指点迷津的资格。如黄绣球，本是一个极为普通的妇女，她与“女杰”之间的距离判若天壤。但作者为了让她迅速地变为“女杰”，就模仿中国古代小说如《水浒传》中宋江梦遇九天玄女、《红楼梦》中宝玉梦入“太虚幻境”的故事套路，让黄绣球先是得了一场奇怪的病，“浑身发热，如火炉一般，昏昏沉沉

① 王妙如：《女狱花》，《中国近代小说大系·女子权　侠义佳人　女狱花》，南昌：百花洲文艺出版社1993年版，第724、726页。

② 夏晓虹：《晚清女性与近代中国》，北京：北京大学出版社2004年版，第197页。

的人事不知”，进而梦遇一白衣女子，即罗兰夫人。罗氏给她讲解《英雄传》，启发她男女平权的道理，使黄绣球开窍顿悟，“神魂忽然一躁，形体也就忽然一热”，打那以后，就“开了思路，得着头绪，真如经过仙佛点化似的，豁然贯通”，从此胸怀“自由村”，放眼全世界，发誓绣出个崭新的地球。

《浙江潮》第四期上刊载的《血痕花》（作者署“蕊卿”），虽以叙述法国革命史实为主，但也有类似情节。第一回楔子中，法国大革命庆典之日正是留法女学生回首祖国被人瓜分之时，她心绪缭乱，却有卢梭入其梦境，与其畅谈男女平权，卢梭对于她打破专制的志向颇为称许。梦醒后，由女伴赠一书。而《女娲石》中也有“生前被奸，死后被裂”的“大明国女”托梦陈说亡国之痛，点化翠黛，使其“一笑而后七窍开”，所谓“道家静悟佛家顿，尽从莞尔一笑来”。如果不能遭遇“神人”“导师”，那么便有非常手段，如《女娲石》中的“洗脑院”，点石成金，能洗人脑筋，“再造国民”。金瑶瑟就曾身历其境，作为当然的“国女”，“那脑筋洁白无垢，不似乱臣贼子”。《女狱花》也是先让沙雪梅做梦至“十九殿”，用“男尊女卑人权缺”的现实来教育激发之，然后让她读斯宾塞的《女权篇》，从而突然洗心革面再也不愿做夫权的奴隶。这当然是一个十分有趣的现象。为何晚清小说中写女性要用上这类幻想中的情节？原因无他，自是要对传统女性进行脱胎换骨，为女性易身，不然因袭着传统重负的女性又如何一跃而上20世纪的历史大舞台。

小说以这种瞒天过海、荒诞不稽的笔法写女性从蒙昧到开窍的过程，就有意回避了女性觉醒的艰难历程，显示了不着边际的浪漫空想色彩；但另一方面，借助梦中的权威人物亲口讲授女子解放的道理，与其是为了点化主人公，其实也是为了教化读者，起到开通风气的作用。

### 三、女性“乌托邦”与晚清“身体政治”

晚清小说中，“国女”当道，演绎了轰轰烈烈的女子救国的热闹场景，这无疑是一种女性“乌托邦”的文学叙事。让中国闺阁女性易身革命，脱胎换骨，体现了政治运动对女性身体的强行挪用，其实并不指向女性解放的真谛。只有到五四时期，在先进思想文化的洗礼下，知识女性被易卜生笔下的娜拉所召唤，中国才有了真正走向精神独立和个体自觉的女性解放运动。两相对比，我们不难看出，晚清国家主义主流话语对女性身体的阐释和隐喻性挪用，其实只是一种政治策略，其局限性是显而易见的。台湾学者黄俊杰先生这样界定“身体政治”：“所谓‘身体政治学’(Body Politics)，是指以人的身体作为‘隐喻’(Metaphor)所展开的针对诸如国家等政治组织之原理及其运作的论述。在这种‘身体政治学’的论述中，‘身体’常常不仅是政治思想家用来承载意义的隐喻，而且更常是一个抽象的符号。思想家借以作为‘符号’的身体而注入大量的意义与价值。”[①]在“女性乌托邦”小说中，女性身体只有一个，却有时被净化，有时被舍身取“义”，背后则有着相似的“病源”，这显然是将女性身体纳入政治框架后带来的乖谬结果。因此，仅从思想层面讨论女性解放，衡定女性的地位，不过抓住了问题之一端，而只有认识女性身体的复杂形态，才能真正理解晚清女性的真实处境，毕竟“身体”才是一切政治隐喻的物质基础。

晚清中国的女性解放虽率先由男性倡导，但一些先进女性也能及时跟进，并在社会天地中演出波澜壮阔的生动剧目，如鉴湖女侠秋瑾的传奇一生足以撼天动地。但毕竟没有如五四那般生发成为一个实际运演的全社会运动，大多数女性依然被封锁在重重闺门之内，难以逾越传统规范对其身体的约束，也无法享受沐浴自由的阳光与空气。因而新小说中对于晚清女性社会生活的表现只能依据想象和虚构。正如有人指出：“中国妇女运动的实际进程，又注定了这类作品不可能如写西方女豪杰那样可以据实敷陈，作品中的中国女豪杰，则更多地来源于作家的想望与艺术虚构。”[②]因此，晚清文人在写这类小说时，就倾向于改写古典小说传统，把女性强行从闺阁绣楼里“解放”出来，让女性和男性一样置身于尖锐的国族危机下，极力夸大女性“姿色柔术”在救国方面的政治功用，而无视女性真正的现实处境。然而，很多晚清小说作者的女性观念并未真正达到现代思想层次，骨子里仍然认同男权中心的传统观念，所以在对女性身体资源进行开发想象的同时，对女性革命的颠覆性力量却充满恐惧。因此这类小说尽管放大了女性身体的政治功用，却在身体叙述上处处彰显着伦理选择上的矛盾。

《女娲石》第七回末如此评说“国女”为救国使出的戒情绝欲的非常手段：“天下最利害者莫如娘子军。而娘子军之别名，曰附骨疽。真个防之难防，治之难治。不独野蛮政府为之寒心，即我亦当为之丧胆。可知我国之弱

---

① 黄俊杰：《中国古代思想史中的“身体政治学”：特质与涵义》，《国际汉学》(第四辑)，郑州：大象出版社 1999 年版，第 200 页。

② 欧阳健：《晚清小说史》，杭州：浙江古籍出版社 1997 年版，第 253 页。

之腐败，特无十万胭脂虎耳。”“胭脂虎”一说显然表明作者对女性革命并非真心推崇，一方面为之欢呼庆幸，一方面又十分恐惧女性对男权传统的破坏性力量。如果说在写到金瑶瑟、秦爱浓等有知识的“国女”时，作者笔法尚中性，但具体到草莽女英雄凤葵、魏水母的故事，就完全采用漫画笔法，直如状写母夜叉，将其完全妖魔化，即便是写人的真性情，也是“女张飞”“女李逵”那般粗莽之态，无法让人喜爱。设想如果真到作者描绘的这等女子乌托邦世界里，那不仅仅是进入鬼蜮的男人的梦魇，恐怕也是全社会的恶梦吧。因此很难搞清作者对于女性革命的主观态度究竟如何，赞成乎？反对乎？作者在政治说教上与主流舆论形成共谋，提倡男女平权，女子革命，但骨子里却不曾摆脱男性中心的思维，高扬的只是女性的身体“价值”，中心在于利用，潜话语层面依然是男尊女卑，视女子为低等玩物。《女娲石》第六回中瑶瑟主仆二人逃出京城来到仙媛县，因凤葵在饭店里生事，被五六十乡人捉住，被发现是女人，便卖到妓院里。“话说众人把瑶瑟主仆二人捉住，往身上一搜，现出一双雪白白娇嫩嫩的香乳来。又将手往下一摩，乃是个没鸡巴的雌货”。从这种叙事口吻看起来，作者虚构出一个理想的花花女子世界，但在想象的世界里却又将目的与手段错配，其创作的性别态度大可怀疑，莫不是一种“玩世不恭”的心理在作怪，将女性身体视为玩物工具的传统心态又何曾真正改变？所以王德威对此提出疑问，他认为《女娲石》中天香院一节“例示了海天独啸子最无羁无绊的想象；但它仍流露出晚清男性对女子理性与激进意识的几许焦灼和顾虑”①。

文学的乌托邦建构的应是一种现实难以实现的愿望，它代表了建立完全自由而平等的生活世界的人类梦想。但在晚清新小说中，构造“女性乌托邦”之所以成为一种叙事模式，其实彰显的更多是一种时代通病。首先，“病相”的根源在于这种想象性的文学书写，是一种病急乱投医的集体迷狂。王德威先生在解析《孽海花》时指出这种对女性的易身游戏，虽然“抬举妇女作为历史意识转变的象征，但也不免暴露出中国男性在政治上一筹莫展时，对中国女性的狂想”，并进一步揭示，“这与其说反映了女权意识的浮现，不如

① [美]王德威：《被压抑的现代性——晚清小说新论》，宋伟杰译，北京：北京大学出版社 2005 年版，第 326 页。

说折射出男性自恋的最后怪招”[①]。其次，这种“病相”正是晚清社会国族危机急剧演化孕育的一个结果，在公共话语领域难以自由释放的政治激情，在文学领域却引发了文人对颠覆性的女子理想世界的创造，这不啻说寄寓了文人对女性与革命的无边狂想。他们想象出“女子救国”这种在现实中不能说是子虚乌有却更多是“传说”的事情，采用了虚幻的“乌托邦”的视野及写作路数加以文学再现，将女性救国的能量夸大到极致，这是一种典型的政治实用主义。其三，晚清小说家虽然让笔下的“国女”可以尽情陈辞救国方略，但“国女”们也实现不了向“主体”身份的转移，最终也不过是为了实现对其身体的有效征用，作为对象化的客体成为文本游戏的材料。这充分证明了民族国家叙事的男权话语归属和晚清中国女性有“国民”身份之名却无“国民”精神实质的尴尬。因此，晚清新小说中的“女性乌托邦”叙事，并非是真正意义上的女性解放文本，仍然是难脱旧窠臼的“怪力乱神”的“小说家言”，以游戏的笔墨、概念化的方式来想象女性、想象中国的一种方法。当然，也许对晚清那些还处于思想混沌中的闺阁女性来说，这些小说无疑是一种生动的“寓言”式启示，可促使她们尽快“舍身”“洗身”“脱胎”，加入救国的行列中，以壮大“女国民”的队伍，成为国人所企望及需要的革命“国女”。

晚清文人从政治实用主义出发推出了荒诞的“女子救国论”，过分夸大女性的政治能力，体现出非常时代启蒙精英的政治焦虑与革命狂想。新小说在此思潮影响下，扬女抑男，甚而走向性别对立，极力鼓吹女子救国的非凡手段，对女性身体的政治能量作了不切实际的虚饰和夸张，由此建构出女性极端政治革命、性别革命的虚幻图景——“女性乌托邦”。这一创作潮流彰显了晚清文人对女性解放认识上的误区，但“女性乌托邦”的创作冲动和实践，也成就了晚清小说家想象女性、想象中国的一种方法，值得认真回味、解读。

## 第四节　“女神”神话的破灭：晚清娼妓叙事的话语变迁

“神女”“女神”之说取自王德威对晚清狭邪小说的理解和概括。王德威

---

① [美]王德威：《被压抑的现代性——晚清小说新论》，宋伟杰译，北京：北京大学出版社 2005 年版，第 18 页。

借用女性身体的这一能指与所指来代喻女性身体道德价值在晚清小说中的异变，以此来铺陈《孽海花》由晚清名妓傅彩云敷衍出的一段故事，及故事背后所折射出的世道人心。中国历朝历代不乏名妓，更因为她们有爱国事迹进入文学领域，其故事得以流传，遂演绎成“女神”神话，如明末爱国名妓李香君和曾经出身风尘的南宋抗金名将梁红玉皆如是，因为爱国成就千古美名。清末名妓傅彩云被铺衍成爱国名妓得益于小说《孽海花》的传播，也表征着“美女救国”的阴魂不散。背上千夫所指骂名的荡妇淫娃，却因民间语焉不详的传言[①]，在文人手中获得“爱国名妓”的道德指认。《孽海花》之后其实又多有续作渲染这个妓女的情色故事。虽然 20 世纪 30 年代一切历史考证均指证“赛金花”的爱国故事虚构大于真实，然而抗日全面爆发前夕由夏衍和熊佛西各编同名话剧《赛金花》，出于讽刺国民党当局卖国政策的用意，仍然将傅彩云这一只知“巫山云雨”的“神女”塑造成一个抵抗外国侵略的传奇。而我关注的是为何演绎千年的小说侠妓传统到晚清却不复存在，而从新小说家那里开始被敷衍成了纯粹的情色故事却又添上了家国想象的噱头，“女神”一变而为“神女”，这其中是小说家的有意为之，还是时代风云的因缘际会？而从这种有关国运的情色故事所折射的时代面影里，也许可以看出晚清精英社会为女性身体所附加的几重现代性指涉。

中国娼妓业由来已久，从战国时代齐国管子为过往商旅设“闾”起始，中国就有了娼妓，因为娼妓满足了父权社会男人婚姻之外的性需求而长盛不衰，直至 20 世纪中国遭遇现代性，娼妓历史才被重新叙述，并作为国家落后的表征，指涉为危险的、与社会进步相悖的社会毒瘤。从五四时期在不断的废娼声音中逐渐式微，到在中华人民共和国声势浩大的废娼运动中被彻底根除，古老的娼妓业被连根拔除不过是半个世纪的事。但遗憾的是，20 世纪 90 年代进入市场经济社会，娼妓现象在大陆又死灰复燃。也许只要货币经济存在，商业化导致的娼妓问题就没有真正消弭的那一天。所以，历史叙述中的娼妓话语在 20 世纪叠经演变，“当代娼妓业的发展与中国近代史平行，讲述了从文明到压迫与危险的一部衰落史”[②]。考察娼妓话语在 20 世纪中

---

① 指傅彩云庚子年（1900 年）与八国联军主帅瓦德西互通款曲，而阻止了更多的屠杀并促成清政府与西方各国议和一事。

② ［美］贺萧：《危险的愉悦——20 世纪上海的娼妓问题与现代性》，韩敏中、盛宁译，南京：江苏人民出版社 2003 年版，第 41 页。

国小说的递进，我们似可触摸到历史非常感性的那一面，处于历史缝隙中的娼妓所代表的女性身体该如何叙说它在主流话语的权力下被形塑、被规训的过程，值得追究。

中国古代小说向来有表现侠妓的传统，身陷风尘的美丽女子却兼具“神性”，女君子爱财但取之有道，脱去俗例，不爱金钱爱英雄，凭魅力无限而将众多男性收纳到石榴裙下的名妓的身体，本该上演只关风月的情色戏剧，却往往于乱世兵荒年代演绎出“女神”似的或壮烈或缠绵或诡丽的爱情传奇。唐传奇中红线女、红拂女、苏小小，宋代李师师，明末清初的柳如是、李香君、董小宛，她们的命运遭际与“三言二拍”中借市井中人“说话”的妓家日常故事不同，这些历史上确实实有其人而又被文人墨客编织进入诗词、戏曲、小说中的“侠妓”，“通过文学的表达，家国政治与佳人才子文化消长互动，仿佛留下对应”，甚至是“明末清初的名妓与才子，虽然身不由己，成为国族危机的牺牲，但他们仍旧能借浪漫想象及修辞能力，一抒自身的块垒。”[①]陈寅恪的《柳如是别传》写到河东君及其他名妓，用“多善吟咏，工书画”来形容她们的才艺；孔尚任的《桃花扇》更将李香君塑造为“明辨是非，钟情笃义，威武不屈，宝贵不淫，斥奸骂谗”[②]的妇女领袖。这些女性善解人意、超凡脱俗，既是高风亮节文人的红颜知己，而识大体顾大局，又堪作自奉崇高的叙事人的政治知音。

然而，古代侠妓的传奇故事不过是男性中心文化精心编织的虚妄的女性神话，是为了满足男性的虚荣心或者完成自己所不能够实现的愿景铺衍而成的假想文本。从唐传奇到明清话本，多半会把这些不幸陷入风尘的女子写得美丽动人、温柔优雅，让男人俗物可望而不可即。她们本性良善、品质高洁，从事这一低贱职业都表现出某种程度的不情愿，大多是为歹人、坏人所害才委身妓所，故而希望多情才子相公的赎救。老套的故事上千年来不断重复，固然是才子佳人的套路永不变化，但模式归模式，有关名妓的风花雪月、侠骨柔肠仍旧满足了文人于家庭之外开辟情色空间的文学想象。不过，这类写侠妓的故事，情节上一般不会平铺直叙，而是曲折反复，一波未平，一波又起。这些身陷风尘的女性个个都被叙述成才貌双全、色艺俱佳，

---

① [美]王德威：《被压抑的现代性——晚清小说新论》，北京：北京大学出版社 2005 年版，第 91 页。
② 陶慕宁：《青楼文学与中国文化》，北京：东方出版社 1993 年版，第 193 页。

但又志存高远，入污泥而不染的高尚女性，她们绝不甘心长期从事贱业，与真正的妓女为伍，因而她们演绎的命运曲线也十分相同，都是心比天高命比纸薄，通往梦想的路上不仅不能一路坦途，而且到处布满荆棘。不是小人或恶势力作梗破坏，便是所托非人，红颜薄命。她们倾心的才子情郎要么性格懦弱顶不住家庭压力，要么在政治上的大是大非、大善大恶问题上糊里糊涂不清不楚。而故事更为曲折的是，要凸显这些名妓的“侠义”本色，还要让她们遭遇兵荒马乱的年代，要使美女们经受各种政治和道德方面的考验。最终的结果是这些侠妓通通过关，证明了质本洁来还洁去，反而是中看不中吃的无能才子银样镴枪头，在多舛人生和政治考验中败下阵来，统统在这些侠妓面前相形见绌，丑态毕露，尽失男儿本色。而女性巾帼不让须眉，将风头完全抢了去，从而成就了历史赋予的那一铭刻——“女神”。

吊诡的是，延续千年的表现侠妓的文学传统到清末却式微而被颠覆了，“女神”作了“神女”，侠妓一变而为“荡妇”，风尘侠妓的女性神话演变成20世纪30年代让鲁迅等革命文艺家群起而诟病为“诲淫”的“狭邪”样本。晚清“狭邪”小说完全颠覆了既往表现传奇妓女的女性神话，逼真地描画了“女神”在新兴的港埠都会商业资本主义的利益驱使下，一步步走下“神”坛，褪净“仙”气，沾上铜臭的世俗化过程。“往口里，男宾云集青楼，据称只为笙箫欢歌，名流聚首；性事不说没有，却非采撷之重，倘使发生，也说成是一桩柔乡韵事，而非赤裸裸的钱性交易。”①古典小说铺衍侠妓故事，“描写的青楼女子，无不衣着得体，颇懂自爱，全然没有暴露在人们视线下的一般娼妓行径”②。但19世纪末，伶伎故事里原本能诗善画兼工曲艺的才女名姝却突然让位于烟花间中胸无点墨、满口粗言秽语、打扮俗恶、疯狂追逐金钱的平庸倡优，即使高等妓女也很难再代表圆熟优雅的情致，传奇的侠妓形象完全改写成普通妓女琐碎的常态，也打破了不更世事的读者对传奇侠妓的身体想象与性幻想，才子佳人的浪漫故事被改写，叙述成妓女与恩客之间赤裸裸的金钱交易，愉悦被危险所替代。

这种演变的趋势其实从19世纪末清代文人的写作中就已经初露端倪，不仅是开始在20世纪初晚清中国波诡云谲的社会转型的过渡时代里。鲁迅

---

① ［美］贺萧：《危险的愉悦》，韩敏中、盛宁译，南京：江苏人民出版社2003年版，第37页。
② ［美］贺萧：《危险的愉悦》，韩敏中、盛宁译，南京：江苏人民出版社2003年版，第38页。

认为《红楼梦》以后家族小说盛行一阵，续作甚多，但时间一久，“特以谈钗黛而生厌，因改求佳人于倡优，知大观园者已多，则别辟情场于北里而已”[1]。于是写妓场中事的清末狭邪小说遂在闾里巷间发展起来。照鲁迅的分析，其中经三个阶段：“作者对于妓家的写法凡三变，先是溢美，中是近真，临末又溢恶，并且故意夸张，谩骂起来；有几种还是诬蔑，讹诈的器具。”[2]如果说1864年刊出并大为流行的表现妓女的小说《花月痕》，尚能继承才子佳人“溢美”的叙事老套，那么于1894年出版的韩邦庆的《海上花列传》，这一取自作者亲身体验，描叙上海商埠妓场风月故事的小说文本，就已于妓女与恩客之间的恩怨纠缠中，点染出一段拜金主义习气熏陶下别样的情色气象。正是以此为分水岭，中国小说中的传奇妓女不复再现，开始走出“女神”的神秘光环进入现实中的世俗化日常生活情境。

《海上花列传》所描述的有关妓女的多则故事，都发生在上海这一特定地理场所，女性身体在此空间下也发生某种异质性改变。因为依托上海这一繁华大都会，到处弥漫的拜金主义气息足以造就一个迥然有别于其他地理区域的社会群体，以及附属于赤裸裸金钱交易下的新的道德经济关系和文化消费色彩。这部以吴语写作的小说虽然并未大肆流行，可能是方言上有点阻隔，但根本上还是缘于小说脱离了才子佳人叙事的俗套，打破了人们的阅读常规，从而造成接受上的距离。《海上花列传》中，妓女形象不再以美貌才德取胜，相反却在气质上因更像“人家人”而得到书中嫖客和书外读者的肯定，以此豁显了在家庭以外的另一生活世界对“过家家”般爱情游戏的一种模仿。如此一来，小说遂逐步抽离了性的内容，增加了活生生的家庭生活的气息，也因此凸显了男性主体对不自主的婚姻以外自由“恋爱”的别一番追求，演示了妓家生活在社会演变下新的发展可能性。正如张爱玲对《海上花列传》的认识：“题材虽然是八十年前的上海妓家，并无艳异之感，在我所有看过的书里最有日常生活的况味。”[3]对比起以《品花宝鉴》《花月痕》《青楼梦》为代表的前期狭邪小说，《海上花》实在缺少感官上的刺激和情感上的

---

① 鲁迅：《中国小说史略》，《鲁迅全集》（第9卷），北京：人民文学出版社2005年版，第271页。

② 鲁迅：《中国小说的历史的变迁》，《鲁迅全集》（第9卷），北京：人民文学出版社2005年版，第349页。

③ 张爱玲：《国语本〈海上花〉译后记》，台北《联合报》副刊，1983年10月1日、2日。《国语海上花列传》，上海：上海古籍出版社1995年版。

冲击,如鲁迅所言:“其訾倡女之无深情,虽责善于非所,而记载如实,绝少夸张。”①

《海上花列传》之前的狭邪小说“虽意度有高下,文笔有妍媸,而皆摹绘柔情,敷陈艳迹,精神所在,实无不同”②,更因为“全书都讲妓女,但情形并非写实的,而是作者的理想。他以为只有妓女是才子的知己,经过若干周折,便即团圆,也仍脱不了明末的佳人才子这一派”。但脱不出才子佳人老套路,却符合读者向来的欣赏口味;还是“伶如佳人,客为才子,温情软语,累牍不休”③的老面孔,却让读者着实看不厌,人们的接受习惯向来就如此,因而这类小说流行的空间就相当大。但是以《海上花列传》为分水岭,狭邪小说突然发生新变转入“近真”,逐步逼近了“教科书”:“虽然也写妓女,但不像《青楼梦》那样的理想,却以为妓女有好,有坏,较近于写实了。”④

进入20世纪的晚清狭邪小说并不注重“溢美”或写实,却专门在“溢恶”上下功夫,亦可借用鲁迅评价狭邪小说“溢恶”的话说,“所写的妓女都是坏人,狎客也像了无赖。”⑤为何对倡家身体的想象发生如此巨大的改变,这自有时代发生学上的原因,实与庚子事变以后中国国体政体追近崩盘的政治危机有关,妓女身体成了官场意识形态的一个特殊表征。“官场失意,情场得意”的俗语似乎可为繁荣“娼”盛的晚清狎妓风气作注脚,在国家政治大事上颇为无能的男性士人主体,无奈之下要到欢场去寻找自己的“男人气”,但奢侈华靡的妓场里拜金主义肆行,这些男性似乎也无法找回在公共领域失去的“主体”位置,多半成为妓女眼中的“瘟生”,在被宰被敲之后一样的丢盔卸甲铩羽而归,像极了在列强环伺下国家受窘的颓败形势。所以从此意义上“嫖场”又成了“官场”的隐喻。《九尾龟》第一集第二十六回“说瘟生平心论嫁娶　评嫖客谈笑骂官商”中,主人公章秋谷发过这样的牢骚之论:“他们这班做官的东西,真是饭桶!一个‘嫖’字都学不会,你想他还有什么用头?不是我说句笑话:这些堂子里倌人,若叫他去替他们做起官来,怕不倒是个

① 鲁迅:《中国小说史略》,《鲁迅全集》(第9卷),北京:人民文学出版社2005年版,第272页。
② 鲁迅:《中国小说史略》,《鲁迅全集》(第9卷),北京:人民文学出版社2005年版,第271页。
③ 鲁迅:《中国小说史略》,《鲁迅全集》(第9卷),北京:人民文学出版社2005年版,第264页。
④ 鲁迅:《中国小说的历史的变迁》,《鲁迅全集》(第9卷),北京:人民文学出版社2005年版,第348—349页。
⑤ 鲁迅:《中国小说的历史的变迁》,《鲁迅全集》(第9卷),北京:人民文学出版社2005年版,第349页。

通省有名的能吏！官场如此，时事可知，那班穿靴戴帽的长官，倒不如个敷粉调脂的名妓，你道如今的官场，还有什么交代？”但张春帆的《九尾龟》之所以成为20世纪初最为流行的小说，并非是它有揭露官场腐败的若干花絮，而是全在于其“无所营求，仅欲摘发伎家罪恶”，“巧为罗织，故作已甚之辞，冀震耸世间耳目”[①]的凌厉笔墨。正由于“所写的妓女都是坏人，狎客也像了无赖”[②]，小说才充满了浓厚的道德劝诫色彩，以至于胡适谑称其为“嫖界指南”。拿第一集第九回“章秋谷苦口劝迷途　陆兰芬惊心怜薄幸”中章秋谷教训另一个嫖客的话说：

> 古人欲于青楼中觅情种，已是大谬不然。你更要在上海馆人之内寻起情种来，岂非更是谬中之谬。那古来的霍王小女、杜氏名娟，都是千载一时，可遇而不可求的。你道现在上海的馆人之内，千千万万可寻得出这样一个么？

曾朴的《孽海花》[③]是读者耳熟能详表现妓女的文本，小说在当时及以后的畅销流行，与其说是因为作者以小说家笔法表现历史事件投合了读者对历史小说一贯的热情，不如说艳名高张的赛金花在其中穿行出没而使作品更加妙趣横生。女性身体作为一个绝好的叙事枢纽，足以引发读者更广泛的阅读兴趣：“故事通常会在叙述结构和主题中关注指向被隐蔽的、被衣服覆盖的、被隐藏的身体的那种好奇心，而这种关注伴随着某种暗示：故事的来源和意义就以某种方式隐藏在那个身体上，或者，在它的里面。”[④]但作为新小说的代表作，一向以洗雪国耻强大中华为念的金松岑、曾孟朴两位作者绝非以铺衍一个由女性身体所联结的艳情故事为目的，借历史叙事完成新

---

① 鲁迅：《中国小说史略》，《鲁迅全集》(第9卷)，北京：人民文学出版社2005年版，第275页。

② 鲁迅：《中国小说的历史的变迁》，《鲁迅全集》(第9卷)，北京：人民文学出版社2005年版，第349页。

③ 1905年正月，《孽海花》初、二集20回出版，平装2册，封面由亚兰女士题名，标“历史小说”，日本东京翔鸾社印刷，上海小说林社发行。其出书广告云：“吴江金一原著，病国之病夫续成。本书以名妓赛金花为主人，纬以近三十年新旧社会之历史，如旧学时代、中日战争时代、政变时代，一切琐闻轶事，描写尽情，小说界未有之杰作也。”本书于光绪三十一、三十年两年再版15次，达50000册。见陈大康：《中国近代小说编年》，上海：华东师范大学出版社2002年，第136页。

④ [美]彼得·布鲁克斯：《身体活——现代叙述中的欲望对象》，朱生坚译，北京：新星出版社2005年版，第129页。

小说启蒙国民的政治使命才是其主旨。“三十年旧事写来都是血痕，四百兆同胞愿尔早登觉岸”（第一回）。至于赛金花，那不仅仅是一个“噱头”，她其实构成叙述中一个关键人物。林纾就持这一看法：“《孽海花》非小说也，鼓荡国民英气之书也。”他断言，小说不过是“借彩云之轶事，名士之行踪，用以眩转时人眼光”，彩云不过是“主中之宾”，是小说中的次要人物，所以“就彩云定为书中之主人翁，误矣”。①

在我看来，小说中作为赛金花化身的傅彩云，不过是作者进行历史叙事的媒介，显然非真正的主人公，小说中的主人公既非她，也非洪钧，其实是“中国”，老大中国才是叙述的中心，晚清中国政局的跌宕和官场的腐朽不堪都借傅彩云艳事的展开得到纤毫毕现的描画。显然在傅彩云这一人物身上，作者倾注了相当笔墨并寄寓了曲折的怀抱。这一人物被描写成风情万种的尤物，其魅力使尊贵的德国皇室都颇为折服，作为外交家夫人的傅彩云可以以半通不通的洋泾浜德语巧妙周旋于德国交际场，让清政府外交无能的情况分外刺眼。两下相较，她是一个充满魅惑的代表着东方中国的女性身体，在妓场中历练出的过人的交际能力，使她居然成为一个外国人眼中开放的中国女性形象，美丽、风流又有着“真趣艳情”，甚至在柏林博得“中国第一美女”之誉，满足着西方人对神秘东方“他看”的好奇心。按照西方人的价值观，“英雄而不权诈，便是死英雄；美人而不放诞，就是泥美人”。（十二回）那么，让人不无揣度的是，傅彩云是否也代表着女性解放走向的另一个标尺呢？但吊诡的是，作者却又将傅彩云写成一个奢淫无度的色欲狂，一个彻头彻尾只知床上云雨的“神女”，旺盛的性精力让她在性上似乎不知餍足，而毫无道德方面的拘束，所以无论她是否参与了历史政治，都无改她一个荡妇淫娃的本位。

傅彩云翻云覆雨的身体代表着个人欲望和女性能量的张扬，无疑是对传统规范的肆意突破，极力娇宠她的状元公金雯青，在仕途上虽能平步青云，却因个人生活上无法遏止这位爱妾膨胀的性欲望，在尚处盛年时就气得一命归西。闺房之事的无能，其实正印证了中国士人无法驾驭动荡的国家局势的尴尬窘迫之状。作者显然有意借赛金花的身体来见证晚清的某几个

---

① 林纾：《〈红礁画桨录〉序》，陈平原，夏晓虹编：《二十世纪中国小说理论资料》（1897—1916），北京：北京大学出版社1989年版，166页

尴尬时刻，让中国男人在这样的女性身体面前锐气尽失，自可看成是作者对衰败国家政治的无限讽喻。

然而，曾朴并未按计划续写完由金松岑张罗的全部结构，也未将赛金花的个人历史和盘托出。至于这其中曲折与历史真实到底有多大距离并不是我们所关心的。如果看了《孽海花》第一回中金松岑起发的全书目录，庚子事变中的赛金花事迹本也是要大肆铺衍的。赛金花与八国联军统帅瓦德西的交情究竟有几分可信且不说，女性身体以这样的方式进入晚清文学的中国想象自是一种奇诡的隐喻。当赛金花在历史传说中凭一己香艳的女性身体就可将国家的政治命运玩弄于股掌时，在举国陷入万劫不复之地只能用艳妓的"敏腕"和三寸金莲在卧床之上力挽狂澜拯救国家运命时，不能不让读者叹服其中世事的乖常和悖离正统。显然，经由赛金花的故事得到正名的，不仅仅是"女色"既能"祸国"也可"救国"的历史另一面，还超乎寻常地重振了晚清时代中国萎靡不举的阳性身体政治。且不说慈禧实际掌控着清朝统治最后的命运，即使有着三寸金莲却出没于政治空间的傅彩云所代表的妓女身体都似乎不应成为指责的对象，如果不那么强调贞洁的话，就可阴差阳错地"以一种迂回的方式拯救国家的危机"①。

那么由"女神"到"神女"的妓女身体想象为何反差如此巨大，窈窕淑女转眼间就成獠牙夜叉作者究竟意欲何为？"不论是被指派为危险的'他者'角色——它可以摧毁规范的家长制，还是被指派为理想化的自我的角色，我们所考察的这些小说中的女性人物都反映着男性文人所思虑的关乎个人和社会权力问题。通过把这些虚构的妇女解读成男性意愿的产物——一些以使男人气显得苍白和刻板的方式将读者的目光从男人气的行动者引开的投影，我们能够掉过头来，把目光聚焦于男性文人本身，我相信他们才是这些小说的真正主体"②。《孽海花》中一蹶不振的状元公金雯青是这样，《九尾龟》中的章秋谷也是如此，以妓女金钱上和男人床上的贪得无厌折射男性政治上的无能，映射出官场中的病相。虽然在《九尾龟》中多数嫖客在妓场中一败涂地的丑相看似证明"婊子无情"，但一个风流倜傥、刚柔并济，于妓场如鱼得水、运转自如的章秋谷，却让男人的男子气、英雄胆得到极度彰显，女

---

① ［美］王德威：《被压抑的现代性——晚清小说新论》，北京：北京大学出版社2005年版，第119页。
② ［美］艾梅兰：《竞争的话语——明清小说中的正统性、本真性及所生成之意义》，罗林译，南京：江苏人民出版社2005年版，第306－307页。

性身体无疑成为重构男人性别主体的一个替代物。章秋谷情场得意，却官场失意，一介狂生恃才傲物只能将才能运用于妓场这一狭窄的空间，完全无助于重振晚清的阳性文化，但他在欢场驾驭自如的表现寄寓着作者“对于男子气、权力和社会救治的现代主义联想——它强似对国际文化加以支配的幻想”[①]。王德威说得精准：“小说不仅仅是凭借狎邪情景、荡妇淫娃‘引诱’读者，它还‘教导’读者如何对待级别不同的娼妓，怎样恰如其分地花销自己的钱财，以及至关重要的，如何磨炼成为多才多艺、人见人爱的浪荡子。”反之，也证明了“大写一个‘才子加流氓’的花柳盛事，充其量不过是一系列男性色欲的白日梦罢了”[②]。所以，我们不能单纯将《九尾龟》读成一个“嫖界指南”，它充满自恋的两性想象实乃 20 世纪中国男性文人渴望重建男人气，即现代身份认同的一个隐喻。

国家羸弱受欺，在世界这一公共领域里的男性主体身份丧失，所以中国文人急欲借私人空间重建中国男性的自信心，女性身体成了一个树立男人雄心再好不过的中介，这可以说是晚清小说的共同取向。狄楚卿所著的短篇小说《新聊斋・唐生》[③]在这方面的揭示最为典型。小说通过侨民唐生在海外与美国女子漪娘的爱情故事，充分反映了中国人对于自身男性性别主体身份的一厢情愿的想象。漪娘给其父的遗书中将自杀原因归于美国，“今以美人相轻慢之故，使儿见弃于唐郎。儿之死，美人死之也”，嘱咐将自己应该继承的财产全部给唐生。而她给唐生的留言是：“天不见怜，不使妾生于支那而生于美国，又不使郎生于美国而生于支那，使妾长恨绵绵，终不能侍巾栉永好。”唐生痛不欲生，将漪娘馈赠的金钱捐给旧金山华人学校，“以竟女崇拜支那人之遗志也”，终身誓不再娶。表面上看，小说情爱叙事以爱国为主题，却有着明显的寓言意味，主人公唐生的取名寓意“中国男人”，按后记言，唐生拒婚有“保国存种之大义”，“足以风也”。作者明确指出，在庚子以后的“媚外时代”，“有以侍郎之贵，出其女公子为异族将校行酒者”，讽刺游学美国的留学生，“各拥彼族一下贱之少女，缠绵束缚，不能自由，而驯致轻蔑祖国，仇视祖国者，又比比然也”。可见小说所表达的爱国情愫、渲染异

① [美]艾梅兰：《竞争的话语——明清小说中的正统性、本真性及所生成之意义》，罗林译，南京：江苏人民出版社 2005 年版，第 309 页。

② 王德威：《被压抑的现代性——晚清小说新论》，北京：北京大学出版社 2005 年版，第 94 页。

③ 狄楚卿：《新聊斋・唐生》，《新小说》第 7 期，1903 年。署名“平等阁”。

国恋情不过是夸大中国男人的自信，而实际上，一厢情愿爱恋“唐生”的女性身体越美好越忠贞，就越构成了重建晚清中国男人气的工具。

## 第五节　晚清新小说女性身体叙事的伦理矛盾

晚清新小说对于女性社会生活的表现多数只能依据想象，以虚构想象为前提，自然会将女性身体置于尖锐的国族危机下，极力夸大女性之于民族国家的结构性建设作用，也使得女性与国家革命的关系呈现为“女性身体的政治”——演绎出强国保种下的废缠足、舍生取义的当道“国女”及美女闹革命的荒诞场景三种叙述模式。然而，晚清很多作者无论创作主体是何种性别，虽大声疾呼“女权革命”，但实际上并未摆脱男权中心文化影响，仍把女性置于男性欲望的客体地位，在对女性身体资源进行极致开发利用的同时，对女性革命的颠覆性力量又充满着根本的恐惧，小说中充斥的女性身体的道德化叙事与修辞，反映出作者思想选择上的伦理矛盾和道德困境。

其一，体现在对有关女性革命问题的认知上。且不说上述《女娲石》中对“国女”们纷纷投身女权革命盛景的描画与渲染，只说作者把“娘子军”作为令人“丧胆”的“附骨疽”“胭脂虎”的说法和其中对金瑶瑟、凤葵“国女”们近乎妖魔化的写法，实实在在彰显了晚清作者对女权革命莫名的恐惧。再看对于《女狱花》中沙雪梅的描写，小说一方面极为赞赏其巾帼不让须眉的丈夫气，对其“专制夫妇时代，正是女子黑暗地狱”的女权思想不无激赏，但另一方面似乎又将其故意妖魔化，从踢杀丈夫，到拳打老虎，尽展其“杀人不眨眼的女魔王”的草莽个性，人物行为及心理描写都采用了颇为传奇化与漫画化的写法。但小说的出发点显然并不基于写实，想象虚拟的故事场景仅在于提供不同“女权”思想的论辩与交锋。小说中沙雪梅四方奔走，联络了不少女性同盟，找到许多志趣相投的同志，但也遇到与她思想大相径庭的文洞仁、许平权。文洞仁精通医术，后来去美国留洋，回来以实业救国，而许平权不赞成沙雪梅的激进革命思想，主张女子“不施教育，决不能革命”。沙雪梅急于向“男贼”“复仇”的激烈言论和不惜杀戮的“破坏手段”，与许平权男女调和的中庸主张相比，显然前者剑走偏锋，无异乾坤颠倒建立另外一种性别不平等，而后者对中国女性现状的理解才更符合客观并具有现实可操作性。通过小说为人物构思的不同结局，也佐证了作者对人物思想言行的道德臧否和理性选择的一致：沙雪梅和其他女革命者“日夜组织革命”“大事不成”，“七十余人自焚而死”；许平权却在“游学”回国以后，兴办女学堂，进行女子教育，鼓励女性独立，“我们今日不必去夺男人的权利，只要讲求我们的独立。若我们能独立，那男子不得不将权利还我们了”，实现了自己“女界振兴”的誓言，也与志同道合的黄宗祥结为恩爱伴侣。其实，从上述晚清政治小说对“国女”的书写来看，作者们其实对女权革命抱有一种既期待又恐惧的矛盾心态，一方面视女权革命为民族国家的理想愿景，另一方面对投身革命的某些“国女”又不免采取一种妖魔化的想象和书写，对激进的女革命者颠覆性力量的恐惧是显而易见的。

其二，体现在女性身体伦理的价值尺度上。赛金花(傅彩云)是“爱国名妓”，表面看来似乎延续了古代的侠妓神话，但其实有本质的不同。古代侠妓，侠在有情有义、扶危济困，在大是大非或者事关民族气节的问题上，能站稳自己的立场，比如千金可掷的杜十娘、大义拒清的柳如是，并非以身体事人的普通“尤物”可比。若说赛金花也为“侠妓”，她“捐躯”名为国家，其实却是为获得金钱报酬及个人色欲满足，身体正是成就其“侠义”的至上法宝。《孽海花》小说中，傅彩云虽出身妓家，但不可能天生淫荡，而作者却从初出道的雏妓写到久经情场风姿妖娆的成年，极写其淫媚之态，突出其“祸水”一面。然而，曾朴对其出头露面、到处留情，在西方社会居然如鱼得水，甚至与俄国虚无党人过从甚密的行为姿态，并非一味贬斥，而是相当地欣赏有加，态度之暧昧和矛盾不禁让读者妄加揣测，作者难道是给我们塑造一个女性解放的典范么？既然赛金花能凭自己身体的香艳力量打动八国联军统帅制止更多屠杀，这一淫荡的身体虽害一人，对国家却功莫大焉。如此，混乱的非现代、非传统的价值尺度让我们无从把握晚清作者女性身体的伦理尺度。

晚清政治小说以女性作为叙事中心的着实不少，如《女娲石》《女狱花》《黄绣球》《女子权》《侠义佳人》等文本，无不是以“国女”“美女”为主角，但在叙事中对于女性解放问题，又多存在着若干思想混乱和伦理尺度的矛盾，对这一点我们前面论述过。以言情小说专擅胜场的包天笑，他的短篇小说《一缕麻》[1]也许较为充分地反映了晚清过渡时期文人对女性解放价值选择的矛

---

① 《一缕麻》，《小说时报》第2期，1990年。署名“笑”。

盾心态。此小说所写的那位既美貌又有才名的佚名女主人公，旧学新学均通，尤其向往新思想。但幼年时其父就为她定下一门亲事，对方臃肿痴呆，既不聪明貌又丑，而其邻家却有一个非常合适的对象，既才且慧，还是某学堂高才生，二人非常匹配，平常也多有来往，相谈十分投机。人物关系本来照此发展下去，完全可以演绎成一个新女性反抗家庭包办婚姻、追求自由爱情的故事，但情节的走向却大大出人意料。女主人公虽曾与父力争抗婚，但其父却以《时报》上登载的《妾命薄》西译小说教诲之，最终虽不情愿，却难拒老父所谓"诗礼之家"的面子，还是嫁给了那个呆笨女婿。不过新婚夜她守身如玉。而此后情节急转直下，结婚第二天女主人公突染时疫，呆笨丈夫却不避传染殷勤侍候，自己也染病，等她病愈时，丈夫却已死多日。于是故事的结局是，女主人公"一易向者厌薄之心，而为感激知己之泪"，从此"未亡人心如枯井"。小说里向往自由爱情的新女性却回归传统伦理秩序的情节进展，其实正预示着作者对旧道德文化的调和与妥协，正如陈平原先生所言："说到底，作家们关心的是一个问题：怎样才是理想的女性；或者说得更清楚点，怎样才算理想的妻子。这固然因女性更多承袭礼教重压，新、旧女性泾渭分明容易分辨，故便于作为象征符号；也因为中国文人喜欢拿女人作文章。"[①]

其三，体现在对于革命与爱情的关系理解上。女性身体的国家化法则主导了晚清小说中有关女性身体的异类叙事，通常以女性身体作为革命的工具和资源——美色救国展开，但也并非没有例外。辛亥革命前夕在《月月小说》上发表的描写虚无党的小说《女侦探》[②]分明将女性身体构织进一个与革命、爱情都相关的场景，将已经献身革命的男主人公置于信仰和情感的漩涡里，通过其无以选择的心理冲突，揭示美好女性身体之于革命的双刃剑作用。小说写虚无党人苏登接受组织任务要去刺杀一个贵妇人花脱，原因是由于花脱的证实，导致了他的 23 个同志的牺牲。苏登在一个剧场里寻访到花脱夫人，却被她的"几如天女"的美貌迷住，情不自禁爱上了她。二人从此交往甚密，组织严令他，他几次欲动手执行处决，却都不忍下手，"世间所有

---

① 陈平原：《中国现代小说的起点——清末民初小说新论》，北京：北京大学出版社 2005 年版，第 231 页。

② 陈景韩：《女侦探》，《月月小说》第 2 年第 1、2、3 期（总 13、14、15 号），1908 年。最初发表时作者署名"冷"。

艰难困苦、恩仇荣辱的事，一切尽忘”。然而组织的命令，他又不得不执行，而见到花脱，又方寸大乱，始终下不了手，后来甚至向花脱夫人和盘托出自己奉命要杀她的计划，花脱则为自己开脱，称自己是被冤枉的，但为了成全苏登完成任务，情愿一死，只是要求宽限三日。故事的结局竟然是，刺杀的事由党内其他同志代为执行，而花脱夫人使了一个金蝉脱壳之计，由她病危的女仆宜男顶账。苏登对此很是庆幸，当他送别花脱，呆立在一个人的车站，就“好像做了一场春梦”，然后两人再无来往。小说构织了情与理的巨大矛盾，既然无以选择，那么最终解决的方式只好依赖意外与偶然性，当然事实上，还是情爱在与革命的激烈矛盾关系中占了上风。小说让革命遭遇恋爱，把情与理的矛盾展示得很是充分，正如小说题后记称：“情之魔力诚大矣！虚无党员之不忍杀夫人，夫人之几被杀而恋恋不舍者，可在情之于人，固有重于性命者矣。可畏哉！可畏哉！”小说显然并非像20世纪30年代的左翼小说显示了革命与恋爱的水火不容，在处理感情与革命的矛盾时，人物行为虽悖乎革命原则却明显更合乎人性与人情。

由梁启超开启众多文人追随的晚清新小说，出于“文以载道”的追求，一般在抒写文人的家国情怀时，都有意加上革命与爱情的噱头以赚取读者的青睐，他们需要努力调和英雄和儿女，让革命和爱情相得益彰，故不避写情，然而又怕遭受“诲淫”的指责，所以写情却避开写性，两性关系描写表现得异常“干净”。即便是号称“嫖学教科书”的《九尾龟》之类表现妓场风月故事的小说，于性也往往是轻描淡写，总用“一夜无话”来一笔带过，搪塞欲猎奇的读者。写英雄儿女之情，情并非主要，主要还是让“美人芳草”来点缀“铁血舌坛”，以免于寡味。其次是借情以启蒙，撇开传统叙事套路，以传达新的时代观念，对读者尽以告诫之责，免不了一番说教。《闺中剑》评语称：“是书之写艳情，既不写于风流倜傥之林霞章，及乖巧伶俐之和素玉；又不写于幽娴贞静之黄雅军，及温柔和顺之齐岱云；而独写于高旷豪快之焦竹如。遂教绮丽风光，变为西山爽气，使读者之于野草闲花，皆有匪我思存之感。则其有裨益于德育，非浅鲜矣。”[①]所以写女革命者，突出的是其英雄气而非女性味，“英雄事业凭身造，天职宁容袖手观”[②]；渲染的是她们的政治作为而非情感

① 蔨庵：《〈闺中剑〉评语》，《闺中剑》，上海：小说林1906年版。见陈平原、夏晓虹编：《二十世纪中国小说理论资料》(1897—1916)，北京：北京大学出版社1989年版，第198页。
② 郭延礼选注：《秋瑾选集》，北京：人民文学出版社2004年版，第123页。

生活。如梁启超《新罗马传奇》中意大利女烧炭党人，“冲起那三千丈无明业火，辜负香衾事血腥”；还有《东欧女豪杰》中苏菲亚为革命不惜牺牲自身，甘愿放弃真爱以身事敌；《女娲石》中女革命党为成就救国大业斩情绝欲的决绝。所以晚清小说看似很重视写情，实际描写的却是“无情的情场”，“主人公要不为了政治而忘情，要不为了礼义（名教）而绝情，要不为了金钱而薄情”①。这种“薄情”倾向是时代共同的风气，晚清政治小说尤其严重。《黄绣球》《自由结婚》等即使写到与女革命者志同道合的男性，情感生活也绝不涉及，在婚姻关系中的胸臆表达也仍然是只关涉国家政治大事而非渲染男女情愫的日常生活，男女之间重在“发乎情，止乎礼义”。

由上所述可知，晚清小说中女性身体叙事呈现三个极端，要么继续展现传统社会将女性身体“物化”“欲望化”的男性中心文化视角，将女性身体视作拯救民族国家的工具，让女性身体断情绝爱，只有国家这一归属对象；要么为避开“诲淫”之教训，坚持旧礼教传统，让女性身体重归传统伦理轨道；要么故意凸显革命与爱情的矛盾，英雄儿女的情感所系乃家国政治，尽量使其不沾人间烟火气，完全排斥“性”的表达。由此看来，晚清新小说在处理女性题材时，明显存在家国政治与女性传统伦理纠葛的思想矛盾，在新旧价值上的首鼠两端，导致陷入不易克服的道德困境。

① 陈平原：《中国现代小说的起点——清末民初小说研究》，北京：北京大学出版社 2005 年版，第 220 页。

# 下编

# 第五章

# 五四时期：个性主义视域下的女性身体重构

辛亥革命以后，经过袁世凯"称帝"和张勋"辫子军"复辟的闹剧，中国进入各种思潮竞相涌动、社会风云激荡突变的五四时期。由陈独秀、李大钊、鲁迅、胡适等海外留学归来的启蒙精英率先打出"民主""科学"两大旗帜，并萃取个性主义、人道主义为五四精神价值核心，全力倡导五四新文化运动，并使之形成一股摧枯拉朽的社会潮流。五四新文化运动在荡涤了一切束缚女性身体的封建旧文化，确立了促使女性解放的新文化、新道德的同时，也将晚清维新与革命话语的女性身体现代想象全力推进到女性主体建构的实践阶段，加速了女性身体奔赴现代性的奇诡旅程。

## 第一节　女性身体：晚清未完成的现代性

在晚清，女性身体的现代性是一个未终结的命题。由于中国国族主义话语的漫漶及逐步占据主流地位，个人所归属的传统的家族本位让位于两个新的概念——民族和国家，使得本应与女性自我认同及权利诉求相关的晚清现代女性身体的建构，在"强国保种""女国民"的国族主义叙事中停滞于工具化与符码化的阶段。但五四新文化运动重续并推进了这一过程。在五四个性主义这一主导性的社会思潮影响下，女性开始努力挣脱封建禁锢、争取个体身体权利，也由此生发了女性身体的现代建构与文学叙述的新面向。

女性身体的现代建构绝不如想象的那般单纯，它不是一个独立的问题，不可能超越民族国家宏大叙事的框架，只能衍生于民族解放这一大命题。鲁迅曾提醒说："（妇女）在真的解放之前，是战斗。但我并非说，女人应该和男人一样的拿枪，或者只给自己的孩子吸一只奶，而使男子去负担那一半。我只以为应该不自苟安于目前暂时的位置，而不断的为解放思想经济等等而战斗。解放了社会，也就解放了自己。"①这从一个方面说明了女性身体的现代建构所面临的复杂性，在社会达到相当的文明程度之前，女性很难克服自然与文化赋予自己的性别角色。女性不能盲目地为解放而解放，去追求所谓的社会角色上的与男子的平等，需要首先从思想上先真正解放自己，摆脱传统意识对女性的种种规定，尤其要通过经济上的独立来确保个体人格的独立。

辛亥革命中之所以有那么多先进女性积极投身革命实践，就是寄望于个人权利靠自身争取得来而不是由男性赠予。然而吊诡的是，革命成功后，女性权利并未实际获得先前革命所承诺的法权化承认，让女同盟会员愤慨于"二百兆女国民之权利为彼等结党营私交换之媒介"②。同盟会吸收会员时不分男女，共和革命也不分男女，唯有共和告成之日得享权利时、改组为国民党后却公开将女性摒于门外，这让曾参与共和革命的先进女性颇有上当之感。真应了鲁迅那句话："我觉得革命以前，我是做奴隶；革命以后不多久，就受了奴隶的骗，变成他们的奴隶了。"③所以到了1912年，孙中山对女子同盟会"参预政事之权，得与男子平等"④的要求也只能做出低调表态，"必须先行增进女子智识，养成高等资格，始可与以平等，否则必致紊乱阶级"⑤。辛亥革命后种种对女性国民权利的忽视让中国女性身体的现代建构处于徘徊不前的状态。

实际上，从袁世凯到北洋军阀统治期间，中国仅只是有了一个现代国家的躯壳，其专制的本质并未有实质性改变；女性积极参与革命获得的不过是一虚假的国民头衔。《中华民国临时约法》第五条，有"无种族、阶级、宗教之

① 鲁迅：《关于妇女解放》，《鲁迅全集》（第4卷），北京：人民文学出版社2005年版，第615页。

② 参见《平民日报》报道，1912年9月7日。

③ 鲁迅：《忽然想到（一至四）》，《鲁迅全集》（第3卷），北京：人民文学出版社2005年版，第16页。

④《女子同盟会宣言书》，《申报》，1912年2月22日。

⑤《女子参预政事》，《天铎报》，1912年3月9日。

区别”，却闭口不提男女之别；甚至同盟会改组国民党时也“擅将党纲中男女平权一条删去”①。女性的社会地位革命前革命后一点也不曾改变，男权没有彻底取消，政权又盘踞在了“国女”的头上，所以社会解放不可能带来女性的真正解放，通过革命改变女性政治地位的希望成了奢望。光明的大门在向女性刚刚开启一条缝隙后又紧紧闭合了，女性仍然浸泡在黑漆漆的夜海里：“女界沉沉，女权扫地，我二万万同胞姊妹，为盲人，为聋者，如废物，如病夫，局踏辕下，沉沦海中二千年于兹矣。缠足穿耳，深居闺阁，一物无所见，一步不能行，日事斗珠竞翠，装奇作伪，一若天生为男子之玩物。致我堂堂女国民，竟如痴如醉，蠢如鹿豕。”②辛亥革命虽然成功，但对于女性来说，通往光明的路途仍然那么遥远，走出男权中心文化的阴霾依旧还是那样艰难，女性身体的现代性仍是未完成的命题。

直到数年之后的五四新文化运动，女性身体的现代性建构才得以重续。“我是我自己的，他们谁也没有干涉我的权利！”《伤逝》中子君的宣告言犹在耳，足以指征五四时期中国新女性与父权专制抗争追求个体身体权利的强烈诉求。这句出自一位封建旧家庭叛逆之女的呼喊，虽不足以动摇旧道德统治的顽固堡垒，但无疑让时人见证了女性身体现代性的崛起：“这几句话很震动了我的灵魂，此后许多天还在耳中发响，而且说不出的狂喜，知道中国女性，并不如厌世家所说那样的无法可施，在不远的将来便要看见辉煌的曙色的。”③如果说现代个人的出现以身体的个体化为标志，那么女性身体的现代建构也正是从中国女性努力挣脱封建禁锢争取个体身体权利开始起步的。

## 第二节　个性主义：五四时代的价值中心

1915年，陈独秀创办了《新青年》(《青年》杂志)，一场新的文化风暴在中国大地上开始孕育，女性身体走向现代性的步伐突然加速。在这个摧枯拉朽的伟大时代，一切现成的思想观念都要接受现代性的审视和估定，尼采

① 《志士魂》“杂录”，《大公报》，1912年8月16日。
② 瑞华：《敬告女学生》，《妇女杂志》第1卷第7号，1915年7月5日。
③ 鲁迅：《伤逝》，《鲁迅全集》(第2卷)，北京：人民文学出版社2005年版，第115页。

"重估一切价值"的口号，成为时代的最强音。

晚清以来一直占据主流的国家主义一元话语受到先进思想界的质疑，一向被推崇的军国民主义也随之受到清理与批判，个性主义取而代之成为五四时代新的价值崇尚。陈独秀在《今日之教育方针》中指出："人之教育，期以好勇善斗，此所谓军国民教育主义也，此主义已为近世教育家所不取。以其戕贼人间个性之自由，失设教之正鹄也。"①所以他主编的时代杂志《新青年》明确宣布："我们相信世界上的军国主义和金力主义，已经造了无穷罪恶，现在是应该抛弃的了。"②在五四时期，对于国家与个体关系的讨论一度成为热点，在讨论中国家主义渐被个性主义思潮消解。如高一涵在《新青年》上发表了系列文章，批驳国家主义，高张个人主义。他认为："吾国数千年文明停滞之原因即在此小己主义不发达之一点"，"国家者，非人生之归宿，乃求得归宿之途径也。人民、国家，有互相对立之资格。国家对于人民有权利，人民对于国家亦有权利；人民对于国家有义务，国家对于人民亦有义务。国家得要求于人民者，可牺牲人民之生命，不可牺牲人民之人格；人民之尽忠于国家者，得牺牲其一身之生命，亦不得牺牲一身之人格。人格为权利之主，无人格则权利无所寄，无权利则为禽兽、为皂隶，而不得为公民。"③当时执思想界牛耳的著名人物几乎不约而同都由国家主义转到个性主义。陈独秀宣称："国家利益，社会利益，名与个人主义相冲突，实以巩固个人利益为本因也。"④他视"伦理的觉悟，为吾人最后觉悟之最后觉悟"，这个"最后觉悟"，在陈氏看来就是"以独立、平等、自由为原则，与纲常阶级制为绝对不可相容之物"⑤，即个性主义。而胡适、鲁迅、李大钊等，事实上在五四时期都大张旗鼓地宣传过他们的个性主义主张，产生了很大影响的胡适的易卜生主义，其实就是个性主义的别称。

对国家主义思想反拨的一个结果是提倡个人独立平等自由的个性主义、无政府主义思想为五四青年竞相追捧。按李泽厚的解释："无政府主义特征之一是彻底的个体主义。它主张通过社会革命立即实现个人的绝对自

---

① 陈独秀：《今日之教育方针》，《青年杂志》第1卷第2号，1915年10月15日。
② 《本志宣言》，《新青年》第7卷第1号，1919年12月1日。
③ 高一涵：《国家非人生之归宿论》，《青年杂志》第1卷4号，1915年12月15日。
④ 陈独秀：《东西民族根本思想之差异》，《青年杂志》第1卷4号，1915年12月15日。
⑤ 陈独秀：《吾人最后之觉悟》，《青年杂志》第1卷第6号，1916年2月15日。

由，它十分激烈地抨击资本主义和一切黑暗现实，这本与当时青年求个体解放非常吻合。”[①]总而言之，五四文化启蒙时代的价值观念虽然多元，“个体与自我成为这个时代的道德基础和价值的来源”[②]，个性主义占据了整个新思潮的中心。正如余英时所言，五四时代多元的价值观念，从根源上说都可归结为一个中心价值，即“个人的自作主宰”[③]，所以他在总结了中国个人主义的历史流脉后得出结论：“从五四到20年代之初，个性解放、个人自主是思想界、文学界的共同关怀。但整体地看，当时感性的呐喊远过于理性的沉思。”[④]受到五四思想深刻影响的茅盾后来也如此理解他心目中的五四文学：“人的发现，即发展个性，即个人主义，成为五四时期新文学运动的主要目标。”[⑤]

确切地说，中国现代个性主义源于近代，梁启超、谭嗣同、严复、章太炎、鲁迅等都有个性独立的言说。谭嗣同在《仁学》里就提出“冲决网罗”，打破传统文化对个人拘束的问题；倡导新民说的梁启超，接受西方启蒙思想，主观上也尤为推重个人的独立权利，他说：“吾以为不患中国不为独立之国，特患中国今无独立之民。故今日欲言独立，当先言个人之独立，乃能言全体之独立。”[⑥]

但个性主义在晚清中国的推行并不顺畅，这乃形势使然。梁启超偶然闪现的个体本位思想，根本无法抵御国家主义话语的强大覆盖力：“人不可奴隶于人，顾不可以不奴隶于群。”[⑦]张灏这样看待梁氏晚清时的个人思想：“集体主义是梁国民思想表现出来的一个重要特征，新民的社会的自我几乎完全掩盖了个人的自我[⑧]。”在国家民族危机面前，“为了获得有效的社会动员，国家的自主性意味着个人、家庭等社会单位的自主性的丧失或部分丧失”[⑨]，正因如此，个人主义在晚清始终未能占据主流，有时处于被压制状态。

---

① 李泽厚：《中国现代思想史论》，北京：东方出版社 1987 年版，第 30 页。
② 汪晖：《个人观念的起源与中国的现代认同》，《汪晖自选集》，桂林：广西师范大学出版社 1997 版，第 37 页。
③ 余英时：《现代儒学论》，上海：上海人民出版社 1998 年版，第 158 页。
④ 余英时：《中国知识分子论》，郑州：河南人民出版社 1997 年版，第 151 页。
⑤ 茅盾：《关于“创作”》，《茅盾全集》（第 19 卷），北京：人民文学出版社 1991 年版，第 266 页。
⑥《饮冰室合集 · 文集之五》，北京：中华书局 1989 年版，第 44 页。
⑦《饮冰室合集 · 专集之四》，北京：中华书局 1989 年版，第 78 页。
⑧ [美]张灏：《梁启超与中国思想的过渡（1890—1907）烈士精神与批判意识》，崔志海、葛夫平译，北京：新星出版社 2006 年版，第 149 页。
⑨《汪晖自选集》，桂林：广西师范大学出版社 1997 年版，第 73 页。

鲁迅对此深有感触："个人一语，入中国未三四年，号称识时之士，多引以为大诟，苟被其谥，与民贼同。意者未遑深知明察，而迷误为害人利己之义也欤？"①

直到五四时期，在对辛亥革命失败原因的总结中个性主义才演化为主导性社会思潮。而一向坚持国家主义的梁启超到了五四也因应国际国内形势，认识上有了进一步变化，对个性主义开始大张旗鼓的宣扬。在《欧游心影录》中他称"国民树立的根本义在发展个性"，即"尽性主义"，而中国过去总将"国人一式铸造"，人的个性都被国家吞灭掉，国家也就无从发展，所以他主张要"人人各用其所长"，即"把各人的天赋良能，发挥到十分圆满。就私人而论，必须如此才不至成为天地间一赘疣"。②

个性主义在五四的鼓荡，自可看成是对国家主义一元话语的反动，尽管也有研究者指出个人主义扮演的只是"解放者"角色，最终还是要"使国家获得对个人的直接、无中介的所有权"，但同时也不得不认可，"个人主义话语所做的可能远不止把个人从家庭中剥离出来交给国家：它导生了一个为实现解放和民族革命而创造个人的工程"③。但无论如何，"'五四'时期个人观标志着中国现代个人观的初步确立"。④郁达夫曾经说过："五四运动的最大成功，第一要算'个人'的发见。从前的人，是为君而存在，为道而存在，为父母而存在的，现在的人才晓得为自我而存在了。"⑤正是在个性主义思潮的有力促动下，五四运动成为一场人的解放运动，现代身体也得以借助个性主义这个"东风"完成了它的进一步建构，从而促成了身体的个体化。

## 第三节　陈独秀的身体改造理论

对身体属己性的确立是现代个人真正生成的标志。瞿秋白总结五四文

---

① 鲁迅：《文化偏至论》，《鲁迅全集》(第1卷)，北京：人民文学出版社2005年版，第51页。

②《饮冰室合集·专集之二十三》，北京：中华书局1989年版，第24页。

③［美］刘禾：《跨语际实践——文学，民族文化与被译介的现代性(中国，1900—1937)》，宋伟杰等译，北京：生活·读书·新知三联书店2002年版，第128页。

④ 顾红亮、刘晓虹著《想象个人——中国个人观的现代转型》，上海：上海古籍出版社2006年版，第80页。

⑤ 郁达夫：《〈中国新文学大系·散文二集〉导言》，《中国新文学大系导论集》，上海：良友复兴图书公司1940年版，第205页。

学革命时，指出其"主要倾向只是个性和肉体的解放"[1]。如果说晚清梁启超的新民说旨在建构具有"公德"的国民身体，那么五四思想者所强调的却是张扬个人的权利，建构完全个体化的身体是其旨归。但这也并非是将个人与群体对立起来，正如鲁迅主张的是先"立人"而后"立人国"。辛亥革命失败的教训让五四思想者充分意识到的一个道理就是，要让中国真正变成一个现代国家，必得改造国民性，重构现代个人。"此后最要紧的是改革国民性，否则，无论是专制，是共和，是什么什么，招牌虽换，货色照旧，全不行的"[2]。鲁迅的思想代表了五四知识界主流的看法，他发起的启蒙事实上仍然是继续晚清启蒙运动未完成的改造国民的现代性工程。但与晚清不同的是，五四已经突破了晚清"新民"的边界，从对身体的关注转到对国民灵魂的塑造上来了。但不可否认，现代身体建构仍是五四新文化运动的一个重要维度，而倡导身体改造最有力的当属陈独秀。

陈独秀痛心疾首于中国国民现状，对于中国人身体"有着一份功能性的想象与期待"[3]，在《敬告青年》一文中他指出："吾见夫青年其年龄而老年其身体者十之五焉；青年其年龄或身体而老年其脑神经者十之九焉。华其发，泽其容，直其腰，广其膈，非不俨然青年也；及叩其头脑中所涉想、所怀抱，无一不与彼陈腐朽败者为一丘之貉。"[4]有鉴于青年人未老先衰的身心状况，他号召青年起来首先追求人格上的解放："解放云者，脱离夫奴隶之羁绊，以完其自主自由之人格之谓也。"他告诫青年："我有手足，自谋温饱。我有口舌，自陈好恶。我有心思，自崇所信，绝不认他人之越俎，亦不应主我而奴他人，盖自认为独立自主人格。以上一切操行，一切权利，一切信仰，惟有听命各自固有之智能，断无盲从，隶属他人之理。"他告诫青年，没有人格就如同奴隶，"以其是非荣辱，听命他人，不以自身为本位，则个人独立平等之人格，消灭无存，其一切善恶行为，势不能诉之自身意志而课以功过；谓之奴隶，谁曰不宜？"[5]从陈独秀的有关表述中，我们不难发现五四启蒙先驱在思想上发生的重大位移，对个人人格的要求悄然替代了晚清由民族国家想象统摄个人

---

① 瞿秋白：《鬼门关以外的战争》，《瞿秋白文集·文学编》(第3卷)，北京：人民文学出版社1989年版，第146页。

② 鲁迅：《两地书(八)》，《鲁迅全集》(第8卷)，北京：人民文学出版社2005年版，第32页。

③ 黄金麟：《历史、身体、国家——近代中国的身体形成》，台北：联经出版社2001年版，第68页。

④ 陈独秀《敬告青年》，《青年杂志》第1卷第1号，1915年9月15日。

⑤ 陈独秀《敬告青年》，《青年杂志》第1卷第1号，1915年9月15日。

一切的局面。

陈氏重新为国民定义了"爱国主义"在新时期所应有的内涵，"不在为国捐躯，而在笃行自好之士，为国家惜名誉，为国家弭乱源，为国家增实力"，"欲图根本之救亡，所需乎国民性质、行为之改善"，提出要国民在传统美德如勤、俭、廉、洁、诚、信等方面身体力行，"以此为持续的治本的真正爱国之行为"①。他不独关心国民的人格确立，也格外注重国民的身体改造，更多地继承了晚清新民思想。这是他不同于鲁迅及其他五四思想先驱的地方，但也不能由此说他忽视国民的思想改造，他提倡的是身体与思想的平衡发展，身体应是他言说的更重要的面向。他直言："健全思想健全身体本是应该并重的事，现在青年不讲体育，自然是一大缺点。"但他又对中国武人政治十分厌恶，对军国民主义的"兵式的杀人思想"也颇有微词。他强调的是中国青年在德智力各方面的全面发展②。所以在《今日之教育方针》一文中，陈独秀于现实主义、惟民主义、职业主义之外，给青年开出"兽性主义"一维，指出当前中国青年堪忧的身体状况，提出身体改造问题："余每见吾国曾受教育之青年，手无缚鸡之力，心无一夫之雄；白面纤腰，妩媚若处子；畏寒怯热，柔弱若病夫：以如此心身薄弱之国民，将何以任重而致远乎?"他倡导青年人应学习白种人、日本人，"人性、兽性，同时发展"，认为只有如此中国人才可能成为"强大之族"。③

陈独秀推翻了传统以弱为美的身体观念，他倡导"兽性主义"应理解为进化论影响下强调强健的体魄，但实际也有对现代人进取人格的要求。陈氏另撰《新青年》一文界定了新旧青年间的差别，"生理上、心理上，新青年与旧青年，固有绝对之鸿沟"，更加严词批评中国人陈腐的身体观念："自生理言之，白面书生，为吾国青年称美之名词。民族衰微，即坐此病。美其貌，弱其质，全国青年，悉秉蒲柳之资，绝无桓武之态。艰难困苦，力不能堪。青年堕落，壮无能为，非吾国今日之现象乎?"又拿世界各国青年的身体进步与中国青年的身体状况做比对，世界各国青年"壮健活泼，国民之进取有为，良有以也"，"而我之青年则何如乎？甚者纵欲自戕以促其天年，否亦不过斯斯文文一白面书生耳！年龄虽在青年时代，而身体之强度，已达头童齿豁之期，

---

① 陈独秀：《我之爱国主义》，《新青年》第2卷第2号，1916年10月1日。
② 陈独秀：《青年体育问题》，《新青年》第7卷2号，1920年1月1日。
③ 陈独秀：《今日之教育方针》，《青年杂志》第1卷第2号，1915年10月15日。

盈千累万之青年中，求得一面红体壮、若欧美青年之威武人者，竟若凤毛麟角。人字吾为东方病夫国，而吾人之少年、青年，几无一不在病夫之列。如此民族，将何以图存？”①这种出自国家主义的身体言说，在五四新文化运动初期也是很普遍的一种角度。

“身体在民族国家的政治经济目标内，既是为了生产，也是为了同他国竞技；既是为了提高效率，也是为了提高民族的身体质量；既是国家强化自身目标的一部分，也是抵御外来侮辱的基本技术要求”。从晚清新民说、军国民主义到五四新文化运动，再到20世纪三四十年代“新生活运动”、解放区大生产，20世纪上半期中国若干国民运动所指向的目标都是个体的身体，“民族国家要建立强健的个人身体，反过来，个人身体也是民族国家身体强健的隐喻”②。所以当进入民族国家的想象与建构过程时，身体就成了公共话语权力规训和支配的对象。

在经过了五四时期个性主义对国家主义一元话语的反拨后，身体仍然没有逸出民族国家话语的范畴，身体的个体化形成是国家身体建构的基础。所以陈独秀在《敬告青年》中特意为青年开的六个药方，实际上也奠定了现代身体今后建构的方向，五四时期身体的改造基本在这些尺度下进行：“自主的而非奴隶的”，“进步的而非保守的”，“进取的而非退隐的”，“世界的而非锁国的”，“实利的而非虚文的”，“科学的而非想象的”③。无疑，其中明显包含着建构现代国家个体化的身体的合法意图。

## 第四节 身体属己：五四女性确证个体的行为方式

个性主义与我们要讨论的女性身体的主题密切相关，这一思潮在五四的喷发潮涌是中国追求“人的现代性”开始的一个显著标识，也是促使女性身体走出国家化误区进入本体建构层次的真正因素，因为只有确认了个体身体的属己性，亦身体走向个体化，女性的主体性才能确立，才标志着现代女性身体的建构成功。“在现代社会的形态中，个人在空间上、经济上、精神

---

① 陈独秀：《新青年》，《新青年》第2卷第2号，1916年9月1日。
② 汪民安：《身体、空间与后现代性》，南京：江苏人民出版社2006年版，第33、34页。
③ 陈独秀：《敬告青年》，《青年杂志》第1卷第1号，1915年9月15日。

上都越出了原有的所属关系的界限。因此个体的生成可以视为现代性的标志"①。女性在中国的历史和现实的境遇，决定着女性是群体中最受压抑的人群，正如《妇女杂志》十年纪念号中的一篇文章中所称："一生三个时期——为人女，为人妻，为人母——慑于旧伦理的权威，旧道德的束缚，只有绝对服从男性的义务，没有处置事物的权利。个性，人格，意志，不但没有充分发展的机会，与表现的自由，而且已非自身所有，均为父亲，丈夫，儿子先后无代价的压抑与占有。"②虽然晚清资产阶级革命给女性的现实境遇带来一些改变，但女性仍然没有摆脱工具化的命运，只不过从原来家族生育的"物"，提升成为民族、为国家培育优秀国民的工具而已。

但个性主义思潮在中国的勃兴，事实上如发酵剂一般很快催生了五四中国女性解放走向身体个体化的过程，体现在先进的受过教育的五四新女性自觉从玩具、奴隶地位挣脱出来，去争得做一个真正的人的权利。这种个体化以女性身体自主权获得为标志，而追求婚姻恋爱自由构成五四新女性向旧传统、旧伦理道德庄严宣战和确证身体主体性的外在形式。

瑞典著名教育家爱伦凯在《妇女运动概论》中指出："最初的妇女运动，便是夏娃伸手向智慧树果实的态度。这运动正可看作以后世界上所起妇女一切运动的象征。因为想越出既成的制限的意志，正是妇女意识的或无意识的追求的原动力。"③如此看来，妇女解放运动本就是一个世界范围内的"女性身体叙事"：当女性在个性主义鼓舞下，人格意识开始萌动，知道了追求身体的属己性，并以剪发等身体行为来作为确证个性的方式，其实就开始了现代主体的自我建构；当女性努力挣脱传统施加于自身的各种规约，极力向社会、向家族争取个人受教育或经济等权利，她们就有了建构现代身体的自觉；当女性坚决追求自由爱情，为此像娜拉一样从家庭"出走"，"不自由，毋宁死"，女性的身体解放就有了实质性内容，也由此宣布了女性身体现代主体的真正形成。但五四女性实现身体解放的形式与晚清女国民身体的革命化追求有所不同，体现在她们从身体上、精神上对封建旧礼教、旧道德、旧伦理，对封建家庭专制的摆脱，因此追求个人身体属己，追求个人婚爱自由，

---

① 刘小枫：《现代性社会理论绪论》，上海：上海三联书店1998年版，第22页。
② 周剑虹：《妇女生计问题的将来》，《妇女杂志》第10卷第1号，1924年1月1日。
③ [瑞典]爱伦凯：《妇女运动概论》，丰子恺译，《妇女杂志》第9卷第1号，1919年1月5日。

就成为她们个性解放、身体获得自由的一个突出表征。如李欧梵所说："作为解放的总趋势，爱情成了自由的别名，在这个意义上说，只能通过爱，只能通过释放自己的激情与能量，个人才能真正成为完整的人、自由的人。爱情也被视作一种挑战的举动，一种真诚的行为，一种抛弃虚伪社会中一切人为禁锢的大胆叛逆。它要求人们找到真正的自我，并把它毫无保留地呈现在自己心爱的人面前。"[①]

从国家主义到个性主义，从现代民族国家想象到个人主体性的建构，晚清与五四主流话语在促进女性身体现代生成方面承担了不同的职责，同时也使女性身体建构呈现两种完全不同的面向。

① [美]李欧梵：《现代性的追求》，北京：生活·读书·新知三联书店2000年版，第99页。

# 第六章

# 《妇女杂志》：公共领域中的女性身体建构

"自然的"女性身体总会受到时代精神的深刻规约。"五四"作为充分造就现代个人的时代，也是中国女性解放的开端。考察这一时期以《妇女杂志》为主的公共舆论，可以发现女性从服饰到头发、乳房，都构成社会关注的焦点，成为各种社会话语角力的场所，由此建构了五四时期女性身体新的时代美学。同时，五四主流话语对女性身体的文化建构也为新文学对女性的文学想象与叙述提供着现代性的思想资源。

## 第一节　公共话语与女性身体

五四新"文化"运动同时也是一场"身体"的改造运动，"文化"和"身体"构成了这一运动的两个维度。在精神文化领域，个人主义的洪波涌起，民主与科学的夺目光环震撼了古老的民族，"人之子"醒了。而妇女解放运动正是"人之子"觉醒的一个鲜明符号。"娜拉"，这位易卜生戏剧中的女性人物代替了晚清的罗兰夫人、苏菲亚、批茶女士，成为五四女性解放新的精神楷模，她离家出走的决绝身姿，引领着中国女性走出封建家庭的藩篱。在身体层面，人道主义促成女性身体回归本体，个性主义则指导着女性身体走向个体化，而科学主义又建构出对象化的女性身体。所以五四女性无论外在身体形态还是内在精神气质上都显示了与此前时代的截然分野。《妇女杂志》1923年"妇女运动号"上有一篇英国罗素夫人的文章，题为《中国的女权主义及女性改造运动》，也许我们可以借这位西方妇女的目光，来想象五四时代女性的崭新"风采"，感受女性身体现代生成后的最初形态：

> 我在上海首先参观的一所女学校，见其授课时间，大半为体操；学生们正穿着短裤，在运动场竞拍网球。据说她们体力上的技能非常优秀，在革命扰乱的时候，竟能击退兵士，防其侵入学校。
>
> ……
>
> 但是受过教育的中国妇女，因为注重体力和精神的缘故，体格和服装，与陈旧的妇女，大不相同。（注：这里与时髦妇女衣服做对比，省略）……而现今妇女的先驱者，却并不如此。举动活泼，体质强壮，胸部也较普通妇女发达。头发随便作髻，当不如普通妇女之搽油。穿着蓝布衫，黑绸裙，宛然像一种制服，两足虽不再缠，踝上每包布片，穿上质软而不相称（我辈眼里觉得如此）的鞋了，所以走路尚欠方便。但是诸位如果更进一步，看了她们精神勃勃的面貌，对于一切问题的议论，在公众面前的演说或通译，加入男女集合的团体，作翩翩的跳舞，种种的竞技：那么，倾倒的感觉，一定要比看见时髦妇女的时候，深切得多了。总之，中国妇女，当渐把自身的因袭的步调服饰解放时，知道计算自身表面形式的价值，也是很有兴趣的事实。并且她们不在求服装仪式之酷肖西洋，而在求像俄国女生之造成一种特别的典型。所以我觉中国的妇女，都有似乎男儿的活泼精神，这便是中国女性的特色！①

从小脚伶仃的缠足妇女，到英姿飒爽的现代女性，转变竟然在短短十几年间完成，如此大的落差真的让我们无比追念五四那个造就"现代个人"的辉煌时刻。事实上，是五四新文化所承载的现代性价值赋予女性命运以空前转机，也同时建构了女性的现代身体。但进入现代社会，在知识分子话语主导的公共领域内，女性身体还时刻处于公众的监控之下，"躯体社会形象的创造权牢牢地把持在男性手中。在形象的设计上面，第一性与第二性的

① [英]罗素夫人、云鹤：《中国的女权主义及女性改造运动》，《妇女杂志》第9卷第1号"妇女运动号"，1923年1月5日。本文原是为日本改造社所作，但因为发表了对中国解放妇女的看法，所以被云鹤翻译过来。

位置判然有别”①。因此公共话语在女性身体的现代建构方面究竟起到什么作用，实际上是非常值得我们考察的问题。

“身体之改造乃一切改造的根本”②，这似乎成为五四知识者的共识。与精神上高张的个性主义旗帜相呼应，对现代女性身体进行定义与建构，也是五四知识界视为当然的职责，女性身体因此成为各种权力话语的角力之地。与晚清女性的身体动辄导向政治而提升其功用不同，五四时期对女性身体的言说基本上在公共领域进行，重在监控逸出“现代精神”边界的女性身体。“‘公共领域’一词在不同语境下有着不同含义，但就其核心意义来说它代表着一种以公共权力为内容、以公共参与为形式、以批评为目的的空间”。③而五四时期报刊业的发达，知识分子阶层的崛起和壮大，形成了一个介于民间和庙堂之间的公共空间，这一话语空间在女性身体的社会建构方面充分发挥了“批评”的功能。

当五四时代的“女性身体”被置于公共领域，吸引人们目光的不再是其潜在的政治功用，或者是其对于国族存续来说很重要的养育后代的生物功能，而主要是身体本身的外在形态。对那些追随着娜拉进入学校或走向社会的新女性来说，她们的身体在五四成为社会话语干涉的对象，她们如何收拾自己的姿容、佩戴怎样的首饰，向公众呈现怎样的体型，这些本应纯属私人的日常生活问题，在五四却升格成公共领域中引人注目的文化事件。

## 第二节　女性服饰与五四精神

在封建社会，身体的价值是由它的外在性决定的，女人佩金戴银既是身份和财富的象征，也是刺激男性审美与性趣的重要手段。但在一个开放的时代，女性服饰却隐藏着这一时代特别的文化秘密，也同时透射出社会对女性态度的各种知识信息。因而，女性身体是一个时代醒目的徽章，承载着它的荣耀和时尚，同时表征着这个时代的品位和风格。所以虽然在五四新文

---

① 南帆：《躯体修辞学：肖像与性》，《文艺争鸣》，1996年第4期。
② 瑟庐：《妇女之解放与改造》，《妇女杂志》第5卷第12号，1919年12月20日。
③ 张凤阳等：《政治哲学关键词》，南京：江苏人民出版社2006年版，第189页。

化运动冲击下，女性身体完全觉醒，但其主体却一直停留在一种不确定性之中，即使先进的知识分子也总是试图通过他们所控制的公共空间的话语权，在女性身体上刻下时代的铭文。正如布莱恩·特纳所指出的："控制妇女的身体就是控制她们的个性，代表着一种权威行为，旨在维护依据男人的所谓理性价值组织起来的公共秩序。"[①]五四时代的女性身体完全被社会地建构成一个由权力宰制的客体。这无疑是现代性留给女性身体的一个悖论性题目。

五四作为一个倡导人的解放的时代，女性解放命题也被顺时提出，女性从黑屋子里被唤醒，开始有了自我建构的社会空间。五四主流话语格外强调女性要在个体人格上追求独立及力争摆脱男性的欲望控制和精神奴役："女子者非男子之私有"[②]，"我是我自己的，他们谁也没有干涉我的权利！"[③]这些掷地有声的语词，都在宣示着女性作为独立个人应该具备的现代个体人格。与这样的时代精神相适应，五四知识界就特别关注女性身体发展的动态，担心其逸出独立平等现代价值的框范，而因此忽视女性主体自由这一层面。因此，当时的主流舆论很注重对女性进行与时代精神相适应的导向，坚决反对女性对身体进行多余的修饰，特别是佩戴各种饰物，号召要革除缠足、束乳、脂粉、饰品等。时人从社会、经济方面寻找依据，"若花粉、香水、发油、珠宝等，一日之耗费，几供数人之生活。世界上多少人力，从事于修饰品之制造，而舍其正当之职业。……此造成社会恐慌之原因也"[④]。有的文章甚至坚称："现在女子，岂不是说'要解放么'？岂不是说'女子做男子的玩物是不合人道么'？既然明白这个道理，那装饰二字，天然是用不着了。"[⑤]无竞译介的日本长谷川、如是闲原合撰《女性之建设的生活与性的道德》一文提出的现代女性解放的观点，也证明了这种散布风尚的合理性："她们的自由解放，非弃去这美丽的首饰和衣服是不可能的。娜拉没有做乞丐的觉悟，决不能离开夫家；女性锁在男性的黄金的锁上时，自由解放决不会

① [英]布莱恩·特纳：《身体与社会》，马海良译，长春：春风文艺出版社2000年版，第285页。
② 高素素：《女子问题之大解决》，《新青年》第3卷第3号，1917年5月1日。
③ 鲁迅：《伤逝》，《鲁迅全集》(第2卷)，北京：人民文学出版社2005年版，第115页。
④ 华林：《社会与妇女解放问题》，《民国日报》，1918年6月15日。
⑤ 胡怀琛：《女子当废除装饰》，《妇女杂志》第6卷4号，1920年4月5日。

到她们的身上来。……新的女性道德，应该从这新的体验发生的。”[①]在引导女性遵守时代精神方面，主要以面向妇女读者为办刊方针的《妇女杂志》起了很大的推动作用。该刊物不仅经常发文规范女性的穿衣修饰，也指出女性装饰危害。其中，有一篇文章的作者共列举出装饰的五大弊害：一耗费，二耗时，三有害卫生，四埋没了自然的美，五引起他人的轻视[②]。古代提倡“女为悦己者容”，所以服饰被看作是依附男性、取悦男性的手段，那么为了证明现代女性的独立人格，五四主流文化就主张要去掉这些奴性的标志物，同时认为只有“天然去雕饰”，方能“清水出芙蓉”，女性的自然美、朴素美才是五四时代需要的审美。鉴于此，为了引导女性杜绝装饰，证明女性追求服饰的坏处，《妇女杂志》几乎一个声调地批评装饰是女性“奢侈淫靡”的表现，“结果不过是疲劳许多大公司的工人们，为她们日日赶造那些无价值的装饰品，充其量不过多创造几个比较华丽的奴隶及富于装作富于变化的比较有趣味的玩弄品罢了！”[③]如此看来，在五四时代，女性身体要完全拒绝奢侈，多余的装饰被视为与时代精神相悖，是不可取的，应予以抛弃。这种对妇女在服饰上朴素的要求，于今看来，实际上是一种有利于国家的身体理性化过程，因为如此一来减少了无谓的消费，也节省了资源，但对此做硬性规定显然与妇女的个性意志相冲突。

概观《妇女杂志》对女性装饰的反对态度，观点通常是：一俭朴，二无害于卫生，三含有美的性质，而且这“美的性质”，甚至是颜色也要由时代和公众进行定义：“不必一定要模仿西洋人或日本人所喜好的颜色来做服装，也可不必一定要去模仿从前野蛮民族所喜好的深红或深绿，刺激性很强的颜色的服装。我们只要以我们的共同性，大家都说是美的，实际上也不会不为美的，做我们的标准就好了。”[④]但鲁迅在20世纪30年代指出，这种对女性奢侈的指责和对女性素朴的引导实在用错了方向，归根结底是男性中心文化造就了女性修饰身体的主因，关键要从“社会根源”上解决问题，一味批评女性并无济于社会“风化”的改善。

---

① [日]长谷川、如是闲原：《女性之建设的生活与性的道德》，无竞译，《妇女杂志》第9卷10号，1923年10月。

② 胡怀琛：《女子当废除装饰》，《妇女杂志》第6卷4号，1920年4月5日。

③ 王平陵：《现代妇女对于审美观念的误解》，《妇女杂志》第13卷第7号，1927年7月1日。

④ 戴邦定：《妇女教育与装饰》，《妇女杂志》第10卷第5号，1924年5月1日。

奢侈和淫靡只是一种社会崩溃腐化的现象，决不是原因。私有制度的社会，本来把女人也当做私产，当做商品。一切国家，一切宗教都有许多稀奇古怪的规条，把女人看做一种不吉利的动物，威吓她，使她奴隶般的服从；同时又要她做高等阶级的玩具。正像现在的正人君子，他们骂女人奢侈，板起面孔维持风化，而同时正在偷偷地欣赏着肉感的大腿文化。①

鲁迅深刻地指出在女性喜欢修饰后面主要是男性中心文化政治的支配，“这些‘人家人’，多数是不自觉地在和娼妓竞争，——自然，她们就要竭力修饰自己的身体，修饰到拉得住男子的心的一切”。②

也许由于公共领域内特别是《妇女杂志》这种主流媒体的引导，五四时期女学生素衫黑裙剪短发开始成为通行的形象，如果说有装饰，那也只是多了条长围巾而已，似乎只有这样素朴大方充满青春朝气的女性身体才能与五四这样一个热情奔放、勇于创新的时代相合拍。在时代精神的推动下，这种女学生形象构成一个五四时代女性文化的特别符码，并迅速成为一种流行时尚：“不论是通都大邑，就是兰镇深村；不论是受过新式教育的女学生，就是楼阁深锁小小妮子，她们的姿态，自然而然地也会和最时样的女学生装束没有两样。”③

“任何财产都是个人人格的扩展，我的财产就是听从我的意志的东西，也就是说，其中表现着我的自我，并且在外在上得到实现；这最贴近地和最充分地发生在我们的身体上，因此，身体是我们的第一个的和最绝对的财产”。④五四时代虽然确证了身体属己，但这身体及其附属物都被公共话语严格监控着。除了修饰上劝阻女性不做无谓的消费，在服装上五四知识界也根据时代精神作出相应要求，提倡两性之间服装上的整齐划一，意图抹杀性别差异，从而实现男女平等这一时代愿景。这种机械和僵化的思维模式其

---

① 鲁迅：《关于女人》，《鲁迅全集》(第 4 卷)，北京：人民文学出版社 2005 年版，第 531 页。

② 鲁迅：《关于女人》，《鲁迅全集》(第 4 卷)，北京：人民文学出版社 2005 年版，第 532 页。

③ 王平陵：《现代妇女对于审美观念的误解》，《妇女杂志》第 13 卷 7 号，1927 年 7 月 1 日。

④ [德]齐美尔：《社会是如何可能的——齐美尔社会学文选》，林荣远编译，桂林：广西师范大学出版社 2002 年版，第 181 页。

实构成对女性自我的一种消解。如许地山就明确主张妇女要适合新社会的需要,改换服饰,提出女性服装必须具备三种要素:一要合乎生理,二要便于操作,三要不诱起肉欲。而为了合乎这三种要素,他认为女子服饰"非得先和男子底服饰一样不可",其益处是"一来可以泯灭性的区别;二来可以除掉等级服从底记号;三来可以节省许多无益的费用;四来可以得着许多有用的光阴"。[①]其中"不诱起肉欲"一条,显示出作者对女性身体作为色情符码的警惕,当然也无意中透露了男性中心话语的无意识。

事实上,女性身体的现代性从来就是一个悖论,所谓解放妇女(不是妇女自主解放)并非是社会给予女性完全的自由,而是不断确立新的规范、制定新的规则,但同时也将女性的外在身体变成被现代话语权力宰制的对象,将其纳入一个现代性的审美框架之中,让其更符合现代价值观念的规范。所以从此意义上说,五四时代在造成女性身体主体性获得的同时又伴随着女性主体性的变相的失落。因此女性身体绝对的解放是不存在的,且不说文化本身规约的力量很难挣脱,而每一次新的社会运动给女性身体带来的解放,往往又构成新一轮对女性身体的规训。五四权威话语也同样具有这种双重功能,它们对女性身体的种种界说,其实都是在呼唤一种新的规范的诞生。

女性身体除了接受来自知识界权威话语的规训,现代国家机制的规训显然也不可忽视,有时甚至作为对女性身体主导性的宰制力量,构成对女性身体的直接控制。民国初年,北京市曾制订《取缔妇女奇装异服暂行办法》,对女性服饰的长短进行限制,并与禁止缠足束胸相提并论,要求女性服装"腰身不得绷紧贴体,须略宽松","裙长最短须过膝","衣衲最短须至肘","着西服者但禁止束腰"等[②]。但五四新文化运动之后,知识者形成了自己话语的公共领域,当政府权力对女性身体的规约与时代精神相违背的时候,知识精英们就会撰文大加抵制抨击,以保证女性服饰与时代精神的投合与一致性。1927 年 12 月 7 日,教育联合会通过了一件主张女生"应依章一律着用制服"的议案,要求制服"袖必齐腕,裙必及胫"。这种带有道学心态的服

① 许地山:《女子底服饰》,《新社会》第 8 号,1920 年 1 月 11 日。

② 北京市档案馆 J5 全宗 1 目录 44 卷,第 145 - 146 页。转引自杨念群:《从科学话语到国家控制——对女子缠足由"美"变"丑"历史进程的多元分析》,汪民安编:《身体的文化政治学》,开封:河南大学出版社 2004 年版,第 15 页。

饰要求，引起了知识界的反感。周作人专门作《论女裤》[①]一文，揭露这种现代名义下对女性身体实施规制的封建伪道学面孔。他先节录其中的一部分文字来说明这种主张的荒唐性，“衣以蔽体，亦以彰身，不衷为灾，昔贤所戒，矧在女生，众流仰望，虽曰末节，所关实巨。……甚或故为宽短，豁敞脱露，扬袖见肘，举步窥膝，殊非谨容仪尊瞻视之道”，然后采用借力打力的方法直斥这种规定为“一种野蛮思想的遗留”，因为“野蛮人常把自己客观化了，把自己行为的责任推外物”，并且推而广之到其他违背现代观念的社会现象，“现代的禁止文艺科学美术等大作，即本于此种原始思想，以为猥亵在于其物而不再感到猥亵的人，不知道倘若真需禁止，所应禁者却正在其人也”。最后周作人摊牌自己对女性服装的看法：“衣服之用是蔽体即以彰身的，所以美与实用一样的要注意。有些地方露了，有些地方藏了，都是以彰身体之美，若是或藏或露反而损美的，便无足取了。”对于及于女性身体的权力政治，周作人还发表《穿裙与不穿裙》[②]一文，其中引述了如此一则消息：“福州市党部妇女运动委员会近日发出一个布告，其条文如下：一，凡妇女十六岁以上五十岁以下者，出门一律穿裙。二，劳动妇女因工作关系准其不必穿裙，惟须衣长及膝。三，凡属娼妓，概不许其穿裙，以示区别。”周作人对此表示极大的愤慨，他揭穿这种身体政治的实质是“男子中心与金钱万能”，无论对女性身体是“珍重之”还是“贱视之”，“妇女在他们眼中乃是货物”。他尖锐地指出：“假道学大抵是色情感觉很强的，他们对于女性所注意的只是第一性的特征以及第二性的特征——乳房，南北官宪干涉女子服装，其用意无非在防止此二部及其附属地带之露出。”他还列举了几个类同的现象：江苏教育会禁止短袖衫裤，天津名流质问跳舞，特别是北方军警维持风化，“出有禁令”，包括“短袖临风，高裙映日，肌肤隐露，肘腕横陈”等都属维持的范围。而当时的一些小报也炒作“维持风化”，对女性穿衣暴露被警察逮捕的一些事件不惜添油加醋。周作人对此大加讽刺：“看他们津津有味地叙述，可以知道注意之所在，南北中日的人意见都一样，好像是东方文明之所在。”周作人对此口诛笔伐的深层原因，无非是借此表达对现实的强烈不满。因为五

① 周作人：《论女裤》，《语丝》第5期，1924年12月。本文是周作人回复绍原的信，与绍原的信先后登在一起，编者署题目《女裤心理之研究》。周作人各种文集、自选集收入时以《论女裤》为题。

② 周作人：《穿裙与不穿裙》，《语丝》第142期，1927年7月30日。

四新文化运动尚未走远，但文化上的复古逆流大有泛滥之势，不能不让他忧心如焚。

与周作人一样，鲁迅也对官方的恶劣行径痛下针砭。他说："只要看有人出来唉声叹气的不满意女人的妆束，我们就知道当时统治阶级的情形，大概有些不妙了。"[①]因为他们"一见短袖子，立刻想到白臂膀，立刻想到全裸体，立刻想到生殖器，立刻想到性交，立刻想到杂交，立刻想到私生子。中国人的想象惟在这一层能够如此跃进。"[②]鲁迅犀利的语言可以说将惯于运用女性身体政治的权力阶层及文化保守派"伪道学"面孔上蒙的遮羞布完全拆穿了。

## 第三节　头发政治

除女性的服饰之外，女性的身体形态也是五四知识界关注的焦点。女性的性别特征最为明显的是头发和乳房，尤其是头发，作为最具可塑性、象征性和表现性的人的身体的一部分，在五四这样一个激进时代，发生了很大的变化。女性通过掌握处理自己头发的自主权，来确证身体的属己性。但封建保守分子却泥古不化，对此大加讨伐，使得五四女性剪发聚焦成一个公共文化事件。

自明末清初直到民国时期，中国人的头发一直是一个性命攸关的问题。鲁迅《头发的故事》《阿Q正传》《风波》等作品，都出现了有关头发的情节，再现了辛亥革命前后中国人头发的悲喜剧，所以他感慨地说："你可知道头发是中国人的宝贝和冤家，古今来多少人在这上头吃些毫无价值的苦呵！"[③]但进入五四之后，在个性主义思潮下，"女子剪发，确是表示女子不是玩物的极好标识"[④]，剪发似乎成为五四女性确证身体属己的一个最特别的方式。"头发确实不等同于身体，它和身体只是溶解于同一个自我之中，它是身体的一

① 鲁迅：《关于女人》，《鲁迅全集》(第4卷)，北京：人民文学出版社2005年版，第531页。
② 鲁迅：《小杂感》，《鲁迅全集》(第3卷)，北京：人民文学出版社2005年版，第557页。
③ 鲁迅：《头发的故事》，《鲁迅全集》(第1卷)，北京：人民文学出版社2005年版，第485页。
④ 顾仲雍：《对于男女社交应有的觉悟》，《妇女杂志》第10卷第4号，1924年4月1日。

个模糊能指，但却是自我的一个明确所指"①。"剪发"作为"新女性"身体上的显著表征，当然被文化保守派视为洪水猛兽，无异于女子公然造反。于是随着社会上女性剪发的不断增多，女性的头发开始成为公共领域里大家口水战的目标，甚至官方权力也介入对这一个体行为的禁止与限制之中。1925年5月出版的《威克烈》第19期，载有小燕女士所写的《我剪发的经过》，写剪发造成的家庭冲突和四川成都女子学校因剪发引发的社会风波。女士要剪发，不仅当举人的舅父来"大骂我一阵"，而且"我母亲见我剪了发，果然大哭大闹，并且辞别神主，要去自杀"。作者将女子剪发当作与封建保守势力做斗争的手段，称这是"人身自由问题"："封建地主阶级不让女子有剪发的自由，认为这是女子造反，用尽了百般手段来威胁禁止。一九二一年，军阀刘存厚手下的省会警察厅竟张贴皇皇布告，禁止剪发，《半月报》提出反对，警察厅竟把它明令查封了。五四运动中查封报馆，这还是第一次，而罪状是为了反对禁止剪发。"②据《妇女杂志》报道，1924年教育部颁令禁止女生剪发，教育联合会也曾有限制女子服装的决议，带来的结果是不仅各地都有禁止女生剪发的明令发布，女校校长也出面进行劝谕，甚至还有女生转学、升学、投考都可能因剪发被拒这类荒唐事情的发生。由此说明，五四时代女性身体不仅受到了知识话语的规训，而且还受到现代名义下的国家机构的监视，更为怪诞的是，对女性身体的规定竟以行政命令的方式强制性地让个人执行。

这种倒行逆施当然和正在进行中的个性主义思潮相悖，所以引来不少知识者的强烈不满，鲁迅、周作人等著文给予抨击。鲁迅在《从胡须说到牙齿》和《忧"天乳"》中对这种强加于女性身体的规制进行了抨击。《从胡须说到牙齿》重点揭露中国的"头发政治"，批评时任北京女高师校长的贵州人毛邦伟小题大做："虽然已是民国九年，而有些人之嫉视剪发的女子，竟和清朝末年之嫉视剪发的男子相同；校长M先生虽被天夺其魄，自己的头顶秃到近乎精光了，却偏以为女子的头发可系千钧，示意要她留起。"文章由胡须说开论及了现代人个人权利观念："胡须的有无、式样、长短，我以为除了直接受

---

① 汪民安：《身体、空间与后现代性》，南京：江苏人民出版社2015年版，第71页。

② 张秀熟：《五四运动在四川的回忆》，《五四运动回忆录》，北京：中国社会科学出版社1979年版，第882页。

着影响的人以外，是毫无容喙的权利和义务的，而有些人们偏要越俎代谋，说些无聊的废话，这真和女子非梳头不可的教育，‘奇装异服’者要抓进警厅去办罪的政治一样离奇。要人没有反拨，总须不加刺激……这情形是特异的中国民族所特有的。”又顺手牵羊对中国一些酸腐文人的假道学嘴脸给予尖锐讽刺，“什么也给他说不得，见不得，听不得，想不得”，但“一看见堂客的手帕或者姨太太的荒冢就要做诗”。鲁迅讥讽说：“遥想土耳其革命后，撕去女人的面幕，是多么下等的事？呜呼，她们已将嘴巴露出，将来一定要光着屁股走路了！”[①]《忧“天乳”》虽是就广州“天乳运动”表态，但忍不住仍然先从头发谈起，指出“男男女女，要吃这前世冤家的头发的苦，是只要看明末以来的陈迹便知道的”，即使“现在的有力者，也有主张女子剪发的，可惜据地不坚。同是一处地方，甲来乙走，丙来甲走，甲要短，丙要长，长者剪，短了杀”，“尤其是女性。报载有一处是鼓吹剪发的，后来别一军攻入了，遇到剪发女子，即慢慢拔去头发，还割去两乳……”鲁迅对现行政治总是及于女性身体的剖析和批判，实际上表现了他对女性真正的人道主义同情，“女性身上的花样也特别多，而人生亦从此多苦矣。”[②]

周作人更是多次批评在女性头发上不断翻新花样的做法，《发之魔力》讥讽当局无事找事，他说关系到女子发式，“只是好看的问题，为什么要劳动‘上头’来查禁，分他们救民水火的心”[③]，意思是女生头发是长是短纯粹是个人私事而与国家大事完全无干。《再论剪发》[④]则就吉林颁布妇女剪发禁令（“禁止十四岁妇女剪发，违者处以一元以上十五元以下之罚金”）虚拟一文以“山叔”名义呈给吉林省省长，讽刺此事。《好女教育家》则对《顺天时报》报道“西城辟才胡同女附中主任欧阳晓澜”拒绝剪发女生报名应考一事表达自己的看法，文章用了含蓄的讽刺笔调，称欧阳女士“深明大义，仰体宪怀，毅然决然，拒绝剪发逆生参与考试，诚足以大快人心而维纲常于不堕者也。呜呼，使中国女教育家悉能如此，不待使令，事已先办，则‘发逆’不足平也，有厚望焉矣！”[⑤]可以说，在与北京军阀和地方权力机构的较量中，知识分子

---

① 鲁迅：《从胡须说到牙齿》，《鲁迅全集》（第1卷），北京：人民文学出版社2005年版，第259页。

② 鲁迅：《忧“天乳”》，《鲁迅全集》（第3卷），北京：人民文学出版社2005年版，第489页。

③ 周作人：《发之魔力》，《语丝》第105期，1926年11月13日。署名“山叔”。

④ 周作人：《再论剪发》，《语丝》第110期，1926年12月18日。署名“山叔”。

⑤ 周作人：《好女教育家》，《语丝》第145期，1927年8月20日。署名“山叔”。

的话语占了上风，由于他们不失立场的批评与抨击，解构了权力政治对女性身体规训的合法性，那些倒行逆施的条文一般推行不久就成一纸空文，只能再发令取消。知识者参与话语角力的结果，使得女性身体的现代建构不至于滑回封建保守的境地，而能沿着时代精神的轨道顺延进行。

《妇女杂志》上不仅刊发批评禁止女生剪发的文字，也配发讨论女性剪成短发是否适当的文章。《妇女杂志》第10卷第2号上的一篇文章就教育部禁止女子剪发一事评论说，“头发天然或者有点用处，例如保护头脑，但是剪短一点，不致失其保护作用，而一方面却便利不少。况且人类进化，本有用人造品去代替天然保护作用的一种倾向，既用帽子，即使头发确实有保护作用，剪短也自无妨了”，并进一步指出：“天生妇女并不是为给男性的赏鉴而设的，即使短发确实能减少美观，如果本人以为减少美观好，那么旁人也决没有理由可以横加干涉的”①。其实五四女性之所以剪发者众，主要还是将剪发作为与旧礼教决裂并确证身体属己的一种方式。剪发及其他女性不合习俗的身体行为，在五四无啻是一种政治语言，用这些身体行为明白宣示女性对个体化和自主权的追求，因此受到的干涉愈多，遭到的反叛也就愈大，甚至演化成一种为浅薄女子所追逐的时髦风气。有一篇署名高山的文章以美国女子经验自叙，倡导中国女子要顶着“受非难”剪发，并详细绍介“短发的装饰法”，还旁附“剪发后的忒来曼女士”的相片为证②。由此可见，女子剪发构成了20世纪20年代舆论界非常热门的一个话题。一方认为剪发是女性个人权利，在已属现代文明社会的中国，这个权利应当被尊重；另一方，主要是官方权力机构或封建卫道人士，以维持“风化”的名义，对女性身体上的任何与传统相悖的风吹草动都如临大敌，大加声讨。

直到1925年《妇女杂志》上关于女子剪发问题的讨论依然继续，晏始发表《禁止女生剪发的流弊》③，就“新近某省某县教育行政联合会呈准教育厅严禁女性剪发一事”，对呈文中“流弊所至，不堪设想”说法进行尖刻讽刺：“礼教乃系古圣先王所制定，无论如何，决无系在妇人女子的几丝柔软的发上的道理。”作者并且从法律角度阐述干预女性剪发就是侵犯个人身体自由权：“即使剪发会有流弊，其流弊也万不及禁止剪发的大而且多。并且照法

① 《教育部禁止女子剪发》，《妇女杂志》第10卷第2号，1924年2月5日。

② 高山：《美国断发女子的装束》，《妇女杂志》第8卷第7号，1922年7月5日。

③ 晏始：《禁止女生剪发的流弊》，《妇女杂志》第11卷第4号，1925年4月5日。

律上讲，禁止剪发，实在侵犯了他人身体的自由权，也决不是共和国家的官厅吏官所应该做的。”当年杂志第11卷第9号上，《女子剪发》的作者宣布：“女子剪发，实在可算是她们的一种觉悟，一种进化，用不着我们大惊小怪，任意叫嚣了。”[①]有意思的是，20世纪20年代中期以后，女子剪发不再是不可容忍的“异端”，却成了都市的时尚，1927年浙江发布收回禁止女生剪发令，10月5日的《妇女杂志》第13卷第10号上封二上登有上海新利波女子美容室所做的剪发广告，女子剪发居然成了商人赚取利益的行业。

但在政治动荡的年代，女性的头发仍被看作是政治立场的表征。1927年“四一二政变”后国民党在各地肃清、屠杀共产党人和“赤化分子”，很多剪了发的女子因为被视为“共党”或“通共”遭枪杀。《妇女杂志》第16卷第9号上披露了三份不同的史料，一个是大革命期间关于妇女抵制“剪发运动”的：1927年3、4月间汉口市外“洪山以西”的几个村子的妇女因躲避强制剪发，一船三十多人在湖上，突起暴风把船倾覆，“剪发运动把沉重的血痕印在那儿的生者的脑里”。第二则史料是国共分裂以后屠杀剪发妇女的：“一九二七年秋冬之际，所谓西征军到了。武人与当地的豪绅见了剪发女子，就疑她们是共产党。武汉的剪发实在成了革命高潮的象征。武人、豪绅们对于这种象征发泄他们横暴的感情。残杀是首先加于剪发女子的。被杀以后，露卧在济生四马路上，还得要剥衣受辱。”第三件事却大有可参详之处：因为“妇女的发髻可以抵挡革命，却抵抗不住时髦”，1928年的上海，“妇女却强烈倾向于剪发”，作者就诧异，难道“不怕被指为‘反动’吗？不会遭武人豪绅的蹂躏吗?”作者很幽默地指出：“细看一下，原来武人豪绅的姨太太小姐的辫发都早剪脱了。”[②]三件史实，将“剪发”的符号功能充分表现出来了。在男性的辫子告一段落，剪短发成为普遍的现代社会，女性剪发却构成了五四时代中国人最重要的“身体政治”。

上面第三个史料其实还透露了一个重要的信息，即妇女剪发作为一种宣言与旧生活决裂的身体行为，在五四运动落潮以后的都市已逐步失去其“革命性”价值，而成为一些保守人士诟病的所谓的“时髦”行为。如《妇女杂志》第14卷第2号“生活号”上一篇专门批评妇女奢侈的文章，题为《妇女生

---

① 患生：《女子剪发》，《妇女杂志》第11卷第9号，1925年9月5日。

② 陶希圣：《妇女不平衡的发展(一)》，《妇女杂志》第16卷9号，1930年9月5日。

活与装饰》[1]，将“社会之花”奉送给那些“装饰艳丽、举止活泼的妇女”，并指出“剪发”为当前“奢靡”现象之一：“近年来我国妇女界的装饰上最风行的是剪发，照目下的趋势，大有青年妇女，非把长发剪去，不足以显出青年的精神，脱去陈旧气味的样子，所以剪发的妇女，便一天多似一天了。”这篇文章的作者的政治倾向姑且不论，从他感叹剪发成为一种“流行”的“奢靡”态度上，也可看出20世纪20年代末，女性剪发已经相当普遍，不仅女学生或者都市中的年轻妇女，就是文明新风能吹拂到的农村，也有青年妇女剪去长发的，加上西洋烫发在都市的开始流行，逐渐使女子剪发不再成为众所关注的焦点。

## 第四节 “天乳”倡导下的五四身体美学

与头发一样，在五四时期，女性的乳房也超出了自身的生理功能，与思想、文化甚至政治发生了联系。首先关于女性乳房的形态，这是五四时期一个被人热议的话题。这主要有两个原因：一是由于西方卫生学的引入，束胸影响健康说非常流行；其二是因西方文化成为强势文化，西方妇女奔放健美的乳房就成为现代女性美的样板。在该问题上最具影响力的学说是性学博士张竞生的“大奶主义”，他提倡天乳，反对女性模仿“妓风”或因为“羞耻与礼教”束胸，并从科学的角度出发，指出束胸的危害，比如身体易得肺病、不能显现性征，甚至减少男子兴趣、不能留优种以及影响人生乐趣等，呼吁“群众视束奶比视缠脚更为变态，更不卫生，更丑恶的举动，努力去改正它，而为我国与人类涤除这个不人道的耻辱！”[2]《妇女杂志》上也不断有人对束胸危害夸大其词，称“束胸不独与个人有害，而与将来的种族也有碍的。束胸是百害而无一利，与西洋人的束腰（此风现已少息）、我国缠足，同一极不卫生伤残身体的恶习。这是她们自寻的痛苦，并不是社会待遇的不平等”，质问妇女们“连她自己有自主之权的身体捆绑着（束胸），残害着（穿耳缠足），刑具式的装饰着（手镯项链等），一点也不知，解放自己身体，都不能自由，怎能

① 德馨：《妇女生活与装饰》，《妇女杂志》第14卷第2号“生活号”，1928年2月5日。
② 张竞生：《大奶复兴》，《新文化》第1卷第5期，1927年7月1日。

对得住自己。据旁人看来，她们应当先解放自己的身体，然后再去讨论自由解放的事不迟呢”①。经此倡导，反对女子束胸的声音一时间甚嚣尘上。

在五四时代，缠足不消说已经没有讨论的必要，而在妇女解放口号下，以卫生学的名义倡议女子解放“乳房”，也没有人敢公然跳出来唱反调，这样在解放乳房与妇女解放之间就画上了等号。“姊妹们若不欲解放，愿忍受前项种种苦恼，可以不论，否则欲谋妇女解放，请先从自己本体解放起来，庶几得着切身的利益，免去他人的讥笑哩”②。谢似颜《女子体育问题》虽谈的是体育运动对于女子康健身体的重要性，但也积极鼓励女子解放乳房：“一般女子，对于月经还以为很可耻的东西，秘而不宣，对于男教员更甚。最可切齿痛恨的，莫如女学生对于乳房的压迫。乳房的发育，顺乎自然，她们以为可耻。拼命把胸膛前用布或小的衣服来绷实，压迫乳房的发育，这件事可说是自杀，比缠足还要利害。学生是青年无知，何以从事女子教育的人，竟不开金口，要她早早解放她的胸前乳房呢？解放解放的声浪这样高，何以自己压迫乳房的东西，竟不肯解放呢？”③

在前现代社会，不受约束的身体与道德上的放纵程度成正比，女性身体离自然越远就越迷人，所以无论中外女性，社会都会对她的身体提出严格的规范，引导她束缚住自己的身体，什么“笑不露齿，行不动裙”，最终意图就是要限制女性的行动能力和身体的自然欲望。中国传统女性束胸、缠足，西方女性也一样束腰、穿紧胸衣和高跟鞋，这都是男子中心文化对女性身体引导的必然结果。但历史进入现代社会的门槛，这种状况往往不自觉就有了改变，因为随着女性进入公共空间的机会增多，女性要与男性一起竞争职业，社会为了生产的需要，也要求女性必须有一副强健的能抗得住折腾的身体，以此为前提，就产生了新的女性身体的时代美学。五四时代的天乳倡导正是如此。传统女性不仅缠足，更要束胸，时下缠足被唾弃了，但束胸的习惯还未改变，对女性的身体健康当然不利。所以，五四这种对“天乳”的提倡和晚清废缠足其实有异曲同工之妙，主要还是根源于时代环境的变化，因为民族国家需要它的公民有强健的身体，女性既然忝属国民之列，那么她就必须符合国家对她身体的期待。女性乳房的形态与大小比例作为身体是否强健

① 唐华甫：《束胸的患害》：《妇女杂志》第13卷第7号，1927年7月5日。
② 夏克培：《论妇女缚胸的谬误》，《妇女杂志》第13卷第7号，1927年7月5日。
③ 谢似颜：《女子体育问题》，《妇女杂志》第9卷7号，1923年7月5日。

的一个表征,当然就在国家规训的范围之内。知识话语对解放乳房的倡导显然是建构现代女性身体这一目标必要的组成部分,应该说也符合中国女性身体当时的实际,不能说没有必要提倡,公允地看确实有利于女性的身体健康。但任何事情实施起来都不能趋向极端,包括解放乳房,如果采用官方强制命令的方式,就会演变成一种"身体政治"。

1927年引起舆论大哗的广州"天乳运动"充分佐证了现代权力对女性身体的性征进行规训的意图。天乳运动导自1927年7月7日国民党广东省政府委员会第33次会议通过的由代理民政厅厅长朱家骅提议的禁止女子束胸案,提案称:"查吾国女界其摧残身体之陋习有二:一曰缠足,二曰束胸……缠足痛苦只及于足部,而束胸则于心肺之舒展,胃部之消化,均有妨害。轻则阻碍身体发育,重则酿成肺病之缠绵,促其寿算。此等不良习惯,实女界终身之害,况妇女胸受缚束,影响血运呼吸,身体因而衰弱,胎儿先蒙其影响。且乳房既为压迫,及为母时乳汁缺乏,乂不足以供哺育,母休愈弱,遗种愈弱,实由束胸陋习,有以致之。"在历陈束胸之弊害后,提案建议应仿效欧美各国女子,"以丰满度隆起为卫生美观",最后建议作出统一规定:"限三个月内所有全省女子一律禁止束胸。……倘逾限仍有束胸,一经查确,即处以伍拾元以上罚金,如犯者年在二十岁以下,则罚其家长",并"通过本省各妇女机关及各县长,设法宣传,务期依限禁绝",然后争取"由粤省而推行全国"[①]。提案明令7月21日施行,一些报纸随之大肆鼓吹,新闻界遂将其命名为"天乳运动"。鲁迅为此特撰《忧"天乳"》[②]一文,公开发表看法抨击这种针对女性身体演绎的新"花样"。

鲁迅重点剖析了中国当时泛滥的女性身体政治,表达对女性的人道主义同情和对现实政治的批判。鲁迅以讽刺的口吻说,身体政治原来的特色本来全在"头发"上,现在却又推而广之到了女性身体的其他部位了,于是他对此提出"担心":广州"天乳运动""会不会乳大忽而算作犯罪,无处投考?"因而提出疑问:"已经有了'短发犯'了,此外还要增加'天乳犯',或者也许还有'天足犯'。"鲁迅的言外之意,旨在揭露中国现实政治总是及于女性身体的荒悖性,他"建议""女学生的身体最好是长发,束胸,半放脚",显然是一种

① 《朱家骅提倡"天乳"》,《国民新闻》,1927年7月8日。

② 鲁迅:《忧"天乳"》,《鲁迅全集》(第3卷),北京:人民文学出版社2005年版,第489页。

反讽,旨在抨击过度关注女性身体的所谓“改革”,认为除了无谓地增加女性人生的痛苦,对女性解放并没有实际意义。在鲁迅看来,女性的身体及服饰只关涉自身,与政治并无关系,尤其不能由法律的方式强制个体身体遵从同一规则,鲁迅依然是出于他所坚持的个人主义及人道主义,强调还女性身体本位。

## 第五节 “人口健者”与女子体育

女性身体总是被社会建构,五四时代需要的理想的女性身体是什么形态?又该通过什么方式去完成这个目标?公共领域对这个问题也进行了论证,从晚清就开始倡导的以强健为标准的女性身体规范在这一时代得到进一步的强化。瑟庐在《妇女之解放与改造》一文中提出“必先有健全之身,然后乃有健全之心”,并进一步质问:“吾国女子素以纤细荏弱者名。在旧日为家庭之人,尚多弱不胜任之概。果使一旦获达解放之目的,其能以此荏弱之躯体,担任社会国家之大事乎?”①

五四期间的文章虽然强调健康女性身体的重要,但已经不似晚清那般对病弱女性身体作“符码化”或极端化处理(民族耻辱符号),只是客观地指出当下女性身体存在的现状,提出有针对性的措施。如飘萍女史《理想之女学生》强调女学生肩上的“责任”:“女学生者为国家组成之一分子,亦社会组成之一分子也,既以将来之贤妻良母为期,则将来国家、社会之责任,女学生实与男子分任其半者也。”具体指出女学生身体的现状与其肩上的责任不能匹配:“今之女学生虽短衣长裙,革履之声橐橐可听,实则其体魄外强而中干,一至发育年龄以上,则旧社会中妇女所有之病,女学生每共有之。最多者如月事不调、胃肠之慢性病、肺部不发达、脑记忆力衰弱、耳鸣、头晕等,十人中必有六七人占有上述之一种以上。”②另有一些作者十分忧虑于女性因为“无适宜之活动”致身体孱弱,而对于当今社会家庭均有妨碍,其论调基本延续了晚清社会对女性“病体”的认知:

---

① 瑟庐:《妇女之解放与改造》,《妇女杂志》第5卷第12号,1919年12月5日。
② 飘萍女史:《理想之女学生》,《妇女杂志》第1卷第3号,1915年3月5日。

> 我国妇女习于幽闭，社会极重视矜持态度，以为非此不足以表示静穆美德。孰意谬说流传，遂使沉沉女界无丝毫活气，精神日以委顿，形体日以孱弱，家庭少乐趣，社会亦遂以不振。且安知枯槁其形体者，未必能镇静其心意，防止愈密，其溃放愈不可收拾。意马心猿，无适宜之活动以济其穷，遂酿成种种女子病至于不可救药，上焉者抑郁愁结，愤慨以死，下焉者更难言之，流弊如是可胜太息。①

还有的文章作者则尖锐批评妇女以身媚人不求自立的恶习：

> 人之待女子也甚轻，而彼之自待也亦甚贱，于是，百计献佞，以求媚于人，矫揉造作，以自残其肢体，遂使沦生命于黑暗，而永为人之隶役矣。吾女界不欲求自立则已，如欲求之，则舍保全身体之康健，破除倚赖之恶积习，其道曷由哉？②

《妇女杂志》上的多数文章往往从女性自身利益出发，认为女性身体健康于国于家于己都十分重要，因此要求女性注意锻炼体格，以为将来之准备。情绪上显得很平和理性，已不像晚清那样发激进之辞，有意把病弱的女性身体作"妖魔化"、符码化处理，而是视为一种积习旧弊，作为当时一种客观状况来认知，这和晚清的极端论调的确有相当不同。所以虽然不断有文章对女性的体质进行分析，诠释女性体质与国族之间唇亡齿寒的关系，但仅立足于女性本体来提出问题和解决问题。如文艺观摩会会员张兰凝强调女性为未来军国民之母，她们的身体康健是国家强盛的前提："昔女子深居闺阁，行不露裙，宛如三春杨柳，柔不禁风，甚者仗人扶持，肩舆以出入。宜其全身筋骨，以不用而废弛，形日以萎，质日以弱。方今盛倡军国民主义以强国，试思此辈弱质，曷克为堂堂军国民之母哉！故宜不惮劳力，为一切杂事之操作，早起以清神，运动以活血，务使身体日健，精神日旺，而后国家亦可有强盛之望矣！"③

《妇女杂志》中虽然也有不少和上面一样宣传女性康健对于国族意义的

① 集庭：《女子活动说》，《妇女杂志》第4卷第4号，1918年4月5日。
② 林树华：《对于女界身体残毁之改革论》，《妇女杂志》第1卷第12号，1915年12月5日。
③ 张兰凝：《女子教育之商榷》，《妇女杂志》第4卷第3号，1918年3月5日。

文章，但多数文章立意的角度往往不再主要是民族主义，而是五四的男女平等、个性主义、人道主义的民主思想。宋化欧在《女权运动的先决问题》中这样称："如果女子能够率性把那夭桃秾李般的装饰免掉，把那玉软花娇般的体态藏起，别扮作'玩物'模样，自站下风；同时把一切不负责任的慢性变作充实的能力，和男子们一般的'迈开大步往前行'；那末，谁也不敢眨着眼睛来觑她们了。"[①]有的更直接呼吁女性要抛弃传统的以瘦为美的审美观念，追求"健全的躯体"，做"人口的健者"：

> 好事的人以为……弱不胜衣，柳腰金莲……才是女子之美。理智未全而爱好美的幼女经受这种暗示，自然最容易受虚荣心的迷醉，于是束腰，缠足，禁食，工愁，善病，以达到所谓美的境地，殊不知把个天性健全的躯体，就此暗暗的断送了。现在虽然束腰缠足的事渐渐消灭了，可是根深蒂固妄拟人体美的毒仍就存在，高跟鞋，紧贴身的小衣，不仍就在摧残天生健全的躯干么？

因此号召女性通过去矫饰、多吃饭，成为"人口的健者"，"以这为我们的规约：一、废除一切桎梏我们身体发育的害物——如高跟鞋，内外的紧衣。二、不能健饭是可羞的事。三、多愁多病是可耻恶的"[②]。而章绳以的说法可能更代表这一时代对女性身体的期待："今后希望抱大志愿的力学以后，必须继之以运动，要文武具全，有文质彬彬士君子的气概，也应当有纠纠武勇士的技能，在女子方面尤宜蠲除娇柔婀娜的态度，于是庶不愧为革命时代的新青年。"[③]可见，五四特别是随之而来的大革命时代建构了新的女性身体美学，裁量女性身体因而由男性主导设立了比较趋向"男性化"的标准，女性必须尽可能减少自己身体的性征，以无性化或者雄性化外表才能适应时代精神对现代女性的身体要求。这种身体美学的出现，显然有着历史的合理性，轰轰烈烈大革命时代，社会上有很多女性像作家谢冰莹一样投笔从戎，还有的女性从家庭出来进入职场，她们并不因为是女性就格外受到照顾，有时被要求担负与男性相同的战斗岗位与工作，不仅要参与战场救护，还要充当战

---

① 宋化欧：《女权运动的先决问题》，《妇女杂志》第12卷第2号，1926年12月5日。
② 少英：《女中之健者》，《妇女杂志》第13卷第3号，1927年3月5日。
③ 章绳以：《论现时我国妇女的幸福》，《妇女杂志》第13卷第8号，1927年8月5日。

斗员、指挥员，如此，对女性身体强健的要求就是自然而合理的，尽管都市里一些所谓职业妇女可能只是充当办公室里的花瓶与点缀，但并不妨碍这个新的时代对女性身体审美的标准已经发生了改变。

那么，如何重塑以强健为标准的女性身体？公共领域的言论多将目标指向女子体育："欲为富国强种计，舍注重女子体育，其道无由。"[①]有的人视野更加开阔，将"卫生"问题也囊括其中："此后在女子教育中，当首先注重体育，以为女子教育之基本，其在家庭，亦奖励运动，讲究卫生，而缠足、束胸、傅粉等种种妨碍身体之陋习，尤宜努力革除，以袪旧日尪怯畏葸之弊，务使全国妇女皆有强健壮硕之躯体，而后方可言。"[②]我们知道，从晚清开始，主流话语就想象并设计通过体育和尚武来强健中国人包括女性的身体，但在晚清女子体育仅是起步，以官办学堂简单的体操课为主，并未形成全面自觉的女子体育运动。但五四时代却使已经渐行开来的女子体育作为女性强身健体的主要途径，并且竞技体育也已渐成时代风尚。祁森焕在《妇女竞技问题的考察》中，引述了芭格女士（Madam.V.T.Barger）的文章所记之事实："'一九一五年远东运动大会中国女子不能参加，甚至为一示威运动，亦不可能。……经过六年，于一九二一年，始稍理解体育教育……今则有女子来参加此次的竞技了。'足见各国女子对于运动竞技已有了兴味和觉悟。"作者最后总结女子体育对于女性身心的"意义"，"女子对于运动竞技，有了兴味，则舍掉偏狭心而增公平的气概，去骄侈，去虚荣，不止肉体强壮，即精神上亦将有一大革命的出现"[③]。紧接着，《妇女杂志》第9卷第7号，专门讨论了女子体育问题，这一期封面上刊登有两幅照片"远东运动会中国的女选手"及"远东运动会中日女选手的队球（注：今天的排球）比赛"，第二幅照片上选手们居然身着白衣黑裙在那儿打排球，这该是我们今天所不能想象的图景吧！这一期《妇女杂志》刊登了很多讨论女子体育的文章，如谢似颜《女子体育问题》、严畏译自日本《家事研究》杂志上的杂贺三省氏原著的《女子体育研究》、谢似颜《从体育上看来的美人》等。应该说对女子体育的倡导，也相应提出了建构以健美为标准的现代女性身体的问题，说明从晚清以来对现代女性身体的想象已经有了以女子体育开展作为根基的明显扎实的社会实践

---

① 章绳以：《女学校急需注意体育之我见》，《妇女杂志》第13卷第4号，1927年4月5日。

② 瑟庐：《妇女之解放与改造》，《妇女杂志》第5卷第12号，1919年12月5日。

③ 祁森焕：《在妇女竞技问题的考察》，《妇女杂志》第9卷第6号，1923年6月5日。

效果。这标志着五四时代已经落实了金一在《女界钟》中应发展女子体育的主张，明确树立起女性身体以体育为依托的外在形态的现代规范。但我们也应注意到，现代女性身体的建构以强健为标准固然不错，但在实际推行的过程中，也有向女性身体的无性化及雄性化倾斜的偏颇。可见这种对于女性身体审美的极端取向并不是从20世纪五六十年代才开始的政治意识形态审美化的结果，居然还有如此一段历史渊源可以追溯。

从上述材料可知，五四时代已经建构起以强壮健美为标准的女性外在形态的现代规范。从20世纪20年代后期开始，文学叙事里出现的女性理想人物多受到这一时代身体美学的影响，如茅盾的《蚀》三部曲中“时代魔女”慧女士、孙舞阳、章秋柳等，她们激进、浪漫、狷傲而又颓废的女性身体，既“明艳丰腴”又活力无限；郁达夫《迟桂花》中的翁莲，健美茁壮、单纯明朗；柔石《二月》中的陶岚，美丽聪明、勇气非凡，她们正是那个时代女性身体审美的标准范型。由此可见，主流话语对女性身体的文化建构也为五四之后新文学对女性的文学想象与叙述持续提供着现代性的思想资源。

“身体是自己的，只属于自己，因为它是自己的显示，再亲近的人都无法支配它”①。法国社会学家考夫曼在其性社会学著作《女人的身体，男人的目光》中所说的这句话听上去不无道理，但对刚刚走出蒙昧时代的中国女性来说，这却只是一种幻想。女性身体的“美学化”进程说明，“自然的”女性身体总是受到一个时代社会观念的深刻制约，女性的服饰也好，头发、乳房也罢，作为女性身体最为显明的外在特征，在五四知识界都成为重要话题。于今日看来，无论当时的观念是否合理，但值得肯定的一点是，女性身体这一在封建社会不能轻易言及的暧昧意象，这时却成为公共领域这个现代社会最大的权力场中各种话语力量博弈的场所，某种意义上达到了为女性身体“祛魅”的社会效果，对推动女性解放走向深入确实起到了重要历史作用。

---

① [法]让-克鲁德·考夫曼：《女人的身体，男人的目光》，谢强、马月译，北京：社会科学文献出版社2001年版，第79页。

# 第七章

# 性话语下的女性身体现代建构

人道主义思潮在五四的勃兴，对中国人现代身体建构有积极意义。五四新文化运动中各方围绕妇女贞操问题等展开的讨论，深入揭露了在男权中心社会的两性关系中，女性从属于男性不能自主的非人地位，扫荡并廓清了旧的封建礼教与束缚女性的传统文化的同时，确立了以人本价值为核心的新的性道德。五四时期衍生的新的性道德、性话语，在人的本体层面，积极促进了女性身体的现代解放，让女性的性欲求得到充分正视，使之可以挣脱女奴的牢狱，奔向人的天地。这表明，五四在人的发现、儿童的发现之外，其实也有女性的发现。这种以人为本位的新的性文化、性道德，进一步促成女性身体的本体建构与实践，也标志着现代意义上女性解放的真正开启。

## 第一节　人道主义下的贞操问题讨论

人道主义思潮在五四的勃兴，对中国人现代身体建构有积极意义。个体生命价值观念的现代意义的确立来源于“人对于自身透彻的觉悟”[①]，和对于以前非人生活的充分意识。“盖中国人本无生活可言，更有何社会真义可说。若干恶劣习俗，若干无灵性的人生规律，桎梏行为，宰割心性，以造成所谓蚩蚩之氓；生活意趣，全无从领略。犹之犬羊，于己身生死、地位、意义茫

① 傅斯年：《人生问题发端》，《新潮》第1卷第1号，1919年1月1日。

然未知。此真今日之大戚也”[①]。所以在此前提下，五四知识者宣称应与旧道德决裂，重建适于现代人生活的新道德：“纲常腐败之旧道德，已不适用于新时代之生活。故教育上之实施，极端主张男女受平等之教育，而以人道为旨归。如忠臣、孝子、贤妻、良母之规范，为新教育所不容。盖新教育之鹄的，纯以改革正当之人生，以求人类正当之福利而已。故新道德之价值，即在尊重各个之人格，发展各个之自由为要旨。无论男女，均不能受人为律及假定悬想之鹄的所牵制也。”[②]人取得人的资格、人的地位、人的尊严，能够实现人的价值，过上人的生活，这代表了现代人合理的人生愿望，对这些方面的积极追求是现代个体人生成的标志。实现了这些理想，人的身体才能回到其本体，才可称其为大写的人，与动物的生活区分开。

鲁迅在《男人的进化》[③]中对男子中心主义文化曾经表现了非常鄙视的态度，深刻揭示了在这种文化下女性身体无主体性的可怜地位。“男人化几个臭钱，就可以得到他在女人身上所要得到的东西。而且他可以给她说：我并非强奸你，这是你自愿的，你愿意拿几个钱，你就得如此这般，百依百顺，咱们是公平交易！蹂躏了她，还要她说一声‘谢谢你，大少’。这是禽兽干得来的么？”对于旧式婚姻，他说得更是犀利：“这制度之下，男人得到永久的终身的活财产。”为此，他生动地描述了女性身体不能自主的非人道主义状况：“当新妇被人放到新郎的床上的时候，她只有义务，她连讲价钱的自由也没有，何况恋爱。不管你爱不爱，在周公孔圣人的名义之下，你得从一而终，你得守贞操。男人可以随时使用她，而她却要遵守圣贤的礼教，即使‘只有心里动了恶念，也要算犯奸淫’的。”鲁迅对此做了入木三分的剖析：“如果雄狗对雌狗用起这样巧妙而严厉的手段来，雌的一定要急得‘跳墙’。然而人却只会跳井，当节妇，贞女，烈女去。”后来他又在《关于女人》[④]中又指出造成女性不幸命运的更深层原因——社会制度：“这社会制度把她挤成了各种各式的奴隶，还要把种种罪名加在她头上。”在五四之前的中国社会，女性从来未争取到人的资格、人的地位、人的尊严，没有过上人该过的生活，更谈不上实

① 《新潮发刊旨趣书》，《新潮》第1卷第1号，1919年1月1日。

② 华林：《社会与妇女解放问题》，《新青年》第5卷第2号，1918年8月15日。

③ 鲁迅：《男人的进化》，《鲁迅全集》（第5卷），北京：人民文学出版社2005年版，第300页。署名“虞明”。

④ 鲁迅：《关于女人》，《鲁迅全集》（第4卷），北京：人民文学出版社2005年版，第531页。

现个人价值，正是由于女性受压迫之深，五四女性追求身体解放和个性解放的愿望才更为迫切，这个愿望借人道主义与个性主义思潮的推动获得了言说的正当性、合法性。

人道主义思潮将女性身体回归本体，使女性回归到“人”的位置，这无疑是对女性几千年来女奴命运的改写。但五四新思潮对女性身体的实质性改变，应该是在于对女性性问题上的开放态度，体现在旧的贞操观念的一举打破和新的性道德观念的建构方面。

1914 年袁世凯为了阴谋复辟封建帝制，极力宣传封建礼教观念，在民国已经成立三年的中国倒行逆施，颁布《褒扬条例》[①]，引起舆论界哗然。《条例》提出对九类人进行褒扬，将“给予匾额题字，并金质或银质褒彰等奖励”，“妇女节烈贞操，可以风世者”与“孝行卓绝，著闻乡里者”“年逾百岁者”等八类人并列其中。1917 年 11 月冯国璋当政期间的北洋军阀政府，不顾批评声音，出台《修正褒扬条例》及“施行细则”[②]，规定“节妇”及“烈妇烈女”的条件，“节妇以年在三十以内守节至五十岁以上者为限，若年未五十而身故，以守节满十年者为限”，“凡女子未嫁，夫死自愿守节者得适用之”等；“烈妇烈女”，是“凡遇强暴不从致死或羞愤自尽及夫亡殉节者属之，其遭寇殉节者同”。中华大地沉渣泛起，一时间乌烟瘴气，有关烈女节妇的传闻不绝见于报端：1917 年 7 月 23、24 日的北京《中华新报》上，居然报道有一“唐烈妇”从其夫死后就图谋自杀，“以九死之惨毒，又历九十八日之长”，殉死简直是“百挫千折有进而无退”。还有一“俞氏女守节”，未嫁之女，年十九，为殉夫“绝食七日”。鲁迅愤而斥之：“时候已是二十世纪了；人类眼前，早已闪出曙光”，但“将时代和事实，对照起来，怎能不教人寒心而且害怕？”[③]

旧贞操问题在五四时成为知识者抨击儒家道德的罪证，在《新青年》《新潮》等刊物对孔教的激烈批判声中，女性身体所遭受的人为桎梏和封建节操观念的不人道及不合理性逐步彰显，新道德建构的必要性也充分显示出来。陈独秀的《孔子之道与现代生活》一文痛批了“妇人者，伏于人者也”“内言不出于阃”“女不言外”“夫死不嫁”、强逼女子守节等旧礼教学说，将之与西方

① 《法令：褒扬条例(三月十一日大总统教令公布)》，《时事汇报》第 5 期，1914 年，28 - 29 页。

② 《内务总长汤化龙呈大总统修正褒扬条例及施行细则请公布文(附细则)(中华民国六年十一月十三日)》，《政府公报》第 673 期，1917 年，第 14 - 15 页。

③ 《鲁迅全集》(第 1 卷)，北京：人民文学出版社 2005 年版，第 116 页。

“现代文明妇人生活”相比较，指出“孔子礼教”有悖于现代文明生活之处，并声言：“不自由之名节，至凄惨之生涯，年年岁岁，使许多年富有为之妇女，身体精神俱呈异态者，乃孔子礼教之赐也！”[①]高素素在《女子问题之大解决》中则批判节、孝之说对男女身心的戕害，提出“今日欲解决女子问题……请自破名教始”。作者揭示节、孝之说，“其主义所在，不外蔑视一部分男子之人格，蔑视全部分女子之人格也”，“迄乎今日，此风不杀。……壮年女子，不幸早寡，受精神上之苦痛，物质上之挟迫，以壮健有为之身，陷于病废，浸且丧生者，何可限量？语曰未亡人、待亡者，岂其当然耶？恋爱之中坚，本为牺牲特性。虚悬久保，可一遇于非常人，而不可求之于常人。况乎由儒家之道，婚媾既取物的野合，降人格为物格矣。待其死后，乃欲女子自物格骤升神格。谓非丧心病狂者，不当作此矛盾之思想也”[②]。批判者执以自由、民主、平等现代人文话语来对戕害妇女身心的封建贞操观念给予全面清算与批判，并由此开始女性身体的现代建构。

《新青年》一经问世，就以挑战拆毁封建旧礼教、旧道德为己任，《褒扬条例》的颁布，束缚妇女的旧的贞操观念借尸还魂，正好让五四文化先驱者找到了向封建国家政治宣战开火的最好口实，因此他们对女子贞操问题的激烈讨论，实际上有着颠覆北洋军阀政府统治、重建现代文化的意图。从周作人翻译日本人与谢野晶子的《贞操论》开始，《新青年》批判封建贞操论的文章就不绝如缕。鲁迅以“唐俟”为笔名在《新青年》上撰文《我之节烈观》，对女子贞操问题迅速作出反应。这篇檄文笔锋犀利，入木三分，深刻揭露了这一旧道德旧观念的残酷和虚伪以及北洋政府的倒行逆施：

> 既然平等，男女便都有一律应守的契约。男子决不能将自己不守的事，向女子特别要求。若是买卖欺骗贡献的婚姻，则要求生时的贞操，尚且毫无理由。何况多妻主义的男子，来表彰女子的节烈。
>
> 古代的社会，女子多当作男人的物品。或杀或吃，都无不可；男人死后，和他喜欢的宝贝，日用的兵器，一同殉葬，更无不可。后来殉葬的风气，渐渐改了，守节便也渐渐发生。

---

① 陈独秀：《孔子之道与现代生活》，《新青年》第2卷第4号，1916年12月1日。
② 高素素：《女子问题之大解决》，《新青年》第3卷第3号，1917年5月1日。

国民将到被征服的地位，守节盛了；烈女也从此着重。因为女子既是男子所有，自己死了，不该嫁人，自己活着，自然更不许被夺。然而自己是被征服的国民，没有力量保护，没有勇气反抗了，只好别出心裁，鼓吹女人自杀。[①]

鲁迅对“表彰节烈”做出了多重质疑，并将其上升到批判国民性的层面：“不节烈的女士如何害了国家”“何以救世的责任，全在女子”“表彰之后，有何效果”，而“若略带20世纪气息”，又有两疑问：“一问节烈是否道德”“二问多妻主义的男子，有无表彰节烈的资格”。鲁迅认为，对女子节烈的要求是“畸形道德”，“主张的是男子，上当的是女子”，而女子只能“妇者服也”，不知有多少死在“无主名无意识的杀人团里”，甚至是“糊糊涂涂的代担全体的罪恶，已经三千多年了”。所以鲁迅宣布了这种封建节烈观的死刑：“节烈”这种“不利自他，无益社会国家，于人生将来又毫无意义的行为，现在已经失了存在的生命和价值”，希望人们“要除去于人生毫无意义的苦痛。要除去制造并赏玩别人苦痛的昏迷和强暴”。胡适的《贞操问题》也对《褒扬条例》大兴问罪之师，批判法律不应以武断的态度制定针对女子贞操的条文，指出：“以近世人道主义的眼光看来，褒扬烈妇烈女杀身殉夫，都是野蛮残忍的法律，这种法律，在今日没有存在的地位。”[②]他还在1920年答复萧宜森的信中专门论及“女子为强暴所污”涉及的女性贞操问题，显示了这位思想者的现代女性身体观念和深厚的人道主义情怀。他指出，“女子为强暴所污，不必自杀”，这与男子被抢劫去银钱戒指无异，同时“这个失身的女子的贞操并没有损失”，“不过是生理上、肢体上，一点变态罢了”，与“无意中砍伤了一只手指，或是被毒蛇咬了一口，或是被汽车碰伤了一根骨头”一样，“社会上的人应该怜惜他，不应该轻视他”。另外胡适还提出一个疑问：“娶一个被污了的女子，与娶一个‘处女’，究竟有什么分别？”最后胡适说：“若有人敢打破这种‘处女迷信’，我们应该敬重他。”[③]胡适的质疑无疑是十分有力的，而对旧道德的批判显然隐含在建立新道德的期待里。

有关女子节烈问题的讨论引起全社会的关注，也从《新青年》逐渐波及

---

① 鲁迅：《我之节烈观》，《鲁迅全集》(第1卷)，北京：人民文学出版社2005年版，第125－126页。

② 胡适：《贞操问题》，《新青年》第5卷第1号，1918年7月15日。

③《胡适文集》(第2卷)，北京：北京大学出版社1998年版，第518页。

到其他报刊。1922年12月的《妇女杂志》第8卷第12号还推出专刊讨论了贞操问题,这应该是《新青年》贞操问题讨论的继续。讨论得到了深化,表现为对问题的把握上显示了更加开放的视野,和构建新的性道德的强烈愿望。在这期《妇女杂志》上,高山的《贞操观念的改造》一文认为:"近代思想中,认贞操只是一种恋爱的诚意","古代的贞操观念并不是一种公正的道德,乃是男子起于占有女子的欲望,用贞操去束缚妻子这活的财产"。吴觉民的《近代的贞操观》一文则提出:"我国社会中,自古迄今,妇女都没有人的地位,为家族制度下的附属品,男权制度下的性的玩弄品;所谓贞操,完全是男子加诸妇女的桎梏,并没有丝毫人格的见地,存于其间。"该文笔锋犀利,批判了中国人处女崇拜的荒谬情结:"从前中国人有一种共同的概念,就是崇拜肉体的处女,这是起源于所谓的一女不事二夫的思想,因此寡妇再醮,离婚以后的再嫁,都受了一种无形的打击。"另外还有克士的《妇女主义者的贞操观》、Y.D的《论寡妇再嫁》、作舟的《结婚之生理的考察》等文章。此后,贞操问题始终是报刊的热门话题,这一问题讨论的深入也反映了现代女性性道德观念的递次演变。1925年在《妇女杂志》上,周建人就毕业于北京女高师的艾女士事件作出反应,进一步质疑旧贞操观的不合人道的本质。艾女士回乡途中遭匪掳被污,返回家中,因"无可对慈母,更无颜见未婚夫"而自杀。周著文对此事提出深刻的质疑:"女子为什么非以生命担保贞操不可呢?"作者批判将道德教条强加于妇女的封建男权文化传统:"贞操观念中,应当把内含的从野蛮时代遗留下来的嫉妒和迷信摈除,只认他是一己的志趣,决不能作为女子单方面的唯一的道德教条,而责以生命或苦痛来担保的。"①

## 第二节　周作人对女性"性"的发现

对贞操问题的讨论,使人们充分意识到女性身体遭受封建礼教荼毒的事实,及灵肉分离的偏枯生活的不合理性。随着旧的节操观念被打破,知识界面对女性性问题采取了更为开放的态度。如果说五四人道主义思潮给中国文学带来的最大收获是"人的发现",那么我们亦可说同时是"女人"的发

① 周建人:《节烈的解剖》,《妇女杂志》第11卷第3号,1925年3月5日。

现,“女人”的发现对丰富人的解放内涵其实更有价值。周作人的《人的文学》[1]被认为是五四人道主义思潮和“人”的文学思潮形成的标志,这是因为文章破天荒第一次在中国提出“人的发现”及“女人与小儿的发见”的问题:“中国讲到这类问题,却须从头做起,人的问题,从来未经解决,女人小儿更不必说了。如今第一步先从人说起,生了四千余年,现在却还讲人的意义,从新要发见‘人’,去‘辟人荒’,也是可笑的事。”他从人道主义出发,认为人的理想生活是灵肉一致的生活,爱与性应各不偏枯:“真实的爱与两性的生活,也须有灵肉二重的一致。但因为现世社会境势所迫,以致偏于一面的,不免极多。这便须根据人道主义的思想,加以记录研究。却又不可将这样生活当作幸福或神圣,赞美提倡。中国的色情狂的淫书,不必说了。旧基督教的禁欲主义思想,我也不能承认他为是。”

如果从更深层的意义上来认识“人的发现”问题,周作人这种“人的发现”实际上又是“性”的发现。周作人在《上下身》中调侃“人的肉体明明是整个”,不必将“上下变而为尊卑、邪正、净不净之分”了:上身是体面绅士,下身是‘该办的’下流社会”[2]。1927年他的一篇杂文在谈到上海气闲话的可厌时,指出“我们相信性的关系实占据人生活动与思想的最大部分”,他提出对于性的认识有三原则:“一有艺术的趣味,二有科学的了解,三有道德的节制”[3]。鲁迅的人道主义思想里也包括自然属性这一维度:“魔鬼手上,终有漏光的处所,掩不住光明:人之子醒了;他知道了人类间应有爱情;知道了从前一班少的老的所犯的罪恶;于是起了苦闷,张口发出这叫声。”[4]

但女性“性”的发现只能是属于“五四”的破天荒的一个现代性事件。“身份的消解,意味主体性身位的确立,身位是人的位格之在,既是一个身体的实体性所在,又是一个可意向性地达到绝对精神的所在,它意指身与心、灵与肉、精神与行为的整合统一。这是人的完整性的真正实现,也是身体革命的终极”[5]。女性的“性”本就存在,但在传统社会中女性因为没有获得人

---

① 周作人:《人的文学》,《新青年》第5卷第6号,1918年12月15日。

② 周作人:《上下身》,《语丝》第12期,1925年2月2日。署名“岂明”。

③ 周作人:《上海气》,《语丝》第112期,1927年1月1日。署名“岂明”。

④ 鲁迅:《随感录四十》,《鲁迅全集》(第1卷),北京:人民文学出版社2005年版,第338页。

⑤ 王文杰:《身体的革命——马克思审美主体论的当代价值》,饶芃子主编:《思想文综:古典文化研究专辑》,北京:中国社会科学出版社2001年版,第256页。

的地位，女性身体只是男人泄欲的器具，女性身体的性欲求因此被盲视，两性生活中女性成了完全的性客体。周作人在人道主义基础上对女性“性”的发现，事实上是对女性身体作为性主体身份的认同，对贬低女性的传统性观念是一个彻底的否定，这才是现代女性身体的一次真正的革命。他译介的日本与谢野晶子的《贞操论》①，其中就有这种说法：“若照生理的关系说起来，在女子一方面，也并不是全然没有性欲冲动的危险时期。”文章承认女性性欲望的合理性存在，否定片面的束缚女性身体的贞操观念。可以说，周作人完全接受了这种思想，他对女性身体与性的态度与他要建立新的性道德主张的立场完全相一致。在《人的文学》中他也曾指出：“古来女人的位置，不过是男子的器具与奴隶。中古时候，教会里还曾讨论女子有无灵魂，算不算得个人呢。”所以他提倡：“自觉的女子要取这个态度，毅然肯定人间的根本的生活，打消现在对于女性的因袭的偏见，以人类一分子的资格，参与人生的活动。”②可以说，五四对女性“性”的发现，其意义更应该是以人性为本位的，如有人所指出的：“然这所谓的‘女子’，不用说应该是‘人’的‘女子’；是完全得到‘性的自由’的‘女子’，不是向来受‘性的束缚’的‘女子’；是只有‘永远的女性’的‘女子’；不是因了向来的环境和训练以致具有‘弱点’的‘女子’。”③

五四的人道主义张扬健全人性，不仅不会否认人的性本能的存在，而且还将性欲作为人的合理性存在，视其为人的自然属性的当然组成部分。承认女性有“性”的正当欲求，承认女性的性主体地位，这是五四人道主义和科学主义推演下思想者致力于新的性道德构建的一个必然结果。

具体说，新的性道德构建，得力于五四人道主义和科学主义思潮的合力驱动，它们从两个方向对传统的性观念形成冲击：其一，以人道主义为核心，重构新型的现代性爱观念，而把旧的陈腐的性观念打破，使性欲望作为人的正当要求，摆到现代个人生活的合法位置。陈独秀号召要打破中国人所谓“偏枯的生活”，其实也是还人以爱与性统一这层意思。其二，五四新思潮以科学主义为核心，通过性科学的传播及引介，对国民进行性教育，消除了围绕着“性”而形成的种种误解和错误的性意识，将性神秘、性不净、性禁忌等

① ［日］与谢野晶子：《贞操论》，周作人译，《新青年》第4卷第4号，1918年4月15日。

② 周作人：《女子与文学》，《晨报副刊》，1922年6月3日。

③ 晏始：《永远的女性》，《妇女杂志》第8卷第5号，1922年5月5日。

旧的性观念一举打破。科学思潮的冲击，和随之而来的性爱心理学、生理学、卫生学的引介，张竞生所作的唯科学主义的性宣传(《美的人生观》《性史》的出版)，对打破旧的性观念有很大促动。唯有捅破生理、心理这层“窗户纸”，女性的“性”才能被承认，女性的身体才能真正回到现代个人本体的位置上来。晏始《女子之性的知识》认为中国观念保守，向来视性为猥亵，“这情形在男子方面已经如此，至于女子，更不必说了。因为在向来的社会中，女子本来被看做没有性欲的，只是供给男子发泄性欲，生殖子女的器具。所以她们不但不能承认自己有性欲，并且不能把生殖器官及与之相关的各种名词，从口中说出来；甚至有许多女子，自己患了生殖器官的疾病，也不愿就医诊治”，故而造成两大弊端：“一是道德方面的弊病”，“一是身体方面的弊病”。[①]

周作人不仅发现了女性的“性”，而且在推动构建新的性道德方面，也起到了关键作用。从周作人一些关于现代性爱的正面抑或侧面的论述中，我们深深地体会出这一点。他在女性“性”及女性身体方面的科学态度，来自他绍介的西方学者有关两性著作的书评。其一是《爱的成年》。这是评价英国凯本德(Edward Carpenter)《爱的成年》的一篇书评。[②]周作人表示，“第一章论性欲，极多精义。他先肯定人生，承认人类的身体和一切本能欲求，无一不美善洁净”；他同意凯本德“对于人身那种不洁的思想，如不去掉，难忘世间有自由优美的公共生活”的说法。他在这篇书评中表示非常喜欢英国心理学家蔼理斯的《性的进化》，对于“女子生产，因为尽她社会的职务，不能自己养活，社会应该供养她。女子为社会生一新分子，于将来全群利害，极有关系，全群的人对于她，自应起一种最深的注意”这一说法深表认同，认为“十分切要”，相信“女子问题的根本解决，就在这中间”。他推介蔼理斯《新精神》对于女性不净观的反对意见，“把女子当作性的象征，说物事经他接触，就要污秽，布列纽思说：‘世上无物比月经更丑’，到现在这句话还有势力。为什么不放科学的光，到这地方，使我们也得自由与信实呢？因为我们对于这一部分的意见如此，就使我们对于人生全体的态度上，也很发生影响”。另外，对于“勃来克承认‘力是唯一的生命，从肉体出；理便是力的外

① 晏始：《女子之性的知识》，《妇女杂志》第9卷第3号“娼妓问题号”，1923年3月5日。
② 周作人：《爱的成年》，《新青年》第4卷第10号，1918年10月5日。

界。力是永久的悦乐。惠德曼能'把下腹部与头部胸部同一看待'。"从他对这些外国思想家的褒扬态度中也可看出他赞同开放的性观念。

在另一篇评介"能够更多有力地传达那优美纯洁的思想到青年男女中间去"的英国斯妥布思《结婚的爱》书评里,他首先提出,"承认人类的身体和一切本能欲求,无一不美善洁净",然后表达他对两性关系的立场:

> "性的教育"的重要,现在更无须重说了。但是只明白了性的现象,而不了解性的法则,其结果也只足以免避性的错误,至于结婚后的种种纠葛仍无可免。半开化的社会的两性关系是男子本位的,所以在这样社会里,正如晏殊君曾在《妇女杂志》(三月号)上所说,女子"被看做没有性欲的",这个错误当然不言而喻了。文明社会既然是男女平等的,又有了性的知识,理论应该是对的了,但是却又将女性的性欲看做同男性不一样的,——这能说是合于事理么?

周作人认为女性也应在两性生活中占据主体地位,所以他又说:

> 有些人知道两性要求的差异,以为不能两全,只好牺牲了一方面,"而为社会计,还不如把女子牺牲了",大多数的男子大约赞成这话。但若如此,这决不是爱了,因为在爱里只有完成,决没有牺牲的。要实现这个结婚的爱,便只有这相互的调节一法,即改正两性关系,以女性为本位。这虽然在男子是一种束缚,但并非牺牲,或者倒是祝福。[①]

他的《北沟沿通信》[②]更具体阐明了他的新型的女性"性"思想,这是他读维也纳妇科医学博士鲍耶尔(B.A.Bauer)的《妇女论》后所引发的感想。他自称不是"憎女家","固然不喜欢像古代教徒之说女人是恶魔,但尤不喜欢有些女性崇拜家,硬颂扬女人是圣母,这实在是与老流氓之要求贞女有同样的可恶"。他承认鲍耶尔"女子的生活始终不脱性的范围"的说法,认为"现代的大谬误是在一切以男子为标准,即妇女运动也逃不出这个圈子,故有女子

---

① 周作人:《结婚的爱》,《晨报副刊》,1923年4月18日。

② 周作人:《北沟沿通信》,钟叔和编:《周作人文选》(第1卷),广州:广州出版社1995年版,第513-514页。

以男性化为解放之现象，甚至关于性的事情也以男子观点为依据，赞扬女性之被动性，而以有些女子性心理上的事实为有失尊严，连女子自己也都不肯承认了。其实，女子的这种屈服于男性标准下的性生活之损害，决不下于经济方面的束缚……相信在文明世界里这性的解放实是必要，虽比经济的解放或者要更难也未可知：社会文化愈高，性道德愈宽大，性生活也愈健全”。周作人在后来的一篇杂文中批评上海人在性方面的文化态度是“一个满足了欲望的犬儒之玩世的态度”，具体表现是：“由上海气的人们看来，女人是娱乐的器具，而女根是丑恶不祥的东西，而性交又是男子的享乐的权利，而在女人则又成为污辱的供献。关于性的迷信及其所谓道德都是传统的，所以一切新的性知识道德以至新的女性无不是他们嘲笑之的，说到女学生更是什么都错，因为她们不肯力遵‘古训’如某甲所说。上海气的精神是‘崇信古道，维持礼教’的，无论笔下口头说的是什么话，他们实在是反穿皮马褂的道学家，圣道会中人。”[①]周作人上述这些文章，证明了他是现代中国知识者中对女性“性”问题发现最早与阐释最全面的一位。

应该说，周作人在介绍西方这些学者的著作或针对现实生活发言时，都表现出他具有超前意识的现代女性身体观念，他所张扬的两性关系中以女性为本位的性观念，以及对女性“性”的发现和诠释在当时是惊世骇俗而又有持久生命力的，显然是对中国既有的不尊重女性的性观念，女性从来都被男人视作性器具和性奴的陈腐意识的强烈的冲击。而经过周作人提出和一些其他人的互动，女性在五四时代从完全的性客体逐步进步到性主体的地位，这种对女性身体的本质解放，不啻为现代女性身体形成的关键质素。以周作人五四新文化运动先驱者的身份，做这种绍介与提倡应有利于促进社会形成一种新的女性性观念。“性的发现”在女性身体的现代建构中也成为最实质的一步，女性解放无论从身体还是到心灵舍此都只能是表象化的。

周作人在五四时期对女性的“性”的卓越发现，影响也颇大，所以当《妇女杂志》1925年第11卷第1号推出“新性道德号”时，由章锡琛、周建人、茅盾等提出建立新的性道德论的主张，完整地将周作人的思想做了进一步阐发。周作人对他们为构建新的性道德所做的工作也表示了“能够理解而且

① 周作人：《上海气》，《语丝》第112期，1927年1月1日。署名“岂明”。

赞同”，不过对《妇女杂志》同仁“借别人的酒杯浇自己的块垒”的做法不大满意[1]。其实章锡琛、周建人是对周作人关于“女性‘性’”的上述主张做进一步阐发，并不存在对周作人性主张的曲解。比如，章锡琛《新性道德是什么》中说：“人的满足并不是专为有利于一己的，同时亦须认为女子在结婚上的义务，乃是不道德的。男子……同时尤须顾及对手的欲望使她得到相当的满足，这是素来许多人所不曾注意的事情，然而却是新性道德上非常重要的事情。”周建人在《性道德之科学的标准》中提出：“我们所需要的新道德无他，第一，认人的自然的欲望是正当的，但这要求的结果须不损害自己和他人。第二，性的行为的结果，是关系于未来民族的，故一方面更需顾到民族利益，这是今日科学的性道德的基础。”他同时肯定女性的生理欲望的合理性及在性行为中的主体地位：“女性的性欲不是被支配的，为免避配偶的两人的性生活的可悲和不幸，男子的性行为有应顺应女子的性的周期，和相互的满足的必要。”从这一观念出发，周建人遂作出下述结论：“节烈贞操的要求，是全无理由的，因节烈不是女子的自然的欲求”，因此“从事奖励节烈的人，从科学的道德观说是犯罪的”[2]。

总而言之，经过《新青年》和《妇女杂志》对贞操问题的讨论，周作人等人着力构建新的性道德的倡导和努力，女性的“性”被发现。不仅如此，女性的性欲望还被提高到人的欲求的正当合理位置，被放到人道主义这一镜子下得到重新审视，女性从一向性的客体获得伸展为主体的空间，这是史无前例的，唯有五四新文化运动才有可能带来这个话语的改变的。这种变化折射到五四文学创作里，女性的性欲望、封建礼教下的性压抑以及这性压抑下的心灵苦闷，都在文学中得到释放。郁达夫、张资平、郭沫若、庐隐、丁玲、冯沅君等人的创作对此都有不同程度的表现。

## 第三节　张竞生的“性育”宣传

20世纪20年代，在建构新的性道德目标下，“性教育”被纳入了正在科

① 周作人：《与友人论性道德书》，《语丝》第26期，1925年5月11日。署名“开明”。

② 章以上所引、周二人的文章都见于《妇女杂志》第11卷第1号“新性道德号”，1925年1月5日。

层化的国民教育体系。《教育杂志》于1923年第9期出版“性教育专号”，倡导性教育。其广告上言：“本志怵于吾国民族之颓废与青年之滥用性欲，觉‘性教育’之提倡实目下急不容缓之举。”“性教育专号”的目的是“使国人消极的了解性的卫生，积极的彻悟性的神圣”①。在一些先进思想者的倡导和报刊的有力推动下，20世纪20年代的中国形成了一个“性教育热”的热点。在周作人看来，在有着某种“蛮性遗留”的中国，“普通人对于性的问题都怀着不洁的观念”，“这种老祖宗的遗产，我们各人分有一份，很不容易出脱，但是借了科学的力量，知道一点实在情形，使理知可以随时自加警戒，当然有点好处。道德进步，并不靠迷信之加多而在于理性之清明”。所以他寄望于借助“科学之光与艺术之空气”，“侵入青年的心里，造成一种新的两性观念”②。鲁迅也提出，“现在究竟是20世纪”，“要风化好，是在解放人性，普及教育，尤其是性教育”，而不是“收起来”③。

张竞生在今天被誉为“中国性教育的先驱”，但事实上，当时这位“性学博士”却因为“开风气之先”，对性科学不遗余力地大肆宣传，遭受了很多的误解和笑骂，人们嘲讽斥责的口水几乎淹没了他性学研究的正当性，当然也没有人认真考量过张竞生发起的这场所谓的“性启蒙”运动，给现代中国人保守的性观念究竟带来多大程度的解放。但可以肯定的是，由此一来，中国人终于能正视人的性欲望了，以往不太可以在公开场合谈论的“性”问题被暴露于天光，人们开口言说“性”可能不必那么“害羞”了。这正是我们不该忘记张竞生的理由。

张竞生（1888—1970）是第一个在中国开创性教育和性学研究的人。1919年他在法国里昂大学获哲学博士学位，归国后，1921—1926年任北京大学哲学教授期间，一直致力于性科学的推广工作。1925年先后出版《美的人生观》和《美的社会组织法》，1926年出版《性史》。随后张竞生被驱逐离开北大。但张氏矢志不移，1927年1月1日在上海创办《新文化》月刊宣传性知识，并开办“美的书店”出版性学书籍，宗旨即在推广性育。《新文化》月刊下分“妇女承继权”“性育栏”“美育栏”“文艺杂记栏”和“批评辩论栏”等专栏，试图从“改造人心”入手，扭转当时世风，提高妇女地位。而开办“美的书

① 《教育杂志》广告登载在《妇女杂志》第9卷第10号，1923年10月5日。
② 周作人：《狗抓地毯》，《语丝》第3期，1924年12月1日。署名“开明”。
③ 鲁迅：《坚壁清野主义》，《鲁迅全集》（第1卷），北京：人民文学出版社2005年版，第274页。

店”,目的自然也是推广性科学。所以说,张竞生终其一生都在以宣传性科学为己任,为此不怕笑骂,这在中国也算是史无前例吧。按他自陈,他“在法国习惯了性交的解放和自由后,反观了我国的礼教下的约束,心中不免起了一种反抗的态度”,所以他要在中国倡导自由的性态度——用“情人制”取代传统的“婚姻制”。他受蔼理斯的性心理学说影响,立志研究中国人的性行为科学,收集了一些个人的材料,加上“张竞生批语”,然后辑录出版了倍遭人非议的《性史》。在他看来,他的《性史》是完全基于科学的原则,按照科学的方法,出于研究的目的而写成的:“‘性史’就是‘史’,就是性的材料,愈多愈好,不管它是正常的,或是变态的,都应一齐包括,搜集起来,然后就其材料整理,推论它的结果,而成为一种科学的论据。”[①]如果理性地看问题,我们今天不能否定他的《性史》是有一定的科学价值的,但因为书中用了一些文学的生动描述,又得出了某种荒唐的结论,与真正的科学确实存在距离,所以《性史》被人指责为淫书也不奇怪。南开中学因为禁止学生看此书并把看过《性史》的人“记了大过”,周作人还发表《南开与淫书》和《关于南开中学的性教育》,表明了他对此事的态度。南开中学向天津警察厅呈报,要求查禁《性史》《情书一束》等书,称“青年阅此,为害之烈不啻洪水猛兽”[②]。周作人认为:“正当的性的知识,对于中学时代的学生是应当给他灌输的,但假若有人以为在中学时代的学生看《性史》,就是对学生正当的性的知识的输入的一种,那可就大错特错了。”[③]言外之意,作者认为《性史》根本不是严肃的性科学,起码应限制未成年人阅读。周建人也持这种看法,他与张竞生本人曾专门就《性史》是否科学,在《一般》杂志上进行争论。周建人一是不同意张用文学笔法写生理学著作,更不必实录各人的“性史”;二是反对张竞生以推测作结论,而无视西方既成的科学研究事实,比如关于女性一月排卵几回的说法太不严密,批评张竞生不是一种科学态度,“不必说一句话一定要戴了科学的面具来说”,所以周建人指斥《性史》为“伪科学”,不仅“不能增进科

① 张竞生:《十年情场》,江中孝编:《张竞生文集》(下),广州:广州出版社1998年版,第104页。

② 周作人:《南开与淫书》,《语丝》第100期,1926年10月9日。署名“岂明”。

③ 周作人:《南开中学的性教育》,《语丝》第98期,1926年9月25日。署名“岂明”。这是与吴鸿举的来往通信,题目为编者加上的。

学，反而要阻滞科学”[1]。

张竞生企图由普及美的观念入手，鼓吹个人性解放，旨在改革国民性观念，提升妇女的地位，以完成他要建立一个“美的社会”的乌托邦理想。1925年他的《美的人生观》《美的社会组织法》先后出版。他在这两部性美学著作中，大胆为中国人设计了包括衣食住行各方面的理想蓝图，细致描绘了一个完全摆脱了旧礼教旧观念束缚的乌托邦社会。在这个“美的社会”里，人的身体完全回归自然，可以裸体跑步、裸体游泳、裸体游戏。按照他的计划，他的旨趣是要：“(一)希望以‘艺术方法’提高科学方法及哲学方法的作用；(二)希望以‘美治主义’为社会一切事业组织上的根本政策；(三)希望以‘美的人生观’救治了那些丑陋与卑劣的人生观。”[2]他的乌托邦式的性理想画面，初衷也许是好的，但其中却承载了唯科学主义的诸多夸大成分，而因为其过分的“大胆”，所以对当时中国社会人心的颠覆是破坏性的，他鼓吹的“情人制”“外婚制”对中国人的观念也相当具有冲击力与革命性。

张竞生出版《性史》之后，就明显背离了科学的严肃性，显得趣味低下，格调不高。特别是他主办的《新文化》月刊出版后，他本人的学术更走了下坡路。《新文化》创刊号里，他胡说八道“第三种水”，什么“性部呼吸”，和友人用“阳具喝烧酒”等乌七八糟的东西，还统统贯以所谓“科学”的名义，煞有介事地证明这些说法都有科学根据，可说是彻底确证了他唯科学主义的终结[3]。后来出版的《爱的漩涡》更见其荒唐，比如《美的性欲》提出女子所谓“月经期中，最具有‘美的性欲’的一种观念”，虽然他个人也觉得“完全与普通的看法不相同”，但仍然坚持“有生物学与心理学为根据”[4]，更说明了他所谓的性学是一种伪科学。

当然，张竞生20世纪二三十年代的性育宣传，在当时确实激起全社会的广泛回响，越有人批评，阅读者越多，仅《美的人生观》在1925年就重版三次。

---

① 周建人：《答张竞生先生》，江中孝编：《张竞生文集》(下)，第420、423页。周建人曾撰《关于〈性史〉的几句话》。张竞生以《答周建人先生〈关于性史的几句话〉》辩论；周建人就张竞生的答辩写《答张竞生先生》。两人应答的文章都发表在《一般》杂志1926年11月号上。但张竞生后来又就周文中指责《性史》为伪科学说法，答以《新淫义与真科学》一篇，发表于《新文化》月刊1927年1月创刊号上，也一并收入《张竞生文集》。

② 张竞生：《美的人生观》，江中孝编：《张竞生文集》(上)，广州：广州出版社1998年版，第23页。

③ 张竞生：《性育丛谈》，江中孝编：《张竞生文集》(下)，广州：广州出版社1998年版，245页。

④ 张竞生：《爱的漩涡》，江中孝编：《张竞生文集》(下)，广州：广州出版社1998年版，第199页。

他的“美的书店”专卖自己的著述，或者他编辑出版的性学书籍，如《蔼理士女性小丛书》之类，但屡屡被租界查禁，最后只能关门大吉。但这些性育书籍有的还是获得了很大反响，像《第三种水》一书，一年之内重版五次。因书店雇用漂亮的女店员，甚至为此闹出一些笑话。鲁迅就以“第三种水”为例写了一篇杂文《书籍与财色》①，讽刺滥用女性身体的吸引力进行商业渔利的做法。这当然从一方面说明在封建禁锢下人们有渴求了解性知识的愿望，但另一方面也说明张竞生的性育宣传在某种意义上合乎科学潮流，有利于帮助中国人冲破封建伪道学的性观念，解除根深蒂固的性禁忌，促进思想解放。特别是张竞生在他的著述中着力强调性教育的重要性，做优生学知识的积极宣传，向读者灌输关于女性身体的健康观念。这些都是他的积极面，无不对封建禁锢下的世道人心构成一种强烈的感官冲击。然而如果说张竞生的性育说有力地改变了中国人性道德观念，有其反封建的革命性意义，似乎有点言过其实。我们似乎也不该过高估计其价值，而忽略在唯科学主义面目下他那些伪科学的严重荒悖性。鲁迅就说过这样意味深长的话：“男人会用‘最科学的’学说，使得女人虽无礼教，也能心甘情愿地从一而终，而且深信性欲是‘兽欲’，不应当作为恋爱的基本条件；因此发明‘科学的贞操’，——那当然是文明进化的顶点。”②

张竞生虽然处处以科学的名义来兜售解释他的性学说，也强调两性行为中女性的主导地位，但在女性观念上还是一种男子中心主义的陈腐意识。他所主张的美的社会中，虽以女性为中心，似乎表面上非常尊重女性，但其实却是把女性置于“物化”的完全客体的地位。比如在《美的人生观》里，他称：“凡在这样竞争社交上，女子好似花神，须有护花人的珍重爱惜，始许香火供养，才有福分消受。男子又似一个护花使者，对众花卉不肯半点轻狂，必是瑶池仙品，始肯着力栽培。”而他的《美的社会组织法》则不改视女子为花的传统思想，充斥着要将现代女子培育成“艺术之花”“慈善之花”“新社会之花”“点缀之花”“有用的花”“野花”③等陈词滥调。张竞生眼中的“花”显然指的是一些在社会上充当“花瓶”的职业女性，如果他真正具备男女平等的思想，对这种以女性为点缀的身体政治应该予以抨击，而不是像这样以玩赏

① 鲁迅：《书籍与财色》，《鲁迅全集》（第4卷），北京：人民文学出版社2005年版，第165页。
② 鲁迅：《男人的进化》，《鲁迅全集》（第5卷），北京：人民文学出版社2005年版，第301页。
③ 张竞生：《美的人生观》，江中孝编：《张竞生文集》（上），广州：广州出版社1998年版，第78页。

的态度大加赞美，“虽不足入大人先生的贵眼，但足以供给群众许多的艳福”[①]。事实上周作人早在1904年就撰文指出，“不宜以花字为女子之代名词”，“20世纪之女子，不尚妍丽，尚豪侠；不忧粗豪，而忧文弱”，所以“今之以花字女子者，犹有轻视之心。女子之以花自命者，未脱依附之习”[②]。张竞生与文化大师相比，其女性的人文情怀之高下，显然不能同日而语。再比如张氏倡导《大奶复兴》，反对女子束胸不假，从医学上强调健康是其一：“束奶把胸腹压抑，常使肺部呼吸不灵，甚且移为‘肩式呼吸’，遂使女子常常患肺病而至于死亡！”但让女子突出性特征吸引男子的眼球才是真：“女子的大奶，不但其周身有曲线美，而且于动作时另有一种颤动和谐的姿态。遂使男子见之不但有性念，而且有种种的美趣了。”[③]如果我们看看鲁迅就女性“天乳”问题发表的洞见，就可知道张竞生有多么浅薄。鲁迅说，对于女性束胸，“曾经也有过‘杞天之虑’，以为将来中国的学生出身的女性，恐怕要失去哺乳的能力，家家须雇乳娘”。但鲁迅却是立足于批判民国的女性身体政治，认为应综合地多管齐下来解决女性束胸导致的卫生学问题。他反对一窝蜂地去搞什么“天乳运动”：“仅只攻击束胸是无效的。第一，要改良社会思想，对于乳房较为大方；第二，要改良衣装，将上衣系进裙里去。旗袍和中国的短衣，都不适于乳的解放，因为其时即胸部以下掀起，不便，也不好看的。”[④]同样是从卫生学上看问题，但客观考虑到实用与审美的辩证关系，其中体现的思想品位和人文情怀却是张竞生无论如何不能企及的。

周作人客观评价了当时大受人诟病的张竞生及他的性学著作《美的人生观》《性史》：

> 张博士的神交与情玩的学说，我也不敢赞成，但这只是浪漫一点罢了，还不至于荒谬，而其反礼教的大胆则是很可佩服的。《美的人生观》不能说是怎么好书，但是这一点反礼教的精神，打破古来对于性的禁

① 张竞生：《美的社会组织法》，江中孝编：《张竞生文集》（上），广州：广州出版社1998年版，第149页。

② 周作人：《论不宜以花字为女子之代名词》，《女子世界》第5期，1904年5月15日。署名“吴萍云”。

③ 张竞生：《大奶复兴》，江中孝编：《张竞生文集》（下），广州：广州出版社1998年版，第282页。

④ 鲁迅：《忧“天乳”》，《鲁迅全集》（第3卷），北京：人民文学出版社2005年版，第489页。

忌——于性道德的解放不无影响。就是《性史》我也以为不可厚非，他使人觉得性的事实也可以公然写出，并不是如前人所想的那样污秽东西，不能收入正经书的里边去的，虽然《性史》的那种小说的写法容易杂入虚构，并缺少必要的庄重，实在是个大缺点，也会有许多流弊。总之这一时期的工作是颇有意义的，即使有些毛病，也还是瑕不掩瑜，社会上的非难并不十分重要，因为除了几个根据学术加以纠正者外，大都是神经质的禁忌家之抗议，不足挂齿。①

这可算是对张竞生"性学"的"盖棺"之论。

张竞生的那些所谓性的科学学说，被很多人当成了历史的笑柄。但在一个谈性色变的时代，他对性交以及女性性器官的"研究"与解说、对于性育的宣传，随着其著作的广泛传播，开阔了中国人的眼界，因此在女性身体解放的历史上有着不可小觑的意义。

① 周作人：《时运的说明》，《世界日报》，1927年2月26日。《周作人文选》(第1卷)，广州：广州出版社1995年版，第481－482页。

# 第八章

# 科学话语下女性身体的对象化建构

五四新文化运动提出了民主、科学两大口号，视之为根治旧中国沉疴痼疾，实现现代社会治理的必由之径，代表着五四精神对科学主义的理性认同，也让病理学、卫生学、优生学等科学话语成为一种精英社会的自觉。女性身体进入20世纪20年代，经过科学主义思潮下的优生学、性育宣传、产儿限制及废娼等运动，从生育的身体、快感的身体，逐渐建构为科学统摄下的对象化的身体，这是现代国家制度给女性身体带来的新变化。

## 第一节　人口学的建立与“产儿制限运动”

梁启超早在1902年发表的《禁早婚议》中就提出了禁止早婚、控制与优化人口的强种保国之策。在梁氏看来，早婚又不节育不仅“害于传种”，而且导致人口过剩，从而引发一系列社会问题：

> 彼以其早婚之故，男女居室之日太永，他无所事，而惟以制造小儿为业，故子愈多。子愈多则愈益贫，贫也者，非多子之因，而多子之果也。贫而多子，势必虽欲安贫而不可得：悍者将为盗贼，黠者将为棍骗，弱者将为乞丐。其子女亦然：产于此等之家，其必无力以受教育，岂待问哉？既已生而受弱质矣，又复无教育以启其智而养其德，更迫于饥寒而不得所以自活之道，于是男为流氓，女为倡役。然则其影响岂惟在生

计上而已？一群之道德、法律，且将扫地以尽。①

但在晚清中国，时代语境尚不能提供适当的舆论氛围，启蒙先驱虽然意识到人口多致穷致贫的问题，却不能为中国人口危机找到有针对性的解决办法。但五四期间日趋高涨的科学主义思潮带给中国新鲜的域外空气，而中国20世纪20年代“人满为患”的社会状况又已经直接牵涉国家的生存与发展，因而有关人口问题的人口学、优生学及生育制限迅速进入知识者视野，演化为五四科学运动的重要组成部分。

我国人口学家陈长蘅(1888—1987)1918年出版《中国人口论》，这是我国第一部人口学著作。陈早年留学美国哈佛，获得政治经济学硕士。在这部书中他系统宣传了马尔萨斯人口学思想，出于改造社会的良好愿望，总结出人口太多是中国乱源的病根，是一切近代社会问题之根本，为此他提出了“适度人口”②思想，提倡节制生育，开展比欧美更为彻底的以节育和优生为主要内容的“生育革命”。这部著作通常被视为我国现代人口学的起点。而随着西方经济学进入中国，外国的人口学理论也在五四时期被引介过来，风靡欧洲的马尔萨斯人口论和新马尔萨斯主义引起中国知识者的特别兴趣。前者主张通过禁欲和提倡独身来控制人口与食物不足的矛盾，后者主张让妇女避妊“预防受胎”，科学地限制人口。这使知识者与中国现实的人口状况联系起来，逐渐地，人口问题在媒体上也成了热点，往往成为讨论其他社会问题如女性问题、中国婚姻制度、家庭制度、经济问题等的副问题。

如周作人1919年曾在《每周评论》上发表了一篇题为《杀儿的母》(署名仲密)的文章，借同名外国小说提出母性自由权并间接提出应控制人口的问题。他说：“将来能有一日……使女人有自由选择他的配偶，与决定产生子女的数目的全权。现在未能做到，便总不免发生悲剧。”③而《新青年》在1920年3月1日第七卷四号特别开设“人口问题号”，首先系统地瞩目中国的人口问题，大力引介马尔萨斯人口论和新马尔萨斯主义，虽然发表的几篇讨论文章并不完全赞同马氏学说，大都只是部分地批评接受，但毕竟人口节制、优生的概念经此讨论在中国人心中打下基础。

---

① 梁启超：《禁早婚议》，《新民丛报》第23号，1902年12月1日。

② 陈长蘅：《中国人口论》，《民国丛书》(第3编第16卷)，上海：上海书店1991年版。

③ 周作人：《杀儿的母》，《每周评论》第8期，1919年2月9日。署名“仲密”。

《新青年》“人口问题号”推出了一系列文章，如顾孟余的《人口问题——社会问题的锁钥》、陶梦和的《贫穷与人口问题》、陈独秀的《马尔萨斯人口论与中国人口问题》等。T.S 的《人口论底学说变迁》对马氏与新马氏学说及发展论的出版情况做了详细介绍。马寅初的《计算人口的数学》提出计算人口增加的数学公式。这些文章都出于尊重科学的态度，立足于通过人口学视角来解决中国社会问题的思路，指出马尔萨斯 18 世纪提出的人口学于中国当下也有重大参照。陈独秀的《马尔萨斯人口论与中国人口问题》以马尔萨斯与新马尔萨斯的人口思想来审视中国的人口问题，提出解决中国人口问题的办法，认为不能单纯地采用限制人口方法，而是要通过科学发展提高生产力，增加生活资料。顾孟余的文章也强调运用马氏学说，“我们且借这原理的光线，来烛照中国的人口”。他提出几条救济“人满”的方法，包括禁止早婚、纳妾，传播人口学说和各派限制人口的办法，发展科学等措施[①]。另外，1920 年邵飘萍在《妇女杂志》发表《避妊问题之研究》，指出：“现今流行于各文明国之避妊问题(或称限制受胎问题)，一方与人口之增减有关，一方尤与社会上各种现象有关，自有可以研究之价值”[②]。1921 年 9 月，时任《民国日报》副刊《妇女评论》主编的陈望道也撰文《婚姻问题与人口问题》[③]，强调婚姻不节育造成人口过多，遂引起其他社会问题。

1920 年前后关于人口问题的讨论，使解决人口问题之于中国的重要性在国人心中取得共识，人们对节制生育、优生的科学概念有所了解，但节制人口生育之于妇女解放的关系尚未引起重视。以宣传性学知名的张竞生博士在中国是较早宣传计划生育的人物，他的一些言述更可谓大胆。1920 年他刚回国，就在广东建议督军陈炯明实行计划生育，只是未获首肯。后来在他 1925 年出版的《美的社会组织法》中阐述了他曾在北大课堂上宣讲的计划生育思路：“母性固然是最可敬重的，但应由女子的志愿去安排。伊们如不愿生育，则无人——纵亲夫也枉然——有权利能去压迫伊去做的。为人道，为人权，为自由意志起见，女子不肯生子与肯生子同为男子们所敬重。我们一边敬重为人母者的牺牲，一边又敬重一班不肯为人母者的觉悟。”在他设想的美的社会中，“国势部”下设有“避孕局”，“凡一切避孕方法，药品器皿等

① 以上引文皆见于《新青年》第 7 卷 4 号“人口问题号”，1920 年 3 月 1 日。
② 邵飘萍：《避妊问题之研究》，《妇女杂志》第 6 卷第 5 号，1920 年 6 月 5 日。
③ 陈望道：《婚姻问题与人口问题》，《民国日报·妇女评论》第 8 期，1921 年 9 月 21 日。

等尽力宣传与极便当地供给。务使人人有避孕的常识，家家有避孕的药品器皿。其失败的，准许于受孕一个月内到避孕局打胎”①。所以，尽管张竞生在性育宣传方面荒唐之处甚多，但于提倡女性生育自由上显示了他的思想的现代性价值。

1922年4月，美国女性节制生育的先驱者珊格尔夫人去伦敦参加国际产儿制限大会，要去日本，日本政府禁止她上岸宣传节育方法，然后她应邀来中国，并在北大作题为《产儿制限的什么与怎样》的演讲，胡适现场担任翻译。“她这第一次的讲演，除下了生育节制的种子外，还创始了一种好的态度，使中国人知道‘性’的事情，原来还是值得用科学方法去讨论的”②。1922年4月20日《晨报》副刊刊登了她的《生育制限的过去现在和将来》及《生育制限的什么与怎样》，引起轰动。《妇女评论》也适时推出“产儿节制问题号”，讨论生育制限问题。珊格尔来华不仅将节制生育的思想传达到中国，而且在中国掀起了声势浩大的生育制限运动。陈东原在《中国妇女生活史》中高度评价珊格尔夫人来中国推广节育的意义，认为：“中国社会弥漫着的‘性’的玄秘的空气，总算她第一个来打破的！中国从前何尝有人把‘性交’的事拿在大庭广众中演讲的哩！”③珊格尔夫人认为节育除了利国利社会，还有六大切身好处：

> 生育节制的利益，即舍开限制人口会使国家富强、社会健全而论，尚有种种切身的好处：
>
> 一、生育节制能使母亲生她愿意生的孩子，她身体不好或操劳过度时便可不生孩子，减少了她多少的痛苦。
>
> 二、生育节制能保存丈夫对于她的爱好，妇人生育的间隔时期较长，夫妇幸福的生活便多些，爱情更浓些。
>
> 三、因为贫穷无知识的原故，有许多小孩不能得健全的养育，幸而长大，也只能做一个苦力，或自儿童时起，即须做自食其力的事，做一个

---

① 张竞生：《美的社会组织法》，江中孝编：《张竞生文集》（上），广州：广州出版社1998年版，第188页。

② [美]珊格尔夫人：《生育制限的过去现在和将来》，祁森焕译，《晨报》副刊，1922年4月20日。

③ 陈东原：《中国妇女生活史》，《民国丛书》（第2编第18卷），上海：上海书店1990年版，第413页。

愚民，一生没有幸福的日子。

四、生育节制可以免遗传病从父母传到子孙。

五、因为有这方法，青年不妨较早结婚，待他们经济足以维持时再生育小孩，可以免除卖淫和他种不正当的性交。

六、生育节制可免子女众多之累，使家庭成为平安和谐的家庭，使男女有自由发展的机会。[①]

珊格尔宣传的“生育制限”，引起了青年人的热烈关注，因为其打破了中国人惯有的多子多福的思想，响应了现代国家制度下个体发展的需求。当时的知识界人士对珊格尔的节育主张反响极为热烈，很快着手开始在中国推广“产儿制限论”。上海《民国日报》副刊《妇女评论》推出“产儿制限问题号”，主编陈望道不仅自己撰文还专题组织相关文章。1922年6月1日《妇女杂志》第8卷第6号特别推出“产儿制限号”。1922年5月“中华节育研究社”在苏州成立，这是我国第一个研究节育的组织。这期间一些主要城市如上海、北京等都出现了同类组织，推广宣传女性节育。1922年10月，商务印书馆出版了由李达翻译的日本安部矶雄的《产儿制限论》，序中称，意在证明“产儿制限有实行之必要”。

但值得留意的是，20世纪20年代的中国生育制限运动，与五四新文化运动初期对人口问题的讨论相比，所体现的关注点有所转移，不再是从解决社会问题着眼，而是更看重产儿制限即妇女节育对促成妇女进一步解放的作用。珊格尔产儿制限完全从妇女自身出发，这一点引起了当时知识分子中的妇女主义者的共鸣，如高山在《产儿制限运动的由来》中所说：“珊格尔夫人的产儿制限运动，虽然主旨在教人了解多生子女的弊害，和各人如不愿再生产子女时，各人应该知道合理的避妊方法，但她开始这种运动的出发点，却不是承袭新马尔萨斯主义而来的。所以使她有这样坚决的心志作这样的运动，全因为见了许多生子女的家庭的困苦，和妇女求避妊而不得的苦楚而起。”[②]更多人看到了“产儿制限”在解放母性方面的意义，妇女母性自由被称为是“世界改造最重要之力”，也是妇女自身本能的要求，否则就会出现

① 陈东原：《中国妇女生活史》，《民国丛书》（第2编第18卷），上海：上海书店1990年版，第415－416页。

② 高山：《产儿制限运动的由来》，《妇女杂志》第8卷第6号，1922年6月5日。

杀婴、弃儿、堕胎等种种罪恶，所以时人将女性产儿制限视为是“根本的妇性之发现”，呼吁社会应“给与妇人母性的自由，在法律上承认她们有科学的避妊之自由”①。周建人在《珊格尔夫人自叙传》里则指出，母性自由是世界性的趋势，“到一九一二年，使我深信那妇女解放的必要条件并不在参政权，而在能够支配她的自己的身体。无论有怎样崇高的思想，置在现代母性的前面，但为了她生活中最紧急的必要，便不得不把他放弃了”②。并且他在另一篇文章中，根据科学理论作出应予女性母性自由的结论：“作为女性不一定都具有强烈的母性，不当以母职加于凡是妇女的身上。一面当认为母性是神圣的事，而一面仍当予以自由，使妇女能各就自己的志趣去做。”③沈雁冰在《妇女评论》中讨论爱伦凯母性论时，也说：“觉得伊所谓母性‘女才’不免偏了一点，女人的才能并不限于‘做母亲’，然后‘何以儿童必须自己的母亲来养育’这问题也似未能有科学工作者上的证明。”④

鲁迅曾说过：“女人的天性中有母性，有女儿性；无妻性。妻性是逼成的，只是母性和女儿性的混合。”⑤鲁迅的深刻之处在于，他解构了男子中心文化压迫女子生物本性，将女性变成附属性别的事实。他虽将母性视为女性的生物本能，但否认“妻性”存在的合理性，并认为是文化塑造的结果。这和波伏娃的《第二性》对女性的认识完全相同，表现了鲁迅作为伟大思想家对男性中心文化严肃的自省态度。五四时代在产儿制限运动期间其实有广泛的关于女性的“母性”问题的讨论，有很多文人卷入其中。

瑟庐在《妇女杂志》“产儿制限号”上发表长文《产儿制限与中国》⑥，从生产率与文化程度、马尔萨斯主义和新马尔萨斯主义、中国历来的产儿制限、产儿制限与贞操论、产儿制限与民族主义及妇女的自由与产儿制限六个方面展开全面论述，指出：“所谓产儿制限，不过用科学的方法，使做母亲的有决定产生子女数的自由，不必再用那堕胎、弃儿、杀婴等残酷的非人道的手段，而得免于饥馑、灾荒、战争、疾病、疠疫的苦痛，也不会发生卖淫、烦闷、犯罪、疾病等弊病。”作者的言述似乎将人类的一切罪恶都推到母性不能自由

① 无竞：《产儿制限之史的考察》，《妇女杂志》第8卷第6号，1922年6月5日。
② 周建人：《珊格尔夫人自叙传》，《妇女杂志》第8卷第6号，1922年6月5日。
③ 周建人：《妇女主义之科学的基础》，《妇女杂志》第9卷第4号，1923年4月5日。
④ 沈雁冰：《所谓女性主义的两极端派》，《妇女评论》第13号，1921年10月26日。
⑤ 鲁迅：《小杂感》，《鲁迅全集》(第3卷)，北京：人民文学出版社2005年版，第555页。
⑥ 瑟庐：《产儿制限与中国》，《妇女杂志》第8卷第6号“产儿制限号”，1922年6月5日。

上，并且用形象的话描绘中国女性的身体作为生育机器的实况："一般的女子，在及笄之年——正当男子或别国女子受教育最紧要的年龄——就由专制的父母作主，强迫她和从不见面、毫无爱情的男子成婚，立时负了做母亲的义务。于是第一个小孩还没有断乳，第二个早已受孕了。这样继续着，直到为母的生理作用停止时为止。中间除了妊娠、分娩、襁抱、提携、乳哺、衣食种种的麻烦以外，还有疾病的忧愁，夭殇的悲戚，不但受尽了身体上无限的辛勤，更受尽了种种精神上说不尽的苦痛，这不是我国社会上普遍的现象吗？"

在媒体的广泛宣传与推动下，公众的觉悟有了提高，到了 20 世纪 30 年代，这种节制生育之于妇女进而之于种族、社会的意义实际已渐为公众所接受。1931 年《妇女杂志》一篇署名金仲化的文章《节制生育与妇人生理的解放》，指出当时妇女认识提高的程度："过多的生育在一个受过解放洗礼的妇女一定不能容忍。妇女已经觉悟自己不单是为做一架'生育的机器'而生在世上的，她在为种族尽过相当的生育责任后，还有其他为自己的集团谋幸福的责任。因为要有解放的自由的身体来为自己的社会集团谋幸福，妇女开始要求生理的解放。"文章进一步说明在科学指导下的生育观对女性解放的意义："环境的开展启发她们的智慧，社会的活动练成她们的果敢，生活的自由还给了她们原有的健全的肢体。她们在优生学的条件上是合乎做种族的母性的资格的。但是，一直要到她们得着了生理方面的解放，妇女才能积极负起为种族改良遗传质素的重任。她们利用了科学的避孕法，防止与品质不良的异性生下劣质的后嗣。她们更利用新的解放所给予她们的有用的知识和犀利的眼光，选择在优生学的条件上能够完全合格的异性，作为自己将来所生小孩的父亲。"①此后仍然陆续有这类文章见诸报端，继续讨论有关女性生育的问题。新的生育理论给人们道德观念带来了改变，母性自由获得了相当的认可度。如《妇女杂志》第 10 卷第 9 号上的《生殖率与人口》认为："最近对于生育问题，产生两条新道德观念：（一）生育这事，责任大部分是在女子的，所以女子应有是否愿意生育，或生育的多少的自由；（二）对于民族前途，人民需要质佳，不在量多。但这种道德观，和中国旧来的家族主义及新起的国家主义相冲突。前者的根本思想以多子为福，后者以为要谋国家

① 金仲化：《节制生育与妇人生理的解放》，《妇女杂志》第 17 卷第 9 号，1931 年 7 月 5 日。

的盛大，非人口蕃盛不可。”文章指出：“妇女的生育子女，或多或少，应该有她们的自由的主张，于民族的生存力并不抵触，毕竟还真理。”①

但五四期间，对于节育制限可能带来的母性自由有一些人欢呼的同时也给另一部分人带来某种道德焦虑。《妇女杂志》第5卷第7号、第8号(1919年7、8月)连续刊载署名“君宝”的一篇文章，作者以“医学”名义鼓吹“良母贤妻主义”，称“必如是，斯足以提高男女之身体的能率，而增进社会之幸福”，“女子之为母，乃女子之最大幸福，而亦女子最终之目的也”。当然作者这样说据称也是符合“科学”依据的，但存在明显的“荒唐”之处：“除生殖器及准生殖器(文中指乳房)而外，女子之身体(文中指躯干、脑、脏腑)皆为小儿性也。”又尽力弥补这荒唐的“科学”说法：“女子之为小儿性固极确实，然并非谓女子因此劣于男子也，不过示男子与女子在人类学上全然不同而已。此种差异，即女子之所成身体之美，所以动男子之心，而为男女和合之楔，且所以示哺育小儿天职者也。”②毕竟时势所趋，女性身体已经从传统生育观念中解放出来了。

由此可知，早在80年前的五四中国，其实就已经有人在倡导对生育实行人工控制了，不能不让我们佩服这一思想解放时代在重视后嗣的中国推广开展计划生育的前瞻性。但可惜的是，随着20世纪30年代民族危机加剧，对兵源的广泛需求强烈冲击了中国处于起步阶段的生育制限活动，使得这种运动在民族战争的烈火中很快偃旗息鼓，并完全被人遗忘，甚至是陷入对伟大母亲生育的广泛动员里。而在中华人民共和国成立以后，面对帝国主义虎视眈眈的国际环境，让中国时刻保持战争危机意识，所谓人多力量大，没有人怀疑“抓革命，促生产”的必要性，以致人口学者马寅初一再警示的人口危机理论被斥为反动，他本人则被打成右派，直接后果就是造成中国人口急剧膨胀，“错批一人，误增三亿”。中国今天成为世界第一人口大国，一直受到人口问题的滋扰，也正是拜历史记忆缺失、贬低20世纪二三十年代人口科学提倡的意义所赐。

然而，开展时间不长的“产儿制限”对于妇女解放的意义甚莫大焉。在中国传统观念中，妇女最大的功能就是生育。由于早婚又不加节育，所以妇

① 《生殖率与人口》，《妇女杂志》第10卷第9号，1924年9月1日。
② 君宝：《自医学观之良妻贤母之义》，《妇女杂志》第5卷第7号、第8号，1919年7、8月。

女频繁怀孕、分娩，不仅限制了女性活动的自由，而且对女性的身体造成了极大的戕害。因此，提倡节育，其实就是对女性身体的解放与拯救，也为女性走出家庭、进入社会提供了必要条件。更为重要的是，提倡避孕，并将生育的主动权交到妇女的手里，就使女性获得了自由支配自己身体的权力，彻底改变了女性作为被动的生育工具的命运，其实是女性身体的一次大解放。正如有人指出的那样："婚姻和生育的分离，在从前是绝对不可能的事，现在自从产儿制限运动兴起以来，成为极容易办到的事了。"[①]正因为婚姻与生育的分离，女性才可以作为正常的人享受婚姻内的性快感，而又不必非要忍受身体怀孕、生育之苦，这才是人类科学和女性文化史上的一大进步。

## 第二节　潘光旦的优生学宣传与女性身体的新桎梏

基于生物学、遗传学等现代科学基础上优生学的提倡，是五四新文化运动推进的结果，也是中国人口问题自然发生的一个结果，但它之所以形成一种为人广泛接受的社会理论却要上溯到中国现代性的起源语境——晚清中国。因为晚清政治腐败所导致的外交、军事上的节节败退，国土日削月割造成的国势衰微，列强环伺下中国人亡国灭种危机感的产生，严复《天演论》的译介，这些都促使民族主义思潮的应运而生。所以晚清从维新派到资产阶级革命派都极力鼓吹强国保种的国策，不然也就没有种种解放妇女如倡导贤妻良母及国民之母的举措，而梁启超新民运动、蔡锷的军国民运动，事实上在"保种""强种"的民族主义概念范畴内，还包含着人口优生学、遗传学的前瞻思考。

潘光旦是我国著名的优生学家和社会学家，早年留学美国专攻生物学，获生物学硕士学位。他最早的两部优生学著作都写于美国优生学馆[②]。1926年潘光旦回国，先后在东吴、光华、清华、暨南、复旦等著名大学讲授进化论、遗传学、优生学、心理学、社会学等课程，翻译出版了蔼理斯的《性心理学》，并创办《优生月刊》，出版了多种优生学和其他著作，是我国现代优生学

① 周建人：《性道德之科学的标准》，《妇女杂志》第11卷第1号"新性道德号"，1925年11月5日。

② 潘光旦的《优生概论》写于1924年12月，最初载于《留美学生季报》第11卷第4号；《二十年来世界之优生运动》写于1925年5月12日，发表在《东方杂志》第22卷第22号，1925年11月25日。

的奠基者。

潘光旦的优生学不是盲目搬用西方优生学成果,而是致力于本土化科学研究。在遗传学、生物学基础上,他注重结合中国现实情况和古代文化遗产,以进化论和民族健康为前提探讨在中国进行优生学的可行性,对优生学在中国的开展做了大量的奠基性工作。在《优生概论》中,他从社会教育着手,首先明确优生学的任务:"不外使人人了解婚姻之举不特为个人之'终身大事',亦为种族之'终天'大事;而生男育女,不仅家庭之祸福攸关,亦社会之安危所系;及时加以精密之考虑,以为行止进退之方已耳。"①他将种族进步视为优生学头等大事,而为澄清人们对优生学的认识误区,对优生学进行了认真界定。他借用美国优生学与心理学者韦更(A.E.Wiggam)《科学新十诫》一书的说法,以解除国人在优生学问题上的误解,不说什么是,而说什么不是优生学:"并非自由恋爱;并非性的教育;并非公种卫生;并非试验婚姻;并非禁娼运动;并非胎教;并非体育研究;并非政府强制的婚姻;并不主张顽弱分子之屠戮;并不欲蕃殖超人;并不欲生产天才以供社会一时之需;并不欲取消恋爱中浪漫的部分;并不主张用繁育禽兽之法育人;并不违反自来关于性道德、婚姻、恋爱、家庭及生男育女之一切合情合理的观念。"②他具体诠释优生学所能给身体"精质"上带来的七项进步,以让人了解开展优生学的重要性和意义所在:"(一)普遍的健康之促进;(二)传染病抵抗力之增益;(三)一切身体上性情缺陷之铲除;(四)神经之创作力及刺激抵御力之加强;(五)感官效率之加大;(六)智力之渐进的提高;(七)求一切良善品性之彼此和洽无间,且与身体上一般的生活机能有相须之功而无冲突之患。"③

潘氏的优生学理论注重"品性遗传与文化选择"两个方面,因此主张女子教育,反对"女子无才便是德"的传统观念,但所持主张显然又将生育责任完全推到女子身上:"若此之社会将继续不以女子教育为重,而低能庸常之女子乃得假借而嫁人产子,以散布其恶劣之品性,重为社会各族之殃祸。'女子无才便是德'一类观念,由此方面以观,即为一种反优生的文化势力,而有铲除之必要。"④他强调女性教育对培育新一代国民的作用,十分吻合从

① 潘光旦:《优生概论》,《民国丛书》(第1编第20卷),上海:上海书店1989年版,第20页。
② 潘光旦:《优生概论》,《民国丛书》(第1编第20卷),上海:上海书店1989年版,第15-17页。
③ 潘光旦:《优生概论》,《民国丛书》(第1编第20卷),上海:上海书店1989年版,第18-19页。
④ 潘光旦:《优生概论》,《民国丛书》(第1编第20卷),上海:上海书店1989年版,第10页。

晚清以来女子教育以贤母良妇为主旨的思想流向，但在“科学”名目下却将生育优良孩子的责任全部推诿于女性，一方面有悖男女平等，再者也会造成女性身体的进一步工具化。

在《二十年来世界之优生运动》中，潘光旦概括了优生学在世界各国之所以勃兴的几大原因：人类衰附之恐怖、国家主义之运动、种族主义之暴兴、社会改革之趋势，借以说明优生学在中国开展的必要性，这是世界大势所趋，是“国家主义或民族主义所不可不讲求者也”，“‘鼓励民气’几为近代治国者之唯一入手方法”。“顾近年来风气渐变，真正爱国者，始知设无真正品质健全之国民，即有能有真正稳固之‘民气’，即不能有真正强有力之政治组织，亦即不足与言真实之况存。”他认为中国优生学虽自来缺乏文化和组织基础，但民间却有丰富的优生经验，这预示了在中国开展优生学具有广大的空间，“中国向无自觉的优生学说，更无有组织之优生事业，然不自觉的优生经验则社会生活中触处可寻”[①]。

应该承认，潘光旦能于20世纪20年代的中国就开始提倡优生学，其创始性意义自不必待言。因为在当时中国宗族主义制度还有相当势力，在讲究多子多福，把“无后为大”作为“不孝之先”等观念尚且根深蒂固的情况下，优生学论质不论量的宣传势将对传统生育观念形成冲击，尤其于女性解放将带来革命性的实际效果。陈华珍1917年在《新青年》上就曾撰文指出，女子一旦所适非人于国于家于己的危害：“女子之结婚，乃终身最大之问题也，毕生之幸福，胥在于是。……一旦不幸而所适之夫，为有病不良者，如素有结核、霉毒等病因者，因之累及妻子。健强之身，变为弱质，失生人之快乐，终身陷于悲境，此皆我国不自由结婚之弊也。……所生儿女，不克强壮，甚有夭折畸形者，贻祸子孙，为害不浅。”[②]但有了科学的依据，女性婚姻的自由度自然得到提高，作者所描述的这些情况就能避免。因为正如章锡琛在《新性道德是什么》中所说：“自从遗传学、优生学发见以来，知道子女的优劣都是从父母遗传而来，为社会产生优良的儿童，而防止劣弱儿童的产生，便成为人类最高的道德规律。所以未成年者和低能者的结婚，都该看做不道德的。其他，凡是身体上和精神上有缺陷及疾病的人，如癫病，结核，花柳病，

① 潘光旦：《二十年来世界之优生运动》，《民国丛书》(第1编第20卷)，上海：上海书店1989年版，第147页。

② 陈华珍：《论中国女子婚姻与育儿问题》，《新青年》第3卷第3号，1917年5月1日。

白痴，癫痫等病男子和女子，都不该结婚和产子。就是普通健全的人，也能因为多产的缘故容易使母亲及子女的体质衰弱，或者易致教养上的疏忽，因而遗害于社会，所以行相当的避妊，也是新性道德上所必要的。”[1]优生学的宣传及推广，使健康女性在配偶的选择上有了科学上的合法性，为民族、国家、社会、家庭计，她们不必做礼教的牺牲品，她们有选择健康配偶、追求幸福婚姻的权利，这是科学所赋予现代个体的自由权利，既合理也合法。

但潘光旦的优生学因为过于强调个人对于种族的生育责任，其核心思想与五四民主思想有距离，甚至相悖相左，存在着唯科学主义倾向，这一点还没有被研究者认识到。如在《中国之优生问题》[2]中，潘光旦抨击个人主义“视生产为畏途，视婚姻为儿戏；上流务名，中流骛利，生育之事则中流以下为之：危亡之道有速于此者乎?”他认为个性发展虽无碍于优生目的，但个人主义却有碍于种族发展：“其极端者以个人为神圣不可侵犯；其对于社会及种族之责任心薄弱；其行为举措虽可与一时之环境不发生纠葛，而社会终必蒙其害……更有甚于绝种族乎?”他甚至危言耸听，将个人主义看作种族灭亡的前兆，可算极端之辞，显然缺少实证根据：“国内个人主义在有发展过当之趋势，一端有自由恋爱；一端有独身主义；超贤母良妻之言论，触处皆是；虽未必尽成事实，要皆为种族不祥之兆。”这与五四新文化运动反对家族制度、倡导个人主义个性解放的主张完全背道而驰。

潘光旦作为一个科学论者，与五四时期的人文知识分子相比，其思想有开放性的一面，但也有相当保守的一面。他本于其优生学理论，一切唯生育是举，仍然奉传统家族制度为正统，以男尊女卑秩序为正统，所以他主观上反对将女性从生育事务和家庭事务中解放出来。从收入《人文史观》中的一篇《妇女解放新论》[3]看，他的论调出奇地落伍，居然要从女子手中为男子争权利，认为“女子根据了自然‘平等’的理由，来握取政权，又根据了自然‘柔弱’的理由，来维持她历来所已得到的种种特权”，甚至摆出一副与封建卫道者相似的旧面孔：“原来男女之间是不能讲平权的，至少万不能像历史一班极端的妇运家那种讲法，既经讲了，结果自然是难免‘乾纲废颓’与‘坤纪荡

---

① 章锡琛：《新性道德是什么》，《妇女》第11卷第1号“新性道德号”，1925年1月5日。

② 潘光旦：《中国之优生问题》，《东方杂志》第21卷第22期，1924年11月。

③ 潘光旦：《妇女解放新论·人文史观》，《民国丛书》(第1编第20卷)，上海：上海书店1989年版，第191页。

驰’的局面。”当然，潘毕竟是有科学修养的真正科学家，与顽固的保守派还是有根本区别的，他以“科学”的态度来诠释他主张的“合理性”：“生人以来，世代嬗递，做女子的始终负着行经、分娩、哺乳的重大责任——结果，不但把她的行动束缚住了，并且把她所有的空间时间都占了去；否则她也许有机会把抽象的思考能力发展一下，像男子一样。”既然这样说，那么女子就应该争取“人”的平等权利，发展其他方面的能力，不该甘于人下才是。但潘光旦却不这样认为，他认为女子是不能摆脱她对于种族的生育责任的，那只好委屈她还是留守家庭吧：“所以女子生殖责任的重大，不但影响了她的社会活动的范围，并且限制了她的遗传的能力。生殖责任既不能豁免，即此种影响与限制无法消除。”从潘光旦优生学的角度看，20世纪二三十年代的中国，传统老套女人被定义为是“孤立于社会之外、经济上处于从属地位、无涉于生产、无法控制自身生育的人”①，女性的生育决定了其活动的空间维度，也反映出女性性别建构中科学所起到的作用。

综上所述，20世纪二三十年代潘光旦推广的优生学宣传有其积极意义，客观上的确有利于促进女性身体从繁重的生育责任里摆脱出来，有利于女性身体走出工具化的传统桎梏走向本体化还原，有利于扩大女性婚爱选择的自由，有利于国家产生优秀的后代。但也不可否认，潘光旦以科学的名义推广优生学，把国家、种族利益置于个人之上，有给女性身体带上新的工具化桎梏的可能，并且这种桎梏是以科学的规训的力量，让女性逃无可逃，这才是最关键的。

## 第三节　娼妓的“病毒”化：卫生监视下的女性身体

### 一、从晚清至五四娼妓业变化了的“隐喻”

娼妓在中国是一个让人欲说还休的问题。中国妓女文化可谓源远流长了。从管仲向齐桓公建议设“七百女闾”促商，娼妓业在中华文化里就有了

---

① ［美］白馥兰：《技术与性别——晚清帝制中国的权力经纬》，江湄、邓京力译，南京：江苏人民出版社2006年版，第297页。

特殊的位置及生存的或明或暗的合法空间。以官方允许的面目出现的号称“官娼”，通过交纳适当的如花捐之类名目的税费，来获得公开从业的资格；不交纳官税而私自以隐蔽的方式经营身体的称为“私娼”，老舍的20世纪30年代小说《月牙儿》里的人物称这种私娼叫“暗门子”。当然并不是每个朝代都繁荣“娼”盛，历朝历代也大都有禁娼的举措，只是这种牵涉很复杂的畸形文化现象从来没有完全禁绝过，娼妓也往往如野火春风一般越禁越多。从根源上来分析，这种现象的不能禁止自有其社会经济文化上的原因，或者说封建私有制度本身就是娼妓存在的最大的庇护所，不然人性对声色犬马的追求也会另行开辟渠道。如在清朝，各代皇帝都曾禁止官员涉足娼寮，但缺少道德自我约束的一些官员身体并不闲着，顺着世风改了癖好，以好男色为时尚，以男伶充实后院的大有人在，更为淫靡龌龊。到了近代，各通商口岸形成了特有的半殖民地文化，公共租界里娼妓云集，灯红酒绿，成为都市的特别一景。更因1905年清政府实行对登记注册的娼妓抽取“花捐”的政策，将娼妓公开化及合法化，娼妓的数量也因此激增。到五四时期，娼妓的数量已达到惊人的程度。1924年，内务部设立公娼，“征花捐以裕收入，验病菌以杜流毒”，当时燕大教授步济时披露了一串数字：“1912年北京公娼制度成立后，就有娼妓二九九六人，现在在警厅挂号的共有三九六二人，这十年中，增加百分之三二。步济时说，这样比例起来，北京娼妓的增加比人口的增加还要快得多！”[①]另据当代的研究者统计，以北京、上海为例：1917年北京有妓院391家，公娼3500多人，私娼不下7000人，总数在万人以上；据1920年上海工部局统计，上海妓女有60141人[②]。又据1917英国社会学家S.D. Gamble对世界八大都市公娼人数和城市人数比例的统计，对比得出北京、上海娼妓人数占城市总人口中的比例位居全世界之首[③]。这说明女性靠卖淫为生的现象在上海、北京这些大都市已经相当普遍，更不必说其他现代文明程度差一点的中小城市和村镇了。

辛亥革命前夕，曾有人从国家富强或解放妇女的意识出发，提出废娼，但因势单力薄，终于波澜不惊。值得留意的是，这时对娼妓的看法显然注入了西方现代人权平等的因子，娼妓也由原先或被贱视的“婊子”，或让人艳羡

---

① 步济时：《公娼是良制度么》，《妇女杂志》第10卷第4号，1924年4月5日。

② 王书奴：《中国娼妓史》，长沙：岳麓书社1998年版，第229页。

③ 杨洁曾、贺宛男：《上海娼妓改造史话》，上海：上海三联书店1998年版，第1页。

的快感和愉悦的载体，演变成让人同情的被侮辱与被损害者。但如果说古代的上层名妓尚能在传奇故事中兼具色、才、艺、义，引人垂涎的话，那么到了晚清与民国时期的文化与文学叙事中，娼妓与拜金主义被充分地扭结到一起，成为藏污纳垢之地。就如张春帆的小说《九尾龟》一样，当时频见于小报报端的“嫖界指南”一类的文字，经常指导男性在嫖妓的同时，如何避免自己的身体与钱袋被掏空，再一方面由娼妓传染的性病也被提请嫖客们高度注意。

性病作为一种滋生于肮脏的性交易而祸及肉体的病，也是一种道德疾病，而妓女被认为是传播性病的罪魁祸首，因而从晚清开始娼妓制度演变成为人们眼中的社会丑恶现象。激进的改革者甚至将娼妓身体的受贱辱与国家面临的屈辱地位串联到一起，将之视为国家迈向现代的障碍，是寄生在社会肌体上的毒瘤，赋予其各种现代性的意义与指涉。在晚清，娼妓制度被指为“既乖天理又悖人道”，是“人道之蟊贼，社会之大蠹”[1]。于是就有了废娼的强烈声音：“废尽天下之娼寮，去尽天下之娼女，以扫荡淫风。”[2]这种废娼的言论在晚清虽然时有耳闻，但在男子中心文化意识浓厚的近代中国毕竟因声势微弱终究难有社会效果。

辛亥革命推翻了封建帝制，中华民国成立。但名义上的现代国家一切都处于草创阶段。军阀混战，加上各项行政制度的不完善及对清朝民法的继续沿用，给娼妓业留下了寄生的很大空间。尤其是中国文人传统与妓家文化的联系是盘根错节、剪不断理还乱，诗酒风月原本就分不开家，流连风月场所作为文人的“雅好”，成为点缀着清苦生活的美妙风景。即使五四新文化运动的一些中坚分子也有此雅好，不能自律，就休说社会上其他人等了。但是无论如何，五四新文化运动毕竟是一股可以荡涤污泥浊水的宏大潮流，在无可阻挡的个性主义、人道主义及科学主义潮流所向披靡的强势冲刷下，娼妓制度也有了全面瓦解的可能。

20 世纪初的晚清就孕育着强劲的废娼之说，直到五四新文化运动期间形成自上而下声势浩大的“废娼运动”，在个性主义、人道主义及科学主义思潮的冲刷下，延续两千年的丑恶的娼妓制度终于开始根基松动。从 20 世纪

---

① 韶懿：《论娼妓之有百害而无一利》，中国妇联编：《中国妇女运动资料（1840—1918）》，北京：中国妇女出版社 1991 年版，第 286 页。

② 震述（何震）：《女子宣布书》，《天义》第 1 号，1907 年 6 月 10 日。

20年代"废娼"运动在公共话语层面的开展情况来看，娼妓这一被指征为"毒瘤""病毒"的群体逐步被置于现代国家法律、医疗卫生制度干预之下，现代性知识权力所形成的对女性身体的有序管控、规制，虽然推行效果因为各种原因差强人意，但娼妓受到现代国家科学卫生制度有组织的管理监视正始自于此。

## 二、废娼运动下主流话语对娼妓的道德化指认

1919年李大钊在《每周评论》发表《废娼问题》[①]，可视为五四新文化运动先驱者"废娼"的第一声。这个在人道主义旗帜下由精英者发出的声音，振聋发聩，打破了风流文士千年不醒的美梦，启动了中国第一场真正的现代废娼运动。

李大钊在文中指出，"废娼运动，是现代社会运动的一种"，社会上对此没反应，继续容忍娼妓存在，甚至"国家法律上仍然认许公娼"，这是"不认妇女有个人格"，是"可痛可耻的事情"。李大钊因此提出"不可不废娼"的五大理由："尊重人道""尊重恋爱生活""尊重公共卫生""保障法律上的人身自由""保持社会上妇女的地位"等，称"社会上有了娼妓，大失妇女在社会上人格的尊严，启男子轻侮妇女、玩弄妇女的心"，同时"令一般人对于恋爱起一种苟且轻蔑的心，不在人生上求他，却向兽欲里求他，不但是侮辱了人权，而且是侮辱了人生"。因此革除娼妓这个"妇女界最大的耻辱"，"不使他再留一点痕疾"，是中国妇女解放运动最该办的第一件事，李大钊尤其强调，因为公娼不能废止，造成"花柳病的传染"，"不但流毒同时的社会，而且流毒到后人身上"，"尤与人种的存亡有很大的关系"。这是至为关键的一点，将娼妓存在作"病毒化"认知与处理应该是五四之后废娼言论的新动向。在此之前，公共舆论对娼妓问题往往作道德主义指责，但由于科学主义的催化作用，五四开始从医学与卫生学角度提高对这一现象的科学认识。李大钊为此建议，既然娼妓不能废止，应该"把他们放在国家监视的底下，比较地还可以行检查身体的制度和相当的卫生设施"，并提出具体的改革措施如下：禁止人身买卖；通过人口调查不许再增加新的娼妓；建立感化院，教给从良妓女技艺或为其择配；强迫教育等，认为"根本解决的办法，还是非把这个社会

---

① 李大钊：《废娼问题》，《每周评论》第19号(第二版)，1919年4月27日。署名"常"。

现象背后逼着一部分妇女不去卖淫不能生活的社会组织根本改造不可”。

《新人》杂志在1919年也专门就娼妓问题出了一期特刊，因购阅者众，销量从原来的3000份激增到2万多份，由此反映了公众对此事的关心程度[①]，说明娼妓问题不再单纯是一社会问题，而构成了一个文化象征，表征着新文化运动开展的深度。许多五四时期的文章几乎都沿用或阐发了李大钊的前述主张，各用不同的说法对娼妓制度进行激烈的谴责。

《妇女杂志》是讨论娼妓问题的一个主要阵地。杂志第九卷第三号特别开设“娼妓问题号”（1923年3月5日），讨论废娼问题在中国的可行性及实施操作，专门讨论如何具体解决娼妓问题。瑟庐的一篇《世界人类的耻辱》指出娼妓制度产生的原因是“因重男轻女的结果”，因为“男子蔑视女子的人格，把女子当做卖买的商品，同时又当作泄欲的器具，而所谓娼妓制度，便于此发生”；再者“是个人及社会人格教育不完全的结果，人类关于性的道德的意义不发达所致”，因为“就经济的方面而言，男子恣肆其经济的威力以蹂躏女子的人格，女子甘心舍弃人格以求衣食”。他认为废娼呼声的响起与基督教传播有关，是人道主义宣传的结果，至于议员们主张从民国十三年（1925）实行废娼，是“以政治的眼光，觉得娼妓的存在，有伤国家的体制，害社会的安宁，所以不能不废除”。作者提出了具体措施：改造经济制度、革新教育、建设新的婚姻制度。最后作者特别警告注意由娼妓衍生的卫生学问题——“病毒”，“无论是公娼，还是私娼，卖淫制度如果存在一日，人类的种族，绝不能避免那灭亡的大祸。因为淫乱的不德和花柳的病毒，实在是引导人类自灭的两大原动力”。再如乔峰撰写《废娼的根本问题》一文，指“卖淫”的结果，“无一不有害于社会，种族，精神的进化和人生的幸福”，特别是“因娼妓的存在，花柳病传播的可恐，已成为显明的事实，更没有论证的必要”。

另外，《妇女杂志》“娼妓问题号”上还有朱枕薪的《论娼妓问题》、陈德征的《卖淫事业之经济的原因》、屯民的《娼妓和贞节》、待秋的《卖淫的动机》等文章，还有无竞翻译的日本林癸夫原著《卖淫之社会学的考察》。以上这些都多少讨论了娼妓产生的制度原因、经济原因和文化原因，人多提出了具体的废娼或救娼措施，这当然说明了社会对废娼的重视程度，同时这批文章都明显抱有建设一个新文化目标的愿景，这个新文化倾向于将消灭娼妓当作

---

① ［美］贺萧：《危险的愉悦》，韩敏中、盛宁译，南京：江苏人民出版社2003年版，第256页。

国家由落后进入现代的一个硬性的指征来看待。

五四在提出“废娼”的同时，将“娼妓”作了“病毒化”的指认，指控其具有传染疾病并危及国民健康的不可忽视的后果。上述有关废娼的文章都多少提出了有效预防性病传播的问题，使娼妓在被道德化的同时也被统一做了“病毒化”的归类与处理，这种言论的一致性说明娼妓这一问题已经由道德主义逐步转化到医学与卫生学层面，因而顺理成章地被纳入国家管理范畴，再不是一己一身的“私事”与“私德”，将牵涉到公共利益与公共道德问题。正如福柯所说，社会呈现出“生物现代性”的特征，人类的性经验完全属于国家掌控的区域，“在某种程序上进入了知识控制和权力干涉的领域”①。

“身体是一个整体社会的隐喻，因此，身体中的疾病也仅仅是社会失范的一个象征反应，稳定性的身体也就是社会组织和社会关系的隐喻”。②五四时期对娼妓问题的讨论，一个不约而同的指向是将娼妓问题与全社会公民的健康联系在一起。娼妓带来的性病的传播是造成社会道德失范的重大原因。正因为有娼妓的存在，才使“花柳病”或者说“性病”快速蔓延，进而危及家庭及社会的道德秩序，危及国家种族的健康及未来，这是五四时期最广泛的一个废娼论调。李三无《废娼运动管见》③强调只有完全废娼才能转变世风，“要想维持社会上的风化和秩序，叫花柳病不致蔓延，非从根本上铲除娼妓阶级不可”。但他也认为“在今日社会情形的下面，是绝对办不到的”，除非“改造现在的土地私有制和资本主义”，所以“一任他新闻杂志，对于娼妓怎样批评他的坏处；生物学家医学家，因为人种或社会公共卫生，怎样指责娼妓的危险；司法官警察官，怎样对于娼妓加以压迫和限制，终究不能济事”。李大钊的《废娼问题》在论及“为尊重公共卫生不可不废娼”时，提出“认许公娼”的办法，将其加以“国家监视”，从而防止性病在人群中的传染：

> 认许公娼的唯一理由，就是因为娼妓既然不能废止，对于花柳病的传染，就该有一种防范的办法，那么与其听他们暗自流行，不如公然认

---

① [法]米歇尔·福柯：《性经验史》(增订版)，佘碧平译，上海：上海人民出版社 2002 年版，第 189 页。

② [英]布莱恩·特纳：《身体问题：社会理论的新近发展》，见汪民安、陈永国编：《后身体：文化、权力和生命政治学》，长春：吉林人民出版社 2003 年版，第 16 页。

③ 李三无：《废娼运动管见》，《妇女杂志》第 6 卷第 8 号，1920 年 8 月 5 日。

许他们，把他们放在国家监视的底下，比较地还可以行检查身体的制度和相当的卫生设施。可是人类的生活，不只是肉欲一面，肉欲以外，还有灵性。娼妓不能废止的话，实在是毫无根据。[①]

细加推究，在五四时代，无论是主张废娼的改革派还是主张对娼妓进行监管的管理派来说，作为性病之源头的娼妓都被视为中国人口环境的一个严重的卫生问题，这是五四时代主流舆论与晚清时代不同的一个关怀，娼妓的存在逐步被舆论由道德主义指责导向公众对神秘性病的恐惧。应该说，众多文章在那儿摩拳擦掌，作纸上谈兵，无非希望借助国家行政手段来干预、消灭娼妓，这可谓构成废娼声音中最引人关注的一个声部。女性的身体“变成了政治运作、经济干预（通过或抑制生育）道德化的或责任化的意识形态宣传的主题：大家把它渲染成一个社会的力量标志，同样好地表现了社会的政治能量和生命活力”[②]。所以废不废娼、废娼成功与否事关国家的形象，关系到官方权力机构称不称职，这是主张废娼的改革者所极力强调的。所以在此情势下，出现了一些半民间禁娼机构，如成立于 1918 年 5 月的“道德促进委员会”，集合了一些宗教人士和妇女活动家，旨在清除公共租界里的卖淫活动。委员会下设“淫风调查会”，在上海租界禁娼监督方面起了不少作用。另外，娼妓带来的性关系混乱所传播的疾病，在当时没有很好的预防措施的情况下，确实达到了骇人听闻的地步。这也是时人对娼妓作“病毒化”宣传的根本原因，但也促成了对“娼妓”的卫生管理和医疗监视。

## 三、对梅毒等性病的医学干预

英国人 C.亨利厄特据《中华医学杂志》的材料，估计出 10% ～15% 的中国城市居民患有梅毒、淋病[③]，性病传播的速率相当快。另据《申报》1947 年 10 月 31 日—11 月 3 日一系列论及上海性病人口比例的专题文章估计，应占总人口 50% ，而 90% 的性病患者据说是由娼妓传染的。并且这个数字到“二

---

① 李大钊：《废娼问题》，《每周评论》第 19 号（第 2 版），1919 年 4 月 27 日。署名“常”。

② ［法］米歇尔・福柯：《性经验史》（增订版），佘碧平译，上海：上海人民出版社 2002 年版，第 192 页。

③ Henriot，“Christian，1992，Medicine，VD and Prostitution in Pre-Revolutionary China”，*Social History of Medicine*，5.1（April），pp.95－120. 转引自［美］贺萧：《危险的愉悦——20 世纪上海的娼妓问题与现代性》，南京：江苏人民出版社 2003 年版，第 230 页。

战”后又急剧增加了，郁维得出的结论是，上海仅梅毒患者就占人口的10%～15%，患淋病人口比例则为50%①。为此，美国学者贺萧从此一比例得出令人吃惊的结论：“这就意味着，约50万的上海居民患有梅毒，另有200万患有其他种类的花柳病。”②以上惊人的数字所显示的是一种异常恐怖的疾病结果，那就是性病作为一种现代的城市病，在20世纪上半叶中国，仅上海一地就传播得非常快，简直让人咋舌。不消说，性病严重影响国民身体体质，这恐怕是20世纪20年代废娼运动最主要的动因吧。

1920年前后在人群里广泛传播的各种性病中，梅毒应是最为典型的一种。按照桑珊格对这种疾病的认识，由于梅毒通过性交往而传播给嫖客，因此被看作“是一种腐化道德和损害身体的传染病”③。首先，身患此病证明了人行为不检，成为道德人格双重败坏的表征；其次，在医学的宣传中，由于携带这一病毒的人在发病后有难言的病痛和不堪的外在病状（身体的瘙痒及局部溃烂，如鼻子、眼睛、耳朵、生殖器官甚至是四肢），由此加大了这种病的恐惧性，令人谈虎色变的同时往往带有充分的厌憎，可以说这一疾病传达着当时人们对商业化性交往带来的后果的非理性恐惧。李大钊在《废娼问题》中呼吁废娼的同时，也分析了娼妓传播的“霉病”（梅毒）因为检验不完备而致流布的危害，甚而祸及“人种”：“且据东西的医生考证起来，这种检霉法实是没有效果。因为检霉的人，每多草率不周，检霉的方法又不完备，并且不行于和娼妓相接的男子，结果仍是传染流行，不能制止。不但流毒同时的社会，而且流毒到后人身上。又据医家说，久于为娼的女子，往往发生变性的征候，这个问题，尤与人种的存亡有很大的关系。”④周作人1923年在《晨报副刊》上发表《宿娼之害》⑤，文章旨在抨击不以恋爱为前提的婚姻，发出如此极端之辞：“传统的结婚即是长期卖淫”，认为“宿妻同宿娼一样的不道德”。但我们留意到文章在陈述宿娼之害时，两次提到了“染毒”：“宿娼之害，应当分别言之：对于过着恋爱生活的人，其害有二，一破坏恋爱，二染毒；对于传统结婚的人，只是染毒一样。”对于文中所提到的欲停妻再娶的“芜村君”，劝

① 郁维：《禁娼与性病防治》，《市政评论》第10卷第10期，1947年10月15日，第17页。
② [美]贺萧：《危险的愉悦》，韩敏中、盛宁译，南京：江苏人民出版社2003年版，第230页。
③ [美]苏珊·桑塔格：《疾病的隐喻》，上海：上海文艺出版社2003年版，第54页。
④ 李大钊：《废娼问题》，《每周评论》第19号，1919年4月27日第二版。
⑤ 周作人：《宿娼之害》，《晨报副刊》，1923年10月21日。署名“子荣”。

他如果不能本着恋爱去娶妻，那还不如去宿娼，“虽然也愿意他因为怕染毒而少去”。可见，当时人认为在娼妓与染毒之间确实存在着必然联系，并对其危害性有足够认识。第三因为梅毒或其他性病的传染性与不易治愈，对正常家庭秩序所造成的破坏则成为加剧社会进一步混乱的因素，从而立于改革者一方的舆论通常将这一疾病与个人私生活放荡、道德的不检点、身体私处的不卫生不清洁联系在一起。第四，由于被传染梅毒这种疾病的人毕竟是人群中的少数，对一般人有一定的神秘感，因此对于这种病毒所导致的恶果往往被危言耸听地放大，以至这疾病其名字本身就附着上邪恶的气味（在晚清时还称作“霉毒”，到20世纪20年代就成了“梅毒”），“对邪恶的感受被影射到疾病上。而疾病（被赋予了如此之多的意义）则被影射到世界上”[①]。因此，梅毒给患病的人带来很大的道德压力。

梅毒在当时并不是容易治愈的。在“一战”以后，欧洲只发现了一些治疗这一疾病的药，如德国“六〇六粉”，学名洒尔佛散；后来又有了新洒尔沸散，俗称“九一四”，价格极昂贵，一般的中国人用不起，只能任由疾病发展到人见人厌的不堪地步。在20世纪40年代才发明出能治疗这个病毒的青霉素。“梅毒是一种不必跑完其令人毛骨悚然的全程的疾病，它不一定要发展到瘫卧的地步，也可能常常停留在讨厌、有失体面的阶段”[②]。因此对于梅毒这一令人恐怖又不容易治愈的疾病，当时人常用来譬喻任何不容易解决的社会、道德难题。如鲁迅在一篇论及中国人惯于自大的文章中说：

> 我总希望这昏乱思想遗传的祸害，不至于有梅毒那样猛烈，竟至百无一免。即使同梅毒一样，现在发明了六百零六，肉体上的病，即可医治；我希望也有一种七百零七的药，可以医治思想上的病。这药原来也已发明，就是“科学”一味。只希望那班精神上掉了鼻子的朋友，不要又打着“祖传老病”的旗号来反对吃药，中国的昏乱病，便也总有全愈的一天。[③]

“掉了鼻子”正是梅毒患者最典型的外观形态，想一想可能都让人不寒

---

① [美]苏珊·桑塔格：《疾病的隐喻》，程巍译，上海：上海译文出版社2003年版，第53页。
② [美]苏珊·桑塔格：《疾病的隐喻》，程巍译，上海：上海译文出版社2003年版，第99页。
③ 鲁迅：《随感录三十八》，《鲁迅全集》（第1卷），北京：人民文学出版社2005年版，第329页。

而栗，正常人更不能不谈虎色变了。

对于人人惧怕的梅毒，娼妓无疑是主要的传播媒介。在当时性病肆虐的低级妓院被称为“水果行”，一些专门服务于外国水手的染病的广州妓女俗称“咸水妹”，都预示着这种疾病传染的可怕程度。而媒体也大肆渲染患病妓女身体的痛苦不堪，以提醒公众对梅毒的注意：“十日后，下身开始溃烂。再过数日，皮肉剥落。这时，她才被允许休息，但她愈加痛苦……她得用浓盐水去洗她的溃烂处。在她还没有痊愈时，她就又被逼着去接客了。于是，她又将皮开肉绽，然后她再休息。如此反复七八次，直至无肉可烂为止。”①当然被妓女传染的嫖客也基本无法逃避同样的状况，一些嫖妓指南书明示读者，街上那些“瞎眼缺鼻折足烂腿的乞丐，都是从前烟花间里的床上客”②，并且绘声绘色地告诫读者：“生机勃勃或意志薄弱的年轻人，你一旦落入他们的魔爪，你的整个道德就会分崩离析。幸运的自豪感也会染上梅毒，乃至成为残废，到时候后悔也来不及……（那些）被她们迷上的，要么整个地中毒，要么变成瘸子，然后死掉。”③“性病成了低等妓女受到的一切肉体的和社会的折磨中一个可触及的标识”④。指南书的功用也并非劝谕人不去嫖，而是让人如何避开与下等妓女的性关系以保证个人身体的安全。除了有《赌嫖百弊大观》这样一类“嫖经”，报纸媒体、医院诊所及大街小巷的电线杆上，到处充斥着治疗“花柳病”的广告，当然也有兜售具体药物的，为江湖骗子赚钱提供了一个非常好的市场。有人统计，“从 1912 年到 1926 年，医药广告占了《申报》全部广告篇幅的三分之一以上”⑤。以上因素都加大了公众惧怕性病的心理。性病的发生促使娼妓问题首先成为医疗问题，进而转化为由医界人士和文化精英关注的文化问题。医学治疗在某种意义上因为代表了国家意志，特别是因为要动用国家行政对这一具有传染性的疾病进行干预，进而使之演化成政治问题。易染性病的娼妓身体与国家政治就这样产

① 《晶报》第 2 号，1919 年 4 月 18 日。

② 王定九：《嫖·上海门径》，上海：中央书店 1932 年版，第 51 页。

③ 萧剑青：《上海向导》之二，上海：上海经纬书局 1937 年版，第 89 - 90 页。转引自[美]贺萧：《危险的愉悦》，韩敏中、盛宁译，南京：江苏人民出版社 2003 年版，第 239 页。

④ [美]贺萧：《危险的愉悦》，韩敏中、盛宁译，南京：江苏人民出版社 2003 年版，第 237 页。

⑤ 黄克武：《从〈申报〉医药广告看民初上海的医疗文化与社会生活，1912—1916 年》，《“中央研究院”近代史研究所集刊》第 17 期（下），1988 年 12 月，第 141 - 194 页。转引自[美]贺萧：《危险的愉悦》，韩敏中、盛宁译，南京：江苏人民出版社 2003 年版，第 232 页。

生了链接，无疑为由上海率先发起的禁娼运动奠定了一个医学卫生的心理基础。“医学不仅生产了医学性的身体，也在各种各样的理论之下生产了‘病’本身。”[1]

## 四、对娼妓身体有组织的卫生监视

1920年上海公共租界启动了禁娼行动，先是工部局对娼妓颁发执照，然后在1922年完全禁止妓业公开活动，但到了1924年6月12日又明确布告准许长三妓女营业，主要是因为租界里的娼妓禁而不绝，卖淫活动转入地下，应商家的要求不得已重新让高等妓院公开从业，以进行有效监管，从而宣布了这次废娼的失败结局，其经验与教训对其他城市的禁娼运动应该有很大影响。《妇女杂志》对此事有一篇时评《上海书寓的复活》[2]，作者虽然认同娼妓“要想根本革除，非常困难”，但认为，“只是在今日不能做到以上两者根本改革的时候，皮相禁止也是必要的”，并指出在公娼禁与不禁之间存在的差别：“事实上，公娼并不禁止，私娼也是增加的。只是公娼存在，贩卖人口愈加便利，鸨母可以公然虐待；青年愈加容易蹈入迷途，和病毒格外传播得广，却是很明显的事实。”民国禁娼多是从禁到不禁转向收税监管的演变过程，由严格规定注册登记，然后进行有效卫生监管、让妓女定期体检，以为也许由此就能有效防止性病更快的蔓延，监管是一种禁娼不成而不得不采取的折中办法。

广州、南京、苏州等地也曾实行风风火火的群众运动式的禁娼大动员，但大多是虎头蛇尾，不能善始善终。按照《妇女杂志》上《广州的废娼运动》一文记述：1921年9月由广州青年会发起“贞洁运动”，然后至1922年4月间，废娼运动筹备就绪。4月15日组织展览会，“将所有本市以国内外的不贞洁调查及图表标本，搜罗许多，陈设长堤青年会会场，任人观览”。由青年向公众讲演，宣传废娼运动的重要性。4月19日邀集社会各界召开“筹备废娼巡行请愿大会议”，议定赴省公署市政厅请愿，“务求迅即下令禁绝公娼”，还将“本户赞成废娼”的字条贴于各住宅、商店形成舆论攻势。5月1日，各界共约两万人，持“请愿废娼”白布大字，游行者手中执着小旗，上写娼妓毒

---

[1] [日]柄谷行人：《日本现代文学的起源》，赵京华译，北京：生活·读书·新知三联书店2003年版，第239页。

[2] 《上海书寓的复活》，《妇女杂志》第10卷第7号，1924年7月5日。

害，劝围观群众赞成废娼。请愿队伍将请愿书呈递到市政府及省长公署、总统府，均获得许可的表态。署名“弥弼”的作者如此评价广州废娼运动的意义：“至于因多数人民的觉悟，起来共同行动，以求为可怜的被凌辱的妇女，造前途的光明，而冀社会问题得一部分的解决的，在从前实是不曾见过；即以现在及将来而论，我们不得不以这回广州市民的废娼运动为开端了。”[①] 1928年新成立才一年的南京国民政府在南京庄严宣布禁娼，发布了市长令，限令妓女立即改行，否则一律逐出城市。但雷声大雨点小，赶走的妓女马上换个城市再营业，有的跑到上海公共租界里以交纳税款换取合法从业身份。到1933年南京、苏州等地也陆续解除禁令，只是对妓女从业的区域有所限制，规定要登记注册、定期体检、交纳税费等。娼妓在大小城市禁而不绝，且呈燎原之势，作为过渡办法，自然只能转向有组织的管理与医疗监视。

体检作为20世纪20年代管理并监视娼妓身体的常规手段，通常由一些指定医院和社区诊所执行，这种对娼妓身体的强制性检查在媒体的正常监督与小报记者的“包打听”下，使原来不可见的女性身体上的隐秘昭然若揭于公共视界内，因为“为了使检查获得精确的结果，就必须有一些外部的中介力量，即由某些研究者、某些外科医生‘引导’或者‘驱使’那些隐藏在内部的事物，使之暴露于光天化日之下”[②]。当然也不可否认，这种检查的效果是有限的，存在着妓女与医生合伙作弊的可能性。

对女性身体有组织的卫生监视，这是现代社会的产物。1924年《妇女杂志》上一篇题为《妇女解放的障碍》的文章直截了当地指出：“各处民族在未进化的时代，男子常把女子当作所有物看待。但一般的所有物都是‘无机物’，而妇女却是高等的‘有机物’，因此，要满足主人的所有欲，必须用精密的方法来束缚她。自来沿用的方法有两种：一种是用贞操观念来束缚她的心，一种是用监守的方法，禁止妇女外出，和加以监视以控制行动。”[③]而娼妓的“病毒化”让女性身体迅速纳入公共医疗卫生干预的领域，被科学话语建构成一个治疗对象，变成了纯粹的生物有机体——肉体。《妇女杂志》第9卷第3号“娼妓问题号”上讨论的问题可说相当全面，对于娼妓废与不废、不能

---

① 弥弼：《广州的废娼运动》，《妇女杂志》第8卷第7号，1922年7月5日。

② [美]简·盖洛普著：《通过身体思考》，杨莉馨译，南京：江苏人民出版社2005年版，第79页。

③《妇女解放的障碍》，《妇女杂志》第10卷第5号，1924年5月5日。

废又如何等都在公众关注的范围内，也都在医疗卫生监视的范围内。如幼雄所译《娼妓之卫生的取缔》一篇，提出对娼妓卫生的监管问题："国家的取缔娼妓，由来甚古，其目的即在借此以保持社会秩序，维持社会风纪。但到了后来，却更加卫生的监视，以豫防花柳病的蔓延"，"对娼妓加一定的取缔，是古来各国通行的制度，今日的取缔方法和古来制度的不同，即在卫生的监视这一点。"文章指出世界性的"废娼主义"运动的发生，"第一却是医生方面"，最热心的提倡者是著名花柳病学者勃拉休哥氏，他主张对娼妓实行"卫生监视"，按当时巴黎的统计，认为这种方法"确可减少花柳病的发生"。但文章也陈说了对娼妓卫生监视的不可靠性，"须很多的时间，费用，医生，到底难以实施"，而且"卫生的监视方法很不完全，因此证明娼妓无毒，反而增加花柳病传染的危险了"，所以应该采用综合手段对娼妓进行监视，不但是"卫生的"，也有"风俗的警察的"①。

无独有偶，《妇女杂志》13卷第9号上，有一篇胡安定（博士）的文章，题为《国家与社会之妇女卫生问题》②，作者有留学欧洲背景，借鉴西方通行的管理经验，建议从民族利益出发，由国家卫生部门对女性的身体实施行政干预："国家的卫生行政，社会的卫生设备，关于妇女的生活，都有监视与保护的意义，那末不但妇女们的自身直接受得利益，就是子女亦间接的受到良好影响。"作者提议的对女性身体所监视的范围，既包括了家庭妇女生育的身体，也包括妓女快感的身体，更是之于妇女母性身份的卫生的身体："国家卫生行政对于妇女的设施方针，就是要使一般妇女们免受胎产的痛苦和一切生命上的危险疾病，及免除有影响及于小儿的疾病，使妇女们对于子女，可全力负担母亲的责任，国家可以得到由健全的母亲养育出来的健全国民。还有一方面属于公众卫生问题最关重要的，就是性病，妇女们是可以媒介疾病的主体，性病是国民病之一种，也应当在妇女卫生问题范围以内讨论的。"文章讨论了国家对作为医学对象化的妇女身体所宜采取的手段，包括监视、慈善救助、指导、法律保护等，指出在生育方面的监视有利于"养成一正式母亲，使其养育子女，得充分发育，而成为健全国民"。而就妇女个人卫生而言：

---

① 幼雄译：《娼妓之卫生的取缔》，《妇女杂志》第9卷第3号"娼妓问题号"，1923年3月5日。

② 胡安定：《国家与社会之妇女卫生问题》，《妇女杂志》第13卷第9号，1927年9月1日。

(甲)提倡体育　凡紧束乳部之恶习，一概改除。须使筋肉发达，如打网球，游泳，及一切与妇女相合之运动须一律参加。(乙)月经时之卫生　凡女子月经来潮时，精神方面，身体方面，均有重大变化，须有相当摄生，免贻疾患。(丙)限制生育　生育过多，不但养育不能周全，即女子自身，亦受绝大损害，凡已有子女者应当节育。

五四废娼运动，引发了民国时期公共话语对娼妓问题的讨论及随之而来的国家干预。娼妓是如何由晚清市民文化中"愉悦的主体"置换为当下公众眼中"危险的载体"的，这种隐喻的变化应是由国家的医疗卫生干预所演化的一个自然结果。如果说20世纪初如赛金花那种"名妓"尚寄托着传统士绅和精英阶层飞扬跋扈的性幻想及男性中心主义的恩典与光荣，那么，在中国加速半殖民地化的过程中，由国家主义、民族主义、人道主义、科学主义多种声音传达出的娼妓形象，却日益成为与国家和民族岌岌可危现状相关的特定文化指符。特别是，禁娼运动中有关梅毒的表述成了指征娼妓的一个新的知识符号：娼妓作为从事危险性产业的女性的身体，是最易感染性病的人群，影响着正常的伦理生育，对种族延续也将形成阻碍，因而是对生殖身体的悖逆；但公共租界区内红灯区的日趋泛滥却使娼妓的身体成为舆论中被侮辱被殖民的象征。如此，娼妓身体既是令公共租界殖民者十分恐惧的危险的载体，但在民族主义眼中，又构成了影响中华民族种族存续的要素，所以有关梅毒衍生的话题以及动议国家行政对之实行干预的过程，则显然寄托了精英们对民族生存的忧患意识以及进一步改造国民身体的愿望。因为，当由国家行政干预并负责对女性身体进行有组织的医疗卫生监视时，女性身体就被规训成科学对象化的身体，在这时现代性实际制造了女性身体的新的桎梏，女性身体也从此开始了被医疗和科层话语不断形塑的过程。

由此可见，女性身体在进入了20世纪20年代，经过科学主义思潮下的优生学、性育宣传、产儿制限及废娼运动等，从生育的身体、快感的身体逐渐建构为科学统摄下的对象化的身体，这是现代国家制度给女性身体带来的新变化。

## 第九章

# 五四文学中的女性身体叙事

五四时期倡导的人的解放，实际上包含了身体解放和思想解放两个维度。从西方引进的现代思想，最终会落实为对身体的发现、重塑和阐释。身体作为“意义的根源和核心”[①]，是人的解放的最终旨归。脱离了身体，各种思想观念都会变成纯粹的理论运演，失去实际意义。与之相适应，五四文学在新的思想观念的引领下，也开始了对身体的重新发现与阐释。但是，以往的研究更多是在思想层面上诠释和阐发五四文学的思想内涵，而对五四文学中的身体问题缺少必要的研究和论证。五四文学一旦被简化为一个精神事件，其中有关身体的内涵尤其是女性身体的文化隐喻性就被遮蔽了，因此我们必须重新还原历史的真实，将五四新文学中有关身体的思考发掘出来，以达到重评五四文学的目的。

## 第一节　女性身体书写：一个文学现代性事件

身体，作为社会构成的核心元素，历来是各种意义生成的场所，也是各种社会运动竭力争夺的资源。但在中国古代文学中，身体被推向了两个极端：其一，身体被当作文化管制的对象，被看作是低级、盲目的破坏性力量。

---

① [美]彼得·布鲁克斯：《〈身体活——现代叙事中的欲望对象〉绪言》，《身体活——现代叙事中的欲望对象》，朱生坚译，北京：新星出版社 2005 年版，第 2 页。

古人所谓的“修身”，其实是对身体的压制，将人变成弗洛伊德所说的“佩假肢的上帝”。荀子有言：“圣者，伪之极也。”所谓“伪”，就是掩盖身体的真实，将身体的能量抽干，变为一个生命符码。当宋儒将“天理”和“人欲”对立起来以后，“身体”就被妖魔化，成为危害社会与道德的潜在力量。而美好的女性身体，其危险性更为巨大，“红颜祸水”论调的千古流传，显然表明了男性中心文化对女性身体能量的恐惧。在儒家道统统摄下的古代文化和文学都具有这一倾向。其二，身体被当作快感的工具、欲望的客体对象，丧失了其指意功能。在《金瓶梅》《肉蒲团》等叙事文学作品中，两性交媾中的身体通过机械运动制造男人的快感，而快感成为女性身体存在的唯一目的。女性作为欲望身体构成文学存在中最醒目的一个符号，成为快感发动最为有效的工具。近代以降，尤其晚清以来，随着救国保种运动的兴起，身体现代改造运动骤然兴起，饱受父权文化摧残和压制的女性身体更是备受关注，其符指意义腾挪于民族耻辱符号与国族振兴的工具两者之间。随着“废缠足”“兴女学”、女国民运动的逐步开展，女性身体被纳入国族兴亡的宏大叙事之中，女性的“国民”（国女）身份被想象性确立。但身体的国民化与封建旧道统对身体的遮蔽有着相同的效果，“身体”只属于民族，而不属于个人，身体不能回归本体。只有到五四新文化运动时期，身体才摆脱了层层甲胄，显露其真实面目，而五四文学以其生动的身体叙事，再现了五四女性身体的个性化过程。

历来论述五四文学，都强调其启蒙主义思想，而文学对启蒙主义的表达，也势必借助身体这一重要的媒介，使启蒙主义思想落实到具体可感的身体之上。五四启蒙主义的一个重要内容是控诉封建专制和传统旧伦理对人精神的戕害与控制，而精神上受到的毒害与重创必然反射到身体上，身体的病弱与死灭在控诉封建制度的罪恶时显然也是有力的表证。如《祝福》中对祥林嫂这一形象的塑造。祥林嫂三次进鲁镇，在鲁四老爷家做女佣，随着她的精神上逐步遭受打击，身体上也呈现次第的变化。精神重创之下，祥林嫂由病到死，最后饿毙在新年祝福的鞭炮声里。鲁迅对这一人物身体的叙事所隐含的批判性力量，其实并不比精神表现控诉的力度更小。五四启蒙文学之所以被视为中国文学现代化的起点，个体身体与人的欲望作为一种书写资源进入文学叙事并得到充分呈现，我们应视为是一个重要方面。受西方浪漫派文学与日本明治以来私小说的影响，应该说相比古典文学身体在五四文学中获得了空前的更为充分细致深入的表现，人的身体在经过长期压抑后的自主释放成为确认现代"个体"生成的标志，也渐被现代作家所认识，并在具体文本中得到了认真的发掘和书写。但身体的叙事在五四文学里更多是以文化隐喻的方式得以表现的。如鲁迅及文学研究会的作家的小说主要表现伦理身体，赋予身体以一定的现代性指涉，借此表达反封建或个性解放等思想内容，所以在人的身体上凝结着创作主体对文化现代性的渴求；而创造社诸人的性爱小说受到弗洛伊德和日本厨川白村学说的影响，在身体叙事方面注重表现人身体的性压抑及苦闷，深层透视人的生命律动，并将身体的受压抑与国家被欺辱的现状结合起来，虽也构成隐喻，却体现出更多的审美现代性特征。历史的改变往往也赋予身体不同的叙述形态，20世纪20年代后期大革命年代的特别氛围给现代中国人的身体特别是女性身体带来更复杂的隐喻面向，茅盾的"时代女性"小说系列通过对女性身体的性感敞开的描写预示了革命与女性的吊诡关系。

在以人的个性解放为主导的五四时代也顺势提出了妇女解放的命题，在此命题下，女性身体重新被定义并获得了现代建构。值得注意的是女作家在五四文坛崛起，由此在文学创作上也开辟了性别身体的一个新的领域，改变了女性身体原来被对象化叙事的局面。一些女作家如丁玲，惯以女性特别的感知、体验、遭际和声音表达自己的身体，通过写自己的身体，打破女性身体在"他看"的目光中被扭曲的叙事，向读者呈现真实的女性身体，这无疑具有强烈的文化反抗意味，也是既往文学所不能办到也不可能具备的，对于女性解放和文学史这种性别身体的书写都是极有意义的：

> 通过写她自己，女性将返回到自己的身体，这身体曾经被从她身上收缴去，而且更糟的是这身体曾经被变成供陈列的神秘怪异的病态或死亡的陌生形象，这身体常常变成了她的讨厌的同伴，成了她被压制的原因和场所。①

就女性身体的现代叙事而言，在五四时代发生了两个显著的变化：首

① [法]埃莱娜·西苏：《美杜莎的笑声》，张京媛主编：《当代女性主义文学批评》，北京：北京大学出版社1992年版，第193页。

先，女作家群浮出历史地表给女性身体的叙述带来新的质素；其次，女性身体在五四男作家的叙事中也呈现出一些典型的审美现代性特征。传统文学受到过多文化因素的制约，除了《金瓶梅》等一些色情文学①，其女性身体表现十分内敛和含蓄，总是在“千呼万唤”中“犹抱琵琶半遮面”地摇曳多姿地出场，在一种迟疑不定、半遮半掩乃至被排斥的状态中得到文学呈现。如果说古典文学叙述身体因为多用意象和比拟，往往注重对女性身体形貌的描画或身体意念的把握和捕捉，如同中国画风的写意、写真，除对女性身体精工细描，多是稍加点染采用简单线条传神达意，因此身体表现上具有相当的含蓄美和圆熟雅致的情韵。那么进入五四文学中的女性身体，显示了与古典完全不同的叙事风格，显得更为重视直观性和视觉性。但如此一来，在五四文学中的一些现代文本里，身体的可感性可能得到增强，但含蓄性显然大大降低了。特别是现代叙事喜欢对身体进行直呈式书写，让身体更加可感、可触、可视，虽然有可能失却了圆熟优雅的情致，但身体的肉体性即鲜活程度得到充分呈现。这显然得力于现代新的媒体文化的出现，体现了作家对20世纪才输入到现代中国的可视技术如照相、电影的借鉴。当然也并不排除现代叙事的其他因素如心理描写的扩大与身体叙事所形成的互动作用，特别是五四文本更多受到了外来的欧洲和日本小说的影响，对欧化体式及其叙事风格的借鉴和摹仿，这些都促成了五四文学身体叙事的异质变化。

而我们下面要考察的是女性身体如何进入五四文学叙事，并处于怎样的位置？如何为文学叙事所呈现、所建构？担当了什么文学功能，又反映了创作者什么样的深层动机？研究的前提是，我们不是简单去分析作家如何描摹女性身体，而是通过作家对身体的叙述，察看女性身体所具备的现代符号功能与指意作用，诠释女性身体所呈现的丰富景观及深层意涵。

## 第二节　鲁迅小说中女性身体的隐喻

鲁迅早年日本留学时，针对“竞言武事”的“辁才小慧之徒”，提出这样的

① 古代色情小说如《金瓶梅》等对女性身体是完全描摹性的，就像绘画，完全以视觉化肉体来呈现，引起的不是审美，而是色情。

疑问："而举国犹孱，授之巨兵，奚能胜任，仍有僵死而已矣。"[1]"举国犹孱"，正说明了他对国民身体孱弱的忧虑，及由此而来的失望乃至绝望。但幻灯片事件后，鲁迅认识到："凡是愚弱的国民，即使体格如何健全，如何茁壮，也只能做毫无意义的示众的材料和看客，病死多少是不必以为不幸的。"[2]所以鲁迅弃医从文，从此将改变国人的精神当作"第一要著"。但这并不意味着鲁迅就真的忽视了身体，因为无论他创作什么文体，审视中国人的身体、问诊精神上的病症，都成为他写作的一个核心要素。实际上身体构成了鲁迅著述中除"国民性"以外的第二个关键词。历来研究鲁迅的学者，往往忽视了其文本中的身体叙事一维，仅仅从精神层面讨论其创作的深刻思想内涵，却恰恰可能遮蔽了鲁迅对身体病态的发掘及思想启蒙的理性深度。

## 一、女性伦理身体的病相表达

研究"现代叙述"的彼得·布鲁克斯在其著作《身体活——现代叙事中的欲望对象》中曾指出："作为一种哲学立场的现实主义的兴起，使身体成了没有任何超越自然的先验原则的情况下的实体，它作为心灵的先决条件，一切形而上学的思考最终都必须归结于此。"[3]五四文学之所以被视为中国现代文学的起点，伴随着"人"的发现，身体作为一种书写资源进入文学叙事并得到充分的开掘与呈现，我们应视为是一个重要方面。历来论述五四文学，都强调其启蒙主义精神核心，但事实上，五四文学的"启蒙思想"诉求并非只通过"国民魂灵"的揭示来呈现，鲁迅"忧愤深广"的启蒙主义思想也被其铭写到男人、女人具体可感的身体之上，正如阿Q的"癞疮疤"这一让他自卑或羞辱的身体标记，恰是其"精神胜利法"的具象再现。在鲁迅笔下，封建礼教和文化戕害的不仅仅是人的灵魂，也反射到人的身体层面，受害者身体症候及病弱和死灭，都实实在在控诉着封建制度和文化的罪恶，揭露着封建礼教不见血的"杀人"伎俩。德国当代女神学家温德尔(E. Wendel)曾提出这样的看法："身体不是私人性的表达，而是一个政治器官，是宇宙的和社会的实在之镜像，反映着人的病相、毒害和救治过程。在身体这个位置上，人们可以

---

[1] 鲁迅：《文化偏至论》，《鲁迅全集》(第1卷)，北京：人民文学出版社2005年版，第45、46页。

[2] 鲁迅：《呐喊自序》，《鲁迅全集》(第1卷)，北京：人民文学出版社2005年版，第439页。

[3] [美]彼得·布鲁克斯：《身体活——现代叙述中的欲望对象》，朱生坚译，北京：新星出版社2005年版，第42页。

审美地、社会地、政治地、生态地经验世界”。①在鲁迅小说中有着大量对女性身体的叙述，这为我们从身体隐喻角度研读其作品提供了可能。鲁迅充分发掘了身体的文化力量，让传统伦理规约下的女性身体承担起反封建的隐喻符号的功能，他对女性伦理身体的病相表达，体现出其作为一个思想家对旧式妇女群体的伦理关怀及独到的社会批判的眼光，其中彰显着极为丰富的思想现代性内容。

1. 旧式妇女伦理身体的形象叙述

鲁迅十分善于抓住女性身体特征进行各种漫画式速写，为我们留下了很多极为珍贵的女性身体草图，给人视觉上留下了很深刻的印象。如《颓败线的颤动》中，“在破榻上，在初不相识的披毛的强悍的肉块底下”的“为饥饿，苦痛，惊异，羞辱，欢欣而颤动”的年轻母亲“瘦弱渺小的身躯”，及至晚年却因此遭受着儿孙“怨恨鄙夷”的老女人②站在“无边的荒野中的”“伟大如石像，然而已经荒废的，颓败的身躯”③，深刻演绎了奉献与背叛的人性的复杂。《故乡》中素描式的“豆腐西施”奇特的身体造型：“两手搭在髀间，没有系裙，张着两脚，正象一个画图仪器里细脚伶仃的圆规”④，生动映衬出杨二嫂庸俗、狡黠而又贪婪的性格。还有《离婚》里爱姑在船上“摆成一个‘八’字的”“钩刀样的脚”⑤，《风波》里裹了脚的六斤“一瘸一拐”颠踬的步态，《示众》里看热闹的老妈子“头上梳着的喜鹊尾巴似的‘苏州俏’”和“钩刀般的鞋尖”⑥，诸如此类，虽不过寥寥几笔，但都成为旧式妇女生动的符号化的映像，也充分显示了鲁迅瞬间捕捉女性身体特征的能力。认真考察鲁迅作品中有关女性的叙事，除了俭省的语言和干净的行为描写，身体叙述似乎占据着非常显豁的位置。他虽不对之加以浓墨重彩的刻画，可能只是勾勒一个漫画式的身体构图，但内涵丰富、形象生动，犹如祥林嫂额头上的“伤疤”，构成文本所有意义汇聚的场所。

中国经历两千多年的封建社会，封建传统文化的影响根深蒂固。在封

---

① 转引自刘小枫：《个体信仰与文化理论》，成都：四川人民出版社1997年版，第476页。
② 鲁迅：《颓败线的颤动》，《鲁迅全集》(第2卷)，北京：人民文学出版社2005年版，第209页。
③ 鲁迅：《颓败线的颤动》，《鲁迅全集》(第2卷)，北京：人民文学出版社2005年版，第211页。
④ 鲁迅：《故乡》，《鲁迅全集》(第1卷)，北京：人民文学出版社2005年版，第505页。
⑤ 鲁迅：《离婚》，《鲁迅全集》(第2卷)，北京：人民文学出版社2005年版，第148页。
⑥ 鲁迅：《风波》，《鲁迅全集》(第2卷)，北京：人民文学出版社2005年版，第73、74页。

建文化和礼法制度下，女性受其身体性和生育功能的支配，被一系列纲常伦理和旧道德规定并支配着，除了遵守“三纲五常”，封建文化还为女性量身定做了许多具体的行为规范，如“女四书”，其中出自《女诫》的“德言容工”“贞女不嫁二夫”等要求成为“女人之常道”，以此制约女性的日常行为和婚姻自由。这些传统话语构成一种“规训”的力量，针对的多是女性的身体，“权力触及个体的细胞，通达他们的身体，并将寓于他们的姿势、他们的态度、他们的话语、他们的培训、他们的日常生活之中”①。正是由于各种传统礼法的严格控制，女性完全被局囿在婚姻和家庭藩篱里，为女、为妻、为母的伦理身份始终约束着她的身体，长此以往这种文化的规训进一步内化为女性自觉，以致完全丧失自我意识，化为一个“伦理身体”。刘小枫在《沉重的肉身——现代性伦理的叙事纬语》中指出：“伦理就是一个人对自己身体在世的态度，伦理中的成文或不成文规例就是道德规范。世界上所有古老的道德规范都是男人按自身的意愿编织出来的。”②传统男权中心文化规约下的妇女的身体就是一种“伦理身体”，意味着妇女在日常生活和事务中都只是一具被动的、承受的客体及实践德行的工具，与享乐、欲望及快感无关的机器式的肉身。鲁迅最重要的两部小说集《呐喊》《彷徨》中，除了《伤逝》和《幸福的家庭》有限地涉及对“新女性”的叙述，其他小说主要以这种女性的“伦理身体”作为叙述焦点，通过对其身体在世性的表现，揭示封建文化制度下“女奴”们畸形的精神状态。在他笔下，这些在封建旧礼教下浸淫已久受毒很深的传统妇女，虽处于封建等级秩序最底层，却丝毫意识不到自己的“女奴”地位，完全放弃了自我主体性，她们的身体除了体现生殖功能，彻底放弃了自然性，“是事件被铭写的表面，是自我被拆解的处所，是一个永远在风化瓦解的器具”③。然而，不可否认，在传统女性伦理身体的无意识之海的深处，并不能完全抹除她们被压抑的生命意识的蠢蠢欲动。

鲁迅对这类旧式妇女伦理身体的叙述，主要是通过其家庭亲缘之内与丈夫、儿子的关系来达到揭示反封建的符号指意功能，其中《祝福》通过叙述祥林嫂的命运，对传统女性遭受封建文化摧残的揭示最为有力。祥林嫂三

① 福柯语，转引自杨大春：《语言　身体　他者》，北京：生活·读书·新知三联书店2007年版，第232页。

② 刘小枫：《沉重的肉身——现代性伦理的叙事纬语》，北京：华夏出版社2007年版，第78页。

③ [法]福柯：《规训与惩罚》，刘北成等译，北京：生活·读书·新知三联书店1999年版，第27页。

次进鲁镇，随着她的精神遭受重创，她的身体由壮到死，反映出鲁迅对这一人物身体叙事所隐含的批判力量，其实超过了揭露“精神病苦”的强度和力度。

“凡人都想活；烈是必死，不必说了。节妇还要活着。精神上的惨苦，也姑且弗论。单是生活一层，已是大宗的痛楚。假使女子生计已能独立，社会也知道互助，一人还可勉强生存。不幸中国情形，却正相反。”[①]作为文盲的祥林嫂，缺乏自我意识，不具备思考自身处境的能力，她在两任丈夫死后，只是在求生本能的驱使下，按照传统积习来苟延自己的生命。针对这一人物的特点，作者精心选择了旁观者的叙述立场，通过呈现其身体的变化，揭示这个普通劳动妇女作为一具伦理身体所遭受的悲苦命运。第一个丈夫死后祥林嫂来到鲁镇，站在人们面前的她“年纪大约是二十六七，脸色青黄，但两颊却还是红的”，并且“手脚都壮大，又只是顺着眼，不开一句口”[②]，这番身体描述从“他看”的眼光看去，凸现的是祥林嫂潜在的劳动价值，头上的“白头绳”是其亡夫的印记，颊色“却还是红的”，说明身体尚健康，“手脚都壮大”则预示着她具备不凡的劳动能力。果然，健康而顺服的祥林嫂在“试工期内，她整天的做，似乎闲着就无聊，又有力，简直抵得过一个男子”。这时的祥林嫂尚有资格参加一年中最重要的“祝福”工作。祭祀活动在传统礼法中至关重要，这是“鲁镇年终的大典，致敬尽礼，迎接福神，拜求来年一年中的好运气的”[③]，“祝福时必须庄严肃穆，禁忌很多……没满月的产妇，进过产房的人，都不准碰福礼、祭器等”。虽然“拜的却只限于男人”，而女人只是准备“福礼”，“杀鸡、宰鹅、买猪肉，用心细细的洗，女人的臂膊都在水里浸得通红，有的还带着绞丝银镯子”[④]。祥林嫂也乐此不疲，以自己充满活力的自然身体获得了主人对其“奴隶”身份的认可，“到年底，扫尘，洗地，杀鸡，宰鹅，彻夜的煮福礼，全是一人担当，竟没有添短工。然而她反满足，口角边渐渐的有了笑影，脸上也白胖了”[⑤]。可见，祥林嫂没有主体精神，缺乏对自身命运和处境进行反思的能力，更无高远的追求。她的全部财富就是一个具有

---

① 鲁迅：《我之节烈观》，《鲁迅全集》(第1卷)，北京：人民文学出版社2005年版，第128页。
② 鲁迅：《祝福》，《鲁迅全集》(第2卷)，北京：人民文学出版社2005年版，第10页。
③ 鲁迅：《祝福》，《鲁迅全集》(第2卷)，北京：人民文学出版社2005年版，第5页。
④ 鲁迅：《祝福》，《鲁迅全集》(第2卷)，北京：人民文学出版社2005年版，第5页。
⑤ 鲁迅：《祝福》，《鲁迅全集》(第2卷)，北京：人民文学出版社2005年版，第11页。

劳动能力而被人尊重的肉身，她满足于为被封建礼法秩序接纳而“做稳了奴隶”，尽管在鲁家要“整天的做”，劳动价值被压榨到极致，但劳动带给她的却是身体的高度愉悦和精神的完全满足。

封建伦理制度下女性没有身体自主权，在家从父，出嫁从夫，夫死从子。祥林嫂在第一次婚姻时，她的身体作为财产被其父亲让渡给她丈夫，丈夫死后，祥林嫂私自跑到鲁镇以出卖自己的劳动力为生，但她不属于自己，婆婆才是其身体的“合法”监护人。为了给第二个儿子娶妻，婆婆可以绑架在河边淘米的祥林嫂，“捆了躺在船板上”，强行卖与“深山野坳”里的贺老六为妻。整个过程是“用绳子一捆，塞在花轿里，抬到男家，捺上花冠，拜堂，关上房门，就完事了”[①]。几个动词点染出祥林嫂被剥夺了“主体”的身体，如同动物一样被对待。小说借卫婆子的话叙述祥林嫂对“再嫁”的反抗：“一路只是嚎，骂，抬到贺家墺，喉咙已经全哑了。拉出轿来，两个男人和她的小叔子使劲的擒住她也还拜不成天地。他们一不小心，一松手……她就一头撞在香案角上，头上碰了一个大窟窿，鲜血直流，用了两把香灰，包上两块红布还止不住血呢。直到七手八脚的将她和男人反关在新房里，还是骂……”[②]。祥林嫂在鲁镇做工固然可以养活自己，从现代社会角度看，并不是一个年轻女人合理正常的生活，但她却非常满足于这种生活状态，所以她拼死抵抗，根本的还在于她要遵守“从一而终”的礼教信条，并非出于“爱”为“小她十岁”的丈夫守节。

小说里对第二次丈夫死后来到鲁镇的祥林嫂，采用了几乎相同的身体叙述思路。这时的祥林嫂境遇更加悲惨，虽然再嫁被认为“失节”，但毕竟有了生活依托，只是看似美满的生活却再次破碎，对生活无过多奢求的祥林嫂在身体和精神上再遭重创。当她不得不因为既失夫也失子被“大伯收屋”——剥夺财产权第二次来鲁镇时，鲁迅不仅专注于其精神，而且仍然着力于其身体：“脸色青黄，只是两颊上已经消失了血色，顺着眼，眼角上带些泪痕，眼光也没有先前那样精神了。”[③]并且其劳动身体的可利用价值也大打折扣，“上工之后的两三天，主人们就觉得她手脚已没有先前一样灵活，记性

① 鲁迅：《祝福》，《鲁迅全集》（第2卷），北京：人民文学出版社2005年版，第14页。
② 鲁迅：《祝福》，《鲁迅全集》（第2卷），北京：人民文学出版社2005年版，第14页。
③ 鲁迅：《祝福》，《鲁迅全集》（第2卷），北京：人民文学出版社2005年版，第15页。

也坏得多，死尸似的脸上又整日没有笑影”[①]。祥林嫂的再嫁之身、克夫之相被鲁四老爷视为不祥之物，于是她身体的文化身份也被强行逐出封建秩序之外。鲁四老爷阻止她参与家里重要的祭祀工作，“她转了几个圆圈，只得疑惑的走开，她在这一天可做的事是不过坐在灶下烧火”[②]，而带来的波及影响是，“镇上的人们也仍然叫她祥林嫂，但音调和先前很不同；也还和她讲话，但笑容却冷冷的了”[③]。周围人的态度既然如此，祥林嫂的身体与精神也就随着外在环境的变化每况愈下，可见正是封建礼教与命运的双重打击，让祥林嫂曾经充满活力的自然身体，很快蜕变成一具“活死尸”。

小说不仅通过祥林嫂的身体叙述关注造成祥林嫂不幸命运的家族制度，更注重揭示封建礼教“吃人”的罪恶。心理学认为，人的身体自我意识源于羞耻、耻辱感，祥林嫂两次婚姻让她从一而终的意愿破灭，“饿死事小，失节事大”，她的精神负担因此很沉重，这体现为她对抗婚留在额头上的“伤疤”十分忌讳与在意。包括柳妈在内的鲁镇的人们，并不真正怜悯其失夫失子的“不幸”，而是更在意祥林嫂为什么当时不求一死，“再一强，或者索性撞一个死，就好了。现在呢，你和你的第二个男人过活不到两年，倒落了一件大罪名”[④]。柳妈与镇上的人都讪笑祥林嫂额角上的伤疤，使“失节”成了祥林嫂摆脱不掉的原罪。祥林嫂只得接受柳妈的建议去“赎罪”，“第二天早上起来的时候，两眼上便都围着大黑圈”，“急得流泪”，“去求捐门槛”[⑤]，以为只有这样自己有“罪”的身体才能获得救赎，免掉柳妈说的死后被阎罗大王把身体锯开分给两个死鬼丈夫的可怕命运。但鲁镇的人仍然毫无同情心，继续“专在她额上的伤疤”取笑她，对此“她整日紧闭了嘴唇，头上带着大家以为耻辱的记号的那伤痕，默默的跑街，扫地，洗菜，淘米”[⑥]。可以说，鲁迅充分借助“疤痕”这一身体叙事，冷静谛视周围旁观者的冷漠，揭示“无物之阵”杀人不见血的功夫。

小说始终扣住祥林嫂这一伦理身体进行叙述，写其被封建礼教“虐杀”

---

① 鲁迅：《祝福》，《鲁迅全集》（第2卷），北京：人民文学出版社2005年版，第16页。
② 鲁迅：《祝福》，《鲁迅全集》（第2卷），北京：人民文学出版社2005年版，第17页。
③ 鲁迅：《祝福》，《鲁迅全集》（第2卷），北京：人民文学出版社2005年版，第17页。
④ 鲁迅：《祝福》，《鲁迅全集》（第2卷），北京：人民文学出版社2005年版，第19页。
⑤ 鲁迅：《祝福》，《鲁迅全集》（第2卷），北京：人民文学出版社2005年版，第20页
⑥ 鲁迅：《祝福》，《鲁迅全集》（第2卷），北京：人民文学出版社2005年版，第20页。

的详细过程。捐了门槛的祥林嫂仍然不能被秩序所“认同”：年祭时，四婶一句“你放着罢，祥林嫂”便让她“像是受了炮烙似的缩手，脸色同时变作灰黑，也不再去取烛台，只是失神的站着”，而“第二天，不但眼睛窈陷下去，连精神也更不济了。……有如在白天出穴游行的小鼠；否则呆坐着，直是一个木偶人。不半年，头发也花白起来了，记性尤其坏，甚而至于常常忘却了去淘米”[①]。可见，女性违背了封建贞操文化，身体在伦理上就被“污名化”了，但这种身体的污名却被祥林嫂内化为意识自觉，是其滑向死路的根本原因。鲁迅不仅见微知著地揭示封建文化对于祥林嫂精神上的摧残，而之于祥林嫂身体则穷形尽相地加以表现，将祥林嫂身体上的不断衰败与她精神上遭受的一步步摧残相互印证，在扩大了叙述张力的同时，也将文化批判放大到极致。

祥林嫂在祝福的鞭炮声中最终死去，看起来这是身体的自然病弱与死灭，但最本质的死因应是鲁迅在《我之节烈观》中所命名的“无主名无意识的杀人团”给祥林嫂造成的精神迫害，进而反射到其身体层面的结果。小说中，精神上完全被摧垮、生命濒死的祥林嫂，形容已经完全反常：“五年前的花白的头发，即今已经全白，全不像四十上下的人；脸上瘦削不堪，黄中带黑，而且消尽了先前悲哀的神色，仿佛是木刻似的；只有那眼珠间或一轮，还可以表示她是一个活物。”[②]这种身体叙事的批判力量其实与精神病态呈现在文本中是完全同构的，其指向的都是封建礼教的节操观，对女性的伦理关怀可谓力透纸背。

2. 旧式妇女伦理身体的隐喻表达

鲁迅小说中还有相当一部分或正面或侧面叙述旧式妇女的伦理身体，借此表达他反封建的现代性诉求和借伦理批判揭示国民性的思想指向。

小说《药》不仅是合乎詹姆逊所称的“民族寓言”文本，也是一个典型的身体寓言文本。小说通过华小栓的病与死，串联起故事中的所有人物。而“药”在华小栓的身体与革命者的身体之间构成了叙事的枢纽，成功地起到了推进叙事的作用，作者借“药”与“病”、“革命”与“牺牲”、启蒙者与民众三重暧昧关系，深刻揭示了辛亥革命的不彻底和救治国民灵魂的重要性。华、

---

① 鲁迅：《祝福》，《鲁迅全集》(第2卷)，北京：人民文学出版社2005年版，第20、21页。

② 鲁迅：《祝福》，《鲁迅全集》(第2卷)，北京：人民文学出版社2005年版，第6页。

夏两个姓氏的结合，则暗示了沉疴在身的华夏民族对新生之药的渴求。如果说华小栓的病体象征着身染疾患的民族，那么他最终的死亡则资证了夏瑜的身体牺牲并非是拯救国族的对症之药。主张思想启蒙的鲁迅，通过这样一个身体隐喻传达的是，单纯的政治革命难以挽救民族濒危病体，只有改造国民性，才是振兴国族的关键。

作者借助华小栓的病体完成了对思想启蒙的呼唤。但值得留意的是，《药》这一文本也间接借助华老栓妻子这一伦理文化规约下的旧式女人的身体，达到揭示启蒙主题的作用。比起华老栓，鲁迅对华大妈的描写格外俭省，通常一笔带过。第一节写华老栓大半夜起床，惦记着出去“买药”，华大妈也并没睡踏实，在落实了丈夫要出去的信息后，“在枕头底下掏了半天，掏出一包洋钱，交给老栓”[①]。这“掏了半天”的行为细节，证明了华大妈对钱的收藏十分烦琐、隐蔽，也显示了她作为母亲对医好儿子疾病的重视与渴望。第二节当华老栓把“药”买回家，小说里写道“店面早经收拾干净，一排一排的茶桌，滑溜溜的发光”，而“他的女人，从灶下急急走出，睁着眼睛，嘴唇有些发抖”，并问“得了么”[②]。读者可从此细节中理解其中三昧。前面的描写暗示在华老栓家，男主外女主内，华大妈是丈夫的好帮手，勤劳并善于持家，对儿子她和丈夫一样，打点起全副精神给儿子治病，以致这焦虑反映到急急迎接丈夫瞪大的眼睛和发抖的嘴唇上。后来华大妈侍候小栓吃了药，“他的旁边，一面立着他的父亲，一面立着他的母亲，两人的眼光，都仿佛要在他身里注进什么又要取出什么似的”[③]，这“眼睛”简直是神来之笔，似乎画到了人物的骨髓里，华大妈与华老栓的眼光实在不分彼此，所蕴含的内涵又何其丰富，他们想注入儿子身体里的无非是生的希望！小说寓意革命者身体的牺牲不仅没有唤醒民众，其抛头颅洒下的鲜血居然成全了在生存线上挣扎的百姓的愚昧，这是一幅多么残酷的图景！

可以说，经此描画，鲁迅将华大妈的身体置于伦理的文化空间，将一个母亲伦理身体的无主体状态完全呈现出来。小说第四节写到清明节华大妈去给儿子上坟，鲁迅为她又特意画了一幅身体的素描：“这一年的清明，分外寒冷；杨柳才吐出半粒米大的新芽。天明未久，华大妈已在右边的一坐新坟

---

① 鲁迅：《药》，《鲁迅全集》（第1卷），北京：人民文学出版社2005年版，第463页。
② 鲁迅：《药》，《鲁迅全集》（第1卷），北京：人民文学出版社2005年版，第465页。
③ 鲁迅：《药》，《鲁迅全集》（第1卷），北京：人民文学出版社2005年版，第466页。

前面，排出四碟菜，一碗饭，哭了一场。化过纸，呆呆地坐在地上；仿佛等待什么似的，但自己也说不出等候什么。微风起来，吹动他短发，确乎比去年白得多了。”[①]很明显，儿子死亡给一个母亲精神上的深重打击也明显地折射到她的身体上。

鲁迅不止一次借儿子死亡这一情节表现作为母亲的传统女人的伦理身体，揭示封建文化从夫从子传统下女性无法走出的爱子的心狱。小说《祝福》《药》《明天》都是如此。《祝福》里写祥林嫂自叙儿子阿宝被狼叼走吃了的故事，因为见人就“只是直着眼睛，和大家讲她自己日夜不忘的故事”，故事反复地讲，已引不起别人的同情，她自己却逐渐成了被人厌憎的玩物和供人谈资的笑料了，儿子惨死给母亲的身心当然带来重创，但这并不仅是母爱的折射，也是文化规约下传统女性不可逃避的悲剧宿命，而周围人对有丧子之痛母亲的冷漠更是让人齿寒。

《明天》这一小说无疑是通过单四嫂子失夫之后守寡三年又痛失爱儿的一个简单故事，来表达反封建和妇女解放的主题，深刻批判封建节操观念对女性的身心压迫。在文本里，女性身体显然担任了强烈的指意功能。当叙事人一再提示单四嫂子“是一个粗笨女人”，强调文本所叙述的不是一个欲望的对象身体，而是一个普通妇女劳动的身体，这身体上却深深烙着封建礼法和伦理的烙印。单四嫂子有特别的身世，她是一个寡妇，但她有一个儿子，“自从前年守了寡，便须专靠自己的一双手纺出棉纱来，养活他自己和他三岁的儿子”[②]。作为儿子的母亲，她不是为自己活着，她为儿子活，也为死去的丈夫活，因而她的身体活在封建伦理的制约中，她要恪守封建礼法为妇女规定的节操。本指望养大儿子独立过活的单四嫂子，儿子却生了病，于是在故事发生的夜里，“单四嫂子正抱着他的宝儿，坐在床沿上”，她无须再纺纱了，“纺车静静的立在地上”。叙事人的声音在这时却响起来：“单四嫂子等候天明，却不像别人这样容易，觉得非常之慢，宝儿的一呼吸，几乎长过一年。”[③]可见，这儿不仅仅是说这一个长夜难打发，而是暗示着单四嫂子的日子一直都这样，不然单四嫂子就不必天天纺纱到深夜了。所以气息奄奄的宝儿就是单四嫂子生活下去的唯一光亮，儿子的小生命存在才能证实母亲

---

① 鲁迅：《药》，《鲁迅全集》（第1卷），北京：人民文学出版社2005年版，第470页。
② 鲁迅：《明天》，《鲁迅全集》（第1卷），北京：人民文学出版社2005年版，第473页。
③ 鲁迅：《明天》，《鲁迅全集》（第1卷），北京：人民文学出版社2005年版，第474页。

的伦理身体存在的价值。小说详细写了她抱着儿子去看病的过程，写到买药回来后单四嫂子身体的微妙感觉："越走觉得越重；孩子又不住的挣扎，路也觉得越长"，"衣服渐渐的冰着肌肤，才知道自己出了一身汗；宝儿却仿佛睡着了。他再起来慢慢地走，仍然支撑不得。"①小说通过"路"这一意象把单四嫂子的无助给放大了，然后又将这种无助与绝望进一步反射到她的身体上，"越走觉得越重"的身体和"路也觉得越长"的空间感觉，将一个全副希望都寄托在儿子身上的传统女人的人生可怜之处生动地表现出来。作者特意将女性的伦理身体置于特定的空间内，从某种意义上说，所有的伦理身体都要在特定的空间内处于被"权力"规约的状态下才能完成，尽管这种伦理身体看起来可能是以一种"自觉"的形式呈现的。住在咸亨酒店"间壁"的单四嫂子，她的一举一动都似乎在酒客的监视下，她不纺纱了酒客也听得到。这种特定的居住空间对单四嫂子来说，构成了一种隐秘的权力，能够对她这一女性的伦理身体持续不断地进行监视和规训，尤其是在"社会的公意，向来认为贞淫与否，全在女子"②的旧社会，这种特定空间完全形同于边沁的"圆形监狱"，具有一种物质形态的权力意义，形成对人身体的压迫与控制。所以单四嫂子在到处都是"眼睛"的这个空间内，只能逼迫着自己循规蹈矩，守她必须要守的"节"。当然封建节操观也已经完全内化到她身体里，融入她血液中。

3. 鲁迅小说中对女性身体的病相表达

"巴塔耶的色情分析告诉我们，人身体性的本能冲动不再像动物那样直接、自然、纯粹和一丝不挂。相反，身体性行为被人化的东西所污染，而人也断然去掉不了它的原始动物性。恰恰是这种运动性重新将人的怪异性行为夺回来，并植根于人性本身。人的秘密绝不仅仅像黑格尔那样从自我意识那里去挖掘了，相反，它埋藏在凶蛮的身体和理性的自我意识的残酷对决的过程中，埋藏在撕裂的色情经验中。"③虽然传统伦理文化严重规约着旧式妇女的身体行为，让其遗忘了自己身体的自然性，从自然身体蜕变为社会的和文化的身体，并化约成纯粹伦理意义上的身体，但封建礼法文化的权力统

---

① 鲁迅：《明天》，《鲁迅全集》(第1卷)，北京：人民文学出版社2005年版，第475页。

② 鲁迅：《我之节烈观》，《鲁迅全集》(第1卷)，北京：人民文学出版社2005年版，第128页。

③ 汪民安：《身体转向》，见陈定家选编：《身体写作与文化症候》，北京：中国社会科学出版社2011年版，第60页。

治，并不能从根本上完全约束女性生命原欲的无意识冲动。

《明天》里值得特别咀嚼的还有小说所提供的另外一个细节。买药回来的路上，单四嫂子正累着，一个光棍汉蓝皮阿五上来执意要替单四嫂子抱孩子，单四嫂子先是不肯，后来许可了。但蓝皮阿五伸手抱孩子的"不规矩"动作却给单四嫂子的身体带来强烈的震动："他便伸开臂膊，从单四嫂子的乳房和孩子中间，直伸下去，抱去了孩子。单四嫂子便觉乳房上发了一条热，刹时间直热到脸上和耳根。"之后，"他们两人离开了二尺五寸多地，一同走着。阿五说些话，单四嫂子却大半没有答"①。这里的描写表明，单四嫂子的身体虽受到伦理的规约，却不意味着她身体的性意识也完全封闭了，所以当异性触到她的身体时，她才会有强烈的身体反应。"传统上，要约束欲望，就要借助父权/男权的权力体制，对女性的性进行调控。社会力求控制欲望的方式包括了一套有关苦行的意识形态，以此推延性的满足。"②与蓝皮阿五隔开的"二尺五寸多地"和单四嫂子的沉默足以说明，正是封建节操观念和封建禁欲主义思想抑制住了她身体的剧烈骚动。

这样，一个摒除了自然欲望的女性的伦理身体在《明天》里完全构成叙事的焦点，单四嫂子身体上的每一细微波动实质上都有着反封建的指意功能。小说描写了儿子终于不治，给单四嫂子的精神和肉体带来的巨大打击："宝儿的呼吸从平稳变到没有，单四嫂子的声音也就从呜咽变成号咷"，但"许多功夫，单四嫂子的眼泪宣告完结了，眼睛张得很大，看看四面的情形，觉得奇怪：所有的都是不会有的事"③。封建时代一个没有了儿子的母亲的身体就没有了生存的价值，儿子夭折将单四嫂子所有的生路都堵死了，所以她才会被绝望所笼罩，并陷于巨大的悲痛中，甚至于她的头脑都不会思想，并与实际产生偏离。小说通过单四嫂子身体与空间之间产生的异质感，以此来显示无形的社会压力带给这一女性伦理身体的催迫。当单四嫂子埋葬儿子后，一人坐在自己家里，"他定一定神，四面一看，更觉得坐立不得，屋子不但太静，而且也太大了，东西也太空了。太大的屋子四面包围着他，太空的东西四面压着他，叫他喘气不得"④。自始至终，《明天》都围绕着一个被封

① 鲁迅：《明天》，《鲁迅全集》（第1卷），北京：人民文学出版社2005年版，第475页。
② ［英］克里斯·希林：《身体与社会理论》，李康译，北京：北京大学出版社2010年版，第87页。
③ 鲁迅：《明天》，《鲁迅全集》（第1卷），北京：人民文学出版社2005年版，第477页。
④ 鲁迅：《明天》，《鲁迅全集》（第1卷），北京：人民文学出版社2005年版，第478页。

建伦理包裹着的女性身体叙事，读者似乎和她一样在身体上感受着有形的空间和无形的压力的无情压迫。

鲁迅小说里的女性身体往往有着多重指意功能，主旨在反封建，但有时还被借用间接讽喻社会人心丑恶，揭示男性中心文化规训下女性的异化。《肥皂》是一篇心理分析小说，主要借一块肥皂的故事透视人的潜意识活动，并揭露文化保守派伪道学的丑恶嘴脸。小说里的主人公四铭，是一个旧文人，有时为报纸撰写点卫道文章，排斥新思潮，他尤其对女性的"身体"解放大加褒贬："女人一阵一阵的在街上走，已经很不雅观的了，她们却还要剪头发。我最恨的是剪了头发的女学生，我简直说，军人土匪倒还情有可原，搅乱天下的就是她们，应该很严的办一办。"①他见到街上一个讨饭的姑娘，听到围观的光棍说"你不要看这货色脏，只要去买两块肥皂来，咯支咯支遍身洗一洗，好得很哩"，这种说法于是刺激了四铭的欲望联想，就买了一块肥皂，回家送给自己的太太，并大夸那讨饭孝女。小说里写四铭太太接到丈夫"礼物"时的心理活动：

> 她有时自己偶然摸到脖子上，尤其是耳朵后，指面上总感着些粗糙，本来早就知道是积年的老泥，但向来倒也并不很介意。现在在她的注视之下，对着这葵绿异香的洋肥皂，可不禁脸上有些发热了，而且这热又不绝的蔓延开去，即刻一径到耳根。她于是就决定晚饭后要用这肥皂来拼命地洗一洗。
>
> "有些地方，本来单用皂荚子是洗不干净的。"她自对自的说。②

这其实是对四铭太太的性心理的含蓄揭示，传统女性虽然为了保持身体的伦理性，强行束缚压制住身体的自然性，但在其意识之海深处，难以压抑的欲望冲动仍会时时冲决理智的堤坝。小说里四铭太太出于"护犊"本能，将丈夫买"肥皂"的潜意识活动一举揭穿，让四铭的伪道学嘴脸无可遁形，但"录用"肥皂让四铭太太被压抑的性心理其实也暴露无遗。在骂过四铭之后第二天，四铭太太却用这块"葵绿异香的洋肥皂"自觉地按照丈夫的趣味洗了

---

① 鲁迅：《肥皂》，《鲁迅全集》（第2卷），北京：人民文学出版社2005年版，第48页。

② 鲁迅：《肥皂》，《鲁迅全集》（第2卷），北京：人民文学出版社2005年版，第46页。

自己的身体，“肥皂上的泡沫就如大螃蟹嘴上的水泡一般，高高地堆在两个耳朵后”。小说以肥皂始，却以四铭太太的身体终，而借助四铭的视角，小说也深刻发掘了女性身体自觉屈服于男性中心意识的过程：“从此之后，四太太的身上便总带着些似橄榄非橄榄的说不清的香味；几乎小半年，这才忽而换了样，凡有闻到的都说那可似乎是檀香。”[①]在这一喜剧性叙事情节中，女性身体充当了推动叙事的关键枢纽，从侧面起到了深化主题的作用。

“女人身体的伦理价值是男人的叙述构造出来的”，“伦理问题就是关于一个人的偶然生命的幸福以及如何获得幸福，关键词个人命运、幸福、德行（如何获得幸福的生活实践），都围绕着一个人如何处置自己的身体”[②]。四铭太太表面看在家庭内似有一定的话语权，但其实完全受制于传统伦理规范，从小说里写她事夫、下厨、教子等细节可以看出，其一举一动都唯丈夫马首是瞻，丝毫无主体可言，自觉自愿地把身体作为男性欲望化的对象，努力扮演好伦理文化赋予其为妻为母的角色。由此可见，传统伦理文化对女性身体的规约何等深入，鲁迅通过一个日常化女性伦理身体的表现就将其深刻揭示出来。

从以上鲁迅小说中女性伦理身体的病相的表达可以看出，鲁迅对传统礼法下的女性悲剧命运是有着超越性别的深刻体认与伦理关怀的。在鲁迅笔下，这些旧式妇女的身体由于长期受到传统礼法的严格规驯，在男权（夫权、族权、神权）宰制下会完全丧失自我，把自身化约为生命的客体，身体的感性、动能被道德原则完全压抑，“这样的身体不再是洋溢着动物精神的身体，而是洋溢着权力意志的身体，洋溢着超人或者精神分裂症理想的身体。这不是喜气洋洋的身体，而是悲观、被动、呆滞的身体”[③]。传统礼教的压迫使女性身体成为被动的实践德行的机器，而她们自身却意识不到这样的“女奴”地位，没有进行反抗的觉悟，甚至习惯性地将传统文化信条内化为身体和心灵的一种自觉。鲁迅对此的揭示应该说是非常入木三分的。也许他对女性伦理身体的病相表达除了旨在对旧道德文化进行批判，还隐含着另一

---

① 鲁迅：《肥皂》，《鲁迅全集》（第2卷），北京：人民文学出版社2005年版，第56页。
② 刘小枫：《沉重的肉身——现代性伦理的叙事纬语》，北京：华夏出版社2007年版，第77－78页。
③ 汪民安：《身体转向》，见陈定家选编：《身体写作与文化症候》，北京：中国社会科学出版社2011年版，第65页。

番对女性个体性身体的现代性诉求，寄寓着他对未来“子君”式的能够冲破传统道德力量约束的女性现代身体的呼唤。

## 二、“新女性”身体叙述的悖论形态：以《伤逝》为中心

“经典，以预先决定的价值塑造了过去，使过去变成从人的角度可以利用的、易于接近的现代”[①]。鲁迅的《伤逝》[②]正是这样一个经典文本，其经典性在于它在诞生之时是以现代知识分子的爱情命运展示五四时代精神的成功范例，而在之后又以其思想上的无限张力创造了可供阐释的多样性的意义空间。以往鲁迅研究界对《伤逝》有着各种各样的解读，这里无须赘述。在笔者看来，对《伤逝》固然可以读出多重意旨，但从它的结构形式看，却不妨将其看作一个传统的“始乱终弃”故事之现代版本。当然，作为一种诠释文本的角度，或许未必能升华对作品的理解，但“解释我们在正常的阅读行为中带着无意识的快乐所读到的一切东西”[③]，也是文学批评题中应有之旨。小说里涓生和子君的爱情图式与古代才子佳人小说“始乱终弃”故事类型在叙事形态上具有相当的同构性，也让这般读解成为可能。作为新女性的子君在“出走”后重回传统的“故道”，让涓生厌倦她的不思进取，最后终于坦言“不爱”的事实，将子君推向“烈日一般的严威和旁人的赛过冰霜的冷眼”中，导致子君在“无爱的人间死灭”，这一从爱到不爱的现代爱情图式，既宣告了五四“自由恋爱”神话的破灭，也确证了鲁迅有关知识分子和女性解放问题的一些论断。子君代表着刚从闺阁中走出的五四新女性在身体和精神上存在的悖论形态，让她成为一个典型的传统与现代的矛盾统一体。鲁迅也许只是借助传统故事叙事的现代转型，让新女性身体的悖论存在穿透小说思想现代性的“迷障”，以寄托他凌厉地对五四个性解放与女性解放问题的反思，由此拆解五四新文化运动制造的似乎坚不可摧的现代启蒙神话。

### 1. “始乱终弃”传统故事之现代版本：《伤逝》与《莺莺传》之比较

当子君打破传统婚姻模式，以出走、自由婚姻这种现代女性的行为方式

---

① ［英］弗兰克·克莫德：《经典与时代》，毛娟译，阎嘉主编：《文学理论精粹读本》，北京：中国人民大学出版社 2006 年版，第 59 页。

② 鲁迅：《伤逝》，《鲁迅全集》（第 2 卷），北京：人民文学出版社 2005 年版，第 113－133 页。

③ ［美］西摩·查特曼：《故事和叙事》，黄辉译，阎嘉主编：《文学理论精粹读本》，北京：中国人民大学出版社 2006 年版，第 17 页。

来彰显自己获得了“主体”身份时，其实就已经埋下了自身悲剧的不幸的种子。女性如果不能从根本上摆脱依附意识建立现代独立人格，就很难成为命运的主体，也无法避免重走传统伦理女性的老路。子君固然挣脱了封建家庭的羁绊，实现了现代女性的身体出走行为，却自甘困于家庭空间，回归传统妇女生活的“故道”。这自然有她本身思想落伍的问题，但对一手造成子君命运悲剧的涓生来说，他又何曾从传统男性人格中真正蜕变出来呢？从传统视角对《伤逝》的解读能否成立，我们可借由王实甫的《西厢记》所依据的原始版本——唐代元稹唯一的传奇《莺莺传》作参照，对这个爱情文本的故事结构形态做具体分析。

第一，真实的爱情动机是男性要“逃出寂寞和空虚”、解决成年男子的性欲需求。元稹传奇《莺莺传》中，张生“是年二十二，未尝近女色”，[①]他向红娘解释为何不明媒正娶小姐莺莺，乃是“始自孩提，性不苟合。或时纨绮间居，曾莫流盼。不谓当年，终有所蔽”[②]。已经成年原当早该婚配的张生，独自客寓“普救寺”里，要备考科举，以完成古代文人不惜皓首穷经“求取功名”这一人生最高追求。但科举之路势必艰辛而漫长，张生和崔莺莺的故事于是就建立在这样的前提之下，也是张生见到美貌的崔莺莺那么急色，却在科举成功后攀高附贵对之始乱终弃的原因。就《伤逝》而言，涓生乃是一现代知识青年，有着更高的追求，其爱情萌发的地点，按照涓生“手记”中对事情的追述来看，他与子君相爱之前，是住在“会馆里的被遗忘在偏僻里的破屋”——只有破窗、方桌、败壁、板床，“被遗忘在偏僻里”，说明少有人来，这么一个居住空间，“窗外的半枯的槐树和老紫藤”也单调得毫无诗意。环境是如此的静寂，“深夜中独自躺在床上，就如我未曾和子君同居前一般”，这儿不言自明暗示的是成年男子独处时的性欲不得解决。涓生自陈，“我爱子君，仗着她逃出这寂静和空虚”，空虚是精神上的，是来自“彷徨歧路”，抵抗的绝望，但同时也是身体上的，“人之子醒了；他知道人类间应有爱情”[③]。鲁迅曾在一封致李秉中的信中谈起有关结婚问题，他说：“但据我个人意见，则以为禁欲，是不行的，中世纪之修道士，即是前车。但染病，是万不可的。十九世纪末之文艺家，虽曾赞颂毒酒之醉，病毒之死，但赞颂固不妨，身历却是大苦。

---

① (唐)元稹：《莺莺传》，《元稹集》，太原：山西古籍出版社 2005 年版，第 258 页。
② (唐)元稹：《莺莺传》，《元稹集》，太原：山西古籍出版社 2005 年版，第 259 页。
③ 鲁迅：《随感录四十》，《鲁迅全集》(第 1 卷)，北京：人民文学出版社 2005 年版，第 338 页。

于是归根结蒂，只好结婚。结婚之后，也有大苦，有大累，怨天尤人，往往不免。但两害相权，我以为结婚较小。否则易于得病，一得病，终身相随矣。”①很多研究从多方面考证涓生与鲁迅之间的等同关系，我们这里且不必做这种论证，却可从鲁迅也曾一个人住在北平的绍兴会馆里“抄古碑”的经历中体会。同样是这样一个环境，在安静的独处的日子里，他的男性经验、他和许广平恋爱时的复杂心理，不可能不进入《伤逝》这篇小说，进入涓生这个人物的精神结构。从恋爱走向同居，是男性欲望发动的结果，小说对此已经含蓄地做了些暗示，“我的心平静下去了，但又有别一部分同身体一起忙碌起来”，于是二人“去过几回公园，更多的是寻住所”，这“别一部分”显然有所指，而“寻住所”也是正当需要。所以，需要明确这一点，即涓生对子君产生爱，是要借爱来“逃出寂静和空虚”，也是他要解决性欲的需求，这才是他追求爱情的逻辑起点。在爱情动机上他与张生无疑是非常相似的。

第二，是以女性形容姿色为基础的“男追女”古典爱情模式的现代重现。《莺莺传》中，张生帮助崔家退走乱军，初见崔莺莺，“常服睟容，不加新饰。垂鬟接黛，双脸断红而已。颜色艳异，光辉动人……凝睇怨绝，若不胜其体”，“张惊，为之礼”，②正因为他爱慕崔的美貌，才有了下面追求的各个步骤：赠诗、联吟、传书、待月西厢等，均符合古代青年男女情感发展的逻辑。而《伤逝》中，小说将涓生和子君二人爱情的始末写得非常详细，尤其是心理过程，言说主体却是涓生一人，子君是被言说的对象。小说中写恋爱中的涓生“常常含着期待；期待子君的到来”，忍着“久待的焦躁”，当听到子君“皮鞋的高底尖触着砖路的清响”，涓生的情绪一下子“骤然生动起来”。不能不说，鲁迅对恋爱中男性心理的把捉十分真实，把涓生怀着期待等待子君的过程写得极为生动，是小说中异常精彩的段落：“只是耳朵却格外地灵，仿佛听到大门外一切往来的履声，从中便有子君的，而且橐橐地逐渐临近，——”，“蓦然，她的鞋声近来了，一步响于一步，迎出来时，却已经走过紫藤棚下，脸上带着微笑的酒窝”。可爱的子君就这样在涓生的视角下，以梦幻方式来到读者眼前，小说的现代身体叙事具有一种明显的可视效果，依稀仿佛我们可触摸到子君洋溢着青春气息的身体。美好的女性身体显然是催化涓生爱情

① 鲁迅：《280409致李秉中》，《鲁迅全集》（第12卷），北京：人民文学出版社2005年版，第113页。
② 元稹：《莺莺传》，《元稹集》，太原：山西古籍出版社2005年版，第258页。

产生最重要的一种酵素，以往研究者很少关注这一点：子君“带着笑涡的苍白的圆脸，苍白的瘦的臂膊，布的有条纹的衫子，玄色的裙”，著一双高跟鞋（“皮鞋的高底尖触着砖路的清响”），呈现的画面感极强，无论从服饰、鞋子，还是身体，“出场”时的子君都是备让涓生醉心的现代女性——处女的美丽、活泼的外表、时尚的装饰，她完全符合五四“新女性”的身体美学标准，也符合五四“智识阶级”对女性的审美理想。

第三，男性的知识和才华构成获取女性爱情的资本。如果说一介穷张生是靠自身卓越的才华、通过拒敌表现的胆识、作诗写情书显示的才学，还有死缠烂打的坚韧，打动了高傲的贵族少女崔莺莺，那么《伤逝》中涓生获得子君的青睐也多半重复了同样的故事。在会馆原本“寂静和空虚”的破屋里，涓生对子君进行了旷日持久的知识的“启蒙”，将现代价值观念一股脑灌输给单纯如一片白纸的子君，“谈家庭专制，谈打破旧习惯，谈男女平等”，子君完全成为一个受教的客体，任由涓生进行规划和塑造：“她总是微笑点头，两眼里弥漫着稚气的好奇的光泽。”当交际“半年”之久，涓生靠拥有的西方现代话语进行的爱情攻坚终于成功，子君“分明地，坚决地，沉静地”说出了干脆的承诺：“我是我自己的，他们谁也没有干涉我的权利！”这让涓生“狂喜”于“中国女性，并不如厌世家所说那样的无计可施”。涓生凭借自己所拥有“文化资本”俘获子君芳心，子君出现在涓生的生活里，无疑是作为一个打破男性“寂静与空虚”的符指，她在小说中的角色意义不仅仅是爱情故事的主人公，更是启蒙者所欲塑造的知识接受对象。这也意味着从封建家庭牢笼里脱身的子君分明没有成为自己精神的主体，她依附在男性启蒙权力下，成为现代性话语所规训的属下和他者，甚至不自觉构成男性欲望的身体能指。

当然，作为一个现代文本，相比起《莺莺传》男性中心文化视女性为尤物、欲望对象的陈旧意识，《伤逝》的爱情展开的思想深度明显具有现代特色：前面既有西方现代性话语的引导作铺垫，更有现代“求爱”仪式来佐证“爱情”的真实性。当涓生要将“纯真热烈的爱”向子君表白，却像放电影断片似的采取了西方绅士可笑的“求婚”方式，“在慌张中，身不由己”地“含泪握着她的手，一条腿跪了下去……”，而子君的反应显然是被这一求婚仪式吓住了：

脸色变成青白，后来又渐渐转作绯红，——没有见过，也没有再见

的绯红；孩子似的眼里射出悲喜，但是夹着惊疑的光，虽然力避我的视线，张皇地似乎要破窗飞去。①

子君对爱情的反应足以充分地反映到她的身体上，爱的巨大冲击力让她由“惊疑”而“张皇”，带着几分对幸福的不确定，从脸色到眼睛，她的身体的反应完全是恋爱中的女人最为真实的反应，尽管她同时用庄严的宣告显示了新女性背叛传统礼教的决绝，可是子君在与涓生爱情关系中的客体地位决定了她已经不经意地成了男性运用知识权力的俘获物。

第四，女性对待两性爱情的态度既区别又统一。古代严格的女子闺范教育、男女社交上的不自由，让贵族女性在婚爱选择上毫无自主权，像崔莺莺对张生，能走出自由恋爱这一步，自是冒着很大的风险，恐怕除了母亲郑氏的严责、家中婢仆的监视，还要承担名誉的受损，一步不慎就会赔上一辈子的幸福。《莺莺传》里，当张生第一次逾墙越礼进入崔莺莺房中，崔尽管已经确知对方心意，但出于贵族少女本能的矜持，“端服严容，大数张”，斥责张生“非礼之动，能不愧心”，自称“愿以礼自持，毋及于乱”，一番义正词严，陷张生于“绝望”。②然而莺莺终究克制不住内心奔涌的情感，加上越轨的冲动，终于几夕之后，踏月前来，自荐张生枕席。当然这“传奇”里写二人的“缠绵”绝不似王实甫《西厢记》那样完全把女性欲望对象化，大肆作露骨而色情的铺张描写，而是采用比较含蓄雅致的古典小说笔法，“至，则娇羞融冶，力不能运支体，曩时端庄，不复同矣”③。爱情行为既始于“乱”，崔莺莺自然不敢将此事回及其母，“我不可奈何矣”，当然也难以为自己争取一个由“父权”同意下的契约婚姻来保障权利。崔莺莺的身体虽勇敢冲破了封建闺范的拘束，精神上却仍背负着沉重的道德的包袱，男女相处时仍然保持着贵族女性特有的内敛与矜持，与张生一夜“终夕无一言”。后来见张生确无与其成就婚姻之意，崔莺莺用“始乱之，终弃之，固其宜矣，愚不敢恨”④的话表白自己，但看似平淡的说辞下，对张生薄情的批判之意尽显，更怀有深深自责之意。在父权制文化传统下，世俗“以先配为丑行，以要盟为可欺”，如果男性不专

① 鲁迅：《伤逝》，《鲁迅全集》（第2卷），北京：人民文学出版社2005年版，第116页。
② （唐）元稹：《莺莺传》，《元稹集》，太原：山西古籍出版社2005年版，第259、260页。
③ （唐）元稹：《莺莺传》，《元稹集》，太原：山西古籍出版社2005年版，第260页。
④ （唐）元稹：《莺莺传》，《元稹集》，太原：山西古籍出版社2005年版，第261页。

情，女性也只有自食其果，为自己不检点的行为负责。

对比《莺莺传》中的描写，可以看出《伤逝》到此为止其叙述并未脱出传统小说的旧套。但涓生和子君生活的年代毕竟是现代社会，子君也毕竟是受到过五四新文化运动洗礼、接受过现代启蒙教育的女学生（从其装束和对知识的渴求中可以看出），与时代融合的主体意识的高扬让恋爱中的她无所畏惧。面对世俗的眼光、充满恶意的周边环境，涓生有些"瑟缩"，而子君却格外勇敢，"她却是大无畏的，对于这些全不关心，只是镇静地缓缓前行，坦然如入无人之境"。面对邻居的窥视，"她目不邪视地骄傲地走了，没有看见；我骄傲地回来"。从这点看，子君在对待自由恋爱的态度上很坚决，完全无视世俗。另外，不光在追求爱情的勇敢程度上涓生与子君并不能相提并论，对爱情的投入程度双方也是不完全对等的，涓生只能说是部分，子君却将爱视为生活的全部，这从温习爱的功课时可以看出，子君"两眼注视空中，出神似的凝想着，于是神色越加柔和，笑窝也深下去"。而表白爱情时的"慌张"的求爱仪式，并没让涓生体会到那一时刻的幸福，却视为男人有些耻辱的一幕："我很怕她看到我那可笑的电影的一闪。"但是，子君对于旧课，"她并不觉得可笑。即使我自己以为可笑，甚而至于可鄙的，她也毫不以为可笑"。在涓生看来，子君爱他，"是这样地热烈，这样地纯真"。通过对恋爱细节的揣摩，我们可以看出，无论什么时代，男女各自对待爱情的态度都是一样，女性将爱情视为人生的全部，爱情却仅是男性生活的一小部分。张生无论与崔莺莺多么缠绵，数度赶考那是丝毫耽误不得；涓生也足够认识到不能"大半年来，只为了爱，——盲目的爱，而将别的人生的要义全盘疏忽了"。

第五，爱情故事推进的节奏十分相似，皆是从恋爱写到同居以后的二人世界直至分手。《莺莺传》中二人"待月西厢"，莺莺"朝隐而出，暮隐而入"，如此多日，中间张生两次赴长安赶考，第一次回来与崔曾再流连数月，但再赴长安时，因为"文战不胜，张遂止于京不回"。莺莺预感到别后被弃的命运，"时愁艳幽邃，恒若不识；喜愠之容，亦罕形见"，分别时以《霓裳羽衣曲》拂琴赠之。后来两人再无相见，只有一些书信来往。崔莺莺诉及自己的思念之情："自去秋已来，常忽忽如有所失，于喧哗之下，或勉为语笑，闲宵自处，无不泪零。乃至梦寝之间，亦多感咽。离忧之思，绸缪缱绻，暂若寻常；幽会未终，惊魂已断。"这其中更有女子不能主宰命运的凄惶与愁怨，但她自知张生无意婚姻于她，言辞间深悔当初，"婢仆见诱，遂致私诚。儿女之心，

不能自固”，以至“既见君子，而不能定情，致有自献之羞，不复明侍巾帻”。可见，遭遇张生这种薄情郎的抛弃，莺莺真是“没身永恨”。从张生一方而言，他对莺莺只是贪慕美色，以满足私欲为驱动，而达到目的后，则以追求功名为人生至高目标，莺莺仅是其人生中的过客、欲望化对象，如果不能有助于他获取功名利禄，始乱终弃是确定的结局。

现代女性追求自主恋爱能否避免重蹈崔莺莺的覆辙？对比进入同居生活的涓生和子君二人的精神世界，也许不难得出结论。如小说里写二人生活，开始当然过了一些“宁静而幸福的夜”，但显然并没有想象中热烈而持久：“我们先是沉默的相视，接着是放怀而亲密的交谈，后来又是沉默。大家低头沉思着，却并未想着什么事。”鲁迅并不回避两情相悦必然有的性爱关系，进入身体层面的叙述节俭而唯美：“我也渐渐清醒地读遍了她的身体，她的灵魂，不过三星期，我似乎于她已经更加了解，揭去许多先前以为了解而现在看来却是隔膜，即所谓真的隔膜了。”这是小说唯一写到性爱的文字，如此短而含蓄的文字却把涓生的性爱心理作了高度概括，涓生的性爱经验显然经历从爱情盲目到理智清醒，而子君从身体到灵魂在对方那儿几乎透明，她完全是被动的、客体的、对象化的，涓生更因为原来不了解子君而现在了解透彻了，于是形成了真的“隔膜”。同居是事实上的婚姻，但距离产生美，婚姻是爱情的坟墓，这是爱情世界的两个潜规则。男女爱情的自然演进必然要上升到性爱这一身体层面，当进入婚姻状态后，爱情远离了浪漫却加上了烟火气，双方的身体也再无秘密可言，没有审美上的相对距离，再加上日常生活的琐碎因素，似乎就成为涓生厌倦的开始。同样作为男性审美的对象、欲望的能指，子君与莺莺并无根本不同。但张生见异思迁、以色取人、始乱终弃的道德水准，与坚持自由、平等、博爱的现代知识分子涓生显然不能同日而语，但并不意味着没有共同性。照鲁迅看来，“尤其是男性，大概都靠不住”，即便圣贤如“孔夫子”，“我实在不能保证”，“君子闲居为不善”，“即使久在陆上住，也还是希罕陆上的女性。至于会不会厌倦，是个问题”①。

小说采用了巴赫金所谓的“复调”叙事，第一人称叙事还可以分化出隐含作者和作为小说人物的“我”，代表着涓生的两重声音，就像小说中的涓生

① 鲁迅：《致山本初枝（1934年6月7日）》，《鲁迅全集》（第14卷），北京：人民文学出版社2005年版，第305页。

所感觉到的那个"在背后刻意地恶毒地学舌"的"隐形的坏孩子",涓生的明忏悔——实为自己辩解的声音,都被他的"学舌"给不断地解构掉。但文本中显而易见只有涓生的声音,他一再声明他与子君逐渐扩大的裂隙与隔膜只有精神的因素,我们却仍可从中读出不乏对子君身体厌倦这样的明显意味,而来自涓生的叙述也并没有掩盖厌倦子君身体这一事实。

小说以第一人称叙事,让涓生从开始就是以主观视角叙述他和子君的故事,男性的视角完全遮蔽了女性声音显现的空间,而小说中不断地回环的"空虚"的出现,让涓生所有的告白均变得虚伪而不自信。在小说中,涓生是典型的希望和行动不能协调的人,面对横亘在他和子君眼前的现实困境,"没有能力应付现实,理解现实,并找到一条可以在其中游刃有余的人生之路",这是现代个体典型的"自我的缺陷"[①]。而他却将爱情失败委过于子君在家庭生活中的庸碌,造成了与他追求走得更高远思想境界之间的差距,他追求个人社会价值实现,却没有对自己应承担的家庭角色与责任进行足够的反思。

2. 女性身体诗意的日常耗损

和崔莺莺一样,在小说中,子君同样并无家庭、法律为她和涓生的事实婚姻关系背书,"和她的叔子,她早经闹开,至于使她气愤到不再认他做侄女",她背叛家族,从"父的门"出走与涓生公开同居。毫无疑问,表面上子君追求自由恋爱、婚姻自主的行为完全符合五四时代的流行风潮,代表着那个时代叛逆之女反封建的行为模式,与冯沅君的《隔绝》《旅行》,庐隐的《海滨故人》《象牙戒指》等小说中描述的女青年叛离封建家庭追求自由婚爱,不自由毋宁死的故事简直如出一辙。然而鲁迅高出于其他同时代作家的地方在于他并没有将女性解放止于如何追求解放这一过程,而是在这一前提下用小说《伤逝》和其在北京女高师的著名演说《娜拉走后怎样?》《关于妇女解放》等文提出了更深刻的问题,就是进一步追问,身体上"解放"了的五四女性,思想上如何真正避免传统伦理女性命运"覆辙"的问题,借助对子君的身体叙述,鲁迅其实将他对现代女性问题的综合思考作了最为生动形象的演绎。

如果要追究子君的悲剧如何形成,不能不说,子君因为对日常生活的追逐,在涓生看来精神上已变得愈来愈庸俗固然是一方面,但女性身体褪去诗

① [波兰]齐格蒙特·鲍曼:《个体化社会》,范祥涛译,上海:上海三联书店2002年版,第40页。

意、消除魅惑，显然也是造成爱情神话破灭的一个重要原因。《伤逝》的故事尽管有着多重现代主题，指征着社会的、文化的、思想的、性别的以及现代性的诸多意义，但它的故事框架和传统才子佳人的故事并没有什么根本不同，演绎的同样是一出悲情戏剧——一个女性身体被始乱终弃的现代故事。

爱情追求阶段，女学生的子君对知识显得极度渴求，“她总是微笑点头，两眼里弥漫着稚气的好奇的光泽”。但同居之后，子君完全陷入了日常世俗生活，“早已什么书也不看”，不理解“爱情需要时时更新，生长，创造”，况且“子君又没有先前那么幽静，善于体贴了”。随着日常生活的常态化，“我”的叙述口吻明显增加了对子君指责的意味。因为子君天天忙着饲油鸡，喂阿随，做饭，跟邻居女人钩心斗角，“似乎将先前所知道的全都忘掉了”，这似乎是厌倦的根源。但文本里竟响起涓生颇带厌倦的另一种声音：“竟胖了起来，脸色也红活了”，厌倦显然也有具体所指：即子君“终日汗流满面，短发都粘在脑额上；两只手又只是这样地粗糙起来”的身体，烦琐的家庭工作把年轻女性身体的诗意完全蒸发了，男性主人公对其身体的厌倦无疑是爱情矛盾升级的一部分。

徐志摩遗作《眉轩琐语》中曾如此概括爱与身体的关系：“爱的出发点不定是身体，但爱到了身体就到了顶点；厌恶的出发点，也不一定是身体，但厌恶到了身体也就到了顶点。”①子君的身体，其实正是我们解读二人爱情变化的符码，小说中，涓生对子君任何的不满都必然生成对子君身体厌倦的情绪。子君沉迷日常生活，让追求精神高蹈的涓生失去了对话的内容，每天“吃饭”为中心的同居生活开始让涓生难以忍受，他于是“在通俗图书馆里觅得了我的天堂”。并且随着涓生失业带来的生活压力加大，“油鸡们也逐渐成为肴馔”，而阿随也不得不被涓生残忍地丢弃，二人间感情已经出现了严重裂隙，但坦白“不爱”对于涓生而言实在有些说不出口。

在涓生的忏悔中，“我”把爱情失败完全归罪于子君：埋怨子君挡了自己前行的道，埋怨子君的庸俗、不读书，不再关心精神世界的更新，甚至厌倦也及于子君的身体，“她的勇气都失掉了，只为着阿随悲愤，为着做饭出神；然而奇怪的是倒也并不怎样瘦损”，从情感的日渐淡漠到对对方身体的厌倦感

---

① 徐志摩：《眉轩琐语》，陆小曼编：《志摩日记・徐志摩遗作》，上海：晨光出版公司 1947 年版，第 142 页。

觉，小说以涓生口气进行的身体叙述成为推动情感逻辑前行的关键。子君在与涓生同居以后，原来苍白纤瘦的女性身体却开始逐渐“红而胖”，只知一天忙于“做饭”这唯一的功业，经常被催饭打扰了译书的涓生，“即使在座中给看一点怒色，她总是不改变，仍然毫无感触似的大嚼起来”，“大嚼”的动作描述，已经将涓生的反感上升到厌恶。当吃饭都成为问题，涓生对“倒也并不怎样瘦损”的健康子君颇带上几分刻毒的口气。子君不修边幅的普通家庭妇女一般的身体，在涓生那里显然逐渐失去了女性的吸引力，因为“纤瘦的身体更符合欲望”①。建立在精神投契基础上的现代爱情竟抵抗不了男性中心传统以瘦为美的女性身体的文化政治学，也是现代个人恋爱不能摆脱传统文化规约的证据。

鲁迅另外一篇记述现代青年生活的小说《幸福的家庭》也有精彩的身体叙事，男主人公哄看孩子，从其“可爱的天真的脸”，和“不过缩小了轮廓”的“通红的嘴唇”，看到五年前她的母亲，然后场景迅速还原到当前的冷酷的生活现实，以“两只眼睛阴凄凄的”母亲，遂预见了孩子的未来，宣告了幸福家庭不光明的前景。生活的压力固然是家庭不幸福的根源，但进入家庭生活红颜易逝的女性身体是否也是爱情褪色的原因，这不得而知。

《伤逝》的女性身体叙述贯穿着故事的全部进程，除了子君身体形态的明显变化，还重点关注到其面色、眼色等女性身体的其他方面。尽管叙述里并没有子君自我言说的空间，但还是可以从涓生的视角观察到子君心理的细微波动。小说里，刚开始同居，子君在“宁静而幸福”的生活滋润下“逐日活泼起来”，但接收到涓生爱情消退的信息后，子君面部表情呈现越来越严峻的变化：“凄惨的神色”“冰冷的颜色”将她内心不断增加的压力和怨恨真实显现出来；因猜疑所带来的脸上“犹疑的神色”，与面对涓生“勉力谈笑”的“勉强的欢容”，把子君对感情的失落与无奈暴露无遗；子君虽是“笑着和我谈到还在会馆时候的情形，时时又很带些恐怖的神色”；而当“虚伪的温存的答案”也不能从涓生那里得来，故而出现的让涓生“从未见过的，但也许是从我看来的怨色”，已经明白预示着爱情终结的前景。涓生对子君身体的厌倦似已达到顶端，甚至于潜意识里的愿望竟然是盼望对方身体的消失，“我觉得新的希望就只在我们的分离；她应该决然舍去，——我也突然想到她的

---

① ［英］布莱恩·特纳：《身体与社会》，马海良等译，沈阳：春风文艺出版社2000年版，第271页。

死”。涓生对子君不得不坦白说：“我已经不爱你了！”

> 然而只有沉默。她脸色陡然变成灰黄，死了似的；瞬间便又苏生，眼里也发了稚气的闪闪的光泽。这眼光射向四处，正如孩子在饥渴中寻求着慈爱的母亲，但只在空中寻求，恐怖地回避着我的眼。①

鲁迅很善于“画眼睛”，祥林嫂是如此，子君也很见传神。涓生无爱的坦白给子君精神与身体上带来双重的打击，从她的即时表现看显然是灾难性的，因为子君的全部人生就是为了拥有这份爱，当爱不存在了，她的身体只能是归于死灭，自然的或者是人为的。虽然涓生所期望子君的是“她勇猛地觉悟了，毅然走出这冰冷的家，而且，——毫无怨恨的神色”，但他的决定却无情宣布了子君身体的死刑，“子君总不会再来的了，像去年那样。她虽是想在严威和冷眼中负着虚空的重担来走所谓人生的路，也已经不能。她的命运，已经决定她在我所给与的真实——无爱的人间死灭了！”这正是涓生灵魂可告白之处，子君的逝去也是对他的自私最大的惩罚。

3. 女性解放之现代悖论

从文本本身出发，《伤逝》以男性忏悔的口气来向生命已逝的子君追述自己爱情的心路，可在一个表面现代爱情故事的框架下却俨然是传统故事的翻版。同样是一个年轻美丽的女性的身体从被爱点燃到被爱焚烧的故事，子君留下的是和古典小说里女性被薄情男始乱终弃相似的生死歌哭。鲁迅想告诉读者什么？显然不是要我们声讨涓生这个“负心汉”，虽然对于子君的悲剧，涓生负有不可推卸的责任。在五四时代，男性启蒙者操着一套生吞活剥来的西方现代性知识话语，居高临下对中国刚刚觉醒的女性进行现代启蒙，试图对之进行脱胎换骨的改造，一部分女性果真被“忽悠”出了旧家庭的大门，成为他们的同行者。但同行一段路程后，“战士”却发现出走的“娜拉”“只知道搥着一个人的衣角”，反而成了阻碍自己大踏步前进的障碍物，然后不由分说将其推到一边，自己继续“奋身孤往”了，不能不说这是一种人性的自私，而女性则成了他们鼓吹的理性的牺牲品。作为现代知识者的涓生建立了现代人文意识，以男女平等为价值理性，对于刚刚走出家门完

---

① 鲁迅：《伤逝》，《鲁迅全集》(第2卷)，北京：人民文学出版社2005年版，第127页。

成了女性身体现代转变但心理结构实际仍停留于伦理女性的子君，要求和他一样比翼齐飞，这显然是不公平的。在五四时代，女性仍然需要男性同盟者的提携，以呵护其进一步成长。但涓生却自顾自寻自己的生路，推子君走向过去的死路，他的精神结构与背了一脑袋所谓"修身、齐家、治国平天下"儒家经籍的古代书生极其相似，在对待两性关系上都难称得上摆脱了男性中心的集体无意识。

小说采用复调结构，让涓生的告白与另外隐含作者的声音形成交响，在文本中不断如"隐形的坏孩子"般响起，质疑涓生不断流动的思想的合理性，让涓生忏悔的声音变得很虚伪。不能不说，鲁迅为读者剖析涓生的灵魂，当然从某种意义上也是鲁迅为作自我解剖留出了足够阐释的空间。鲁迅、郁达夫、徐志摩为代表的现代知识分子，他们都是"进化的链子上"的"历史的中间物"，在封建婚姻和自由性爱上都曾经历过精神上的两难。鲁迅对于旧妻子朱安尽着供养义务，实际却冷落弃置一旁，造成了朱安孤苦的一生；对于许广平，尽管是出于自愿，但鲁迅要求她放弃外面的工作来照顾他的写作和生活起居。许广平在那一代人中是难得受过高等教育的女性，却完全牺牲了自己的才学来成就鲁迅的伟大，这又何尝不能视为男性中心主义对身边女性的压迫呢？按照鲁迅所说，"自己正苦于背了这古老的鬼魂，摆脱不开……就是思想上，也何尝不中些庄周韩非的毒"，鲁迅是勇于自我解剖的，他从来不否认自己身上有传统思想的毒素，"我觉得古人写在书上的可恶思想，我的心里也常有"[①]。那么，鲁迅为什么就单单可能让融合了自己爱情经验的涓生摆脱了"历史中间物"的身份呢？所以，涓生不可避免也会带有男性中心历史的隐性遗传，从文本结构看，传统男性中心意识的残留让他并未真正将子君置于完全与自己人格平等的地位上，他把子君当作男性审美的对象与欲望客体，让子君无以摆脱奉献和被弃这样恒久的传统故事；尤其是他不愿接受日常生活的考验，只顾追求精神的凌空高蹈，不切实际地寄望于子君能成为他前行路上的助力，而从心底蔑视女性家务劳动的生产价值，这些都暴露了他男性中心的思想无意识。因此，不管涓生在子君问题上如何为自己开脱责任，为自己做道德辩解，可以说，此文本都宣布了女性启蒙神话的破灭。当经历了现代知识启蒙而身体解放了的五四女性，她们梦醒以

① 鲁迅：《写在〈坟〉后面》，《鲁迅全集》(第1卷)，北京：人民文学出版社2005年版，第301、302页。

后其实仍身陷无路可走的境地,对此庐隐、石评梅等女作家,她们作为创作主体已经自我言说了五四女性自由恋爱所经历的心灵伤痛,可能提供了女性经验的另一面向。即使对妇女的历史与现实处境认识得如此清楚的鲁迅,固然能将男性主体经验和盘托出,事实上在表达女性自我上也是无力的。当然,我更愿意认为是鲁迅有意将女性置于无可言说的地位,使《伤逝》的故事结构能呈现更大的思想张力。

但子君的悲剧又不仅仅是如此,仅仅作以上解读可能仍然会埋没一个现代经典所能提供给读者的更复杂的意蕴。在这一反复咀嚼不尽的经典文本里,鲁迅寄寓其中的深意应该不仅此一端。在我看来,子君的身体从灿烂到殒灭的悲剧也代表了鲁迅对女性角色与现代性关系的另一重反思。我们可以看到,在现代价值观念启蒙下成为新女性的子君,可以勇敢背叛封建家庭,追求个人身体权利,她的自由恋爱是对其女性身体个体化的确证。但是在与涓生结合后,她却回复了传统女性的"故道",以家庭和涓生为生活重心,以伺候爱人"吃饭"作为她的功业,丧失了追求的能力,自甘成为英国女性主义作家伍尔夫所说的"房间里的天使"[①]——"绝对的无私……擅长于家庭生活中的那种困难的艺术。每一天她都在做出牺牲。总之,她就这样一个人,没有她自己的愿望,从没有想到过自己……"。所谓"伦理身体"就是被传统男权中心文化规约下妇女的身体状态,意味着妇女只沉浸在日常生活与事务中作为一具被动的、承受的客体及实践德行的工具而存在。子君无疑由人格独立走向了不独立,家庭生活束缚了她奋飞的羽翼,在与男性同盟者结伴前行的路上掉了队,她的自我丧失有社会黑暗的原因,也有经济上必须依附于涓生供给生活。家庭生活的耗损也让她精神上完全失去了向前追求的动力,难以与涓生"向着这求生的道路""携手同行",这才是涓生最终厌弃她的主要原因。

但女性人格独立是必须建立在"经济权"的获得上,正如鲁迅所言,"一切女子,倘不得到和男子同样的经济权,我以为所有好名目,就都是空话。……必须地位同等之后,才会有真的女人和男人,才会消失了叹息和苦痛"[②]。子君重又回复到传统女性的"故道"上,因为从"父的门"出走的"娜

---

① [英]弗吉尼亚·伍尔夫:《伍尔夫随笔集》,孔小炯、黄梅译,深圳:海天出版社1993年版,第182页。

② 鲁迅:《关于妇女解放》,《鲁迅全集》(第4卷),北京:人民文学出版社2005年版,第615页。

拉”追求到爱情后，必然还有第二道门——“夫的门”需要迈出，“魔鬼手上，终有漏光的处所”[①]，与“人之子”共建的家庭生活反而会成为束缚她的新锁链。“家是我们的生处，也是我们的死所”[②]，女性出于对家庭生活的由衷热爱（当然这种对家庭生活的热爱是女性的天然角色赋予的，同时也与爱情多寡成正比），往往自我放弃进入社会空间的努力，家也就成为埋葬女性主体的“死所”。子君对涓生在生活上的依附性，固然有社会因素所造成的势所必然，但也证明女性为家庭生活付出了更多。当子君回到传统为女性规定的伦理身体，就与她追求女性解放的初衷产生悖谬，与现代女性个体化身体的方向背道而驰。

子君同居前与同居后行动上判若两人，这无疑昭示着女性解放的曲折性和复杂性，因为新女性自主的个体化的身体又滑向传统女性的伦理身体，争取来的主体性和人格独立性重又丧失，并且竟是以女性自觉自愿的方式，这说明女性的身体依然摆脱不了自然与文化为妇女规定的人生的公式，也摆脱不了女人依附男人的历史内在规定性。涓生对子君的理想期待，其实表征着现代男性对女性新的社会角色的要求，女性该何去何从，是留守家庭还是冲向开放的社会空间，成为女性是否真正获得人格独立的先决条件。但事实上无论社会如何进化，家庭却很难被打破，男女都不能回避要扮演一定的家庭角色，而女性的家庭角色是自然和文化赋予的，是不能推诿的，比如家务的担负，比如生育的责任。但现代价值观念却要求女性从家庭角色中完全解脱出来，与男性一起担负推动社会进步的历史使命，这不啻是现代男性对解放了的女性的一种求全责备，但“不满是向上的车轮，能够载着不自满的人类，向人道前进”[③]。

从此意义上，鲁迅的《伤逝》可以说是从女性两种角色对立的现代性悖论角度，向女性解放的现代运动提出了深刻的质疑，这个文本是对五四时代女性仅仅追求自由恋爱目光浅薄的一种批评，但也是对现代妇女解放运动走向的一种反思。从某一角度讲，女性扮演家庭角色是自然与文化的合力，却在社会现代性过程中受到现代性话语的颠覆与重构，女性要进行角色重组，必然要面对选择的两难，子君的身体从灿烂到殒灭，并且重复了古典女

---

① 鲁迅：《随感录四十》，《鲁迅全集》（第1卷），北京：人民文学出版社2005年版，第338页。
② 鲁迅：《家庭为中国之基本》，《鲁迅全集》（第4卷），北京：人民文学出版社2005年版，第637页。
③ 鲁迅：《随感录六十一》，《鲁迅全集》（第1卷），北京：人民文学出版社2005年版，第376页。

性被始乱终弃的悲剧就证实了这一点。

身体，作为人的基本存在形态，是文学获得感性生命的重要场域。鲁迅作品思想浓密而厚重，但并不给人枯燥乏味、抽象说教之感，其中一个重要原因是他对身体的精雕细刻以及对感性生命的热切关怀。这说明执着于从精神上拯救国民的鲁迅，在文学上对身体也给予了同样的重视。鲁迅小说的魅力，不仅来自其思想的深邃和艺术的独创，而且也来自鲁迅对身体的特别关注。“他的思想启蒙方案，并非局限在精神领域，还与人们的物质世界和肉体疾病有着密切关系”[1]。鲁迅的文学启蒙思想可以区分为思想和身体两个层面，因为他要改变的不只是国民精神的病态，还致力于身体观念的重构，和身体潜在精神场域的文学再现。而《伤逝》中女性身体叙述的故事形态，提供了传统男性经验的另一个面向，在展示出鲁迅思想现代性的同时，充分成全了其经典性的阐释价值。

## 第三节　郁达夫小说中女性身体叙述的思想维度

郁达夫创作于20世纪二三十年代的小说，惯以第一人称叙述男性性心理与人生苦闷，借“个人的灵魂与肉体的斗争”[2]真实表达现代个体的生存意识与社会意识。他从身体入手对五四文学的题材领域做了深入拓展，但为了建构男性主体，却对女性身体有意采取了极具贬抑的多重化叙述，呈现出思想上现代与传统、进步与保守、爱国主义和民族主义、个人主义和人道主义、反封建与男权意识之间的矛盾对抗。郁达夫女性身体叙述与心理构成上的复杂和纠结，扩展出其小说独具的思想张力，值得重新发掘与分析。

对于郁达夫小说文本价值的研究，历来偏重于思想层面，多从反帝的爱国主义和反封建的个性主义入手，分析其作品的时代意义，但其小说中的女性身体叙述，至今尚未引起足够重视。其实，由于在成长期对女性认知的缺少与偏狭，郁达夫创作于20世纪二三十年代的青春“自叙传”式小说对女性

---

① 张全之：《肺病的隐喻：重读鲁迅的〈药〉和〈孤独者〉》，《文学评论丛刊》2005年2期。
② 郁达夫：《戏剧论》，《郁达夫全集》(第10卷)，杭州：浙江大学出版社2007年版，第242页。

的表现，女性主体都是完全游离在中心叙事之外的，她们总是以“身体”的方式摇曳出场，完全被化约为男性主体投注色情和欲望的对象，并作为表征主人公社会意识和生存意识的符码。在对女性身体极具贬抑的多重叙述中，郁达夫本人思想上的新与旧、传统与现代杂糅并对抗的线索还是清晰可见的，这构成了其小说创作中的重要维度。

### 一、女性身体诱惑：现代主体的“存在之思”

郁达夫在其生前与身后，常常被定义为一个“爱国主义者”，不仅是他的文学写作呈现了这一思想主旨，他也以一个人在“星洲”奔走于抗日事业并最终死于日寇之手诠释着爱国主义的真正内涵。那么，“爱国主义”究竟如何被“组织”进郁达夫从《沉沦》以来的小说叙述，女性身体又如何推动小说叙事进程，彰显了作家怎样的思想矛盾？

在郁达夫个人生平与其小说的女性叙事之间，明显存在一种因果关系，所以如果要追根溯源，还必须从郁达夫独特的个人成长经历寻找端倪。郁达夫幼年丧父，母亲承担家事并要经常下乡收租，家中除了信佛的祖母就是一个忙于家务不多话的粗笨女仆翠花。他就在这种缺失母性细心呵护的家庭环境中长大，平时也较少接触到其他女性。13岁时，郁达夫写过一首《自述诗》，其中“二女明妆不可求，红儿体态也风流”[①]之句，说明郁达夫两性心理成熟较早。在散文《水样的春愁》中，郁达夫曾记述了幼年时有着“怕羞的心，畏缩的性”，女子于他“虽像是一种含有毒汁的妖艳的花，诱惑性或许格外的强烈”。但因为家境贫寒，郁达夫与异性交往中格外胆小、矜持，虽然赵家女子“整整恼乱了我两年的童心”，但也只是在赴杭州考中学前一晚，借酒壮胆轻牵了对方的手臂。这种少年时有些盲目青涩的两性经验无疑影响到成年后的郁达夫对女性的心态，他对女性身体的极度迷恋与崇拜最早可能发源于此。而他17岁出国，在日本长期留学，这期间正是由少年到成人的过程，但郁达夫由于亲身感受到日本人对“支那人”无处不在的国族歧视，处于青春期正向往异性的他与所能接触到的日本女性之间根本无法建立正常的两性交往，情欲的畸形发展、性的不能满足的苦闷也就间接培养出他阴郁敏感的个性、非常偏狭的女性观及严重扭曲的“种族意识”。郁达夫在散文《归

---

① 王自立、陈子善编：《郁达夫研究资料》(上)，天津：天津人民出版社1982年，第11页。

航》中声称，“中国可亡，但是中国的女子是不可以被外国人强奸去的”[①]；在散文《苏州烟雨记》中，他坦承：“我是两性问题上的一个国粹保存主义者，最不忍见我国的娇美的女同胞，被那些外国流氓去足践。我的在外国留学时代的游荡，也是本于这主义的一种复仇的心思。我现在若有黄金千万，还想去买些白奴来，供我们中国的黄包车夫巧克力小工享乐啦！”[②]在异国的两性经验扭曲了他对女性的认知，促成他关于女性身体的敏感与极端心理，正因如此，郁达夫小说在叙述女性时往往聚焦于“身体”。他不仅借女性身体揭示男性主体的心理危机，传达其生存意识，也让女性身体承载其种族主义意识和社会反抗意识。我们可以看到，从《沉沦》到《忏余集》，20世纪二三十年代他创作的所有小说几乎无明确系统的思想表达，传达出来的都是一些非常主观或者说非常“唯我”的个人主义的东西。

“女性身体”的诱惑是郁达夫小说中主人公的窘迫之源，他的小说对灵与肉的真实书写，无疑表达了一种属于现代人的“存在之思”。他的小说无论是第一人称叙事，还是以经常在故事中出入的“质夫”“于质夫”做主人公，发生的事件都与作者本人亲历的记录（散文、日记）相互参证，他们都是他创造的另一个“自我”，而通过这一“自我”对于女性身体的经验凸显出现代个体在特定时代和种族环境下的生存意识，这是郁达夫男性“主体”确立的独特方式。

小说集《沉沦》是中国现代文学史上第一部短篇小说集，所收《沉沦》《南迁》《银灰色的死》三篇作品均存在一个主题表达的共同模式——男性“力必多”被弱国子民身份压抑，在现实中性爱受挫，由此引发了主人公对女性身体的渴望与狂想，最终导致沉沦与自戕。作为郁达夫小说代表作的《沉沦》似乎构成这种主题模式的标准范例。小说并不呈现单一的主题，既表现了身处日本的留学生跟随青春期而来的特有的性苦闷、性压抑，又伴有激烈的爱国主义与种族主义思想的扭曲表达。他孤独不合群，偶有感情受挫就要“复仇”。有一次路上碰到“两个穿红裙的女学生”，忽然想起“那两个女生的眼波”不是给他的，于是原本愉悦的心情转瞬间由爱转恨，“唉！她们已经知道了，已经知道我是支那人了，否则她们何以不来看我一眼呢！复仇复仇，

---

① 郁达夫：《归航》，《郁达夫全集》（第3卷），杭州：浙江大学出版社2007年版，第7页。

② 郁达夫：《苏州烟雨记》，《郁达夫全集》（第3卷），杭州：浙江大学出版社2007年版，第51页。

我总要复她们的仇”。对女性身体的向往在顿然受挫后却产生奇怪的复仇情绪，而对异性的迷恋与冲动，显然又不是民族主义情结所能掌控的。主人公随后完全不能自已，无法控制住对女性身体的狂热幻想，于是导致了更加变态的举动，手淫、窥浴、自渎：“那一双雪样的乳峰！那一双肥白的大腿！这全身的曲线！”女性身体成为他精神上的兴奋点。但他在不得已对侍女说出自己是“支那人”时，顿时精神彻底崩溃，“罢了罢了，我再也不爱女人了，我再也不爱女人了。我就爱我的祖国，我就把我的祖国当作了情人了罢。”[①]当年留日学生所处的异国环境和弱国子民身份，使之产生国族意识，产生民族自尊、自强、自醒心理不足为怪，在郭沫若那儿这种民族意识转化为狂飙突进的爱国诗情，在鲁迅那儿促成对国民性格的理性反思，但在郁达夫作品中却是由女性身体诱惑引发了他狭隘的国族意识。《银灰色的死》主旨在于表现留学生的“生的苦闷”，但女性身体构成了推进故事的关键。男主人公因思念亡妻移情于日本姑娘静儿，却没勇气表白，只能借醇酒美人排遣郁闷，但放浪形骸的同时更感精神空虚。小说中的亡妻和静儿作为被叙述的对象，都是徒具女性形体却面目模糊不清的“符号”。在故事结尾，主人公因情伤而一夜酒醉乃至死于非命，正是他一时间对女性身体的幻觉所致，那个有着“一副细白的牙齿”“纤软的身体”的女学生幻影是他新的欲求对象。在郁达夫这篇故事的草率书写里，女性身体显然成为指征主人公精神痛苦的鲜明符码。

郁达夫创作于1922年回国以后到1928年转型之间的小说，大部分是写已经结束了异国漂泊回到国内，却在社会黑暗里找不到人生意义的零余者，如《茫茫夜》《怀乡病者》《青烟》《血泪》《还乡记》《茑萝行》《秋柳》都不同程度通过这类人物的经历表达了作者这一时期悲郁难平的社会意识。他们虽然不再受种族歧视的屈辱，却不得不面对国破家穷带来的经济上的窘迫和失业的压力。《青烟》在第一人称叙事和第三人称叙事之间之所以自由切换，就是为了既方便表现“我”靠写作谋生的窘状，又能将落魄男性知识者无以面对自己女人的心理和盘托出。他们格外渴望健全的人生，希望获得异性爱情，但灵与肉的分裂却使其陷入无法战胜自我的精神危机。《茫茫夜》中，于质夫在内心强烈呼喊着：“恋爱呀，你若可以学识来换的，我情愿将我所有

① 郁达夫：《沉沦》，《郁达夫全集》(第1卷)，杭州：浙江大学出版社2007年版，第71页。

的知识，完全交出来，与你换一个有血有泪的拥抱。”《茑萝行》中，“我”对着妻子——“不能爱而又不得不爱的女人”，想到“两年中间的我的生活”，愧疚于心，却自陈难以抵御女性诱惑，“但灵魂丧失了的那一群妩媚的游女，和她们的娇艳动人的假笑佯啼，终究把我的天良迷住了”。陷于性压抑状态的人总是不健全的，郁达夫笔下主人公的种种荒唐作为——同性恋、性变态与乖张性心理，都是病态无爱人生的折射。借助这类变异心理行为的描写，郁达夫将求爱而不得的现代人的人生苦痛充分地释放出来。欲望主体确立自我的过程，在法国后现代理论家福柯看来是一种“快感”的“自我实践”，“在自我实践中，人们关注的焦点如下：身体和灵魂的病痛可以相互交流，可以交换它们的疾病，其中灵魂的坏习惯可以引起肉体的痛苦，而身体的坏习惯也会表现和维护灵魂的缺陷”①。郁达夫的身体书写明确塑造了男性这一欲望的病态主体，他把男性自我幻化组织进一个个情欲的次文本中，表达了现代主体的“存在之思”。

在郁达夫这些作品中，女性不是表现的重心，他几乎不去刻意塑造让人留下深刻印象的女性人物，女性从不担当叙述的主体，既不叙述自我，也不叙述世界。郁达夫除了把男性作为欲望主体去表现，他还要着力构造其精神主体的地位，但这需要“于质夫”们把生存上的“形而下”压抑转化到精神的“形而上”痛苦。主人公因性被压抑无法释放而自怨自艾时，这些向往中的“伊甸园内的‘伊扶’”通常就会引起主人公强烈的“种族意识”，这似乎构成男性“主体”确证的常态与途径。让生存意识转向社会意识，性意识升华到民族意识，由此完成向所谓“崇高意识形态”——“爱国主义”的转换与升华。这在郁达夫这儿一点不困难，他借助女性身体这一中介，通常总能让被压抑的性意识最终转化出民族主义的表情。在郁达夫笔下，“国体”与“女体”每每可以在需要时建立起联系，在 1931 年他创作的小说《蜃楼》中，写陈逸群在回国船上结交了美国犹太裔少女，对方主动出击，陈逸群居然能在对方“娓娓地劝诱他降伏的细语的中间，终于想起了千疮百孔，还终不能和欧美列强处于对等地位的祖国”。正像有人指出的那样：“很清楚，国家是一个女人的身体，或者说她就是一个女人。人们认为，女人‘不仅是女人’，还是

① [法]米歇尔·福柯：《性经验史》，佘碧平译，上海：上海人民出版社 2000 年版，第 385 页。

国家的人格化象征。"[1]对女人身体的征服，暗喻着对一个民族国家的征服，陈逸群显然在异国女性主动倾倒的"女体"这儿获得了弱国子民精神上的补偿。《沉沦》表现的主人公对日本女子的爱与恨，显然是性欲冲动和民族屈辱混合驱动的结果，对日本女性身体的垂涎与诅咒，以及欲望受挫后对祖国富强的呼求，使荏弱的男主人公的身体与"肥白的"异国女性的身体都成为国族的一种隐喻。从此意义上说，郁达夫表现男性性心理的这些自叙传小说，构成了詹姆逊所说的第三世界的"民族寓言"文本。女性身体被做了符码化处理，在郁达夫这儿不是单纯的文学个案，而是突出的文学表征，因为性的要求及不能满足的青春苦闷使女性身体构成郁达夫确证主人公现代个体生成的"苦闷的象征"。像《胃病》里 W 君的种种心理矛盾与痛苦都是由其自卑的国族意识所引发，而与所爱恋的日本女护士的实际情感态度无关。对处于青春期的男性来说，性意识的觉醒和萌动无疑会将他的目光自然引向女性的身体。在郁达夫小说里，男性的青春意识因为身处特定的环境，并不能得到女性积极的回应，难以疏导或合理释放，这是无可否认的事实。但属于生存范畴的性压抑，却往往会包裹上国族意识的外衣，也不能不说是对20世纪20年代中国社会"反帝"文化主流的一种有意的"附和"。然而，虚构的"爱国"自白却必定会产生思想上的各种悖论，这种悖论在真实与虚构之间造成一种张力，也因此为读者分辨感情的真假造成了困难。其实这些人物无非是希望获得异性的爱情来弥补人生的各种苦痛，《沉沦》里的主人公在日记里声称："我所要求的就是爱情！"但处于青春期的主人公或在留学生涯或独处他乡，爱欲难以满足的痛苦无法得到释放，遂借助"爱国主义"的激愤情绪进行转移，所以将郁达夫的小说作"爱国主义"解读是比较牵强的。"所谓爱国主义，其实是'爱我主义'的一种特殊的表现形式"[2]，与爱国实不相干。德国学者顾彬也指出，对郁达夫的小说作"民族性阐释是行不通的"，他强调郁达夫写现代人的"忧郁病"，表达的是"现代人的揽镜自照和孤狂症""那个时代的内心危机"，是现代中国文学中除了丁玲和张爱玲并不常见的主题[3]。这一评价还是合乎文本实际的。

---

① 陈顺馨、戴锦华选编：《妇女、民族与女性主义》，北京：中央编译出版社 2004 年，143 页。

② 张全之：《"国家的与超国家的"——无政府观念对郭沫若、郁达夫早期创作的影响》，《东岳论丛》，2010 年第 7 期。

③ [德]顾彬：《二十世纪中国文学史》，范劲等译，上海：华东师范大学出版社 2008 年版，第 55 - 57 页。

郁达夫个人对他在留学日本时期的心理症候曾做过解释。在1936年回忆日本生活的文字《雪夜——日本国情的记述》[①]中，他说那时“国际地位不平等的反应，弱国民族所受的侮辱与欺凌，感觉得最深切而亦最难忍受的地方，是在男女两性，正中了爱神毒箭的一刹那”。这些留学生多半都来自中产阶级家庭，他们从小在中国男尊女卑的环境里长大，到了日本却要受甚至是日本下层女子的贱视或者被她们的父兄歧视，他们青春期火热追求爱情的愿望固然不能顺畅实现，性欲望也往往在两国存在的巨大现实差异里受挫：“从欢乐的绝顶，你每曾立时掉入到绝望的深渊底里去。这些无邪的少女，这些绝对服从男子的丽质，她们原都是受过父兄的熏陶的，一听到了弱国的支那两字，那里还能够维持她们的常态，保留她们的人对人的好感呢？”郭沫若小说《喀尔美萝姑娘》也描写了中国留学生爱恋日本女子，却没有勇气表白，只能在欲海中苦苦挣扎的情形。而郁达夫小说中的男主人公，弱国子民的身份自觉让其在精神上极度不自信，面对女性时总有严重的挫败感，进而强化了他们心理上原有的自卑，让他们生出种族复仇心理。所以即便郁达夫小说中这些人物可能喊出“祖国呀祖国，我的死是你害我的！你快富起来，强起来罢！你还有许多儿女在那里受苦呢！”但这种爱国之情的出发点并不纯粹，他们追逐异国女性时情欲受挫，却奇怪地生成这种一时的愤激，其实没有必要对之进行过度诠释。

## 二、女性作为“物化”“他者”的文学再现

郁达夫自传式的写作，其思想指向的另一个维度通常被认为具有反封建的价值和个性解放的意义，我们不否认他那种“大胆的自我暴露”取得了极富颠覆性的惊世骇俗的效果。从此意义上讲，小说的确具有振聋发聩的反封建的时代意义和标举个性解放的社会指向。但如果真正进入文本层次，特别是从女性身体叙事的角度来分析，就会看到郁达夫小说其实是封建与反封建、男性中心主义和人道主义兼而有之，这从郁达夫的女性身体叙述体现出的性别文化态度上可以深刻体味到。

郁达夫的小说在深入再现人的性意识、性心理时，让男性主体在叙事中得以充分确立，但为了建构男性主体，却有意对女性进行了极具贬抑性的多

---

① 王自立、陈子善编：《郁达夫研究资料》(上)，天津：天津人民出版社1982年版，第56－60页。

重叙述。女性在其文本中固然是不可或缺的欲望对象，但仅仅构成了一个物化的客体与他者，由此反映出的是一向为批评者所有意忽略的典型的封建男权意识。在郁达夫笔下，作为色情对象的女性是不必注入完整生命意识的“他者”，她只是一具承载欲望的肉身，其作为“人”本该就有的思想活动和性格特征很少或者说基本被排除在作家的叙述视阈之外。如安内特·库恩所说：“女人的身体是针对男性看客的，被建构成一种奇观和景致。女人的身体通过各种方式被再现为供看客观看并激发性欲的对象。”[①]郁达夫小说充满对女性的“物化”描写，“物化”的女性身体是男性欲望目光关注的对象，没有任何主体的自觉，在故事主旨表达中完全成为失语者。

郁达夫在叙述女性时，通常执于一种色情化的目光，将其完全“物化”，关注其身体的曲线、肉色和标志性征的具体部位，置其于欲望对象化的客体位置。像《沉沦》中描写女性具体部位时，什么“大腿”“乳峰”“曲线”“纤嫩的白手”“肥白的腿肉”等描写女性局部身体的语词，都被加上修饰语词使其充满肉感，而对具体“色情对象”的心理行为却完全不置一词。《过去》对性变态心理有着深入表现，小说在回忆“我”一个“受虐狂”“恋脚癖”与“老二”间扭曲的情爱关系时，特别渲染了“老二”“那双肥嫩皙白，脚尖很细，后跟很厚的肉脚”，而对方与“我”是否心灵相通却不着一墨。《秋河》开篇就通过儿子的视角，将其父爱妾的身体，用“肥白的两臂”“娇倦的形容”“柔嫩的脚肚”“可爱的七八寸长的肉脚”等极具观感的语句，作了绘形绘色的描绘，而这个被军阀父亲强抢“收作了笼中的驯鸟”的女学生本应该有极为复杂的思想情绪，小说却对此故意盲视，明显远离了故事叙述应展示人物内心世界的“本义”。同是一类题材，曹禺的《雷雨》对繁漪性格和心理表现的深刻是有目共睹的，而郁达夫却将女性塑造成完全无主体性的肉身。《空虚》里那半夜闯进于质夫房间的日本少女，肢体横陈睡在其旁边，心无城府，毫不设防，这个可能符合日本人两性相处的习惯，但对于 21 岁的于质夫来说却是一种煎熬。小说细腻地描写了于质夫与自己身体欲望搏斗的过程。小说在情节上明显受到田山花袋的某些影响，但其中表现出来的女性“尤物”的思想意识，完全是属于郁达夫的。与郁氏其他作品一样，小说的色情性一直在构成文本的

① [英]弗朗西斯·马尔赫恩编：《当代马克思主义文学批评》，刘象愚、陈永国、马海良译，北京：北京大学出版社 2002 年版，第 240 页。

叙事张力。“色情之作的内在悖谬体现为依赖性与独立性的奇怪的结合。为了要显示出色情性，对象必须对观赏者有所依赖，对被激发的人有所依赖，它还必须依赖于我们的幻想、我们的想象力、我们的建构和我们对于框架结构的安排，但是，对象又必须保持其独立性，依然是真实的，依然是他者化的”①。

女性被“物化”叙述的本质，其实反映出郁达夫在性别观念上的保守。男性中心文化的叙事立场，造成其故意对女性内在精神世界的盲视与遮蔽，也显露他那秘而不宣的将女性视为男性依附、从属的封建男权意识。自叙传小说《茑萝行》是写“我”的婚姻生活的唯一一篇。“我”回国后接妻子一起在异地生活，但承受不了接连失业的压力，就一再责骂生育一子的妻子为“累赘”，声称“你去死！你死了我方有出头日子”。茑萝，一种缠绕性的草本植物，就反映了郁达夫对妻子（女人）的认知。在他的婚姻观念中，妻子是依附于、从属于丈夫的附属者，经济上不独立的妻子，人格上也不具备独立性，受不到他的平等相待。如果再结合郁达夫散文、日记、书信等其他文字，我们也不难看出，在他的第一段婚姻中，元配夫人孙荃非不足取，郁达夫对她也并非全无感情，但后来为追求他心仪的“美女”王映霞却与孙荃离婚，怎么能说孙荃不是他封建男权意识的牺牲品呢？

郁达夫的小说关注的重心在男性的欲望实现与色情动机上，对女性身体不厌其烦地细致描摹，却与绘画者面对写生时的模特儿不同，作者让充分灌注了男性色情欲望的女性身体处于完全被定义的客体地位。郁达夫个人生活颓废，曾经流连妓所，甚至夜宿不归，因此他的很多小说经常写到妓女。如作为姊妹篇的《茫茫夜》与《秋柳》，写于质夫与妓女碧桃和海棠的色情交往，主人公为打发无聊人生，把妓女作为其消遣和滥施恩情的目标，但“妓女的身体就其定义而言是一个具有多重性的身体，当它穿越社会经济，它自身扮演着并且也创造着激情、欲念和贪婪的叙述。此外，它的叙述直接包括现金关系，金钱与身体的交换”②。然而小说写于质夫流连妓院，却以表现其性爱饥渴和“扶危济困”为焦点，并不注重展示具有多重性社会意义的妓女身体。主人公对海棠的平庸相貌的审视带着明显居高临下的男性霸权意识，小说写质夫见了身材矮小的海棠，“觉得她的容貌同动物学上的原始猴类一

① [美]简·盖洛普：《通过身体思考》，杨莉馨译，南京：江苏人民出版社 2005 年版，第 245 页。

② [美]彼得·布鲁克斯：《身体活——现代叙述中的欲望对象》，朱生坚译，北京：新星出版社 2005 年版，第 85 页。

样，一双鲁钝挂下的眼睛，和一张比较狭的嘴，一见就可以知道她的性格是忠厚的”。续篇《秋柳》则铺排于质夫“扶危济困”的壮举，“我要救世人，必须先从救个人入手。海棠既是短翼差池的赶人不上，我就替她尽些力吧”，然后一边骂着“可怜你这皮肉的生涯！这皮肉的生涯！我真是以金钱来蹂躏人的禽兽呀”，一边还是来“帮助”那愚笨貌丑的海棠的皮肉“生意”了，而海棠却不像一般妓女懂得如何与“嫖客”相处。按小说传统讲，妓女背后的身世通常都有故事，像《三言两拍》中“卖油郎独占花魁”和“杜十娘怒沉百宝箱”等都要极尽曲折将女主人公的悲惨经历细细道来，而在上述郁达夫小说中，这些被侮辱被损害的妓女却只作身体性呈现，只作男性主人公的陪衬，她们完全被客体化，除了一具肉身，即使有部分个人身世的流露也丝毫不干预原来叙述的方向。在《怀乡病者》中，于质夫在一家中国酒馆里遇到了一个陪酒的十六七岁的中国女孩，喝酒多了主动投怀送抱，质夫却并未乘人之危，“默默地替她把上下的衣裳扣好”。这个少女为何要如此，肯定有许多不可言说的痛苦，那为什么作家不让她说话？因为小说的叙事焦点全在那个观察女性身体的男性，女性的主体痛苦却高高挂起视若无睹。而叙述人所关心的唯有那个坐怀不乱的于质夫，叙述重点在表现患着“怀乡病”的男性主人公的心理活动上。

《迷羊》的叙事视点完全围绕第一人称的男主人公王介成来进行，女优谢月英与王介成同居后，因为王“对她的肉体的要求，自然是日渐增高”，谢为了他的健康主动离开，但王却毫不领情，以为自己“身体不强”，不能满足谢，怨恨不已，遁迹于一教会医院。谢月英在两人的爱情关系中，并非完全不投入情感，但小说只凝神其身体而对她的爱情心理却忽略不计，并没有女性声音存在的空间，只有一个男性的叙述声音自始至终。这种情况在郁达夫小说中似乎是个普遍现象，即使是1935年写的《迟桂花》，要颂扬让男人心灵得到净化的女性的道德身体，也根本不顾女性思想情感的自然发展逻辑，一味要将女性身体置于男性色欲的眼光之下——“肥突的后部，紧密的腰部，和斜圆的胫部的曲线”，让主人公“簇生异想”“贪鄙”“恼杀”，而“我”紧接着的道德转变就显得过于突兀了，如果仅仅靠翁莲单纯率性的表白就能将主人公从肉体欲念中完全赎救出来，显然不太合乎情理。

“男人开始有性欲时才造就了女人。女人只是这种确证的结果；她就是

性欲本身。"[①]女性在叙述中被作为欲望客体，是一种文学上典型的男性中心主义，在其他男作家笔下更多呈现为一种性别潜意识，但在郁达夫小说里却丝毫不以为忤无须掩饰的。郁达夫前后算有四任妻子[②]，前两任妻子在他生命中无疑刻下很重的印痕，孙荃传统良妇、王映霞现代美女，他对孙荃怜惜而抱愧，对王映霞却无视世俗以灯蛾扑火的勇气去追求。这也表现在他创作中对待两类不同类型女性的态度上，充分显示出其现代意识与传统保守观念、各种新旧思想的交错及杂糅，他既接受了西方个性主义、人道主义现代人文思想，又明显对传统文化糟粕如女性"祸水""处女"迷信、采阴补阳等道家观念深信不疑，经常将现实中不能实现的欲望，转化成小说中的"厌女症"。

色欲伤身的传统文化观念，使得中国文学的"厌女症"书写成为一个叙事传统，从红颜祸水到花妖狐魅，从秽乱宫廷到魅惑书生，古典文学中女性身体既是欲望的美好对象又是指称危险最好的借代物。郁达夫显然受到了这种传统的深刻影响，一方面对女性特别是"处女"身体有着强烈的迷恋与崇拜，如《空虚》中，让于质夫疯狂迷恋的日本少女，"有血液流着带些微温的香味的大理石的处女裸像"的身体，让他"守候了两个多月"的同乡K女士，"脸上带着一种纯洁的处女的娇美"；又如《春风沉醉的晚上》中，"我"压抑住想要拥抱阶级姐妹陈二妹的欲望，心里诅咒自己是"恶魔"，"你想把这纯洁的处女毒杀了么?"散文《还乡记》里曾发出这样的感慨："我若有气力，也愿跟了你们去典一乘车来，专拉这样的如花少女。我更愿意拼死的驰驱，消尽我的精力。我更愿意不受她们的金钱酬报。"[③]另一方面却体现出典型的"厌女症"心理症候，不掩饰对妖娆美好女性的仇视，在求之不得或欲望受挫后就视之为"妖魔"。这种对女性身体的"厌女症"书写，传达出他对女性身体的狭隘理解，显示出他思想中十分封建保守的一面。

在郁达夫性爱叙事中，男性如果一味沉溺于对美貌女性的性爱，身体往往会亏损甚至面临死亡威胁。但不知餍足的男性的欲望没有被苛责，女性

---

① [斯洛文尼亚]斯拉沃热·齐泽克：《快感大转移——妇女和因果性六论》，胡大平等译，南京：江苏人民出版社2004年版，第182页。

② 郁达夫在"星洲"与王映霞分手后，又追求一个叫李筱英的电台播音员，长时间与之同居并到谈婚论嫁程度，因其子郁飞抵制没有结婚。在此之后才娶了一个马来女人为妻，并为她取名何丽有，以此掩护身份和地下工作。王任叔对其颇有微词，认为与王映霞同一类型。见王任叔《记郁达夫》，载于李杭春等编：《中外郁达夫研究文选》(上册)，浙江大学出版社2006年版，第58页。

③ 郁达夫：《还乡记》，《郁达夫全集》(第3卷)，杭州：浙江大学出版社2007年版，第31页。

身体却往往成为男性诿罪的对象。郁达夫的后期小说创作，虽写到大革命的时代风潮，但没有走“革命+ 恋爱”的流行程式，“厌女症”更登峰造极。《她是一个弱女子》中的青年女性完全被丑化、漫画化，在叙述者看来，只有一个冯世芬还比较理想，聪明坚定，却与堂叔私奔，后来发展成一个女革命者。小说中，李文卿被叙述成一个男不男女不女的“人妖”、色魔，既与其亲生父亲乱伦，又是可怕的双性恋者和色情狂，老斋夫的儿子因与她交好“染上了弱症死掉了”。而郑秀岳原本是正常的一个女学生，后来心理变态，贪图情欲，不仅自甘堕入李文卿的怀抱，而与吴一粟结婚后又不安于室，被人痛殴并指为“娼妇”，“总有一天要被人打杀”，最后突如其来的“赤身露体，血肉淋漓”死于“一・二八”沪淞抗战，被“几个相貌狰狞的日本浪人”拉出去轮奸而毙命，“下体青肿得特别厉害，胸前的一只右奶已被割去”。在侵略者暴力下如此惨酷的死法已经是作家潜意识中厌女症达到极端的表现，这也充分表达了作者对“解放”女性的态度。

郁达夫的小说传达了视女人为不可知之物的错误观念，其性爱想象建立在对女性身体的恐惧与欲望两条平行叙事的基础上，女性正好构成一对正反悖论，成为纯洁、美好与危险、祸水对立而又统一的矛盾体，如刘禾对施蛰存作品进行精神分析中所述，“女人成了幻觉、诱惑、神秘与死亡现象中的永恒人物”①。《南迁》中，写伊人所以要去房州疗养，是因为他曾“被一个日本妇女骗了一场”，破了童贞。小说将男性堕落诿罪于女性身体的诱惑，男性成了无辜的受害者，这难免陷入女性“祸水”的叙事老套。《迷羊》写男性疯狂的情欲，但实际讲述的却是男性靠宗教力量从对女性肉欲中迷途知返的故事。借性爱关系下男女身体一损一益的对比性叙述，小说充分渲染了女性身体的“祸水”功能，可谓将传统“皓齿蛾眉，伐性之斧”“色能伤身”等陈旧性观念作了文学上的“现代”发扬。

我们不否认即便是“自叙传”小说也有虚构成分，也不同意将叙事主人公与作者完全合而为一，小说作为昆德拉所说“道德审判被悬置的疆域”，其中人物并不是“善和恶的样板”②。但是郁达夫笔下人物对性爱关系的保守观念可以说是其本人思想的真实体现，因为他的日记最能暴露他的真实思

---

① [美]刘禾：《跨语际实践——文学、民族文化与被译介的现代性（中国，1900—1937）》，宋伟杰等译，北京：生活・读书・新知三联书店 2002 年版，第 192 页。

② [法]米兰・昆德拉：《被背叛的遗嘱》，余中先译，上海：上海译文出版社 2003 年版，第 6－8 页。

想，如他追求不得时经常咒骂女性，贬视妓女，身体衰颓时也多次声言要戒绝女色，小说显然正好是他表达这种偏执性观念的有效载体。郁达夫曾经说过："数千年来，我们祖宗代代对女人卑视的那一种不通的因袭思想，在我们的脑里，动不动也会现出它的幽灵来。"[①]在写于 1921 年的日记中，他也有把"妇人之专事淫奢的"与其他不劳而获之徒一并"杀尽了"之语，称"把这些人杀尽了，我们中国人民就不至于苦到这步田地"[②]。这些无啻是郁达夫扭曲女性观的真实表达，被他错误移植到其新文学性爱叙事中，给他的"新"文学作品带上了"旧"的文化胎记。

## 三、郁达夫性别意识的思想根源

茅盾曾著文《中国文学内的性欲描写》[③]，他在考察了中国性欲小说的流变后，总结出三个怪异特点："一是根源于原始人的生殖器崇拜思想的采补术"，"二是色情狂"，"三是果报主义"。他指出："性欲描写的目的在表现病的性欲——这是一种社会的心理的病，是值得研究的。要表现病的性欲，并不必多写性交"。对于郁达夫小说而言，他的文本果然是描写了病态的性欲，拓展了五四文学的"人学"深度，在反封建、个性解放方面的确迈出了探索的一步，但小说也继承了传统性欲小说的某些基因，并不能完全脱开茅盾所说的传统性欲小说的特点，特别是对于女性身体叙述，将女性身体进行泛色欲化的处理。只要有女性存在，叙述人便戴着有"色"眼睛，满眼"春色"关不住，欲望主体往往就是叙述者，而女性身体就完全是欲望对象，只作为被叙述的客体甚至是罪化的目标呈现在文本中，并没有将女性置于人格平等的地位。这固然与作家青年时期曾经遭受性压抑的经历有关，也未尝不与个人的生理体质导致的特殊心理气质有关系，在其日记、散文当中，作家对性的欲念丝毫不加遮掩，在小说中更不乏强调男主人公性欲特别旺盛的文字。

但郁达夫传统的性别意识没有得到及时清理也是其中一个因素。作家在文学叙事中对女性身体的叙述，依然沿袭了男性中心的古典文学叙事传

① 郁达夫：《序〈爱情的梦〉》，《郁达夫全集》（第 11 卷），杭州：浙江大学出版社 2007 年版，第 63 页。
② 郁达夫：《芜城日记》（1921 年 10 月 6 日），《郁达夫全集》（第 5 卷），杭州：浙江大学出版社 2007 年版，第 34 页。
③ 茅盾：《中国文学内的性欲描写》，《茅盾全集》（第 19 卷），北京：人民文学出版社 1991 年版，第 114 页。

统，将女性身体完全置于色欲化位置，不仅完全盲视健康两性关系的发展逻辑，也根本漠视女性个人生命发展的实际，对她们可能很复杂的思想情感基本视而不见，这从本质上说明了作家对女性人文关怀、生命关怀的缺失，同时也暴露了作家男性中心意识的偏狭。对此，在郁达夫的自述、日记及与王映霞书信的片言只语中也能得到侧面证实。当年郁达夫拼命追求王映霞时，对方回应不积极，郁达夫便在日记里大发牢骚："女人终究是下等动物，她们只晓得要金钱，要虚空的荣誉。"①当他写作没进展就推诿于与王映霞的恋爱，告诉别人说是"因为一时的昏迷，就铸下了大错，遇人不淑"，并声言："五年来的无心创作，无心做事情，原因都在于此。妇人难养，古今中外似乎是一例的。"②这虽然是搪塞之辞，但这种私人性较强的文字无疑是其歧视女性思想的真实显露，说明封建传统的男性中心意识是多么深地根植于作家的头脑中。当年他与王映霞轰轰烈烈地婚爱，后来却在福州发表《毁家诗纪》，大事张扬地暗示对方"不贞"，以这样粗暴的处理方式来对待曾经倾心相爱的妻子，终致两人在"星洲"黯然分手。这固然可能确有一些实际让二人生出嫌隙的不为第三者道的理由，但恐怕也不该完全排除郁达夫骨子中男权意识在作祟的这种可能。

具体到郁达夫以后小说里的男性主人公而言，看起来对"海棠"(《茫茫夜》)、"陈二妹"(《春风沉醉的晚上》)这样的下层女性有一种平视的人性关怀，被研究者视为是一种阶级平等的民主主义思想。但一种发乎自然人性的人道主义同情，并不代表他从人格上真正尊重下层女性，不管是用身体还是用思想交流，她们仍然是主人公聊解寂寞的对象而已。他曾认真地撰文对中国妓女的"特质"大发议论，说："妓女在中国，所以要被我们轻视厌恶的，应该须因为她们的不能尽她们妓女的职务，不能发挥她们的毒妇的才能才对，不应该说她们是有伤风化，引诱青年等等一类的话的。"③我们从郁达夫个人自述及其小说中对女性的态度不难看出，作家恰恰缺少像鲁迅、胡适、徐志摩那种真正尊重女性的"五四"知识分子的现代情怀。这也许因为

① 郁达夫：《穷冬日记》(1927年2月9日)，《郁达夫全集》(第5卷)，杭州：浙江大学出版社2007年版，第98页。

② 郁达夫：《致周作人》(1931年7月6日)，《郁达夫全集》(第6卷)，杭州：浙江大学出版社2007年版，第187页。

③ 郁达夫：《我承认是"失败"了》，《郁达夫全集》(第10卷)，杭州：浙江大学出版社2007年版，第122页。

郁达夫在1922年五四新文化运动高潮期过后才回国，他身上原来的中国传统男权文化遗传，以及受到的日本男权文化的负面影响，这些思想渣滓基本没有受到五四新文化运动真正洗礼而得到及时清理，因此现代意义上的男女平等意识基本很难真正进入他的思想主脉，他的性别观念与现代思潮实质貌合神离，这应该是造成他如此叙述女性身体的直接原因。

通过对郁达夫女性身体叙事的清理，能发现以往对郁达夫小说《沉沦》的思想主题的判断确是不尽完全和恰当的。比如对其文本是否表现爱国主义主题，当时就引起一些说法，而后来的研究者也围绕这一问题多有争议。我却认为，首先不应否认郁达夫爱国主义的强烈表现，但郁的所谓“爱国主义”是在与女性身体的奇怪对抗中生成的情绪产物，更多是一种民族主义思想的崭露，对此应予以澄清。正如王任叔所言：“他实际上，有强烈的爱国主义精神，甚至爱到瞧不起其他民族。但他又有强烈的人道主义，和人类爱，爱到不分侵略民族与被压迫民族的关系，而贸然仅凭一个人的个别行动论列事理。”[①]其次，郁达夫小说反封建的意义也需重新审视，虽然小说的身体叙事对于封建禁欲文化有突破，似乎在接受效果上与当时反封建的时代精神相契合，但从其创作本身来看，作家又秉持着一套男权主义的性别话语和传统保守的身体观念，不自觉地表现出封建与反封建思想的矛盾对抗。第三，郁达夫的人道主义思想是源于西方的以个人主义为核心的现代观念，这并不能完全颠覆他既有的传统思想的影响，虽然他在日本受到大正时期女权思潮感染，但实际并没接受男女平等这一在“五四”深入人心的公共意识。因此，我们说，各种思想矛盾其实共同纠结在郁达夫小说中，相互颉颃，由此构成他小说奇特的既矛盾又统一的思想张力。

郁达夫一方面对传统礼教弃若敝屣，但另一方面他身上有很浓厚的士大夫气和传统旧才子积习，影响所及，就以自己的欲望为中心，将女性身体完全当作对象化客体，作介质化、符号化、欲望化、妖魔化的无主体叙事。作为现代性爱小说的奠基人，他在开创中国现代性爱小说身体叙事传统的同时，身后却也拖着一条长长的封建尾巴。鲁迅说历史总是在螺旋式前进的，

① 王任叔：《记郁达夫》，李杭春等编：《中外郁达夫研究文选》(上册)，杭州：浙江大学出版社2006年版，第76页。

那么，郁达夫的思想也同样具有这种新旧并存的性质，因此他是一个集传统、现代于一身的人物，如果据此对郁达夫小说做思想上的定位可能更为客观全面，而过去只强调作家思想现代性一面，却忽视其他更复杂的思想元素对作家的影响，显然是不符合历史客观与作家实际的。

## 第四节　革命的女体：茅盾“时代女性”的身体想象

任何一个时代的开始与结束并不可能因一个政治领域里事件的发生而突然产生质的变化。文学史上对“五四文学”阶段性的划分截至 1927 年，因为大革命的失败造成文学生态的改变，一些作家因为其既定的政治立场和所在政治阵营的不同纷纷转型，站队到或“革命文学”，或“左翼文学”“民族主义文艺”不同的旗帜下。但 1927 年的时间点并非可以把一个时代的文学就这么戛然结束了，也并不意味着新的时代文学突然平地而起，中间没有任何过渡，这是不可想象的。因为一些作家思想上并没迅速完成转型的准备，也有文学写作的延续性，发表周期或者其他各种因素，都决定着他们在具体到某一作品时，其文学归属问题。因此，过渡期的作品归属哪个文学史段并不是完全绝对的，关键是看作品写作的时间和内在精神到底与哪个阶段的文学更接近。

茅盾创作于大革命期间的《蚀》三部曲（1927）和长篇小说《虹》（1928）是作为作家的茅盾在抽身出“政治”后以一个曾经的“参与者”身份回顾大革命过程的文学本文，与其他作家同时期创作的革命文学一样，内在精神与价值取向都有疏离，我认为从思想传承上其实明显烙有五四的精神胎记。茅盾的写作转型，公认是从《子夜》开始，但初期几部革命文学样本既代表着他从文学理论批评转向创作的开始，也是他对正在落幕的五四时代的一个敬礼。

本节讨论的是上述两部小说的女性身体叙事与茅盾对革命的反思之间的关系。任何研究者都会注意到女性在两部小说中所占据的主要角色地位，陈建华认为这些女性与茅盾写作所追求的“时代性”①一致，不仅她们丰

---

① 茅盾在《读〈倪焕之〉》一文中指出：“所谓时代性，我以为，在表现了时代空气而外，还应该有两个要义：一是时代给予人们以怎样的影响，二是人们的集团的活力又怎样地将时代推进了新方向。”见《茅盾全集》（第 19 卷），北京：人民文学出版社 1991 年版，第 209 - 210 页。

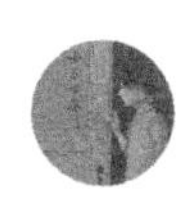



满性感的身体符合五四女性新的身体审美规范，其恣肆的欲望、个人主义的“性”态度，呈现的更是一种五四所认可的自然的人性，这些都显示了女性承担历史主体的“必然”的法定性①。但我仍然认为，两部小说中茅盾均有意让女性占据时代大舞台的中心，竭力展现女性在大革命中的妖娆身姿和集体颓废的时代面影，其实是将她们参加革命的原始动机、行为范式和大革命中激进政治及于女性身体的灾难后果，整个和盘托出，以此反思大革命跌宕起伏的时代风云。通过女体与革命的联结，呈现女性与革命之间缠绕的复杂关系，使女性身体不仅在思想层次上反映出波诡云谲的激烈政治，汇聚作家对革命的理性思考，也剥下“女性革命神话”的时尚外衣，对其进行了解构。

## 一、女性与大革命

### 1. 用“女性”来聚焦革命

革命，作为一个从日本舶来的政治词汇，在其引进之始其实充满着某种令人恐惧而又令人神往的浪漫气息。20 世纪 20 年代后期，当轰轰烈烈的“大革命”成为社会主流时，围绕它展开的对进步民主国家的种种想象和期盼，点燃了辛亥革命以来人们沉寂已久的希望，唤起了公众特别是青年人嘉年华式的时代情绪。而经过“五四”精神洗礼的新女性，她们对这场爆发在南方的大革命运动普遍心驰神往，正如石评梅诗歌《宝剑赠与英雄》中所称：“我的雪裙要血浇！我的锋花要含苞！我誓愿把希望的种儿，洒向人间，开一树灿烂的红色！”有的女性踊跃加入北伐队伍之中，谢冰莹《女兵日记》讲述的女主人公投身行伍，打仗救护不让须眉的飒爽英姿印证了女性与革命的结缘。女性以其前卫的观念和开放的身体，构成南方大革命阵容里一道炫目的风景，向社会传递着新时代已经到来的消息，给守旧者带来不安，给趋新者带来兴奋和狂喜。但 1927 年大革命失败，伴随的血腥与暴力，让投身其中的女性成为守旧势力意图报复、宣泄私愤和兽欲的目标。一个时代的谢幕，竟以对女性身体的追逐、摧残和亵渎，为历史画上了一连串惊叹号。

茅盾是大革命的参加者，他目睹了新女性在革命时代的卓越风姿，也看到了新女性在革命失败后的遭遇及随之而来的颓废。同这些新女性一样，

① 陈建华：《“革命”的现代性——中国革命话语考论》，上海：上海古籍出版社 2000 年版，第 286 - 333 页。

茅盾在大革命失败后也曾跌入人生的低谷：他以革命者的身份受到追捕，而他又与真正的革命者失去了联系，“茅盾”这个原本写作“矛盾”的笔名，侧面反映了他当时失落的心情。苦闷之余，那些革命时代的女性走到他的面前。他自述说：

> 那时正是“大革命”的“前夜”。小资产阶级出身的女学生或女性知识分子颇以为不进革命党便枉读了几句书。并且她们对于革命又抱着异常浓烈的幻想。是这幻想使她走进了革命，虽则不过在边缘上张望。也有在生活的另一方面碰了钉子，于是愤愤然要革命了，她对于革命就在幻想之外再加了一点怀疑的心情。和她们并肩站着的，又有完全不同的典型。她们给我一个强烈的对照，我那试写小说的企图也就一天一天加强。
>
> ……终于那“大矛盾”又“爆发”了！我眼见许多人出乖露丑，我眼见许多“时代女性”发狂颓废，悲观消沉。[1]

他开始奋笔疾书。《蚀》三部曲和到日本后创作的《虹》就是大革命时代女性命运的缩影。在这些作品中，我们初步领略了女性身体与革命之间的暧昧关系。

作为一度置身于革命漩涡的茅盾，始终有着敏感的政治神经和无法忘怀国事的入世情怀，因而他对中国政治革命的思考是这些小说的主要内容。但是，茅盾对大革命的回忆和反思不仅采用了小说的形式，而且将数位女性置于舞台的中央。梅行素、慧女士、章秋柳、孙舞阳、王诗陶等一群性格相近而又各具特色的人物，构成了茅盾“时代女性”系列的人物画廊。这一处理题材的方式，折射出茅盾有意将革命与女性并置来达到把握时代精神的目的。而在他的有关大革命的叙事中，女性的身体发挥了担纲作用，作为叙事枢纽成为故事推进的关键。但茅盾对时代女性的革命书写，也存在着将女性身体错置及以无意识中的男性中心主义曲解女性与革命关系的迷误。

茅盾一向钟情于女性身体的书写，无论是对于女性的外貌还是神态、行动他都能描绘得绘形绘色，形神兼备，显示了他那妙笔生花出手不凡的写作

---

① 茅盾：《几句旧话》，《茅盾全集》(第19卷)，北京：人民文学出版社1991年版，第439－440页。

天才。但我并不想看茅盾是如何描写女性身体的，而是着重想关注他如何将女性身体编织进他的革命叙事的。考察小说中女性身体叙述过程，可发现这些时代女性的“身体”被茅盾明显赋予了某种政治隐喻的功能，她们几乎相同的行为模式和思想轨迹承载着茅盾对于大革命的总结与反思，而他关于革命前途的政治热情或精神焦虑也得以在这一文学叙述中获得缓释。在小说这种构思和叙事中，女性身体书写不仅在思想层面上反映时代风云，汇聚作家对革命的理性思考，而且在叙事上也是对“女性革命神话”的无情解构。

2. 女性与革命的互证

茅盾的“时代女性”系列，和在20世纪30年代他专门撰文批评过的模式化的“革命+ 恋爱”小说不同，他并不认同蒋光慈等左翼作家过于脱离现实的浪漫主义革命叙述，从根本上反对让文学成为纯粹用来煽动大众革命热情的政治传声筒和宣传工具。出于对文学与政治关系的不同理解，他的小说是加强而非消解颓废与革命之间的张力，但也借用了这类小说惯于用女性身体传达意识形态的做法，将知识分子在大革命混乱年代复杂而敏感的内心世界，以女性身体隐喻的方式揭示出来。茅盾赋予他笔下“时代女性”以某种政治隐喻的功能，有意让她们的身体表征革命前夕、革命高潮和革命失败三种状态，表达他对于革命的希望、对于革命前途的政治热情或幻灭焦虑，让女性身体成为革命叙事与政治激情互为印证的载体，这实是茅盾表现“大革命”时代的文学叙事的特点。

革命是作用于中国20世纪大半个时期最为核心的语义符码，中国成功地或不成功地进行了多次“革命”，在“革命”的废墟上才产生了我们今天的国家。但“革命”这一语汇上无疑又弥漫着浓重的历史阴霾。早在20世纪初，梁启超就在他的《罗兰夫人传》里借罗兰夫人临终之语表达了对“革命”洪水猛兽般破坏力的担忧——“呜呼，自由自由，天下古今几多罪恶，假汝之名以行”。中国革命基本是按照毛泽东在《湖南农民运动考察报告》中所拟定的革命图式去践行的：“革命是一个阶级推翻一个阶级的暴力的行动。”[①]但正如陈建华在《革命的现代性——中国革命话语考论》中所说，“‘革命’话语负荷着巨大的集体记忆”[②]。“革命”带给人们的固然有集体的狂欢，

① 毛泽东：《湖南农民运动考察报告》，《毛泽东选集》(第1卷)，北京：人民出版社1969年版，第17页。

② 陈建华：《革命的现代性——中国革命话语考论》，上海：上海古籍出版社2000年版，第167页。

也有着与之伴随的个人伤痛的沉重记忆，因此如何除去“革命”头上的迷人光环，又如何祛除笼罩在“革命”意识形态身上的历史迷魅，还原“革命”的本来意义，消解对“革命”的无知和迷信，是我们今天重构“革命话语”必须面对的问题。所以对1930年前后几年的“革命”叙事文本展开诠释实践，以增强对于革命的现场感，也许是我们追踪革命的一条途径。

那么女性与革命有着怎样的关系？一般而言，在稳定的传统社会组织中，女性被忽视被规范被禁锢，只能湮没无闻于闺阁绣楼里，但在需要重组社会秩序时，女性往往又会被整合成社会动员的一股积极力量。当然现代历史往往告诉我们，组建新的社会秩序需要女性力量的加入，但也可能在已经稳定的社会秩序里，女性又被置于边缘化境地。虽然如此，尽管女性从来难以与男性平分革命胜利后的第一杯羹，但女性向来与革命又要发生关系，革命需要女性，革命的男性也需要女性来调节他们因革命而紧张的神经。对于女性来说她们本身也强烈需要革命，千百年来女性被压抑被禁锢的命运使她们特别愿意借助革命来挣脱她们身体上的枷锁，即便革命带给她们的是暂时的自由与身体的狂欢，因此对于革命她们总能像飞蛾扑火般奋不顾身，比男性更加不遗余力地投入。晚清以来对“女国民”的倡导，女性俨然被整合为建构民族国家不可或缺的一支新生力量。“天下兴亡，匹夫有责，匹妇亦与有责焉！”[①]先进女性更以自觉的国民身份认同参与后来的国家革命、国民革命、民族革命、阶级革命的斗争实践，既实现了个人身体的现代转向，也为革命事业贡献了一己之力。而因为有了女性的加入，革命也染上了属于女性的玫瑰般的色彩，披上了浪漫的华彩外衣，格外引人憧憬和向往。

如果说五四时期青年以追求自由恋爱为确证自己身体自由的方式，那么在左翼文学家笔下，北伐战争及南方大革命时期青年便以投身革命和行伍作为个人价值的最大实现。但集体主义政治激情与个性主义的吊诡结合让蒋光慈、胡也频等人的革命叙述充满了更多不确定性、裂隙和矛盾，“革命对他们来说，其实是五四运动爱与性的继续，依然充满了个体主观的情绪”[②]。茅盾的《蚀》三部曲和《虹》试图对之前革命文学的浪漫倾向予以纠偏，但其对社会现实黑暗的自然主义的描写，充满了悲观和矛盾，这正是茅

① 王子怡：《女权与女学》，《女报》第1卷第1号，1909年1月2日。
② [美]刘剑梅：《革命与情爱——二十世纪中国小说史中的女性身体与主题重述》，郭冰茹译，上海：上海三联书店2009年版，第41页。

盾释缓其革命焦虑的一种方式。三部曲和《虹》的中心词都是“革命”，一切似乎都有意识地围绕着“革命”这一背景来进行，革命与爱欲的纠缠全然构成小说的主要内容，而女性身体被用作表达意识形态的载体。青年在革命前、革命中、革命后的幻灭、动摇和追求的精神状态，都通过沉浮在革命风潮中的或激情张扬或放荡颓废的女性身体间接再现出来。谈到《幻灭》的创作时，茅盾说：“我并不想嘲笑小资产阶级，也不想以静女士作为小资产阶级的代表；我只写一九二七年夏秋之交一般人对于革命的幻灭；在以前，一般人对于革命多少存点幻想，但在那时却幻灭了；革命未到的时候，是多少渴望，将到的时候是如何的兴奋，仿佛明天就是黄金世界，可是明天来了，并且过去了，后天也过去了，大后天也过去了，一切理想中的幸福都成了废票，而新的痛苦却一点一点加上来了，那时候每个人心里都不禁叹一口气：‘哦，原来是这么一回事！’这就来了幻灭。这是普遍的，凡是真心热望着革命的人们都曾在那时候有过这样一度的幻灭。”①

《蚀》客观真实地表现了国民革命在南方蓬勃发展激动全中国青年的情景。人人都在向往着能去南方，革命成了青年们挂在嘴边的流行语言，追求时尚的本性使他们将“革命”当作一个时髦语汇，更把投入革命当作实践身体革命的一种行为艺术。《幻灭》中写到静女士和一群青年听李克讲过北伐中的一次战役后，大家都嚷嚷着要去武汉，但他们搞不清自己去了能做什么。静女士虽然冷静，“我去看热闹么”，但她刚错过了一个身为暗探的男性猎色者，心理还没能摆脱感情创痛，最终决定还是与其他同学都去武汉。“过去的创痛虽然可怖，究不敌新的憧憬之迷人。她回复到中学时代的她了。勇气，自信，热情，理想，在三个月前从她身上逃走的，现在都回来了。她决定和赵女士她们同走。她已经看见新生活——热烈，光明，动的新生活，张开了欢迎的臂膊等待她。这个在恋爱场中失败的人儿，现在转移了视线，满心想在‘社会服务’上得到应有的安慰，享受应享的生活乐趣了。”②可见，“革命”就是青年心中最美丽的梦境，虽然他们革命的目的并不明确，但革命头上自带五彩光环，诱惑力之大，直接让人脱胎换骨，将旧人改造成新人。小说中“革命”字眼本身具有无边的魔力，进步青年难以抵抗革命的召

---

① 茅盾：《从牯岭到东京》，《茅盾全集》（第19卷），北京：人民文学出版社1991年版，第182－183页。

② 茅盾：《幻灭》，《茅盾全集》（第1卷），北京：人民文学出版社1984年版，第59页。

唤，更不用说受过五四新文化运动洗礼的新女性。

革命在摧枯拉朽的同时，显然并不能解决中国的一切问题，“革命能否真正为个人提供出路就值得怀疑”[1]，刘小枫在《沉重的肉身——现代性伦理的叙事纬语》中对《牛虻》的革命与伦理故事的解读，解构了革命集体伦理的正义性，指出如果“革命只是为了改变没有自由、公义的社会制度，它无法消除个体在人生误会中的伤害或受伤”[2]。他认为，从“法国大革命以来，出现了一种动员个体身体的‘私人的痛苦’起来革命的伦理”。而牛虻正是一个“借助于一场民族国家的革命”来“化解自己受到爱人琼玛误解和被作为主教的亲生父亲欺骗——‘私人的痛苦’”的例证。“如果个人情感的受伤是生命在体性问题，而不是社会政治问题，因情感的受伤寻求革命性的补偿就搞错了。”[3]我们回头看《蚀》与《虹》，女性去革命的理由大多是出于“私人的痛苦”，慧女士投身“革命”就有着个人生命的逻辑，因为她在两性交往中受过伤，憎恨男人，小说里并不曾交代她是因为对社会政治问题的看法才要去革命；梅行素也同样是如此，她为了摆脱个人婚恋痛苦而从家庭出走，要革命也并不是出于她对革命有多么积极的态度，而是为了与梁刚夫恋爱而自愿投身其中，至于投身革命以后革命对她的实际改变这又是另一个问题了。章秋柳又如何呢？她大概全程经过了静女士的幻灭和孙舞阳那般对革命现场的亲历，所以她颓废，但她又不甘颓废，试图用身体完成对革命的救赎，这显然从根本上就陷革命于不义之地，革命变成为她们所谓的个人痛苦买单的工具，也为她们个人的痛苦提供向社会复仇的机会。

革命似乎并不具备拯救“私人的痛苦”的能力，革命对“私人的痛苦”完全无济于事，“私人的痛苦”却有可能干预革命的发展方向。弥漫整个革命进程的“左”倾幼稚病与革命盲动和冒险数不胜数，血的教训也很多，其后面未必没有“私人的痛苦”在起作用，身体因素事实上一定在某种意义上左右着革命行进的方式与力度。《追求》中那个颓废的消极的厌倦了人生的史循就是一个个例。他思考了多种自杀的方法，因为要选择一个不大经受痛苦的方式，“不如写了几张共产党标语跑到马路上去张贴，让人家捉去枪毙”。

---

① [美]刘剑梅：《革命与情爱——二十世纪中国小说中名的女性身体与主题重述》，郭冰茹译，上海：上海三联书店2009年版，第41页。

② 刘小枫：《沉重的肉身——现代性伦理的叙事纬语》，上海：上海人民出版社1999年版，第51页。

③ 刘小枫：《沉重的肉身——现代性伦理的叙事纬语》，上海：上海人民出版社1999年版，第43页。

他被救活后，章秋柳对他说："我们自然不惜一死，但又何必自杀呢？"而史循回答章秋柳的话却很是发人深省："对于世事的悲观，只使我消沉颓唐，不能使我自杀；假使我的身体是健康的，消沉时我还能颓废，兴奋时我愿意革命，愤激到不能自遣时，我会做暗杀党。"注意这里是"兴奋时我愿意革命"，显示了具体到一个个体革命的目的性并不明确。章秋柳不是也对自己说过吗——"章秋柳，你是孤独的，你是除了自己更无所谓爱，国家，社会，你是永远自信，永远不悔恨过去的，你为什么哭？你应该狂笑，应该愤怒，破坏，复仇，——不为任何人复仇，也是为一切人复仇！丢了你的舞扇，去拿手枪。"她做这种生命感叹，无疑可作为诠释女性与革命关系的最好注脚，革命与女性的纠结所产生的伦理后果就是："完了，我再不能把我自己的生活纳入有组织的模子里去了；我只能跟着我的热烈的冲动，跟着魔鬼跑！"

由此可见，茅盾是否是一个坚定的革命者，我们姑且不论，但就《蚀》与《虹》而言，茅盾未尝没有为革命祛魅的意图，小说里通过对女性与革命关系个体伦理的叙述，揭示并解构了革命之于个体的"正义"本质。"时代中时兴的道德理想总是充满吸引力的，没有鉴别力的年轻人以为时兴的道德理想就是自己性情的脉动。个体性情的脉动与某种道德理想的结合，其实是很偶然的。"①女性与革命的关系便是如此，热衷于以革命去解决个人问题的人似也很难逃出这个公式，每个人革命都有他的一通堂皇理由，但现代文学史上绝对不缺乏因为"私人的痛苦"就去投身革命的例子。可见，革命对于个体来说并不完全是一种必然，有明确的坚定的信仰的人肯定是大多数，但少数人也许是出于一种生命的偶然。

3. 革命与恋爱的双重反思

茅盾在这两部小说里充分揭示了个体革命动机的虚妄与无稽，以及时代女性意图借助革命来化解自己情感危机和私人痛苦的个体伦理，同时也表现了时代女性投身革命后所带来的异质性伦理后果，即她们不可避免要陷入革命队伍内的"恋爱"。与茅盾写作《蚀》几乎同时，如白薇《炸弹与征乌》、石评梅《白马啸西风》等也都描写了革命与女性的复杂关系，表现出纠结在革命与恋爱中的女性个人情感与思想的危机。

"大革命"与"五四"革命让女性追求个性解放的路径不同，它对女性造

① 刘小枫：《沉重的肉身——现代性伦理的叙事纬语》，上海：上海人民出版社 1999 年版，第 37 页。

成的最大后果就是彻底“解放”了女性的身体。静女士就以她的身体对革命做了一次灯蛾扑火的奉献，完全脱出了传统礼教规范的约束。未投入革命前的静女士，“一向过的是静美的生活”，“耽于幻想”，“她对于两性关系，一向是躲在庄严，圣洁，温柔的锦幛后面，绝不曾挑开这锦幛的一角，看看里面是什么东西；她并且是不愿挑开，不敢挑开”。所以她对慧的仇男心理，只感到“如此可爱的外形下却伏着可丑和可怕”。虽然静女士与抱素失败的恋爱关系让她对恋爱很消极，但她毕竟是受过五四新思想熏陶的女性，并没为此背上严重的精神包袱。在革命的外围看革命，革命头上笼罩着红色的光环，足够让人感到刺激和艳羡；但进入革命的内部，静女士看到了比社会上还严重的肮脏倾轧与任人唯亲，“革命”实质成了金玉其外败絮其中的货色，让人生出厌恶，生出幻灭。进入革命圈子内后，观念大变了的静女士最初虽仍然坚守着自己的信条，不轻易与人“闹恋爱”，但也希望自己能早日学得慧的“老练精干”和“谙练达观”。在武汉，静目睹革命队伍里“恋爱”成风，“增加了些幻灭的悲哀”，失望于“恋爱”竟然成了革命的常态。“同事们举动之粗野幼稚，不拘小节，以及近乎疯狂的见了单身女人就要恋爱，都使静感到不快”，恋爱甚至变成了与革命直接相关的问题，“单身的女子若不和人恋爱，几乎罪同反革命——至少也是封建思想的余孽”。所以就出现了下述这种现象：“‘要恋爱’成了流行病，人们疯狂地寻觅肉的享乐，新奇的性欲的刺激”。静对此现象深感厌恶，并且连累了对革命的热情，以致她发出的其实也同时代表了叙述人的声音：“这就是烦闷的反映。在沉静的空气中，烦闷的反映是颓丧消极；在紧张的空气中，是追寻感官的刺激。所谓‘恋爱’，遂成了神圣的解嘲。”于是，在医院里做看护妇时，静女士也不能不随着这种弥漫的恋爱的“空气”倾尽全部热情陷入与强的恋爱中，在她个人心中是要靠恋爱来挽救她对革命渐生的幻灭感。“两心相合的第一星期，确可说是自然主义的爱，而不是未来主义的爱”。她的热情的冲动，让“她完全忘记有周围一切的存在，有世间的存在，只知有他的存在。她觉得身体飘飘地往上浮，渴念强压住她”。当她的身体完全被恋爱所俘获，革命似乎却渐渐远去，只成了烘托这场恋爱的绮丽背景。由此可见，茅盾对“革命”的认识是何等的深刻，他事实上充分感受到革命与女性既纠缠又矛盾的关系，借助《蚀》将这种矛盾表现出来，也算是一份对革命的反思。

在革命染指的区域，有女性的地方必定会发生恋爱，女性无法逃避与革

命及恋爱的诡异关系，但随革命发生、高潮到衰退，革命队伍里恋爱也像俄罗斯"轮盘赌"经历着跌宕和惊险，从精神柏拉图到集体肉体"迷狂"应有尽有。

在处理革命与恋爱的问题上，《蚀》《虹》中的女主人公显示了高低不等的驾驭能力。静女士显然不能对革命和恋爱都举重若轻，她只有将它们置于对立的两极，要么革命，要么恋爱，这之间没有什么中间立场，也无法妥协，革命能完全取代恋爱，恋爱也能将革命驱逐出境，中间也不存在任何逻辑嫁接。但慧女士和孙舞阳却能在革命与恋爱之间游刃有余，革命不耽误恋爱，恋爱也不耽误革命，恋爱的对象可以今天是这个，明天是那个，或者在多个之间周旋有余。"迷人"的充满魔力的慧女士似乎把身体当作了报复男人的工具，"我高兴的时候，就和他们鬼混一下；不高兴时，我简直不理"。孙舞阳在同事眼里"放荡，妖艳，玩着多角恋爱，使许多男子疯狂似的跟着跑"，还被人称做"公妻榜样"，她自述："我有的是不少粘住我和我纠缠的人，我也不怕和他们纠缠；我也是血肉做的人，我也有本能的冲动，有时我也不免——但是这些性欲的冲动，拘束不了我。所以没有人被我爱过，只是被我玩过。"她这种宣称显然是"基于自己的生存感觉偏好的道德诉求"[①]，与革命伦理完全没有关系。曼青眼中的"章女士之善于恋爱，他却是亲身领教过的"，章秋柳那种"无所谓爱，只有一时的高兴"的性道德完全战胜了革命伦理，革命道德原本说服不了个体的身体，但"乱爱"也并非与革命价值完全没有冲突。

作为茅盾刻意塑造的"时代女性"，慧女士、孙舞阳、章秋柳她们在革命队伍里，身体从来不会专属于某一个人，而是扮演了革命这个大家庭里的"公妻"角色，她们能充分意识到自己在这个属于男人世界里的特殊位置，自愿以其美而健的身体魅惑着革命队伍的每一个男同志，秋波乱送，媚眼乱飞，在两性关系上极为放纵也极为随便。但她们是有主体有担当的新女性，她们要爱谁就爱谁，身体爱给谁就给谁，不接受任何男性暗示和长官意志，只听从自己的大脑和本性。她们在男女关系上什么时候都掌握着主动，在男人不敢放肆时她们如果愿意却能主动地投怀送抱。这种"魔女"性格让男人觉得既可爱又可怖，可以做短期情人，却不愿娶回家做妻子。《追求》中曼

① 刘小枫：《沉重的肉身——现代性伦理的叙事纬语》，上海：上海人民出版社1999年版，第13页。

青看着浪漫的章秋柳，感觉不是他心目里理想的女性；《动摇》中写方罗兰抵挡不住孙舞阳身体的魅力，在与方太太出现裂隙后，向孙舞阳求爱，但得到了否定的回答，孙舞阳显示了很高的精神境界，但在身体姿态上却又随随便便。让方罗兰觉得她“可爱又可怕”。“孙舞阳似乎看透了方罗兰这一切的内心的矜持，她很妩媚地笑了笑，又款步向前，伸手抓住了方罗兰的满是冷汗的一双手，跟方罗兰几乎脸偎着脸，亲亲热热地”，并声称：“你赶快取消了离婚的意思，和梅丽很亲热地来见我。不然，我就从此不理你。罗兰，我看得出你恋恋于我，现在我就给你几分钟的满意。”然后“她拥抱了满头冷汗的方罗兰，她的只隔着一层薄绸的温软的胸脯贴住了方罗兰的剧跳的心窝；她的热烘烘的嘴唇亲在方罗兰的麻木的嘴上；然后，她放了手，翩然自去，留下方罗兰胡胡涂涂地站在那里”。很显然，两人在“张公祠”的这一幕显示，孙舞阳完全掌握着男女关系的主动权。“时代女性”如果想要，任何男性也难逃其俘获，但她却充分保持着自己人格和身体的独立性。《追求》里孙舞阳可以让龙飞随便“亲嘴”，却不是因为所谓“神圣的”恋爱，而是因为自己“喜欢”。正如她所声言：“那也无非是我偶然喜欢这么做，譬如伸手给叭儿狗让它舔着。”她也自愿将她的“美艳的肉体”拿去拯救“幻灭太深的史循”，以至于传染上“梅毒”。“她根本不是懦怯的女子，她是全权地自信着。她是敢作敢为的。”

奇怪的是，每逢革命的紧要关节，慧女士、孙舞阳和章秋柳，她们都能把握住革命的正确方向，正确地处理自身与恋爱的关系，显示出对革命的敏感和超越男人的成熟。《动摇》和《追求》里，孙舞阳、章秋柳显然并不是革命的主要角色，但她们对革命方向的判断力都正确而坚决，反而是她们身边的男性相形见绌。文本对这类“时代女性”的性别想象存在着一种性别倒置的有意，不仅是她们的身体具有强烈的攻击性，她们的雄强和果敢也是男性所不及，甚至远远超越了“姝姝然的小丈夫”。所以李玲在她的研究文章中称茅盾在《蚀》与《虹》中做了大胆的“易性想象”[①]，是很有几分根据的。

然而革命总是一个充满道德理想的极具诱惑力的语义符码，女性可被革命很轻易俘获，但陷入革命“陷阱”的女性身体又是男性的诱惑，于是男性

① 李玲：《易性想象与男性立场——茅盾前期小说中的性别意识分析》，《中国文化研究》2002年第2期。

革命者便成了革命与女性的双重俘获物。方罗兰、曼青都是这种意义上的“俘获物”。

4. 革命与反革命及于女性身体的伦理后果

五四新文化运动倡导女性解放仅是个性解放,强调的是思想和身体的自我独立性,还未落实到释放身体的本我——性解放。但大革命中,革命队伍里的时代女性却成了性解放的先驱,甚至陷入肉体的自我放纵。茅盾通过对时代女性的“魔女”性格的塑造与身体书写其实演绎了属于革命场景中的特别景观,这是属于激情年代特有的精神症候。

“造就了公众男人的那个活动场所把女人变成了妓女。”①对《蚀》三部曲中那些“时代女性”来说,五四运动帮助她们打破了传统的贞操观念,新的性道德观让她们解脱了一切礼法对身体的束缚,她们就如“恋爱专家”章秋柳所自认的,是“旧道德观念很薄弱,贞操的思想尤其没有,然而有一种不可解释的自尊心,和极坚固的个人本位主义”。由此可见,革命让女性成了“性解放”的先锋。《虹》中的梅女士在婚爱失败后,也性情大改:“梅女士忽然高声狞笑了。她站起来,扭着腰,轻轻地摇摆着她的下半身,很兴奋地想:‘天生我这副好皮囊,单为的供人们享乐么?如果是这般,我就要为自己的享乐而生活,我不做被动者!’”基于这种想法,对她根本不爱的丈夫柳遇春,她也可以听从性本能的支配,接受他的抚爱,用猫玩老鼠的心情享受性上主动的快意。这“解放”了的女性身体看起来多么让人害怕呀!其实这也正因应了刘小枫对现代女性身体的判断:“现代之后的季候是,女人的身体感觉已经没有邪恶与美好、淫荡与轻逸的价值不平等,只是感觉价值的不同而已。”②

当五四新思想一朝摧毁了旧的价值观念,已经“现代”了的女性就充分享受了“解放”的愉悦。随着旧的贞操观念的被打破,原来受道德监控的不自由的身体,变成了只注重个体身体“亲在性”的自由的享乐的肉体。在革命队伍里,她们的身体似乎向她们喜欢的男人任意敞开,并不存在任何道德、伦理的障碍,因为大家都是来自一个阵营的同志。《虹》中梅女士向她的密友徐绮君这样宣传她的恋爱和“主义”:“绮姊,跌进去我不怕,三角我也要

---

① [美]彼得·布鲁克斯:《身体活——现代叙述中的欲望对象》,朱生坚译,北京:新星出版社 2005 年版,第 73 页。

② 刘小枫:《沉重的肉身——现代性伦理的叙事纬语》,上海:上海人民出版社 1999 年版,第 78 - 79 页。

干;最可怕的是悬挂在空中,总是迷离恍惚。现在我决心要揭破这迷离恍惚!我也准备着失恋,我准备把身体交给第三个恋人——主义!”而在物欲横流的都市里,经受了革命幻灭又想追求点什么的时代女性为了保持身体可贵的“亲在性”,甚至不惜糟蹋这肉身,为了革命理想让肉体沉沦也在所不辞。

“到这里同学会来混过半天,到那边跳舞场去消磨一个黄昏,在极顶苦闷的时候,我们大笑大叫,我们拥抱,我们亲嘴。我们含着眼泪,浪漫,颓废。但是我们何尝甘心这样浪费了我们一生!我们还是要向前进。”章秋柳一方面与曼青虚与周旋,但另一方面又“献身”史循,“她想:我理应有完全的自主权,对于我的身体;我应该有要如何便如何的自由”。当她发现了“理想”的虚妄以后,她就只注重“快意”而不管其他,“我是决心要过任心享乐刺激的生活!我是像有魔鬼赶着似的,尽力追求刹那间的狂欢”。更有甚者,她要体验去做“马路上拉客的野鸡”,其出发点居然是“玩弄那些自以为天下女子皆可供他玩弄的蠢男子”。她认为:“女子最快意的事,莫过于引诱一个骄傲的男子匍匐在你脚下,然后下死劲把他踢开去。”她的生活原则是:“为了一个正大的目的,为了自己的独立自由,即使暂时卖淫也是可能的,合理的,道德的。”更可诧异的是,章秋柳这种“理论”在革命阵营里还不乏“同志”,《追求》中赵赤珠与史俊两人相爱,但生活窘困,赵于是不得已做了“淌白”,“她和她的爱人穷到半个铜子都没有了,又找不到职业;赤珠便想出这个极自然的办法来”。她说:“主张是无论如何不变的,为的要保持思想的独立,为的要保留他们俩的身体再来奋斗,就是做一二次卖淫妇也不算什么一回事。”无独有偶,王诗陶的爱人为了革命牺牲了,她为了保住肚中这革命的传承,最后也实践了这个“理论”去当了妓女。章秋柳自己则试图用女体完成对革命的救赎,以自己“丰腴健康”的肉体去爱抚史循“骨骼似的枯瘠”的身体,想要重燃史循的革命激情,但结果却感染上妓女身体特有的病症——梅毒,使这一时代病在女性和革命之间成功地进行了某种嫁接。如此,妓女玛丽昂在法国大革命中所说的话就在这些革命的女性那儿获得印证:“我是一个永恒不变之体,是永无休止的渴念的掳取,是一团红火,一股激流。……鲜花也好,玩具也好,圣物也好,感觉都是一样的。”[①]从传统礼法对女性的性禁锢

① 刘小枫:《沉重的肉身——现代性伦理的叙事纬语》,上海:上海人民出版社1999年版,第13页。

到革命高潮和幻灭带给女性身体完全自主的狂欢，这之间的距离究竟如何跨越，显然存在着明显的吊诡。革命的女性身体与放纵的女性身体的距离也许短到仅有一步之遥，时代女性似乎可以很轻松地跨过去，因此辉煌的曲折的革命叙事在《蚀》与《虹》中被作家在完全不知不觉的情况下置换成了一种身体的伦理叙事。“自由伦理的身体原则，意味着不同身体感觉的平等权利，意味着承认只把身体当作身体来享用（而不是“为了……）的原则。”[1]另外，茅盾亲身参与了大革命整个过程，这场革命的暴力后果对他是一个不堪回首难言的个人经历，他对革命的反思也由此而来，从既有的研究中我们可以获知革命失败留在茅盾心中的巨大创痛与精神阴影，但是对于茅盾对革命暴力及于女性的灾难后果的书写却鲜有人提及。《蚀》中有较大篇幅对大革命危机时及于女人身体灾难的生动真实的描绘。茅盾特别借助大革命中发生的及于女性的一些事件，来呈现革命与反革命分别加于女性身体的伦理后果，在茅盾笔下，不管是革命还是反革命往往都会借由群氓行为来导向对女性身体的重新分配与暴力。这指的是革命过程中的存在的偏激行为和反革命镇压革命时对女性特别施加的身体迫害与摧残，无论“革命”还是“反革命”都容易与群氓身上丑陋的对女性占有的“集体无意识”结合，演变成对女性身体的变相分配与无耻暴力。

《动摇》里提供了一些在公开发行的史料中不能见到的“革命”的细节。南乡农民协会本来是调查农民土地，却有谣言称“男的抽去当兵，女的拿出来公”，农民很惶惑，不久便发生了捣毁农协的事情。小说里说：

> 事情是不难明白的：放谣言的是土豪劣绅，误会的是农民，但是你硬说不公妻，农民也不肯相信；明明有个共产党，则产之必共，当无疑义，妻也是产，则妻之竟不必公，在质朴的农民看来，就是不合理，就是骗人。王特派员卓凡是一个能干人，当然看清了这点，所以在他到后一星期，南乡农民就在烂熟的“耕者有其田”外，再加一句“多者分其妻”。在南乡，多余的或空着的女子确是不少呀：一人而有二妻，当然是多余一个；寡妇未再醮，尼姑没有丈夫，当然是空着的。现在南乡的农民便要弥补这缺憾，将多余者空而不用者，分而有之用之。

---

① 刘小枫：《沉重的肉身——现代性伦理的叙事纬语》，上海：上海人民出版社 1999 年版，第 86 页。

“五个女人中间比较漂亮的土豪的小老婆，属于一个癞头的三十多岁的农民。”结果引起了这个农民协会与另一个村庄里的“夫权会”的械斗，并进而形成一个群情激昂的农民运动。当驱赶拥护夫权的俘虏戴上高帽子游行时，“许多妇女也加入了游行队伍”，在她们口里喊出的口号居然是：“拥护野男人！打倒封建老公！”但“‘三八’妇女节大会上，代表妇女协会的孙舞阳的演说里又提到南乡的事，很郑重地称之为‘妇女觉醒的春雷’，‘婢妾解放的先驱’”。然后县党部会议对所提出的“公妻”议案讨论后稍做改变而获通过，而胡国光提案中有“主张一切婢妾、孀妇、尼姑，都收为公有，由公家发配”，但成立的“解放妇女管理所”却成了藏污纳垢的“淫妇保管所”。

小说甚至也写到了大革命危机时期，反对革命的土豪劣绅对革命的参加者残酷报复的细节，他们对付参加革命的女性的手段更是极其惨怖！跟随反动派的流氓声言：“明后天大军到来，剪发女子都要奸死！”而林子冲向方罗兰的报告称：“在妇协被捉的三个剪发女子，不但被轮奸，还被他们剥光了衣服，用铁丝穿乳房，从妇协直拖到县党部前，才用木棍捣进阴户弄死的。”鲁迅对近代以来革命与反革命在中国的轮番上演有着一语中的精彩之论：“革命，反革命，不革命。革命的被杀于反革命的。反革命的被杀于革命的。不革命的或当作革命的而被杀于反革命的，或当作反革命的而被杀于革命的，或并不当作什么而被杀于革命的或反革命的。革命，革革命，革革革命，革革……”[①]他和周作人也在他们的时文中对革命与反革命暴力之于女性身体的虐杀表示过极大的愤激之情，在这么一个“无声的中国”，由革命演绎的“红色风暴”和由反革命演绎的白色恐怖最终竟都将矛头指向了女性身体。《动摇》结尾方太太幻觉中出现的那些恐怖景象俨然是女性身体与革命的象喻：“地下忽又涌出许多带血，裸体，无首，耸着肥大乳房的尸身来。”显然小说是借女体尸身来对所谓“革命”的目的与过程进行了解构。革命居然成为对无辜女性身体的再分配，反革命要维护夫权则视解放了的女性身体为寇仇，对付革命对象和革命者最严酷、最血腥的镇压手段无不及于女性身体，这其中没有对女性这一弱势群体又是“民族的母亲”存着哪怕一丝怜惜，甚至更加无所不用其极。无论“有罪”还是无辜，是领导还是追随，革命与反革命及反反革命对女性身体实行的分配与制造的惨怖，在小说的暴力

① 鲁迅：《小杂感》，《鲁迅全集》（第3卷），北京：人民文学出版社2005年版，第556页。

叙述中，可以说无情地击穿了近代以来启蒙宏大叙事为女性构织的浪漫革命神话！

## 二、游走在沉重和轻逸之间的女性肉身

“在苏格拉底那里，幸福是有区分的，一个是邪恶的幸福，一个是美德的幸福。在这两种幸福的身体情状中，肉身感觉是不同的。邪恶的幸福感觉是轻逸，美好的幸福感觉是沉重。”[①]茅盾的小说充盈着对这两类女性身体书写的热情，但他对这同类女性身体作了二元对立的叙事，置于男性视角下作“鱼和熊掌”的比对，让这两种身体各具传统与现代两种气质，而他的身体叙事却显示了在两者之间模棱两可的伦理态度，因此使他的女性身体叙事总是游走在沉重和轻逸之间。分析这两类女性身体叙事，也许可以帮助我们识别作家潜隐的性别立场。其实这种矛盾叙事不仅是在《蚀》和《虹》里，他的其他小说也多有呈现，如1928年4月他发表在《东方杂志》上的短篇小说《创造》，这算是一个比较典型的文本。

男主人公君实“相信人是政治的动物，不懂政治的女子便不是理想的完全无缺的女子”，于是他按照自己的理想改造夫人娴娴。小说里采用对比描写：

> 当他们第一次在街上走，娴娴总在离开君实的身体有半尺光景。当在许多人前她的手被君实握着，她总是一阵面红，于是在几分钟之后便借故洒脱了君实的手。她这种旧式女子的娇羞的态度常常为君实所笑。经过了多方的陶冶，后来娴娴胆大些了，然而君实总还嫌她的举动不甚活泼。并且在闺房之内，她常常是被动的，也使君实感到平淡无味。[②]

而后来经过君实努力灌输政治思想，他的夫人成为一个人格、行为独立，热心于政治和革命的时髦女郎，而且在身体上也前后判若两人，“现在娴娴是‘青出于蓝’。有时反使君实不好意思，以为未免太肉感些，以为她太需要强烈的刺激了”，“用了紧急处置的手腕，娴娴又压在君实的身上了。她的

---

① 刘小枫：《沉重的肉身——现代性伦理的叙事纬语》，上海：上海人民出版社1999年版，第75页。
② 茅盾：《创造》，《茅盾全集》(第8卷)，北京：人民文学出版社1985年版，第20页。

绵软而健壮的肉体在他身上揉砑，笑声从她的喉间汩汩地泛出来，散在满房”。女性身体的恣肆放诞让君实无比怀念原来故步自封的客体对象，事态的发展几乎完全超出了他这“创造者”的控制。小说生动地表现了他在这一事情上的郁闷和失落感。后来的娴娴，“不但思想变化，甚至举动也失去了优美细腻的常态”，“他能够接触这名为娴娴的美丽的形骸，但在这有形的娴娴之外，还有一个无形的娴娴——她的灵魂，已经不是他现在所有接触的了”。小说里玩具兔子身上“丈夫”两字被娴娴用刀子刮去的细节，说明了男性对真正解放了自我的女性优越感的彻底丧失，可以说，充满魅惑的“放诞”女体更让其无法把握。这个小说再好不过地昭示了男性叙述人在面对轻逸与沉重两种不同的女性身体时，不知如何选择的矛盾态度。两种女性都“可爱”，但又都存“缺陷”，女性不解放不行，解放了也不行，这实在是一个难以解决的伦理悖论。

《幻灭》中茅盾显然让安谧幽丽的静女士和肉感迷人的慧女士形成审美对峙；《动摇》中他将性感浪漫的孙舞阳与温婉静丽的方太太也并立于两个价值系统；《追求》让风流洒脱的章秋柳与谨严保守的朱女士并置；到了《虹》中，则让梅女士革命前后形成对峙。作家在不同的文本中讲述了两种完全不同的女性身体，“他带着一种外科医生的严厉，竭力揭示她们的最微小的美丽之处，他像情人一样谦卑地对待她们的最细微的曲线”[①]。从文本的身体叙事里，看作家在两种身体间来回游走，无疑可解读出作家的性别立场及其对于革命和世俗生活的矛盾态度。

对慧的描写突出她的“迷人”的“魔力”，对静女士则强调她身体的综合气质：“幽丽”。通过全知视角进行的身体叙事，是在对两人的“美”的比较中进行的，支配叙述的显然是隐含在叙事人背后清楚的男性声音：

> 五月末的天气已经很暖，慧穿了件紫色绸的单旗袍，这软绸紧裹着她的身体，十二分合式，把全身的圆凸部分都暴露得淋漓尽致；一双清澈流动的眼睛，伏在弯弯的眉毛下面，和微黑的面庞对照，越显得晶莹；小嘴唇包在匀整的细白牙齿外面，像一朵盛开的花。慧小姐委实是迷

---

① [法]波德莱尔：《1846年的沙龙——波德莱尔美学论文选》，郭宏安译，桂林：广西师范大学出版社2002年版，第230页。

> 人的呵!但是你也不能说静女士不美。慧的美丽是可以描写的,静的美丽是不能描写的;你不能指出静女士面庞上身体上的哪一部分是如何的合于希腊的美的金律,你也不能指出她的全身有什么特点,肉感的特点;你竟可以说静女士的眼,鼻,口,都是平平常常的眼,鼻,口,但是一切平凡的,凑合为"静女士",就立刻变而为神奇了;似乎有一样不可得见不可思议的东西,联系了她的肢骸,布满在她的百窍,而结果便是不可分析的整个的美。慧使你兴奋,她有一种摄人的魔力,使你身不由己地只往她旁边挨;然而紧跟着兴奋而来的却是疲劳麻木,那时你渴念逃避慧的女性的刺激,而如果有一千个美人在这里任凭你挑选时,你一定会奔就静女士那样的女子,那里她的幽丽能熨帖你的紧张的神经,她使你陶醉,似乎从她身上有一种幽香发泄出来,有一种电波放射出来,愈久愈有力,你终于受了包围,只好"缴械静候处分了"。①

显然叙述人就如一个居高临下的男性,在对两个女性的身体进行反复地赏玩,摆着一副欲望主体的姿态,在那儿左挑右选,品味来赏鉴去。更客观地说,在对两个女性作对比的时候,叙述人显然更认同静女士身体的静美,对有着"摄人的魔力"的慧女士却是明褒暗贬。外貌描写上格外突出慧女士的"肉感",强调静女士让人陶醉的气质美。而结合文本对两人生活态度的描述,也是有意让她们形成鲜明对比,慧女士是"恋爱专家",静女士却矜持认真,如果说与抱素还是性意识觉醒的一次冲动,但当她对革命幻灭时,才将身体真正投入地爱一次。她与强之间毕竟是灵与肉的结合,在她那儿,革命与恋爱构成一种换喻关系,她把革命看成一种梦境,希望能够消解人生的伤痛;而把恋爱看成"享乐",希望恋爱能拯救她对革命的幻灭感。而慧却是久经沧海难为水,"犹如受了伤的野兽","狂怒的反噬,无理由无选择地施行她的报复","雪白浑圆的胸脯下,一颗带着伤痕的冷硬的心傲然地抖动着",对恋爱总是一场游戏一场梦,身体成了她报复男人的工具,从不肯付出真情。叙事就在两种身体间不停地游走,一为美德的沉重的身体,一为邪恶的轻逸的身体,显然前一种身体更受到了男性立场的肯定。

然而革命需要的不是静女士那种温文尔雅的女性,革命不是请客吃饭,

① 茅盾:《幻灭》,《茅盾全集》(第1卷),北京:人民文学出版社1984年版,第20页。

革命是要破坏旧世界，建设新世界，革命而且要对另一个阶级实行绝对专政，革命更是身体暴力和政治激情的浪漫结合，所以革命需要的是不时释放出奔放与狂野的女体。茅盾的女性身体叙事显然是他在革命与世俗生活间难以取舍的内心矛盾的体现。《动摇》中从革命中抽身撤出要投身教育的曼青对理想女性的愿望表达可能在某种意义上更代表作家真实的声音："我觉得我这新的生活态度把我的许多观念都改造过了。即如在恋爱方面，现在我的理想的爱人是温柔沉默，不尚空谈，不耻小事的女子；像我们的女同学那样的志士气概，满身政治气味，满口救国救民，所谓活动的政治的女子，我就不大欢喜了。"

《动摇》的男性视角更加明显。茅盾似乎在小说中很喜欢品玩女性身体，也可能借此释放淤积在他心中的澎湃的革命激情。叙述人将两种女性身体对峙放置在一个叙述空间，借助方罗兰的评价目光将梅丽身体置于"被看"的地位："这晚上直到睡为止，方罗兰从新估定价值似的留心瞧着方太太的一举一动，一颦一笑。是要努力找出太太的许多优点来，好借此稳定了自己的心的动摇。他在醉醺醺的情绪中，体认出太太的人体美的焦点是那细腰肥臀和柔嫩洁白的手膀；略带滞涩的眼睛，很使那美丽的鹅蛋脸减色不少，可是温婉的笑容和语音，也就补救了这个缺憾。"这儿突出方太太女性的性征，但她的婉约雅致的性格似乎更受男性垂青。她虽接受了现代教育，行为却遵从相夫教子的传统，生活以家庭为主，并不热衷于社会活动，显示出她人格独立倾向。当发现方罗兰心不所属时，主动向其提出离婚，因此她是属于现代却不会追逐潮头的"时代女性"。(孙舞阳则完全是另一副模样，她拒绝世俗的家庭生活，只同人浪漫而不肯爱)因为有了这先前的铺垫，孙舞阳的出场，显然被叙述人故意地延宕，作者在这一人物身上寄予了过高的期望，并娴熟地运用着欲擒故纵的叙事策略，以吊足读者的胃口。在小说第四节，先让方罗兰一时的幻觉幻化出这个"魔女"的名字与形象：

一个幻象，也在他的滞钝的眼前凝结起来，终于成了形象：兀然和他面对面的，已不是南天竹，而是女子的墨绿色的长外衣。全身洒满了小小的红星，正和南天竹子一般大小。而这又动了。墨绿色上的红星现在是全体在动了。它们驰逐迸跳了！像花炮放出来的火星，它们竞争地往上窜，终于在墨绿色女袍领口的上端聚积成为较大的绛红的一

> 点；然而这绛红点也就即刻破裂，露出可爱的细白米似的两排。呵！这是一个笑，女性的迷人的笑！再上，在弯弯的修眉下，一对黑睫毛护住的眼眶里射出了黄绿色的光。①

这一女体幻象，格外突出了色彩的视觉效果，通过服色、红唇、细白米似的牙、发着像猫似的“黄绿色的光”的眼睛，强调了这一女体“可爱而又可怕”的魅惑度。然后小说又安排了一场“手帕”风波，提前预示孙舞阳“革命魔女”的开放的性格。她漫不经心放到方罗兰口袋里的手帕成了梅丽吃醋的导火线，打破了方罗兰家庭一向的平静。然而到这时孙舞阳仍迟迟没有现身，但通过别人的介绍读者更加了解她的个性。直到第六节，小说才精心安排了孙舞阳的出场，因为这时候读者对这一人物的期待似已到了顶点。县党部联席会议上，“在紧张的空气中，孙舞阳的娇软的声浪也显得格外袅袅。这位惹眼的女士，一面倾吐她的音乐似的议论，一面拈一枝铅笔在白嫩的手指上舞弄，态度很是镇静。她的一对略大的黑眼睛，在浓而长的睫毛下很活泼地溜转，照旧满含着媚，怨，狠，三样不同的摄人的魔力。她的弯弯的细眉，有时微皱，便有无限的幽怨，动人怜悯，但此时眉尖稍稍挑起，却又是俊爽英勇的气概。因为说话太急了些，又可以看见她的圆软的乳峰在紫色绸的旗袍下一起一伏地动”。②显然，对于孙舞阳，茅盾主观上有要将其描绘成一种男人眼中让人爱不释手的性感“尤物”的故意，特别突出她女性身体所充满的健康、活力和性感，对其神态的生动点染，让人不难体会出这绝不是一个木偶美人，而是充满着性格魅力的活生生的戏剧型人物。

然而，女性身体在叙述中一旦醒目出场，往往干扰了革命叙事的进程。女性身体的光彩在《动摇》中对文本意义的生成起码就形成了明显的干扰，似乎以一种潜在的方式将读者的阅读趣味导向另一个与女性身体有关的暧昧的方向，女性身体不仅从叙事上对革命权威形成了挑战，而且与世俗生活不可分离的关系也消解了革命的正当性。读者可能更关心方罗兰如何处理与太太、与孙舞阳的关系，而不是有关“革命”的叙事场景。有人曾提出这种看法：“在作者试图写出个体与历史、主观意欲与历史意志的大统一时，却因

---

① 茅盾：《动摇》，《茅盾全集》（第1卷），北京：人民文学出版社1984年版，第127页。
② 茅盾：《动摇》，《茅盾全集》（第1卷），北京：人民文学出版社1984年版，第159页。

女身的醒目出场而造成裂层。”①

对于孙舞阳这一人物，作者可谓匠心独运，文本特别强调她的身体带给男人视觉上的冲击，这取决于色彩的成功调用。不仅是前面我们提到的方罗兰幻想中的孙舞阳，突出了女性身体的色彩感，就是另外一处借“劣绅”胡国光的眼，见到“这有名的孙舞阳”时，第一感觉就“像一大堆白银子似的”耀得他“眼花缭乱”，既有色彩又有质感，还从另一视角突现了孙舞阳这一“时代女性”的身体在这个有着一妻一妾的“劣绅”眼中“尤物”的价值。在他看来孙舞阳这个“时代女性”的形象是“见所未见”。小说这样描写展现在这个“劣绅”面前的孙舞阳充满女性魅力的身体：“这天很暖和，孙舞阳穿了一身淡绿色的衫裙；那衫子大概是夹的，所以很能显示上半身的软凸部分。在她的剪短的黑头发上，箍了一条鹅黄色的软缎带；这黑光中间的一道浅色，恰和下面粉光中间的一点血红的嘴唇，成了对照。”

如果说以上描述是铺张她身体上的所有色彩，那么接下去渲染的则是这女性肌体上的性感程度：“她的衫子长及腰际，她的裙子垂到膝弯下二寸光景。浑圆的柔若无骨的小腿，颇细的伶俐的脚踝，不大不小的踏在寸半高跟黄皮鞋上的平背的脚，——即使你不再看她的肥大的臀部和细软的腰肢，也能想象到她的全身肌肉是发展的如何匀称了。”孙舞阳的身体显然一直是处于“他看”的位置，叙述人完全以一种男性的色情目光来打量观赏，孙舞阳完全成了一个被叙述的欲望对象。但孙舞阳自己并不觉得成为别人的欲望对象有什么不好，似乎她的专职就是诱惑男性。小说里对她这一点多有表现。她在史俊面前一边唱着《国际歌》一边“在房间里团团转地跳。她的短短的绿裙子飘起来，露出一段雪白的腿肉和淡红色短裤的边儿。林子冲乘她不备，从身后把她拦腰抱住了。”又是醒目的颜色！一般男人在面对孙舞阳身体的热力和肉香时，很少不缴械投降的，连一向矜持的县党部书记方罗兰似乎也抵挡不住这一女性身体上散发出来的“魔力”，很深地陷入对这一女体的“意淫”里。但方罗兰自己不得不承认：“飘飘然犹如梦中神女，除了她的半袒露的雪白的颈胸，和微微颤动的乳峰，可以说是带有一点诱惑性，此外，她使人只有敬畏，只有融融然如坐春风的感觉，而秽念全消。”所以孙

① 戚学英：《革命理性话语中的女性身体——蒋光慈、丁玲、茅盾小说解读》，《中国文学研究》，2005年4期。

舞阳的“手指”都会对他具有匪夷所思的魔力：“方罗兰觉得孙舞阳的手指的一触，又温又软又滑，又有吸力；异样的摇惑便无理由地击中了她。”

在小说中展开革命与女性两重叙事之间，方罗兰在梅丽与孙舞阳之间的三角感情，成为叙事的转换中介，女性身体充分担当了全面分解革命叙事带来的压力的功能，有减缓叙事节奏的作用。“一头美丽的野兽，其风度使人愉快，使政治的严肃把戏更为易行。”①后面的革命叙事中，孙舞阳出现的概率大大增加了。似乎处理“革命”问题的现场，总缺不了孙舞阳美妙的身姿，她就是紧张的革命场域里男人眼中的一道美丽风景，调节着他们为革命工作而高度拉紧的神经，当然我们也不能不说孙舞阳本来就处于革命的漩涡之中，她在男人群中驾驭自如、爱出风头的她也许很适合充当这个调味剂的角色。

《追求》中的章秋柳却是很明确她要在革命中走什么路：“一条路引你到光明，但是艰苦，有许多荆棘，许多陷坑；另一条路会引你到堕落，可是舒服，有物质的享乐，有肉感的狂欢！”她却能在这之间轻巧地游走。她显然充满着革命激情，一方面与史循的怀疑主义作斗争，另一方面又沉溺于虚无主义的欲望身体的狂欢。作者对这一人物的身体充满热情，但对她性格的描写却一直比较模糊，不以女体的可视性独擅专场，而以其身体的可感、可触超越了前面对慧女士与孙舞阳的身体的全面展现。小说对她的身体从来都是侧面点染，而有意避开完整的直接的面貌描写，作家好像是在玩一个七巧板的游戏，将这一女性身体故意拆解开，打乱后再让人拼接，从而完成一个完整的“时代女性”的塑形。所以章秋柳的身体给人的印象总是一些身体的碎片：“明艳丰腴”的身体，“两只很白的手”，“鲜红的嘴唇”，“嫩肌肤”。但章秋柳的身体却不是静止的，静止也不是她的风格，她是一个行动的身体，因为作者总是在行动中表现她的身体，所以不经意点染却充分彰显了这个颓废中的女体，人物的生动性其实并不在于如孙舞阳和静女士那般的直接描摹。小说通过这个行动中的章秋柳，充分表现了那种广泛流播于当时青年中的“时代病”——“它的成分是幻灭的悲哀，向善的焦灼，和颓废的冲动”，以激进、颓废为其主要病症。小说中，激愤之下的章秋柳声称要去做“淌白”，将

① [法]波德莱尔：《1846年的沙龙——波德莱尔美学论文选》，郭宏安译，桂林：广西师范大学出版社2002年版，第440页。

身体作为报复社会和那些玩弄女性的男人的手段：

> 说到最后的一句，章秋柳提空了右腿，旋一个圈子，很自负地看着自己的袅娜的腰肢和丰满紧扣的胸脯，她突然抱住了王诗陶，紧紧地用力地抱住，使她几乎透不出气，然后像发怒似的吮接了王诗陶的嘴唇，直到她脸上失色。"诗陶，你说！"章秋柳锐声呼，"我们两个连合起来，足可颠倒所有的男人！"于是她放开手，把自己掷在王诗陶的床里，摊开了两臂，一句话也没有了。①

一连串身体的夸张动作，打破了对女性淑女式的传统描写，将一个极力放纵坏心情的章秋柳的个性表现得非常生动。事实上，心情颓丧而郁闷的章秋柳，在回到自己的寓处后，仍然"觉得坐立都不安"，文本进一步通过她的身体揭示其"灵魂"的颓废：

> 她暴躁地脱下单旗袍，坐在窗口吹着，却还是浑身热剌剌的。她在房里团团地走了一个圈子，眼光闪闪地看着房里的什物，觉得都是异样的可厌，异样地对她露出嘲笑的神气。像一只正待攫噬的怪兽，她皱了眉头站着，心里充满了破坏的念头。忽然她疾电似的抓住一个茶杯，下死劲摔在楼板上；茶杯碎成三块，她抢进一步，踹成了细片，又用皮鞋的后跟拼命地研研着。这使她心头略为轻松些，像是已经战胜了仇敌；但烦躁随即又反攻过来。她慢慢地走到梳妆台边，拿起她的卵圆形的铜质肥皂盒来，惘然想："这如果是一个炸弹，够多么好呀！只要轻轻地抛出去，便可以把一切憎恨的化作埃尘！"她这么想着，右手托定那肥皂盒，左手平举起来，把腰肢一扭，摹仿运动员的掷铁饼的姿势；她正要把这想象中的炸弹向不知什么地方掷出去，猛然一回头，看见平贴在墙壁的一扇玻璃窗中很分明地映出了自己的可笑的形态，她不由地心里一震，不知不觉将两手垂了下去。
>
> ——呸！扮演的什么丑戏呀！
>
> 让手里的肥皂盒滑落到楼板上，章秋柳颓然倒在床里，两手掩了

① 茅盾：《追求》，《茅盾全集》(第1卷)，北京：人民文学出版社1991年版，第373页。

脸。两行清泪从她手缝中慢慢地淌下。忽然她一挺身又跳起来，小眼睛里射出红光，嘴角边浮着个冷笑……①

经此表现，这个不断行动的、激进、浪漫、狷傲而又颓废的女性身体，已经活脱脱地把时代女性的心灵与个性深深烙印在读者心中了。这里的叙事其实充分展示了身体叙述对深入表现人物思想性格所具备的能量。

《虹》是长篇小说，梅行素是一个始终在发展着的形象，在这个发展过程中，从18岁到22岁，她身体活动的空间也从闺阁、学校走向了社会。人物在开篇出场时，正是梅行素从四川蜀地涉水坐船到上海的途中。小说这样描写出现在我们面前的女主人公：

斜扭着腰肢，将左肱靠在阑干上的一位，看去不过二十多岁，穿一件月白色软缎长仅及腰的单衫，下面是玄色的长裙，饱满地孕着风，显得那苗条的身材格外娉婷。她是剪了发的，一对乌光的鬓角弯弯地垂在鹅蛋形的脸颊旁，衬着细而长的眉毛，直的鼻子，顾盼撩人的美目，小而圆的嘴唇，处处表示出是一个无可疵议的东方美人。如果从后影看起来，她是温柔的化身；但是眉目间挟着英爽的气分，而常常紧闭的一张小口也显示了她的坚毅的品性。她是认定了目标永不回头的那一类的人。②

小说依然采用作家惯用的形象描写手段，让两个女身同时出场，但这回不是比较，因为高下立判，她的同伴是“一个肥短的中年妇人”，庸俗的打扮和惺惺作态，让她身体的“丑”充分陪衬出女主人公身体的“美”。在茅盾的革命叙事中，外表美丽而内心狂野的女性身体从来是中心或焦点。事实上，茅盾永远没有摆脱以美女作为故事“噱头”的旧小说传统，在他的小说里，永远是以美女作为叙事的中心并让女性身体作为枢纽支配着整个叙事的进程。

美丽女体其实是茅盾在《虹》中阐释时代心理冲突的一个重要文化指

---

① [法]波德莱尔：《1846年的沙龙——波德莱尔美学论文选》，郭宏安译，桂林：广西师范大学出版社2002年版，第376页。

② 茅盾：《虹》，《茅盾全集》(第2卷)，北京：人民文学出版社1991年版，第3-4页。

符。当梅女士经历了婚爱的折磨，从家庭出走后再经过泸州女师复杂人际关系的砥砺，中经四年做军阀家庭女教师的历练，闯荡到大上海的她其实已经变得有点老辣了，她从外表静丽的女身开始脱胎成一个经常要"狞笑"的让人害怕的女体了。这个不断在发展中的女体也因应着时代的转折和过渡，从五四到五卅，表现着思想灵魂上激进的蜕变。但显然茅盾对梅女士的"革命"转变揭示得不够合理，因为梅女士开始接触"革命"时，对革命并不理解，只是为了她所钟情的革命者梁刚夫这一新的恋爱对象，才似乎勇敢地奔向了革命这一目标。为了恋爱理想，五卅运动中梅行素勇敢地走上了街头，她似乎一下子脱胎换骨变成了一个真正的"革命者"，中间缺少必要的铺垫。固然有"牺牲者的血，战士的血"让她激怒的成分，但偶像的力量显然才是主要支配着她的身体行动的力量源泉。小说里写道："她睁大着充满了血的眼睛，飞快地向前走。满街的人都成为她的仇敌。她的柔软的肩膀猛撞着强壮的臂弯，也不觉得痛，她只是发狂地向前。"这样一个"革命魔女"的可怕的身体，在革命青年正在"飞行集会"的都市的大街上横冲直撞，显然有很强烈的隐喻色彩。为了她所不懂得的"主义"，梅行素冲到巡警密布的大街上，撒传单，演说，振臂高呼口号，其实她身体力行实践了茅盾 1935 年评价"普罗文学""革命+ 恋爱"小说的一种模式，"为恋爱而革命"。小说里写她在街头演说时，"想到站在那茶楼的洋台上，站在梁刚大旁边，居高临下吼几句，该是多么快意，她的两条白嫩的臂膊便陡然充满了气力。"在这里，爱情与革命合而为一，共同充当了女体的俘获物，两样的结合是让脆弱的女性身体不堪承受的生命之重。

总之，茅盾将充满魅惑的女体，置于血与火的革命年代，充分显示了女体与革命之间互相缠绕的关系，也让读者的心情游走在沉重与轻逸的两种感觉之间。

# 第十章

# 五四女作家的女性身体叙事

“历史常常缘自身体的冲动，事件的起源根植于身体，历史的变迁可以在身体上找到痕迹，它在身体上刻下烙印，身体既是对‘我思’‘意识’的消解，又是对历史事件的铭写。”[①]五四新文化运动洪波涌起，重点是对于青年和女性的文化启蒙。在运动期间，先进知识分子通过女子问题、贞操问题、家庭问题等的讨论，清理扫除旧的儒学文化传统中的封建毒素，致力于揭露批判旧道德、旧传统“杀人”的真相，暴露批判旧的纲常礼教对女性身心的戕害，促进青年的“个性解放”、精神解放，也使“女性解放”成为时代主题。五四女性个性、精神上的解放必然反映到其身体层面，限于她们刚从闺阁走出，尚未真正摆脱传统闺范对个体的约束，因而确证身体属己，就成为五四女性敢于反叛父权的标识。在当时，她们主要通过剪发、外出求学、自主恋爱、自由婚姻等行为建构了女性个体化的身体及个性化的主体。

身体是叙述性写作的对象和主题，也始终是女性作家所关注的焦点与核心，现代叙述热衷于显露身体，以此来揭示那些只能以肉体书写的真理[②]。在五四文学中，集体声音毕竟代替不了个体的经验，陈衡哲、冰心、冯沅君、庐隐、石评梅、丁玲等女作家，虽然自觉地追随时代大潮，但仍然努力从自身经验出发，表达她们对时代精神的理解。但每个人出身经历的不同势必影

① 汪民安：《〈身体的文化政治学〉导言》，开封：河南大学出版社 2004 年版，第 4 页

② [美]彼得·布鲁克斯：《身体活——现代叙述中的欲望对象》，朱生坚译，北京：新星出版社 2005 年版。该书对西方文学中“身体的故事和故事里的身体”作了研究，是以“身体叙述”为研究对象的重要著作。

响到她们对世界的感知、认知的角度，个人经验的不同决定着她们在女性解放问题上的立场差异，因此，并非每一个女作家都能从女性身体出发，来聆听发自女性身体内部的声音。然而女作家的性别身份，决定了其写作共同的审美旨趣与精神取向。相比男作家而言，她们对女性身体的叙述更加贴近女性本位，虽然她们的文学表达诠释了她们各自对五四精神的个性化理解。

总的来说，五四女作家作为审美主体、思维主体、言说主体、经验主体，在她们的小说中主动将女性身体组织进文本。本章并非面面俱到地将所有五四时期女作家所涉的女性身体叙事（比如女性同性恋）都作为研究对象，而是立足于阐释女性"立意在反抗，旨归在动作"[①]的身体叙述意涵，选择了闺阁身体、出走身体、疾病身体、欲望身体四种女性身体叙事形态进行考察。从精神维度上看，事实上它们也大致暗合了五四女性解放的发展过程。

## 第一节　被定格的历史画面：闺阁中的女体

凌叔华的文学写作从《现代评论》起步[②]，几乎自始至终都紧扣女性题材。与她在五四同时期涉入写作的苏雪林，曾以评论家身份称凌叔华最"欢喜拿家庭生活和女人来做描写对象"，赞其"立于谢冰心、丁玲作风系统以外"，擅长于"描写处女的生活与心理"。在苏看来，凌叔华显然并未沿着文研会冰心、庐隐等作家"为人生"的写作宗旨去过多关注女性的现实问题，"无普通女人那类以青年的爱为中心的那种习气"[③]。鲁迅将凌叔华小说《花之寺》收入《新文学大系》小说二集，并在序言中评价凌叔华，"恰和冯沅君的大胆，敢言不同，大抵很谨慎的，适可而止的描写了旧家庭中的婉顺的女性"，可见也关注到其小说取材上的突出个性。20世纪80年代中期，杨义的

---

① 鲁迅：《摩罗诗力说》，《鲁迅全集》（第1卷），北京：人民文学出版社2005年版，第68页。

② 1924年1月13日在《晨报》副刊上，凌叔华以"瑞唐"为笔名发表处女作短篇小说《女儿身世太凄凉》；1925年1月10日，成名作《酒后》在《现代评论》第一卷第五期上发表；当年3月21日，短篇小说《绣枕》又在同一刊物（第一卷第十五期）上发表，从此创作一发不可收。《现代评论》是其丈夫陈西滢主编的刊物，五四时期，凌叔华的多数作品都发表于此刊上。

③ 苏雪林：《凌叔华的〈花之寺〉与〈女人〉》，《苏雪林文集》（第3卷），合肥：安徽文艺出版社1996年版，第260－266页。

《中国现代小说史》充分肯定了凌叔华创作选材与风格上的特殊性，“以清淡秀逸的笔致，描绘高门巨族和中产人家温顺女性的枯寂和忧郁的灵魂，使凌叔华的小说在五四时期别具一格”[①]。凌叔华回避五四这种“大时代”激烈的人和事，却专注于“世态的一角”，“高门巨族的精魂”[②]，集中描写了大宅院中波澜不惊的女性生活，这种题材选择与其说是由作家个人的阅历与生活经验所决定，不如说是一种自觉的文化选择，而迄今少人对这种女性写作的文学与文化史意义进行认真梳理。

纵览凌叔华20世纪20年代的小说创作中，其笔下塑造了一批以闺阁少女、新女性、旧式太太等为中心的过渡时代的女性群像，特别是那些“婉顺”“服从”的闺阁女性，她们散发着古典气息却见弃于新旧交替的时代，这是最见特点的五四女性写作。凌叔华立足于女性本位，既表现了这个群体处在时代变迁之际，于现代和传统的夹缝中无所适从的尴尬情状和不无悲凉的传统命运，又重视对女性本体进行反思，努力发掘出闺阁女性命运悲剧的自身要素，如传统文化对女性心理的内化、现代教育的失位，以此揭示出五四时代没落贵族女性生活的历史真相。

事实上，凌叔华在五四女性解放的时代大潮中，早期的写作有意舍弃自由恋爱热点题材，却主要聚焦在落伍的闺阁少女这类人群，掀起了她们被封锁在深宅大院中“闺帷”的一角，敞开了为常人所难以窥知的闺阁、妆楼，重现了如《西厢记》《牡丹亭》中崔莺莺、杜丽娘类似的淑静、古典、贵族化的女性生活画面。但时代正在转型，这些“闺阁”的存在已经注定难现古典才子佳人的浪漫爱情故事，凌叔华的小说从即将落幕的贵族青年女性安逸庸常的闺阁生活中，清醒意识到古典闺阁神话即将终结的时代现实，将闺阁少女被传统规训的女性身体却见弃于时代的无奈、渴求爱而不得的失落心情、悲凉孤寂的人生前景，都作了细致而深入的文学表现。当写作指向身体，其实意味着试图将物质的身体变成指意的身体，值得进一步关注的是，凌叔华对闺阁女体的揭露，无疑具有时代的、文化的、丰富的蕴涵，留下了文学解码的

① 杨义：《中国现代小说史》(第1卷)，北京：人民文学出版社1986年版，第284页。

② “即使间有出轨之作，那是为了偶受着文酒之风的吹拂，终于也回复了她的故道了。这是好的，——使我们看见和冯沅君、黎锦明、川岛、汪静之所描写的绝不相同的人物，也就是世态的一角，高门巨族的精魂。”见鲁迅：《〈中国新文学大系·小说二集〉序》，《鲁迅全集》(第6卷)，北京：人民文学出版社2006年版，第258页。

意义空间。

1924年1月凌叔华在《晨报》副刊上以“瑞唐”笔名发表了处女作《女儿身世太凄凉》，对花树掩映、鸟声啼鸣包围下的“小姐妆楼”，深居闺阁的大家小姐，作了如此象征性的描绘，采用了非常意味深长的笔调：

> 温柔无赖的东风，忽的吹开那妆楼的葱绿纱帘了，只见临窗坐着两个女子，她们虽不能似小说上常说的小姐，具沉鱼落雁之容，闭月羞花之貌，也不是普通所见的一样。一个是穿凝杏黄衫子在靠窗口一张贵妃床半睡半坐的支颐看视园中花木，青黄的面，虽涂了些胭脂，也盖不上那愁病的色，可是长眉细目，另有多病佳人的风致。那一个是穿了一身浅红的衣裳，坐在一张摇椅上，随那椅摇来摇去，态度非常活泼，论那面目，却也粉面朱唇，骄贵中露出乐天之状。①

小说中的婉兰是一个大家闺秀，虽然生活在新旧交替时代，但出身自旧式官僚家庭，父母早早为其择定了丈夫。包办婚姻下，她对男方的品性无以了解，而知道了遇人不淑也不敢违逆父母之命，于是怀着一种“人生死活都是刹那间事，何苦认真呢”这样的悲观心态嫁了过去，结果不到一年，就和她“三姨娘”一样，身陷一夫多妻制的旧式婚姻生活里而备尝痛苦，“没有一天不哭两三次的”，三番五次的病倒。“归宁时候，她仍是青黄的肉色，眉峰紧蹙，泪光点点”，在愁病中的她，只能自嗟自叹身为女人的不幸与凄苦。闺阁女性身边多有一位闺密，在小说中她们担当的角色功能就是一个“说话”的对象。婉兰的“表姐”就是这么一个角色，但她有“陪衬”的作用，她是一位“讲平等自由”的新女性。二人对女性解放的认识不同，如果说婉兰思想保守，遵守传统对女性的训诫与规定，导致自己悲凉的命运；表姐作为新女性却主张女子自立，虽深知男性在“自由恋爱”新招牌下意图把新女性当玩物的现实黑暗，不意最终也成为男权文化的牺牲品。她固然追求男女平等，但在公开社交的环境中却成为男子竞相交际的对象，虽然她自有独立主张，最终却引起男子间相互的嫉妒，登报卖弄与她的关系，招致外界指向女性清白的流言蜚语，再加上其父丢差事也迁怒于她，至此一气成病。她病死的消息

① 凌叔华：《女儿身世太凄凉》，《晨报副刊》，1924年1月13日第二版。署名“瑞唐”。

让婉兰欲哭无泪，处境不佳的她吟咏着“似这般飘花坠絮，九十春光已老，女儿身世原如是”，不由发出“女子不是人吗”这样的对历史和现实的质问。

美国汉学家夏志清称许凌叔华，“一开始就显示出一种较成熟的感性和敏锐的观察力”，认为“整个说起来，她的成就高于冰心”①，苏雪林也赞其“文中有画”。凌叔华的文学起步，明显始于对闺阁女性婚恋生活的“描画”，以她官宦家庭的生活背景，她对这一人群自是有着相当的熟悉，在女性解放的时代大潮中，她没有去随波逐流追踪自由恋爱这类热点话题，而是仔细地把捉时代的细微脉动，意识到婉兰这类古典闺阁女性命运的不可逆转，显示出她对女性解放问题的敏感。其成名作《绣枕》更是用几乎凝固的闺阁画面定格了这一历史意识。

“闷热天气”里，住在“上房”里的大小姐却在女仆的侍候下“低头绣一个靠垫”，尽管“脸热得酱红，白细夏布褂汗湿了一背脊”，也不肯停下手头的工作，只在“换线时偶尔抬起头往窗外看”。

一幅专心于“女红”的闺阁小姐的生动画像，而时空似乎在这一刻凝滞，凌叔华采用绘画的笔法②，将幽闭在闺阁中的女性身体俨然定格在这一静止的画面里。大小姐似将对未来婚姻幸福的憧憬、期盼统统贯注在这幅绣品上，这靠垫无疑是旧闺阁女性抓住未来婚姻命运的唯一凭借。但不幸的是，靠垫在送去白家的当晚，被喝醉的客人吐脏了一大片，又让打牌的人挤掉在地上，被当作可以胡乱践踏的“脚垫”。最后，已被拼成一对“绣枕”的靠垫辗转通过女佣的手又回到了大小姐面前，“一个水葱儿似的小姐”的青春之梦就以这样的方式被击碎了。

小说里围绕着精心绣靠垫的大小姐展开身体叙述，绣靠垫这一视觉画面反复出现形成一种时间凝滞的暗示，由此把闺阁小姐的平时生活常态化、凝固化为一种即将落幕时代的画像。而小说结尾大小姐的梦境，代表着她对幸福生活的想象，是她的身体潜意识，而与现实对照，这梦里的画面无疑有着让人动容的悲凉与心酸：

---

① [美]夏志清：《中国现代小说史》，刘绍铭译，香港：香港中文大学出版社 1979 年版，第 71 页。

② 钱杏邨在《“花之寺”——关于凌叔华创作的考察》一文中，就凌叔华小说集《花之寺》中所塑造的各类人物，指出她创作的特点：“她应用绘画上素描的方法，来表现以上的种种人物，风格朴素，笔致透逸。”

她夜里也曾梦到她从来未经历过的娇羞傲气，穿戴着此生未有过的衣饰，许多小姑娘追她看，很羡慕她，许多女伴面上显出嫉妒颜色。那种是幻境，不久她也懂得，所以她永远不愿再想起它来撩乱心思。[①]

没有主体的闺阁女体显然是不能把握自己的命运的：她们是困在金丝笼里的鸟儿，很难感受到外面自由的空气。闺阁在小说中显然具有极强的象征性，作为“大小姐”们生活的全部空间，这种房间意象是古典女性监禁生活状态的主要象征。传统女性受到“德言容工”女性规范的严格约束，往往被幽闭在深宅大院死寂的闺房中，除了专工女红之外几乎别无其他生活乐趣。小说里的大小姐在深闺里绣花的景象俨然是旧时代贵族女性枯燥的日常生活的缩影，“光阴一恍便是两年，大小姐还在深闺做针线活”，此处叙述显然暗示出做手工活于旧闺阁小姐是一种常态化的生活方式。小说对大小姐绣靠垫的过程描写得越是细致，比如，“绣那鸟冠子曾拆了又绣，足足三次，一次是汗污了嫩黄的线，绣完了才发现；一次是配错了石绿的线，晚上认错了色；末一次记不清了”，越能体现出这种生活情状的严酷性，日复一日，在绣花之中女性青春生命的无谓耗损让人触目惊心。包括小说插入的很多身体细节的描写，“那荷花瓣上的嫩粉色的线她洗完手都不敢拿，还得用爽身粉擦了手，再绣”，都显示出这种生活方式在那个男女社交已经公开时代的滞后与落伍，显示出女性生活的无价值。大小姐之所以将全部热情投入绣花当中，显然是寄望于自己的婚姻能有着落：“大家看了(靠垫)，别提有多少人来说亲呢，门也得挤破了。”但她内心对未来婚姻的热望和失落并没有人能够真正了解，贵族女性特有的矜持也让她完全成为失语的存在。至于她绣出的精美的绣枕遭人唾弃践踏，成为残缺不全的下脚料，这无疑构成大小姐婚姻命运的隐喻，甚至也可视为是闺阁女性普遍命运的象征。

当然，尽管小说的笔墨围绕着大小姐的命运来展开，但不出场的大小姐的父亲也显示了无处不在的封建父权对女儿命运的掌控，从交代女儿绣靠垫，“他说了明儿早上十二点以前，必得送去才好”，到亲自送到白家，想等待白家上门提亲，这期间，“不少亲戚朋友对她的父母进了许多谀词”，这些细节能看出他父亲是满心寄望通过女儿“女红”的功夫攀附上白家豪门，但结

① 凌叔华：《绣枕》，《现代评论》第1卷第15期，1925年3月21日。署名“淑华”。

果当然是自取羞辱，白家宾客盈门说明白总长在地方上有着很大的势力，不然也不会有那么多人出出进进趋炎附势，而婚事不成后的世态炎凉对于沉默的大小姐心灵的伤害究竟有多大，小说里虽没直接描写，但两年后大小姐仍待字闺中似乎也能说明深层问题，能显出在男权中心社会中，女性只是被用来“交换”的物品，只能任人挑选、任人践踏，而毫无身体自主权的可能性的命运面向。

凌叔华笔下的“闺阁小姐”是在传统礼教文化中长大的，大多具有良好的知识修养、谈吐，外貌都称得上典雅大方，但处在封闭凝固的旧式生活当中，养成内敛矜持的女性气质。对传统角色地位的自觉认同、对传统女性教条规范的恪守，则造成了她们对外面世界的隔膜，也使得她们失去了追求自我主体性的空间。如婉兰劝其表姐所言，“别总死心眼的讲平等自由，自由平等非但不是女儿家可以讲的，就是大老爷们也不能呢”。婉兰的悲剧命运显然根源于她的传统意识，自甘顺从男权文化的心态，让她放弃了任何改变命运的机会，而即使她尝尽包办婚姻的苦果，仍然缺少足够的自省，仍要得过且过“勉力做去”。

如果说，《绣枕》让凌叔华得以从女性生活的古典故事中，再现女性被父权制文化幽禁的历史，那么《吃茶》和《吃茶之后》等，则是对过渡时代一只脚走出了闺阁，一只脚仍留在闺阁中，面对社会变迁的时代环境无所适从的半新不旧的女性的生活情状。对于这类感受到西风东渐的直接影响，思想却沿袭旧思想传统的都市里的闺阁女性而言，尽管新的流行观念也曾打开她们的双眼，但她们却无力走出传统为她们打造的心狱，于是自身陷入不知所往的尴尬境地。

《吃茶》①中的芳影小姐，尽管她美丽典雅，会吟诗写字，并擅长吹箫，但她的思想观念还停留在过去，生活的唯一意义似乎都是在“闺房”里待价而沽。她也试图走出去，参加看电影、茶会等有限的社交，目标仍是要寻觅合适的婚姻对象。小说用对古典戏曲的“戏仿”笔法，生动勾勒了芳影在闺阁里无聊空虚的生活情态，与古典小说、戏文中正值青春的小姐一样，经常地顾影自怜、揽镜自照，为年华逝去深自叹息，百无聊赖：“正当芳菲的时候，空在‘闺阁自怜’；年华象水一样流去了，眼便蓄着一眶泪。”

---

① 凌叔华：《吃茶》，《现代评论》第1卷第20期，1925年4月25日。署名“叔华”。

小说两次写到芳影照镜子，第一次写她接触了留洋回来的王斌后，即被他的高雅热情和殷勤打动了芳心，第二天在“闺帷”中，“想起看电影时，喁喁细语的光景，脸上便立刻有些发热，心里跳起来”，“她默默地对着镜子出神。镜里的她，一双睡起惺忪的眼，腮上的轻红直连上眼皮，最是那一头乌油油的发，此时正蓬松着，衬出很细小的脸盘”。西方的男士对待女士的绅士礼节，显然让芳影小姐会错意，误以为是多情的暗示，因而在家坐卧不宁，暗含期待，“女儿犯心事烦恼”。小说里对她在闺阁中怀春心理的再现俨然是一种对古典叙事《牡丹亭》（杜丽娘感叹：“原来姹紫嫣红开遍，似这般都付与断井颓垣。良辰美景奈何天，赏心乐事谁家院！”）的模拟：

> 她不知不觉的便想与许多素日亲近的人疏远，只有那妆台上一方镜子，她不但不疏远，还时时刻刻想去看看它。平常她本就好修饰，但每回妆罢对镜时，每念到“如此年华如此貌，为谁修饰为谁容？”她就觉得惘然寡兴，现在她对镜时想到这两句话，每每抿嘴微笑，翻过身去不迭的照后身及左右。

对闺中少女恋爱心理的展示，却采用了古典式身体叙述的方式（茶不思饭不想）加以细致呈现：

> 芳影整天都觉得心口满满的，行也不安，坐又不宁，最厌同人说话，早上怕起来，晚上很迟都不觉得要困，白天父亲买了一盆大玫瑰花给她，她并不觉得高兴，却不住的对它长吁短叹，晚上月亮出来，母亲催她睡觉，她只倚着窗台发愣。

当一周后芳影接到了王斌婚礼的请帖，小说写她受到打击，从想象的云端跌落到现实的地面，这一情景也借助身体叙述的方式：

> 这请帖好似一大缸冷水，直从她头上倾泼下来。起先昏惘冰冷的，后来又有些发暖，不多会儿仍旧发凉，她一阵一阵的说不出的难受。请帖已经掉在地上，她捡起再看，依旧和方才的一样。随着甩了它，往大椅里很重的坐下，咳了一声，眼泪不禁滴滴点点的流下来。

多情却被无情误，原先思虑种种却被证明是一出源自“误会”的闹剧。“芳影此时觉得有说不出的一种情绪，她嘴边微微显露一弧冷冷笑窝，她的眼望着窗上的花影，依旧是因风摇曳，日光却一阵阵的浅淡。她迟迟的说，‘外国规矩……’”小说对芳影身体的叙述可谓达到工笔细描的功夫，一举一动，一颦一笑，点点滴滴将爱恋中的闺阁少女作了纤毫备至的描画。女性由青春生命向往异性的本能而生出的正常情感，与古典戏曲才子佳人一见钟情演绎浪漫传奇的文学想象不同，在此小说中落花有意流水无情，变成横亘在芳影面前异常残酷的现实，也在闺阁女儿心灵中刻下一道深深的创痕。不能克服传统女性的规定命运，而以婚嫁作为实现个人价值的依托。小说无疑通过描画古典女性身体的无主体状态和对现实环境的无力感，再现了古典女性时代终结的历史一幕。

还有《茶会以后》①中的阿英、阿珠两姐妹，她们走出闺阁，有了男女社交的更多自由，可以出入大型的社交圈，显然比《吃茶》中的芳影来得见多识广。但受制于传统礼教封建毒素长期熏染，她们思想保守，两性意识仍然陈旧，在社交生活中表现得很不自信。阿英说，她在与男子说话时，“觉得不舒服，样样都得小心”，虽然心里也羡慕那些“同男朋友那样起劲的说笑”的小姐们，自己却缺乏这样做的勇气。两姐妹并不适应新的流行的社交方式，“不高兴去见那些文明男女”，但又不得不磕绊着去追逐时尚。小说虽然没有对她们进行直接的身体描写，但她们的身体却无处不在，双脚已经跨出了闺房，却又不知踏向何处，新旧时代夹缝中的她们无疑成了已经过时的古董，注定会被时代抛弃。

小说对大小姐、芳影、阿英、阿珠这样的闺阁女性显然充满深深的怜悯与叹息，展示出闺阁女性无可挽救的历史命运，以及对新的观念和生活方式的难以接受与适应，必定要被时代洪流淹没的无情事实。当熟悉的优雅精致的古典生活方式渐渐逝去，谁也不能一手挽住历史滚滚而去的巨轮，凌叔华在体谅她们尴尬处境的同时也讽刺了她们身上浓重的传统意识，充分揭示出她们在新旧交替时代个人的生存状态，思想上的保守落伍、生活视野的封闭狭窄，使得她们迈出去的“解放脚”一点也跟不上时代进步的节奏，也阻碍着她们有走向新生活开辟新天地的可能。凌叔华的小说认真截取了一幅

---

① 凌叔华：《茶会以后》，《晨报副刊》，1925年10月19日。署名“凤”。

幅闺阁女性的生活断面，既通过铺排的身体叙述，又大幅展开语言对话的描写，揭示了她们与时代格格不入的文化心理，也暗示了她们被时代抛弃的必然命运。

闺阁中的女体身上显然有着过重的古典气息，她们无疑构成正在逝去的古典时代的人物缩影。身处过渡时代，她们却没有养成现代人格，沿袭传统女性以身事人的命运，注定了整个枯寂无味的人生。尽管文明之风的吹拂也许暂时让她们发现了一个不同于闺阁的外部世界，但缘于所接受的传统教育，她们不可能具有反叛传统命运的勇气和能力，因而只能如履薄冰地游走在时代边缘，体验着没落的女性人生，在恐惧和焦虑中度过每一天不属于她们的日子。如沈从文所认为的"没有眼泪，也没有血"，"作者在自己所生活的一个平静世界里看到的悲剧，是人生的琐碎的纠葛，是平凡现象中的动静，这悲剧不喊叫，不吟呻，却只是沉默。"[①]不啻说，凌叔华通过闺阁女性的群像书写，为她所熟悉的旧闺阁女性优雅精致的生活形式，以及逐渐逝去的古典时代唱响了一曲挽歌。无可奈何花落去，似曾相识燕归来，这些闺阁女体无疑成为五四女作家笔下唯一的，对她们同代女性过往旧生活方式的一种悲悼，因而凌叔华构建的闺阁小姐的命运图式，成为一种不无怀旧的历史画面。

## 第二节　五四新女性身体书写的道德困境

### 一、"娜拉出走"：五四新女性的行为模式

随着五四新文化运动的深入，个性价值的倡导，女子问题的讨论，男女平等观念逐渐广为接受，女性纷纷通过剪发、外出求学、自主恋爱这样的身体行为，来确证"身体属己"的意义，彰显自我现代个体的独立性。尤其是"娜拉"形象作为一个醒目的进步符号在引导社会风气方面起到很大作用。

1918年，经胡适翻译的《娜拉》[②]在《新青年》杂志上刊发，引发社会热烈

---

① 沈从文：《论中国创作小说》，《沈从文全集》(第16卷)，太原：北岳文艺出版社2002年版，第212页。原文发表于《文艺月刊》第2卷第4号、第2卷5-6号，1931年4月15日、6月30日。

② 易卜生：《娜拉》，罗家伦、胡适译，《新青年》第4卷第6期，1918年6月15日。

反响。作为易卜生戏剧《玩偶之家》中的女主人公，娜拉从自我身份和经济生活中反思女性在家庭和社会中的地位，女性意识自发觉醒，再也不愿意忍受家庭生活的拘囿，毅然决然摔门而去，由此宣告了她与虚伪、自私的丈夫的分手，也和剥夺了她自由平等权利的家庭作了切割。娜拉出走明确的是一种精神姿态，代表着女性追求独立人格和身体属己的真正开始，彰显出觉醒女性不再甘心做男人玩偶，自主摆脱工具化命运的一种自觉，这成为女性确证个体现代人格的一种行为方式，无疑为身处封建父权制黑暗统治下的中国妇女指出一条明晰的解放的出路。1919年3月，胡适又创作了"游戏的喜剧"——剧本《终身大事》[①]，向公众提供了一个中国式"娜拉"——田亚梅的形象。田亚梅追求与陈先生的自由恋爱，不顾父亲百般说辞和阻挠，留下一张"这是孩儿的终身大事，孩儿应该自己决断"的字条，离家坐上陈先生的汽车出走。在此剧中，作为女儿的田亚梅在争取恋爱自由时显然是借助了男性同盟的精神和物质支持，她自己并无决断，是陈先生一句话"此事只关系我们两人，与别人无关，你该自己决断"，显示出女性的主体尚未建立起来。但此剧的中国元素一时间让娜拉的形象深入人心，也使"娜拉出走"成为一个深入女性内心的精神符号，召唤着新时代的女性努力摆脱家庭束缚，或者追求平等受教育权外出求学，或者竭力挣脱由家庭包办的封建婚姻走向自主恋爱。女作家陈衡哲1919年发表在《新青年》上的诗歌《鸟》无疑是响应"娜拉出走"喊出的女性解放的第一声："我若出了牢笼，不管他天西地东，也不管他恶雨狂风，我定要飞他一个海阔天空！直飞到筋疲力竭，水尽山穷，我便请那狂风，把我的羽毛肌骨，一丝丝都吹散在自由的空气中！"[②]"出走"既体现了精神的决绝，也代表一种身体对"父"的叛逆行为，表征着五四女性群体追求身体属己、人格独立的一种行为模式。

庐隐曾指出，"今后妇女的出路，就是要打破家庭的樊篱到社会上走，逃出傀儡家庭，去过人类应过的生活，不仅做个女人，而且还要做人"[③]。在个性解放、女性解放社会思潮下，五四女作家得风气之先，率先实践了"出走"的行为，她们不仅走出闺阁，更打破传统为女性所规定的生活阈限，走向了外部广阔的社会空间，甚至得以游学海外，追随前辈女杰秋瑾去沐浴欧风美

① 胡适：《终身大事》，《新青年》第6卷第3号，1919年3月15日。
② 陈衡哲：《鸟》，《新青年》第6卷第5期，1919年5月1日。
③ 庐隐：《今后妇女的出路》，钱虹编：《庐隐选集》，福州：福建人民出版社1985年版，第31页。

雨。她们集体崛起于五四文坛，出于“为人为女的自觉”，表达个性解放的时代精神，像子君一样强调身体属己；她们奋起反抗包办婚姻，叛离封建家庭，主张恋爱自由。在文学创作中，她们则努力用文学书写女性生活，表达自我经验。借助于“娜拉出走”这个五四时代的偶像符号，她们多采用自传体、日记体写作，通过文学想象，让与自己精神结构一致的女主人公去代言自己。

五四新闺秀派作家中如冯沅君、凌叔华，她们受了文明新风的熏染，大胆写出“出轨”之作。作为鲁迅认可的“提炼了《隔绝》和《隔绝之后》的精粹名文”，冯沅君在《旅行》中，描写了接受了现代知识教育的女儿的出走，是以追求自由恋爱开始。在一同前往异地的火车上，女主人公自陈：“我很想拉他的手，但是我不敢，我只敢在间或车上的电灯被震动而失去它的光的时候，因为我害怕那些搭客们的注意。可是我们又自己觉得很骄傲的，我们不客气的以全车中最尊贵的人自命。”鲁迅尤其称赞这一段描写“实在是五四运动直后，将毅然和传统战斗，而又怕敢毅然和传统战斗，遂不得不复活其‘缠绵悱恻之情’的青年们的真实的写照”[①]。

“性”是人的自然生理本能，是恋爱婚姻的自然基础。性的表达是衡量女性解放的一个重要标尺，女性身体被压制的历史命运是从父权制建立开始的，她的觉醒也就要从身体反抗父权制的控制迈出关键的步伐。但五四女作家在写作当时，鉴于她们还未走出既定的“女儿”身份和从小所受到的传统教育，很难摆脱历史对女性的强制规定，而对于五四新的性道德观的汲取，只能体现在时代精神的高度认同，而很难落实到性爱本质“灵与肉”的一致上，这种分裂人格所导致的精神阈限阻碍了作家对性爱的描写进入较深层次。但冯沅君对于女性恋爱情感、身体欲望的大胆披露却是前所未有的，也使我们仿佛听到了来自历史深处女性身体自主发出的声音。

## 二、身体的发现与直陈：五四女性写作的内驱力

在以往的文学叙事传统中，女性是失语者，作为沉默的一群，无法发出自己的声音，而要改变被书写的命运，身体解放成为女性反抗的内驱力。身

① 鲁迅：《〈中国新文学大系·小说二集〉序》，《鲁迅全集》（第6卷），北京：人民文学出版社2005年版，第253页。

体的发现其实成为最先触动五四女作家敏感的一个节点。

冯沅君短篇小说集《卷葹》中，《隔绝》《隔绝之后》《旅行》《慈母》[1]四篇因其故事内容和情节的相对连续而构成形态较为完整的爱情叙事。故事中，女主人公在五四精神引导下，高举“个性主义”“爱情至上”的大旗，与封建家庭专制做殊死之争。小说展示了青年男女争取恋爱自由的全过程。女性为何把自由爱情当作世上最为神圣、高尚、纯洁之事，并视自由恋爱成功为理想人生的第一步，否则“所有的一切都不必提了”，这其中的意义其实并不那么单纯，值得做进一步的探讨。

《隔绝》中，当女主人公维乃华[2]“出走”事件为其母所知后，不能再回到原来安逸舒适的闺阁，而被“幽禁”于一个简单而粗陋的小屋内。“小屋”与《绣枕》中的闺阁一样，在文本中也构成一个象征性的、异质的，具有惩罚意义的女性空间，它是父权制下闺阁政治的另一个象征；“隔绝”则意味着对女性的重新规训，以达到使其屈服于父权意志的目的。但乃华体现出了强烈的女性主体意识和欲冲决旧传统网罗的坚定意志。对于母命指定的包办婚姻对象，她声称与姓刘的“不共戴天”，死也不能葬在刘家墓地上。她跟自由相恋的爱人青霭约好，如果“万一我们不能抵抗外来的阻力，我们就同走去看海去”，做好了不惜与家庭决裂的姿态。她被母亲禁闭在“隔绝”的小屋内，也誓不屈服，宣称“生命可以牺牲，意志自由不可以牺牲，不得自由我宁死。人们要不知道争恋爱自由，则所有的一切都不必提了”。在她看来，“我们的精神我们自己应该佩服的”，认为最神圣的事“无过于殉爱的使命”。到了《旅行》中，女主人公向爱人表示：“与其作已经宣告破产的礼法的降服者，不如作个方生的主义真理的牺牲者。万一各方面的压力过大了，我们不能抵抗时，我们就向无垠的海洋沉下去，在此时我们还是彼此拥抱着。”《隔绝之后》中，女主人公乃华表达对自由恋爱的誓死捍卫：“纵然老虎来吃他们，他们也要携手并肩葬在老虎的肚里。”但此篇宣告了故事的结局：母亲突发急病，乃华逃婚不成，在逼婚前夜服毒自尽，爱人士轸也殉情而死，以牺牲身

---

[1] 冯沅君：《隔绝》，《创造季刊》第2卷第2号，1924年2月28日；《隔绝之后》，《创造周报》第49号，1924年4月19日；《旅行》，《创造周报》第45号，1924年；《慈母》，《创造周报》第46期，1924年3月28日。四篇小说发表时均署名“淦女士”。

[2] 《隔绝》最初发表时，女主人公的名字是维乃华，本书以初版发表时的人名为准。

体实践了他们的誓言，也印证了“恋爱的路上的玫瑰是血染的，爱史的最后一页是血写的，爱的歌曲的最终一阕是失望的呼声”。

鲁迅认为，冯沅君在表达女性恋爱自由方面是“大胆，敢言”的，是凌叔华不能与之相比的。冯沅君笔下的女主人公完全无视世俗，为与心爱的人在一起，能够突破封建道德束缚(男成婚女订婚)，大胆相亲相爱，品尝爱的甜蜜滋味，以此表达对封建礼教的蔑视和反抗。《隔绝》中，女主人公回忆两人在会馆初次见面，青霭“几次试着要吻我，终归不敢”，但承认“那时我的心神也已经不能自持了”，不用等到听完对方解释，“我仿佛受了什么尊严的天命立刻就允许了你的要求”。小说中写进入热恋的两人，“在这桩事发生后，不久我们又去逛二闸，踏遍了秋郊，寻不到个人们的眼光注射不到的地方。后来还是你借事支开了舟子，躲在芦花深处拥抱了一会，kiss 了几下，那时太阳快要落了……更衬得我们的行为的艺术化了”。

在这篇以书信体写就的小说中，女性主人公甜蜜地回味着，不漏掉任何她与爱人相处时刻的每一个细节。但另一方面，尽管小说写了恋爱中人的种种亲密行为，但“出轨”而不“越界”，情感并未冲决理性的堤坝，欲望书写中止于临界点。《旅行》中，两人同居 10 天，却严守传统道德底线，为自己构造了一个想象的精神恋爱的“乌托邦”：

当他把两条被子铺成两条被窝，催我休息的时候，不知为什么那样害怕，那样含羞，那样伤心，低着头在床沿上足足坐了一刻多钟。他代我解衣服上的扣子，解到只剩最里面的一层了，他低低的叫我的名字说“这一层我可不能再解了”。他好象受了神圣尊严的监督似的，同个教徒祷告上帝降福给他一样，极虔敬的离开了我，远远的站着。我不用说，也是受着同样的感动——我相信我们这种感动是最高的灵魂的表现，同时也是纯洁的爱情的表现，这是有心房的颤动和滴在衣襟上的热泪可以作证据的。他把我抱在他怀里的时候，我周身的血脉都同沸了一样，种种问题在我脑海中彼起此伏的乱翻。我想到我的一生的前途……我哭了，抽抽咽咽地哭了。

“坐怀”而不及于“乱”，依然坚守住了传统道德的底线，“只限于相偎依时的微笑，喁喁的细语，甜蜜热烈的接吻”。但在女主人公看来，这不是向传

统妥协，因为“爱情能使人不做他爱人不同意的事，无论这事是他怎样企慕的”。小说对恋爱中的女性的身体感觉和心理世界予以大胆呈现，女主人公背负的道德压力也是显而易见的，自由恋爱的“神圣”，并不能抵消传统礼教压力带来的恐惧与焦虑。英国女作家在总结女性写作所背负的道德压力时说得透彻：“当时乃至现在，贞洁在女性的生活中都有其宗教上的重要性，它与女性的身心纠结缠绕，要想将它剥离出来，暴露在光天化日之下，需要有绝大的勇气。”①虽然作者停笔于欲望临界点，让男女的恋爱止于柏拉图精神恋的层面，不像当代欲望化写作中那种直趋主题的爱情行为方式，却再现出那个时代仍受困于旧道德的青年男女恋爱关系的真实情景。尽管如此，作者对于女性身心深处爱的渴求、欲望萌动的揭示，在文学史上还是第一次，女性作为独立的个体，其生命的感觉、欲爱的跃动是那么鲜活可触，女性身体自然的节奏与呼吸、幸福与哭泣，在女作家中也是第一次得到正面而细腻的表现。描写女性欲望是对父权制文化成规的颠覆，走着蹒跚“莲”步的冯沅君却以她颇具古典意味的身体喊出“不自由，毋宁死”的时代最强音，无疑突破了男作家笔下“他者化”的女性身体叙事传统，由此开辟了身体书写旨在反抗的性别路线。

在五四文学中，即使如鲁迅、郁达夫、郭沫若、茅盾等现代作家，在他们笔下，女性的身体也极少被作为主体加以呈现，或者作为指涉性别的抽象概念，或者用作文化隐喻赋予其反封建、人道主义等意义，要么作为男性欲望化对象承载个性主义、民族主义和新的性道德等思想意涵。正是冯沅君率先揭开了从心灵到肉体的现代女性书写的第一幕，而继起的丁玲才有了书写女性主体身体能量爆发的可能。

## 三、爱与性的两相分离：五四新女性的道德困境

“身体虽然是解放的终点，可是，身体无法承担解放赖以修正的全部社会关系。”②冯沅君笔下的女主人公们，为了爱情自由表现出反封建的果敢和决绝，但并不代表着她们的身体彻底反叛了父权制对女性的伦理规定。从

① ［英］弗吉尼亚·伍尔夫：《一间自己的房间》，贾辉丰译，北京：人民文学出版社2003年版，第43页。

② 南帆：《身体的叙事》，汪民安主编：《身体的文化政治学》，开封：河南大学出版社2004年版，第229页。

上述三篇情节连续的小说加上在人物故事有着同一性的《慈母》《误点》可以看出，女主人公无论是乃华还是继之，她们恋爱中的身体很少脱出道德的控制，纠结、迟疑、欲迎还拒的爱情心理，显示出她们人格上巨大的裂隙。《隔绝》中，“因为在你室里你抱了我，把脸紧紧贴着我的右腮，我生气了回去写信骂你”，但听完对方的道歉和一番说辞，“教我心软了，我牺牲自己完成别人的情感，春草似的生遍了我的心田”。《旅行》中，热恋中的男女主人公共同外出旅行时，却在火车上以行李作“界牌”，放在两个座位中间，两人很不自在地谈笑，“用来点缀寂寞的场面”。而为鲁迅所激赏的这一段：“我很想拉他的手，但是我不敢，我只敢在间或车上的电灯被震动而失去它的光的时候，因为我害怕那些搭客们的注意”，恋爱男女尽管“以车中最高贵的人自居”，但终究不敢在大庭广众之下突破“男女授受不亲”的传统规定。而到了旅行的目的地，又只敢选择除他们之外没有第三个人可以发现的旅馆，租两间房子，两条被子，以给外人造成两人分住的假象，借此遮人耳目。明明天天热恋中的两人睡在同一张床上，然而过了一个多星期，他们之间“爱情肉体方面的表现，也只是限于相偎依时的微笑，喁喁的细语，甜蜜热烈的接吻”。《隔绝》中女主人公这样回忆两人的旅行“第一次上最甜蜜的爱的功课的一夜的细节”：“我含羞的默默的挨坐在床沿上不肯去睡，你来给我解衣服解到最里的一层，你代我把已解开的衣服掩了起来，低低的说道，请你自己解吧……”二人彻夜拥抱密谈，也仅止于此，让女主人公说出“由此我深深的永久的承认人们的灵魂的确是纯洁的……人之所以能为人也就在这点灵魂的纯洁”。

作为刚刚从旧传统脱身而出的“新女性”，在追求爱情的过程中，表面上的勇敢并不能掩饰她们面对外界强大世俗压力时的心理恐惧，浸淫已久的传统旧道德的毒素似已内化到她们的血液中成为集体无意识，她们心理上骚动的任何不安与焦虑，也都在强化着她们反叛旧传统道德上的沉重负罪感，这让她们在身体行动上表现出一定的畏缩、迟疑与推拒。但这恰能说明，迈出了封建专制的“铁闺阁”后，女性身上仍负载着沉重的传统的因袭的负担，构成现代与传统两种人格的矛盾性所在。在《慈母》中，主人公对依附于母爱并以母爱形式表现出来的旧道德给予诅咒和批判的同时，也表达了女儿对母亲的愧疚：“阿母！我可知道点人事了，不但不能好好的侍奉你老人家，并且连累了你受社会上的不好的批评。我的罪比泰山还要高，比海水

还要深，你看见我死了，只当我们家谱上去了个污点，千万不要难受！”女性个体面对强大的旧道德势力，势单力薄，寄望母性的庇护而不得，陷入必死的绝境。“我觉得人类是自私的，就是嫡亲的母子也逃不了这个公例。我诅咒道德，我诅咒人们的一切，尤其诅咒生，赞美死，恨不得把整个的宇宙用大火烧过，大水冲过，然后再重新建筑。想到极端的时候，不是狂笑，便是痛哭。”

从上述描写中可以看出，女主人公对传统世俗力量的强大有着极清醒的意识。《隔绝》中，女主人公以鄙视的态度指出世俗的污浊可怕：“可惜人类的心太污浊了，最爱拿他们那卑鄙不堪的心，来推测别人”。她表达对世俗污蔑的激愤：“怎的爱情在我们看来是神圣的，高尚的，纯洁的，而他们却看得这样卑鄙污浊！”乃华挚爱的慈母亦将女儿的自由恋爱视为大逆不道，斥骂她的“出走”行为“直同姘识一样”，而且“不但已经丢尽她的面子，并且使祖宗在九泉下为我气愤，为我含羞”。因此，在小说中，恋爱中的男女从未尽情享受爱的甜蜜时刻，因为女主人公内心对于家庭的反对、社会的非议十分顾忌，因而体现出既爱又不敢爱的矛盾心理。这也就能解释为何志同道合的他们，虽深深爱着彼此，却最终很难迈出那重要的“灵肉一致”的一步。女性只是完成了“身体出走”的姿态，却未实现“身体解放”的行为，个性解放沦为一种纸上谈兵。

在传统保守势力还异常强大的社会现实下，女主人公的选择只能是以理智对抗身体，回避真正的性爱关系，以此彰显其自由恋爱的正当性，这完全是一种自我保护的手段，也说明出走了的她们并没有在精神上割断与传统的血脉联系。在小说中，主人公不断标榜着自己爱情的纯洁与神圣：“试想以两个生命可以为他们的爱情牺牲的男女青年，相处十几天而除了拥抱和接触密谈外，没有丝毫其他的关系，算不算古今中外爱史中所仅见的。”说明，也许只有通过证明他们自由爱情的“神圣”“纯洁”与“高尚”，才能凭借道德形而上来对冲传统世俗给予女性的巨大压力。但从另一种意义上说，女主人公潜意识中何尝不是自觉认同了传统对女性身体的“贞洁”的训诫与规定呢？

作者描写了大胆、热烈的男女爱情，但这种爱情却被作家贴上了神圣、纯洁、高尚的标签，以此标榜现代爱情的超越性。但拒绝了爱情的身体性，自然把爱情虚无、精神化了，这样的爱情成为纯粹精神的凌空高蹈，变成超越身体、超越世俗的“空无”。这样对爱情自由的一种道德化、偏狭化的理解，等于新女性向传统性道德观作了妥协，体现出女作家在现代人格上的不健全。

从《隔绝》《隔绝之后》《旅行》《慈母》这一系列小说而言，作家一方面以女性出走、自主恋爱、共同旅行，表达她在精神和身体层面的激进反传统；而另一方面，潜意识中却不由得不认同传统的"性不洁"的观念，将自然的性爱关系做了道德化、狭隘化的理解。在《旅行》中作者为两人的亲密作了这样的注脚和诠解："饮食男女原是人类的本能，大家都称柳下惠坐怀不乱为难能，但坐怀比较夜夜同衾共枕，拥抱睡眠怎样？不过我以为不信我的话的人并不是有意轻蔑我们，是他不曾和纯洁的爱情接触过，他不知道爱情能使人不做他爱人不同意的事，无论这事是他怎样企慕的。"文本刻意强调爱情的"纯洁"，强调爱情对男性身体欲望的成功节制，赞美守身如玉的女性道德自律，正是作者真实性爱观念的体现，实际上却恰暴露出冯沅君思想的局限及传统与现代的人格矛盾。对照马克思对身体完整的理解，只有"身与心、灵与肉、精神与行为的整合统一"，才能确认是"人的完整性的真正实现，也是身体革命的终极"[①]，我们可以看出，冯沅君所极力标榜的纯洁、高尚的爱情，是取消了爱性合一的灵肉分裂的爱情，并不符合鲁迅、周作人等人所极力倡导的健全的人性。

## 四、传统与现代：五四新女性人格的矛盾悖反

冯沅君，出身河南世家，成长于中原儒学传统深厚的地区，她以"三寸金莲"之足，通过自己努力，争取母亲和兄长的支持，推迟包办婚姻的婚期，外出北平去求学、治学，其间陷入自由恋爱，中经变更爱人的复杂经历，使她更深地体悟到传统对自己自由情感的羁绊。她自称对自己身边事（自称原型为"表姐吴天"，但有研究者指出正是她个人的情感经历）的记录与想象性书写，通过爱情故事展开两代人的激烈冲突，明显有她自身爱情生活的印记，并集中了她传统与现代人格归属的两面。故事中代表宗法父权制家长的母亲，与追求自由恋爱的女儿之间所产生的激烈冲突，既根源于性爱与母爱的纠葛，也代表着传统思想与现代思想的激烈碰撞，反映出新旧交替时代现代思想与传统意识的斗争已经深入波及家庭领域。女主人公虽意识到"世间种种惨剧的大部分都是由不自然的人与人间的关系造出来"，发现世间最亲

① 王文杰：《身体的革命——马克思审美主体论的当代价值》，饶芃子主编：《思想文综：古典文化研究专辑》，北京：中国社会科学出版社2001年版，第256页。

密的母女关系同样也掩饰着一种自私性，但并不敢违逆对抗母亲，一方面对母亲所代表的传统父权的专制性认识不足，另一方面也因为母亲在女儿成长过程中的庇护作用，使其很难与母爱亲情做出截然的切割。由此，小说中反映的母爱与性爱两种爱在女主人公心中形成的交战，正是作家传统与现代两种人格矛盾的外化。其因为自由恋爱而陷入对母亲“不孝”的内疚中，其实是传统思想对其正在形成的现代人格的撕扯，这让女主人公无论身处何地，甚至在爱的巅峰中都始终处于一种人格分裂的状态。这是冯沅君在写作中难以解决的结构性悖论，也导致了写作的说教性，多少损害了其艺术价值，所以她只有让女主人公在《隔绝之后》中一死了之，而在写作上难以为继。乃华虽计划了出走，却因母亲突然生病而无法成行，最终不得不以牺牲自身来成全母爱，由此来解决母爱与性爱两者不可相容的矛盾。小说中从旁观者的视角表明母爱的重要，“情人的恩义固然是可宝贵的，但以之与母亲的爱相较，直同石头与黄金一样”，又通过旁观者眼中母亲对女儿服毒自杀的反应来展示锥心刺骨的深厚的母爱：

从这时候，我总相信伊尔文的“母亲的爱是超乎一切的”的话了。……苍白的发，披在枯瘦而且满了的脸上，深凹的眼睛充满了热泪，颤颤抖抖的把她从我的手中接了过去，儿一声，乖一声的叫。

这种处理，恰恰反映出处于“五四”这个时期中国女性所固有的思想矛盾的特殊之处。作为女儿的她们，是通过母亲来回溯历史的，对受难母亲的同情，与长大之后远离母亲带给她们的孺慕之思，让她们很难割断与母亲的精神联系，母爱是她们无法割舍的与传统的纽带。而同时期苏雪林的自传体小说《棘心》，其实也反映了五四女性面对的同一问题。当传统意义上的母爱占据了现代女性思想的上风，她们要么妥协（醒秋奉母命嫁给叔健），要么牺牲自身（乃华以自尽解决与母亲之间矛盾），这正是她们道德意识内在的悖谬所导致的道德选择上的不新不旧。倪婷婷在分析“五四”作家的文化心理时，曾指出现代作家所共有的思想矛盾性：“五四”的“非孝”表明了以人道替代孝道的道德理想，却仍然无法超越某些历史因素的制约，“非孝与道德情感的两难”，其实在那一代人是非常普遍而自然的事。“在‘五四’背景下，他们在理性上毫不犹豫地选择了他们已经确认的现代道德观念，但道德本身的相对性和现实的无比复杂和含混,必定带给他们思想的困惑和精神的迷惘。”[1]可谓中的之论,一针见血揭示出那一代人作为“历史中间物”的精神结构。

从根本上说,冯沅君比冰心似乎更受抽象的母爱观念拖累,而且还为一种内在矛盾所分裂,这显然是传统伦理对作家写作的潜在制约。1926年冯沅君发表了短篇小说《贞妇》[2]事实上也能从中看出作家对旧传统矛盾而又复杂的情感判断。小说中何姑娘留学归国的丈夫慕凤宸休妻再娶,成为弃妇的她只能委屈地在继兄嫂手下过活,离婚的一千吊钱也被盘剥净尽,只靠自己做手工活养活自己。但她誓为慕家守贞节,自己贫病交加,苟延残喘,却强支着病体并用积下的所有钱,置办了隆重的祭仪,去慕府为死去的“恶婆婆”慕老太太吊丧。其“愚节痴情”感动了所有宾客,也让抛弃她的慕凤宸心生怜惜,“用向来对她不曾用的诚挚,温柔的声调,含泪的叫她一声”,结果何姑娘当场死在慕家,实践了她“生是慕家人,死是慕家鬼”的誓言,被葬在慕老太太墓边,墓碑上刻有“贞妇慕门何氏之墓”。小说的艺术技巧已经相当纯熟,通过细节、语言、氛围的描写,使各种人物的性格呼之欲出,颇有鲁迅文笔犀利之风。在思想性上,小说意在表现弃妇可悲的命运,批判封建贞节思想对民众的毒害,与创造社诸同人的创作相比,她的写作风格更趋向研究会,具有较大的启蒙价值。但从具体叙事效果看,其中却大可参详,对何姑娘被弃后的悲惨和“愚节痴行”绵密生动的叙述,体现出作家矛盾的道德判断,容易误导读者形成对传统旧道德的认同。另外,也有研究者对冯沅君在小说中的词语使用情况做过统计,指出其常常以删节号来代替一些表示性关系的词语,比如“夫妻”“结婚”“离婚”等,以这种语言上规避、排除性关系的词语来标榜精神恋爱的纯洁感。冯沅君那一代女作家,精神上的反叛与传统的重负俨然已合而为一,包括冰心、庐隐、石评梅、林徽因、丁玲等人,她们个体人格都构成现代与传统的矛盾统一体,不仅在女性身体的欲望书写上浅尝辄止,一边反封建,一边又在骨子里认同传统对女性的规定,也在其女性写作中自设了一个排除性关系的精神之镜,以此自证其身体上的“纯洁”,体现出叛逆之女反封建的不彻底性和软弱性。与稍早的郁达夫之《沉

① 倪婷婷:《“五四”作家的文化心理》,南京:南京大学出版社2005年版,第94页、106页。

② 冯沅君:《贞妇》,《语丝》第86期,1926年7月5日。

沦》相比，女作家在反封建的深入与坚决程度上明显有所不及。郁达夫对男性性苦闷、性压抑作了穷形尽相的书写，而奉行恋爱至上的冯沅君却显然不敢认同灵肉一致的新的性道德，她对身体欲望的节制描写，使得女性身体的性表达仍然滞后于五四高扬的女性"性"发现的文化潮流。"女儿家"的潜在身份，显然限制了冯沅君对性的自由书写，她仍然不够"大胆"，女作家涉"性"的世俗压力也许让她止于所当止。冯和庐隐一样，她们尽管在对待封建专制上能效仿娜拉出走，也能无视世俗身体力行实践自由恋爱，但在自传体写作中的涉性描写上，很难做到像郁达夫那样心地无私，不惧传统伦理道德任何"诲淫""有伤风化"的指斥，女儿之身的她们显然有着被尚称强大的传统群体规范驱离的恐惧与担心。

即使如此，在文学史意义上，冯沅君还是通过对"娜拉出走"行为的书写，为争取爱情自由而从"父之门"出走的五四女性写下了足够深刻的"时代的铭文"，使五四女性同封建传统正面交锋、决裂的"娜拉"形象得以进入历史。而对于自传体、日记体、书信体等小说文体的多方采用，使冯沅君以一种敞开的方式进行女性自我书写，从而抗拒了父权制文化一向对女性的塑造，改变了被曲解、误解的文学书写传统，以一种听得见的方式让女性的主体意识得以正确的传达。沈从文曾将冯沅君同冰心做过一番十分贴切的比较："年青人在冰心方面，正因为除了母性的温柔得不到什么东西，而不无小小失望；淦女士作品却暴露了自己生活最眩目的一面，这是一个传奇，一个异闻。"无疑是中的之论。虽然冯沅君剑拔弩张的女性身体书写，"缺少冰心的亲切，但她说到的是自己……因此淦女士的作品以崭新的趣味，兴奋了一时代的年青人"①，而由她拉开了现代女性探索性爱意识的序幕，如她小说集子之名，"卷葹"作为一种植物，其"拔心不死"的精神也着实鼓舞了一代新闺秀女性迈开趔趄的步伐奋勇前行。

## 第三节　女性受难：女性身体的疾病症候分析

苏珊·桑塔格认为，"疾病本身一直被当作死亡、人类的软弱和脆弱的

① 沈从文：《论中国创作小说》，《沈从文全集》(第16卷)，太原：北岳文艺出版社2002年版，第210-211页。

一个隐喻"[1]，但疾病进入女性作家笔下，更多传达的是女性不寻常的成长经验、情感经验，通过女性身体受难的事实，女作家改变女性被书写的历史，展示女性被压抑的现实处境，从而努力发出自己的社会批评的声音。她们借助疾病女体既是对危害女性身心的封建父权制文化传统的清算，也是对男权中心文化依然肆虐的现实社会扼杀青春女性生命活力的强有力的指控。

## 一、女性疾病的叙事诗学

"疾病是通过身体说出的话，是一种用来戏剧性地表达内心情状的语言：是一种自我表达。"[2]五四新文化运动摧枯拉朽，让浮出历史地表的知识女性有了真正展示自己创造力的空间，她们尝试对自我性别进行书写，以此来表达她们认识的时代精神。但上苍在垂青她们文学才华的同时，也馈赠给五四女作家多虑多思的头脑、多愁易感的性格和娇弱多病的身体，这让她们有了超乎常人的疾病体验，也使得她们惯于以疾病作为文学素材，通过女性病弱乃至死亡的主题叙述，去表达忧郁、感伤的青春情怀，揭露父权制文化对女性的迫害，以及对受难女性的怜悯之情。

"名目繁多的疾病，从肉体受伤到机能障碍和传染病乃至身心疾病，还有精神失常和错乱，作为文学主题或题材，它们首先传导了她们不寻常的经验。"[3]冰心的《庄鸿的姊姊》[4]中庄鸿的姐姐，在高等小学堂里念书，"学校里的教员，没有一个不夸她的，都说像她这样的材质，这样的志气，前途是不可限量的"，但家庭半道中落，因为她是女孩子，便被祖母要求辍学回家，"只在家里帮做家事，烧茶弄饭，十分忙碌，将文墨的事情，都撇在一边了"。因为"身子本来生得单弱，加以终日劳碌，未免乏累一点；又因她失了希望，精神上又抑郁一点"，"似乎渐渐的瘦了下去"，庄鸿从学校放假回来后，才知道姐姐已经死去了。正是父权制重男轻女的传统使得有才华抱负的庄鸿的姐姐不能得到正常教育，郁郁而死，她的死无疑是一个弱小个体用身体对她所认为的不公平社会与家庭性别不平等待遇的反抗。坚持"爱的哲学"的冰心通

---

① [美]苏珊·桑塔格：《疾病的隐喻》，程巍译，上海：上海译文出版社2003年版，第86页。

② [美]苏珊·桑塔格：《疾病的隐喻》，程巍译，上海：上海译文出版社2003年版，第41页。

③ [德]波兰特：《文学与疾病——比较文学研究的几个方面》，方维贵译，叶舒宪主编：《文学和治疗》，北京：社会科学文献出版社1999年版，第265页。

④ 冰心：《庄鸿的姊妹》，《晨报》，1920年1月6—7日。

过年轻女孩身体日渐瘦损与有才华女子生命逝去的悲剧，在提出问题的同时也对传统男尊女卑文化给予了深刻批判。凌叔华《女儿身世太凄凉》[1]中的婉兰与她表姐，正当花样年华的女性身体却一病一死，罪魁祸首正是现实社会男权文化的荼毒与迫害。嫁人之后的婉兰三番五次地病倒，与其说是被婆家和丈夫不断精神折磨的结果，不如说是女性身体以病的方式进行的不自主的反抗，而且疾病也许让婉兰寻找到一种与其享受封建男性霸权的丈夫交往的途径与方式。苏雪林自传体小说《棘心》中，女主人公醒秋因为与家庭包办的未婚夫叔健性格不合，交往也不和谐，想分手又不敢违逆母意。再加上在异国留学不适应气候，长惦记国内多病的慈母，陷于自责和思想矛盾，所以总是"身体不爽快"，陷入愁病交加的境地，原本活泼的性格也变得郁郁寡欢，这俨然也是女性通过身体症候表达自身遭受婚爱压抑的处境。庐隐的《一个著作家》[2]中，沁芬嫁非所爱，当她主动前去旅馆看望她日思夜想的邵浮尘，面对对她贪图富贵的指责，"哇的一声，一口鲜红的血从她嘴里喷了出来，身体摇荡站不住了"，然后回到家很快病殁了。她的病与死显然有着更为明确的反封建家庭的指向。冯沅君的《贞妇》[3]中，在丈夫慕凤宸眼里，"婉顺娇怯"的前妻何姑娘"从前真是个'样支支'的小媳妇"，在被他遗弃遣回娘家后，受兄嫂压榨，贫病交加，挣扎在死亡线上，"房间里久病者的被褥衣履的汗秽气，能使吸惯清新空气的人嗅之头痛、作呕"，"被上有斑斑点的血痕是她前两天流的鼻血"，而这个"不过二十五六"却"受尽蹂躏的垂死病人"坚持强支病体去给慕老太太吊丧，要去满足"生是慕家人，死是慕家鬼"的心愿。"一个年纪却不大，只是长得骨瘦如柴，面黄似土，上气不接下气，披麻带孝；半倚半靠的坐在张大圈椅上"，"在场的人都感种深夜置身坟头的恐怖、凄惶"。这篇小说将封建礼教对国民的毒害之深，借助一个女性身体疾病与死亡的故事充分再现出来，可怖的重病与死亡的气息在文字间如幽魅一样穿梭，让人深味封建传统文化对女性身体宰制与残害的程度。在五四女作家笔下，这种疾病叙述的实例可谓俯拾皆是，但无论何种疾病，都被作家明确赋予了社会批评的性质。

"由于疾病的摧毁力，疾病削弱病人，限制他，使他失去活动能力，减少

---

① 凌叔华：《女儿身世太凄凉》，《晨报副刊》，1924年1月13日第二版。

② 庐隐：《一个著作家》，《小说月报》第12卷第2号，1921年2月10日。

③ 冯沅君：《贞妇》，《语丝》第86期，1926年7月5日。

他和周围世界正常的交往，使他日暮途穷而不得不依靠他人。疾病导致病人产生软弱、畏葸、厌恶、异化和悲世的感觉，导致精神和肉体的衰败，并把病人隔绝在一个无望的世界里。”[①]德国学者波兰特对疾病与文学的关系进行了条分缕析的研究，有关疾病对人造成的影响、性格的异化作了很精准的说明。对于五四女作家而言，疾病不仅是与她们生命不可分割的组成元素，也为她们开发疾病与人格的想象提供了足够发挥的空间。在五四落潮期，南方大革命失败，其他女作家创作力难继的1927年，丁玲先是以《梦珂》[②]横空出世，然后一个中篇《莎菲女士的日记》[③]瞬时点亮了文坛的天空，让人惊异于一个天才作家的出现。她笔下的莎菲从精神构成上可看作是梦珂故事的延续，这是一个肺结核患者。西方曾经长期构建了一个“结核病神话”：“在整个十九世纪以及二十世纪初（事实上是直到发现治疗方法前），一直认为是那些感觉超群、才华出众、热情似火的人易于感染的疾病。”[④]丁玲在这篇日记体小说中将疾病作为身体与心理叙事的主要背景，特意构建了一个主人公活跃其中的疾病空间。按照茅盾在《女作家丁玲》中的观点，“莎菲女士是心灵上负着时代苦闷的创伤的青年女性的叛逆的绝叫者”，“是一位个人主义者，旧礼教的叛逆者”，“是五四以后解放的青年女子在性爱上的矛盾心理的代表者”[⑤]。这些观点非常正确，也引导了几乎一个世纪以来的对莎菲形象的研究。但茅盾恰恰没有注意到的是，莎菲首先是一个结核病人，她在恋爱问题上的所有表现以及乖张、敏感、孤僻、固执的性格，和悲观、虚无、颓废的人生态度其实都来自她有疾病在身这一事实，然后才应追究时代的环境问题。正是由于结核病明显培养了莎菲社会身份的“异己感”，她变得与周围的人和社会格格不入，她彻骨的孤独、绝望，固然与五四落潮期青年所普遍感到的社会现实黑暗、没有出路有关，也与其疾病身体不无关系。而且因为身体卧病限制了她的生活内容与活动空间，也隔断了她与外部更广阔社会的联系，由此引起了从身体到精神的一系列问题。

小说以时间作为叙述线索，特别是在前半部，详细记录了莎菲生病、养

① [德]波兰特：《文学与疾病——比较文学研究的几个方面》，方维贵译，叶舒宪主编：《文学和治疗》，北京：社会科学文献出版社1999年版，第267页。

② 丁玲：《梦珂》，《小说月报》第18卷第12号，1927年12月10日。

③ 丁玲：《莎菲女士的日记》，《小说月报》第19卷第2号，1928年2月10日。

④ [美]苏珊·桑塔格：《疾病的隐喻》，程巍译，上海：上海译文出版社2003年版，第89页。

⑤ 茅盾：《女作家丁玲》，《文艺月报》第1卷第2号，1933年7月15日。

病、治病的过程，记述她每天总是把自已封闭在房间内，“一个人在刮风天”不停地煨牛奶，“次数虽煨得多，却不定是要吃”；或者翻来覆去看每天的报纸，连广告、启事也不漏过；或者偶尔会一下朋友，逛一下公园，疾病构成她生活的几乎全部内容，是她生活的重心所在。与病为伴，这该是多么枯燥、无聊、空虚的生活方式，长期的疾病状态会导致人格畸变，没有确定指向的怨恨、焦虑会粉碎人的正常思维。小说同时也详细地表现了莎菲住在隔离(远离家人、蕴姊，只有一对朋友时常来照顾她的生活)的疾病空间内，对着“四堵粉垩的墙”和“白垩的天花板”，感到“寂沉沉的可怕”，“真找不出一件事是令人不生嫌厌的心的”，“令人生气了又生气”。

单调与乏味的空间，格外沉闷的养病的环境，自然容易养成孤僻的性格，在人际交往上也很难与人正常相处。苏雪林《棘心》中的醒秋因为婚恋问题与母爱起了冲突，心情郁郁之下身体多病，而性格也跟着大变：“肉体和心灵果然有分析不开的关系吧，醒秋身体既多病，神经也变成衰弱，无论什么小小刺激，都能使她的精神感受极大的扰乱。她幼时木瓜气质完全消失，成了一个极其敏感的人。她变得很容易发怒，容易悲哀。多疑善虑；又不喜欢见人。”①《莎菲女士的日记》中，莎菲因为肺病的加重，性格也越来越趋近极端：

> 但我的病却越深了。这真不能不令我灰心，我要什么呢，什么也于我无益。难道我有所眷恋吗？一切又是多么的可笑，但死却不期然的会让我一想到便伤心。每次看见那克得大夫的脸色，我便想：是的，我懂得，你尽管说吧，是不是我已没希望了？但我却拿笑代替了我的哭。谁能知道我在夜深流出的眼泪的分量！

因病而来的孤僻易感、烦躁多疑、喜怒无常，也带来与人交际的困难：“没有人来理我，看我，我会想念人家，或恼恨人家，但有人来后，我不觉得又会给人一些难堪，这也是无法的事。”小说中围绕着“肺病”的症状及治疗叙述得也非常详细，“通宵通宵的咳嗽”、吃苦的药水，“假使连药也不吃，我能拿什么来希望我的病呢”。还有对绝症带来的死亡心理的铺写，对尘世生活

① 苏雪林：《棘心》，合肥：安徽文艺出版社1996年版，第77页。

莎菲并非不留恋，“现在我还睡在这床上，但不久就将与这屋分别了，也许是永别，我断得定我还能再亲我这枕头，这棉被……的幸福吗？”而对亲友的留恋，使莎菲的死亡想象充满了“自恋”的意味，“我想我能睡在一间极精致的卧房的睡榻上，有我的姊姊们跪在榻前的熊皮毡子上为我祈祷，父亲悄悄的朝着窗外叹息，我读着许多封从那些爱我的人儿们寄来的长信，朋友们都纪念我流着忠实的眼泪……”远离家人，身在异乡为异客，与世隔绝的生活空间，如此，才格外期盼着来自别人的关心，怨恨着：“但人们给我的是什么呢？整整两天，又一人幽囚在公寓里，没有一个人来，也没有一封信来，我躺在床上咳嗽、坐在火炉旁咳嗽，走到桌子前也咳嗽，还相信这些可恨的人们……”在疾病心理的干扰下，特别是蕴姊的死讯，让病中的莎菲觉得人生“多无意义啊！倒不如早死了干净”。她不顾病情，借酒麻醉自己，“足足有半年为病而禁了的酒，今天又开始痛饮了。明明看到那吐出来的是比酒还红的血”。肺结核病人需要避免情绪刺激，新鲜空气，小说也写到她被朋友送去医院医病，在朋友的看护下，“病却一天好一天”，后又打算到西山疗养等与疾病治疗有关的事情。病人的情绪也随病情产生起伏：“近来在病院把我自己的心又医转了，实实在在是这些朋友们的温情把它重暖了起来，觉得这宇宙还充满着爱呢！”

疾病研究充分证明，对疾病痛苦的充分体验与对于死亡的恐惧，与个体人格形成之间存在密切的关系。“一个人只有在生病时（而不是健康情况下）才能明确体验到躯体的‘隐匿性’和‘异己性’存在。”[①]正因如此，伴随结核病而来的“莎菲性格”也就不难理解了：孤僻、冷淡、狷傲、多疑的性格，对除凌吉士之外的一切事物都厌倦，对任何其他情感都绝望，莎菲发出的“绝叫声”，显然不仅出于她对两性世界、社会现实的彻底的失望，也是她自身结核病程的起伏与自然发展在人格精神上的投射与必然反应。

“女性意识的充分自觉是与一份强烈的社会异己感共生的”[②]，狷傲、狂放的莎菲，其极端的人格显然不仅由身体内里的疾患所决定，而在于由心理上的现代人的孤独症造成了精神上的空虚迷茫感。和郁达夫笔下的“零余者”一样，莎菲处理爱欲、友谊的种种难以解释之处都代表着一种典型的五

---

① [美]S.K.图姆斯：《病患的意义：医生和病人不同观点的现象学探讨》，邱鸿钟等译，青岛：青岛出版社2000年版，第85页。

② 戴锦华、孟悦：《浮出历史地表》，北京：中国人民大学出版社2004年版，第105页。

四“时代病”的征候。比如她渴念得到凌吉士，却对其欲迎还拒，后悔“为什么呢？给一个如此我看不起的男人接吻”。在得到了她期待已久的拥抱与接吻后，却回头鄙视自己，“我是给我自己糟蹋了”，“好在这宇宙间，我的生命只是我自己的玩品，我已浪费得尽够了”。她迷恋凌吉士，用尽手段引他“送上来”，但又鄙视他的世俗生活理想，凌吉士对她并不失真诚，毓芳就提醒她，凌吉士“比不得在上海同我们玩耍的那群孩子，他们很少同女人接近，受不起一点好意，你不要令他将来感到失望和痛苦”，他爱莎菲甚至不计较她是否有病，在她看来十分“卑丑的灵魂”，其实这种道德判断过于主观。从小说中看凌吉士的道德境界显然没有她评价的那么低，他追求幸福家庭生活和多姿多彩社交生活的世俗理想也并不那么可鄙，在那个时代积极进取的人生态度从哪个角度讲完全无可厚非，逛妓院之说更不可能是凌吉士亲口向她说起，只是她从其只言片语中的推断。莎菲对他欲迎还拒的矛盾心态、想爱又不敢爱的心理，其实很大成分是疾病带给她的一种分裂人格。

20世纪20年代的中国，肺结核尚是一种不可救治的疾病，这会给莎菲这样的病人以清醒的痛苦感，时时感受到死亡的威胁，对于一个20岁的年轻女性是多么残酷的事，她种种乖张的行为让周围人意识到她是病人，需要更多地迁就她，也让莎菲自己充分认识到她身患绝症本身与正常人的世俗幸福该有多么大的距离。当凌吉士几天不出现时，莎菲在日记中写道：“自然，我不会打扮，不会应酬，不会治事理家，我有肺病，无钱，他来我这里做什么！”意识到自己作为病人这一事实，这也迫使她越来越拉开与其他人的距离，先是调换房子，然后是要到西山养病，但她敏感善变，喜怒无常，得到了她想望已久的凌吉士的吻，却断然放手唾手可得的爱情，打算进一步远离朋友，离开亲人和任何爱她的人如苇弟。正因为疾病，她才如此渴望爱情：“我只想哭，想有那么一个人来让我倒在他怀里哭，并告诉他：‘我又糟蹋我自己了！”不过谁能了解我，抱我，抚慰我呢？”对于凌吉士，“我因了他才能满饮青春的醇酒，在爱情的微笑中度过了清晨；因了他，我认识了‘人生’这玩艺，而灰心而又想到死”，但莎菲在等到了她期待已久的凌吉士的吻，确认了对方的感情后，还是决定，“我不愿留在北京，西山也不愿去了，我决计搭车南下，在无人认识的地方，浪费我生命的余剩”，然后“悄悄的活下来，悄悄的死去”。“结核病成了自我放逐和过一种旅行生活的新理由”，显然她以病为借口选择了更轻松的活法，也印证了桑塔格对疾病隐喻的诊断，“从世界抽身引退，不去承担做决定的责任”，“疾病让人成了一个出走者，一个没完没了的寻找那些有益于健康的地方的流浪者”①。

## 二、女性死亡的身体政治学

“生病是一种可怕的经历，它暴露了患者在身心方面的弱点，使他陷入悲观绝望的美感境地，促使他意识到自身的孤独和脆弱，并迫使他在寂寥的病房里默默地思索自身的毁灭。”②庐隐的人生充满愁云惨雾，与疾病为伍，这种经验给她的小说带来更多的疾病叙述，通过女性疾病与死亡的故事，抒写生命不自由的形而上的感受，表达对身陷精神之困的新女性充满矛盾的情感生活的思考，宣泄病态人生的忧郁与苦痛。在《一个著作家》③中，沁芬因父母把她强行嫁给她不爱的“钱”程远大的罗频，而对爱人邵浮尘抱疚于心，在又一次见面回去后郁郁而病逝。小说里写沁芬虽嫁他人却思念恋人，“她常常的忧愁，锁紧了她的眉峰，独自坐在很静寞的屋里，数那壁上时计摇摆的次数”，“常常开了盒子对着那张相片，和充满爱情的信和诗神往，有时微微露出笑容，有时很失望的叹气和落泪”。积郁成疾，沁芬得了吐血之症(肺病？心脏病?)，“她回去就病了，玫瑰色的颊和唇，都变了青白色，漆黑头发散开了，披在肩上和额上，很憔悴的躺在床上”，她吐出一口口“鲜红的血”，费尽气力在临终写下给爱人的信，信上“腥红的血点”，象征了她对爱情的坚定不渝。一对青年的爱与死，一个为爱而病以致香消玉殒，一个偿爱自杀殉情，身体的疾病与死亡无疑不再是单纯的小说事件，而是构成政治隐喻，有力穿透了封建专制的黑幕，揭示了在包办婚姻中青年爱而不得的人生苦痛，具有鲜明的时代性。小说的象征意味浓厚，人物活动的背景被有意抹去，人物行为的动态画面感、“鲜血”意象对读者的感官形成强有力的冲击。

女性精神的异变往往伴随着身体的病痛，解放了无路可走的悲哀让她们只能以身体作为最终反抗的武器。《或人的悲哀》④中的亚侠在“中学卒业以后”，想“到西洋去留学”，“投身作革命党”都“被家庭阻止”，实现不了愿望的她“深尝苦痛滋味”。后来接二连三地“陷入感情的漩涡”，且“被知识苦缠

① [美]苏珊·桑塔格：《疾病的隐喻》，程巍译，上海：上海译文出版社2003年版，第32页。

② [美]杰弗里·梅耶斯：《疾病与艺术》，顾闻译，《文艺理论研究》1995年第6期。

③ 庐隐：《一个著作家》，《小说月报》第12卷第2号，1921年2月10日。

④ 庐隐：《或人的悲哀》，《小说月报》第13卷第12号，1922年12月10日。

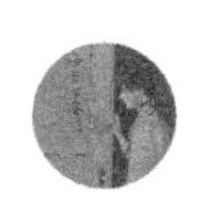


着；要探求人生的究竟，花费了不知多少心血，也求不到答案”，“彷徨到极点”，“几乎深陷堕落之海”，甚至“要想放纵性欲”。她决定“实行游戏人间的主义”，结果“何尝游戏人间，只被人间游戏了我”。亚侠为自己过往经历所苦，被失眠病、肺疾（吐血）、心脏病所深深纠缠、折磨，在她最后一篇日记中，她称：“——虽没死的勇气，然而心头如火煎逼！头脑如刀劈，剑裂！我纵不欲死，病魔亦将缠我至于死啊！”最终，亚侠跳湖自杀了。

“男人的病与社会政治相关，而女人的疾病则与男人与性与情相关。”[①]《丽石的日记》[②]中的丽石死于心脏病。丽石不愿陷到和雯薇一样丧失女性自我的婚姻家庭生活中，她和沅青一起演罗密欧与朱丽叶，产生“同性的爱恋”，却“终究不被社会的人认可”。沅青接受了家人包办的与他的表兄、一个“有为的青年”的婚姻。丽石却完全不能认可“男性特别显著的少年郦文”的追求，“其实同是一个爱字，若出于两方的同意，无论在谁的嘴里说，都觉得自然和神圣，若有一方不同意，而强要求满足自己的欲望，那是最不道德的事实，含着极大的侮辱”。丽石自暴自弃，只求上帝“早些接引”。“对疾病或者是畸形病态身心的文学再现，大多表达出寻求社会病因和治疗方案的善良愿望。”[③]庐隐的小说有很多都是批评社会现实，思考着女性解放的真谛。借助女性疾病与死亡叙述，庐隐对玩弄女性感情的社会现象痛加针砭，表达了对女性精神之困的关怀。《蓝田的忏悔录》[④]中的蓝田，亲生母亲早逝，为了反抗家庭包办的与“一个纨绔少年”的婚姻，从家庭出走，却“出了水坑又沉溺入火坑”，在大学读书时，接二连三落入打着自由恋爱的旗号却实为玩弄女性的不良青年的陷阱，“一般如疯狂的青年用尽他们诱惑和轻蔑的手段来坑陷我，而他们一方面又是特别的冠冕堂皇，他们称赞我是奋斗的勇将，是有志气的女子，甚至说我是女界的明灯。可怜缺少经验的我，惊弓之余的我，得了这意外的称许和慰藉，怎由得不赤裸裸的将心魂贡献于他们之前，充作他们尽量的捉弄品”，“成了新旧所不容的堕落人”，于是“血肉之躯怎堪屡受摧残……我的病又增重了”。疾病人生最大的不幸是孤独，《红楼梦》中林黛玉“花谢花飞飞满天，红消香断有谁怜？”那种由病而生的孤独

① [美]苏珊·桑塔格：《疾病的隐喻》，程巍译，上海：上海译文出版社2003年版，第380页。
② 庐隐：《丽石的日记》，《小说月报》第14卷第6号，1923年6月10日。
③ [美]苏珊·桑塔格：《疾病的隐喻》，程巍译，上海：上海译文出版社2003年版，第110页。
④ 庐隐：《蓝田的忏悔录》，《小说月报》第18卷第1号，1927年1月。

感,“侬今葬花人笑痴,他年葬侬知是谁?”疾病伴随的对人生彻骨的悲凉,却是健康人难以体会的。蓝田在病中,“一天两次昏晕”,“肝气痛一直不曾止住,结果身体的苦痛压迫了心头的苦痛”,曾有几个青年环绕,争相献殷勤,但病重之后,却只有一个芝姐照护着病中的她,与之日夜相守,慰藉着孤独中的病人,让她感叹“这世界上唯有她肯给我生路”,巴不得“越早完结越好”,“芝姐,我立刻死了,还能得你的温情热泪洗我的罪孽”。蓝田“自从一病便在穷困中讨生活”,但她仍坚持自己的独立人格,“我是醉心妇女运动的人,我不能为了衣食而牺牲了我的志趣和人格”,她质问“智识误我,理性苦我——不然嫁了——随便的嫁了”。当她知道何仁既“欺弄”了她,新娶的妻子也成了其寻欢作乐的牺牲品,她愤怒地在日记中写道:“不被男子玩视和侮辱的女性,至今还不曾有过。”她的人生悲剧正是解放了却无路可走的新女性的悲剧,是社会的悲剧。因为她不仅死于疾病的折磨,也有对自己轻信的“忏悔”,疾病之躯还要忍受世俗的道德指责,“似乎无人不是在窃窃的私议着我的污点,有几个简直当面给我以难堪”。最后蓝田以她的死向这个社会做了最后的控诉!正如唐小兵在分析巴金《寒夜》中作为“肺病患者”的汪文宣这一人物形象所指出的,在健康的社会形态下,人与自己的身体可以建立良好的关系;但在病态的社会中,却需要“把身体从恐惧、疑惑和进行道德说教的冲动里释放出来”,“从整个社会性的象征体系中分离出来”。唯其如此,人才真正成为“一具自主自足的身体,除了自身以外,不再指涉任何别的事物,除了自身生理性的现实以外,也不再承担任何超验的意义”。[①]

“疾病不仅是受难的史诗,而且也是某种形式的自我超越的契机。”[②]以石评梅为原型的《象牙戒指》[③]中的沁珠风华正茂,才学横溢,在读书期间被男学生伍念秋追求,但对方却隐瞒自己已有妻室和儿女的事实。沁珠不忍伤害第三方,决绝斩断情根,心灵却遭受重创。由此,她对爱情彻头彻尾地悲观,“不愿轻易让爱情的斧儿砍毁我神圣的少女生活”,质疑家庭生活的现实合理性:“镇日作家庭的牛马,一点得不到自由飘逸的生活。这就是爱情买来的结果呵!仅仅就这一点,我也永远不做任何人的妻。”她否认两性之间存在真正的爱情:“一个男人追求一个女人,也是越得不到手越热烈。所

---

① 唐小兵:《英雄与凡人的时代——解读20世纪》,上海:上海文艺出版社2001年版,第77页。
② [美]苏珊·桑塔格:《疾病的隐喻》,程巍译,上海:上海译文出版社2003年版,第111-112页。
③ 庐隐:《象牙戒指》,《庐隐文集》,北京:北京燕山出版社1998年版,第127-281页。

以要是拿这种的热烈作为爱的保障，也许有的时候是要上当的。”这是因为她见惯了世上那些有了妻子的男人，却“骑着马找马”，“最可恨，他们是拿女子当一件货物。将女子比作一盏灯，竟公然宣言说有了电灯就不要洋油灯了”。所以尽管曹子卿对她爱得热烈而真挚，“把神龛打扫干净”，与妻子解除了包办婚姻，她也始终不肯接受曹子卿的爱，“我觉得他的离婚，只是使我更决心去保持我们那种冰雪友谊了”，“抱定为了爱而独身的主义”。曹情伤之下，吐血入院，沁珠终被感动并表示愿意接受他的爱，沉浸在幸福中的沁珠却看到了报上伍念秋发表的与沁珠来往的情书，曹备受打击，“又得了重病，喷吐满满一脸盆的血”，很快病殁。沁珠深深自责，大病一场，陷入愁云惨海，戴着曹留给她的象牙戒指，天天去爱人墓前痛哭，日日颓废消沉，无法振作，抽烟、借酒浇愁、通宵不睡，痛苦不断地蛀食掏空了她的花样身体，青春生命眼见得日渐枯萎。在爱人死后不到一年内，沁珠感染上脑膜炎，终于如愿以偿去殉了自己的爱情。小说对沁珠爱与死的过程描绘得极尽细密，特别是死亡情景，无疑让人十分痛惜青春生命的易逝，叹惋造化的无常：

> 我们彼此沉默着，而沁珠喉头的痰声急促，脸色已经灰败，眼神渐散，唉！她正在作最后的挣扎呢。又是五分钟挨过了，看护又用听筒向沁珠心房处听了听，只见她的眉头紧皱，摇了摇头。正在这一刹那间，沁珠的头向枕后一仰，声息陡寂，看护连忙将那盖在身上的白被单，向上一拉，罩住了那惨白的面靥。沁珠从此永久隔离了人间。那里惨白的月色，正照在她的尸体上。

在当时的社会里，死，的确是进入了不受侵犯的安全之境，沁珠的死和庐隐小说中诸多女性的死亡固然是个人的人生悲剧，但实际上是她们自我生命选择的结果，也可视为脱离父权制统治的一种仪式，以死亡来对付那个世界的一个精心谋划的步骤。她们留恋死诅咒生的愿望让她们成为自己身体的主体，也扼紧了命运的喉咙，从哲学上讲，她们的死亡是另一种意义上的生，解脱了尘世的滋扰而后获得了生命的升华。茅盾在庐隐因难产而死之后，于 1934 年发表《庐隐论》，强调“庐隐之所以成为庐隐，却不是‘偶然’的；与‘五四’运动，有‘血统’的关系”，认为庐隐“是‘五四’的产儿”，“是被‘五四’的怒潮从封建的氛围中掀起来的，觉醒了的一个女性”。茅盾并不满意庐隐的思想“停滞”和“自叙传”性质的叙事，对她题材的视野狭窄提出批评：“总觉得她的题材的范围很仄狭；她给我们看的，不过是她自己，她的爱人，她的朋友——她的作品带着很深厚的自叙传性质。”[①]但五四女作家哪个又能不顾一己之悲，完全走出狭窄的个人情绪呢？卡夫卡说：“不仅上帝或社会制度，身体也是牢房。因为不可忍受的和不可企及的生活都是身体的世俗感觉，身体的感觉本身就是牢房。只有在既非不可忍受、亦非不可企及的生活中，身体才不是牢房。只不过，在这两种生活状态中，身体已经没有了感觉。”[②]青春时代所伴随的身体经验，和五四培育的“自我”个性，必然让五四女作家们更多地徘徊在生命的起点与终点，她们喁喁不断地对身体、情感的叙说，无疑成为她们青春生命最重要的呢喃，值得认真倾听。

## 三、女性疾病审美传统的现代转换

“现代文学里的结核病患者，总是被当作一种更加深层的病症或病原来描写和解读”，或者说“对疾病或者是畸形病态身心的文学再现，大多表达出寻求社会病因和治疗方案的善良愿望”[③]。鲁迅《药》中的小栓，围绕着他的痨病所展开的叙事代表着民众蒙昧程度的骇然，郁达夫《沉沦》中那个害着结核病的于质夫，病弱身体既是国族衰弱的象征，也是“个体生命的生存焦虑”的外化，是承受压抑和欢愉肆意放纵的理由。巴金《家》中梅芬早早死于结核病，揭露的是封建父权专制对青年人自由爱情的压抑，对青春生命的扼杀。《寒夜》中的汪文宣，因为结核病而吐血死在重庆欢庆抗战胜利的深夜里，他作为知识分子的疾病与死亡足够获得深刻的文化意义和巨大的社会批判力量。但五四女作家小说中出现的众多的疾病叙事，指征的方向有多端，既有隐喻社会批判的，也有倾向于女性人格自审的，并且映射了中外文化的疾病审美化传统。

疾病的文学审美化在中国有着很长的传统，“西施病心而颦其里，其里之丑人见而美之，归亦捧心而颦其里。其里之富人见之，坚闭门而不出；贫人见之，携妻子而去走。彼知颦美，而不知颦所以美”[④]。由东施效颦的典故

① 茅盾(未明)：《庐隐论》，《文学》第3卷第1期，1934年7月1日。
② 刘小枫：《沉重的肉身——现代性伦理的叙事纬语》，上海：上海人民出版社1999年版，第194页。
③ 唐小兵：《英雄与凡人的时代——解读20世纪》，上海：上海文艺出版社2001年版，第110页。
④《庄子·天运》，陈鼓应译注：《庄子今注今译》(上册)，北京：商务印书馆2007年版，第434页。

可知，在古代，多愁多病之身且为美人，而以病作为主题、营造意境的文字，泛滥于中国古典诗文之中，也使中国女性疾病审美化传统得以确立。但晚清以降，强国保种，倡导女国民，《女界钟》与同时期《女子世界》等书刊对女性身体现代修辞的开发，让强健为美的女性身体审美观念其实在社会上已经得到公众认同，女子体育到民国也已经正式进入公共教育。但归结到人们的意识中，此痼疾仍非常严重，难以改变。清末民初畅销的鸳鸯蝴蝶派通俗小说虽然出现了现代女性的形象，但多半沿用了尚病尚弱尚娇的古典女性身体修辞。而五四时期，尽管公共话语极力倡导强健为美的现代女性身体观念，但进入到女性文学叙事中的女性身体仍是一片病弱之相，而在男作家那儿这种情况并不明显，他们也观照疾病，像五四时期的鲁迅、叶圣陶、许钦文、王鲁彦等，更强调的是割除国民精神的病灶，改造国民性，关注的是社会的病态，以疾病隐喻社会改造的话题；或者像郁达夫、郭沫若，他们突出女性身体的色欲性、性感，郁达夫对女体"肥""白"的垂涎，表达的是人性的压抑和现代人的生存意识，纠结的是"个我和灵魂的斗争"。

那么，五四女作家之所以偏重疾病与死亡叙事，所由何来？我个人认为：

一是对中外女性审美文学传统的不自觉继承。从汉诗骈赋，到唐宋元明清各种文体，都有描写女性蒲柳弱质、病态恹然的文字。古典文学尚病尚弱，把女性的多愁多病视为一种美，"无病呻吟"遂演变成古代文人所钟爱的一种审美修辞方式。即使是李清照，她的词中也多半涉及疾病题材，成为她表达相思、愁怨等情绪，营造诗意氛围的心理背景，所谓"人比黄花瘦"，其实正是一种对女性病弱姿态的审美化修辞，借以抒发词人较为复杂的思想情感。而对五四女性文学影响甚大的《红楼梦》，里面的金陵十二钗除了林黛玉有肺痨，其他在贾府里的年轻女性也多半是愁病之身。庐隐的《病中》就记录了自己病中的心境，"身体越苦痛，灵魂越灰色，对于前途，简直不敢有所希望"。作者读《红楼梦》也可触景生情，"拿起床头一本《红楼梦》看了两页，正是'病神瑛泪洒相思'那一段，又不因不由惹起了我的悲感来，我放下书，那眼泪就如开了闸的水般竟泻湿了枕衣"，对疾病审美化的吸收，让她想到其"凄苦的命运"，所以竟有"我愿意病，而且我愿意因病而死"的声言。[①]

① 庐隐：《病中》，《河北民国日报副刊》第65期，1929年2月28日。

五四女作家的审美心态有着对古典文学传统的继承是肯定的，但西方文学的影响也是其中一个方面。疾病的审美化是中外古今不可克服的文学症候，按照苏珊·桑塔格的考察，在西方，19世纪的欧洲浪漫主义就构造了一个有关结核病的神话，结核病被文学审美化、隐喻化，被社会普遍视为一种个性病，是只有艺术家和诗人才会得的疾病。在那个时代，“对结核病的崇拜，并不仅仅是浪漫主义诗人和歌剧作者的发明，而是一种广为流传的态度，事实上，年纪轻轻就死于结核病的人被认为是具有浪漫气质的人”。甚至于“到这个世纪结束，甚至一直到我们这个世纪，结核病仍保住了其罗曼蒂克的特征——作为一种优越品性的标志，作为一种适宜的柔弱的标志了”[①]。而西方文化的传播、抒情小说的译介，如晚清林纾对《茶花女》《少年维特之烦恼》的成功译介，翻译文学再生产、传播的过程，也为结核病神话在中国的流行推波助澜。由此，主情主义、个人主义、浪漫主义在五四大行其道，加入了病愁的忧郁、感伤成为主导一个时代的文学风格，郁达夫、庐隐等人的小说都曾风行一世，就深刻证明了这一点。

其二，社会黑暗导致的“时代病”。五四时期文化界、思想界尽管生机勃勃，但青年们面对的社会环境却非常糟糕：官僚政治堕落腐败，宗法统治相对强大，期待的社会变革没有前景。在此环境中，有正直感的青年难以寻到出路，社会保守势力、男权文化对于新女性诬蔑与迫害的事情也时不时发生，一些不良青年假自由恋爱之名行玩弄女性之实，让刚刚思想解放的新女性亲身感受到了男权文化可怕的罪恶，五四女作家几乎都陷入一种混合了消沉、苦闷、焦虑、颓废的时代情绪。弗洛姆曾指出：“自由，虽然给人带来了独立性和理性，但也使人变得孤立无依，导致了焦虑和无能为力的感受。”[②]她们低吟着，哀叹着，病愁着，彷徨歧路，不知前面等待她们的是什么噩运。这种精神症候不仅发生于女作家身上，五四男性作家如鲁迅、郁达夫也皆然：一方面五四时代精神带来了昂扬与斗争，一方面是绝望而生成的颓废与消沉，这全然构成了一种难以拒绝的“时代病”，是五四文学浪漫颓废风格成为主导的由来。也是五四女作家普遍诉诸愁病的原因之一，借疾病、死亡叙事来发泄个体的生存焦虑，表达对社会黑暗的不满，正是女作家在文学

---

① [美]苏珊·桑塔格：《疾病的隐喻》，程巍译，上海：上海译文出版社2003年版，第29、33页。

② [美]埃里希·弗洛姆：《〈对自由的恐惧〉序言》，许合平、朱士群译，北京：国际文化出版公司1988年版，第2页。

中对时代情绪的一种自然反应。

其三，女作家个人深刻的疾病体验。疾病是生命的伴生物，任何人天生都无法与疾病切断联系。五四女作家多出自名门闺秀，从小生活优裕，但缺乏体力锻炼和劳动机会，体质上的娇弱在所难免，这使得她们不仅在成长过程中经常与疾病相伴随，在成年后也会一遇到风吹草动就会伤风感冒或罹患各种疾病。庐隐因出生时正逢外婆去世，遂不为其母所喜，不久就被撂给乳母，生了一身疮疥，赖乳母悉心呵护，才得以长成。虽然她读了北京女高师体育系，身体开始变得强健，但情感上多次受创，饱经世人非议，这种经历让她经常缠绵病榻。她曾经这样描述其疾病体验，“一天到晚睡在病榻上，思虑纷至沓来，不过欢乐的事情，绝不会涌现于病着的心灵上，所感到的只是些寂寞，悲凉，愁苦的往事；便是昏睡中，也作不着一个好梦！”还说，“平常健康的时候，并感不到作客苦，而生了病，这种感觉特别敏锐，总觉得自己太可怜，好像秋风里的一片落叶，真不知飘零何止呢！”①可见，正是多灾多病，生活无定，东西漂泊，遂养成其多愁善感的气质，也给她的作品带来主观感伤的风格。“她们的病要不是没有生理上的根据，便是由精神状态导致的：是心理病症。摧残女性身体的，多半即是对于‘身为女人’的焦虑。”②石评梅便是如此，一度受创的情感经历，又错失真爱高君宇，其肺结核吐血死亡的惨景，让她抱疚于心，情绪更为颓废消沉，日日痛哭，总是难以释去胸中块垒，很快追随爱人的英魂而去。她病死于肺结核与脑膜炎。冰心也从小体质差，曾患有肺气肿。冯沅君从小被母亲强制裹脚，以“三寸小脚”之身去北平读了北师大，行动不便应该带给她很大的精神困扰。林徽因体质娇弱，小时就生过肺病，后来在生育第一个孩子时，因操劳导致肺疾复发，抗战颠沛流离的生活更加重了病情，吐血不止，终生抱恙，虽然有梁思成的一路呵护，但她还是因为疾病缠身生命早逝。苏雪林、白薇、丁玲也同样如此，疾病或多或少成了她们复杂人生历程如影随形、割之不断的伴生物，身体决定了写作的思维与方式，这也使她们多将自己的疾病体验充分写入文本，用身体写，写身体，构成了五四女作家的一种写作自觉。

其四，青春人格的自然投射。“青春期之来临改变了少女的身体”，除了

① 庐隐：《病中》，《河北民国日报副刊》第 65 期，1929 年 12 月 28 日。

② [法]西蒙·波娃：《第二性——女人》，桑竹影、南珊译，长沙：湖南文艺出版社 1986 年版，第 94 页。

生理的变化，“她的荷尔蒙之不匀称，造成了神经上与血管上的不定性”，“月经是痛苦的：头痛，疲乏，腹痛使日常活动变得令人沮丧，难以忍受；心理上的问题常常发生；神经质而易怒”，这个时期“女人的身体——特别是少女的身体——是个‘歇斯底里’的身体”①。五四女儿们登上文坛之时，正是她们青春绽放之际，但女性青春意味着她们身体受到更多的约束，所欲挣脱束缚的青春冲动也让她们产生对“父”的叛逆心理。处在那个张扬自我的时代，虽然她们得天独厚比普通女性享受了更多机会，可以活动在较大的社会空间，但女儿情怀却让她们凭空增添惆怅感怀，怅惘于花样年华的易逝，形成对自身格外怜惜的特异人格——自恋。但这也并非极端性、病态性的，经过此生命阶段，自然就会远离这种不良心绪。这种自恋性青春人格使她们在对生命现象的认识上特异于常人，对身体的任何脉动都很易感，加上女性生理的特殊性，使得她们精神上有着过多的青春焦虑。同时传统意识的强大，针对女性禁锢的性文化，让她们隐秘地等待开发的性意识中对未来可能的两性生活有深度的恐惧。所谓，少年不识愁滋味，为赋新诗强说愁，就是这种青春人格的自然投射，也是五四女作家更多偏爱以疾病作为叙事素材及主题的原因之一。

## 第四节 主客易位：欲望伸展下的女性身体

五四女作家，是刚刚走出闺阁的叛父之女，以“女儿”的身份展开的女性写作，往往以倾诉作为重心，表达她们对父权制压抑下现实处境的批判性体认。虽然她们侧重于婚爱题材，并不大关注女性生理的特定性，囿于女性封闭的文化传统，多极为内敛而羞于涉及任何性的话题，这决定五四女性对身体的叙述很难走出传统的禁锢将笔触真正深入女性私人生活和性感区域，而如实描写性爱关系下女性的身体经验。但仍然有一些女作家如凌叔华、丁玲，真实发露了女性的身体经验，尤其是后者，以振聋发聩的直率和大胆让女性的欲望经验赤裸裸地传达出来，女性长期被压抑的欲望身体，也经丁

① [法]西蒙·波娃：《第二性——女人》，桑竹影、南珊译，长沙：湖南文艺出版社1986年版，第91-94页。

玲手中第一次得到生动再现，这一举打破了千百年来男主女从的性话语格局，具有革命性的意义，值得深入分析。

## 一、"出轨"之作：《酒后》的身体叙事解读

凌叔华在文学起步开始较为专注于闺阁女性身体的叙述，但从《酒后》①开始，转向对新女性精神世界的发掘与叙说，这种生命叙说、呢喃却是以女性身体意识觉醒、主体性追求的方式出现的。

从中国文学爱情叙事传统而言，女性基本处在被压抑的欲望对象地位上，即便是性文化恣肆奔放的唐朝，在文学中女性作为物化的审美客体地位从未改变，女性的欲望对象地位，将她们打入永远的"奴隶的死所"，女性的生命欲求根本得不到正视。女性在两性世界中，是作为男性主体的欲望"他者"，是对象化的客体，是空洞的容器和生殖的工具。这似乎是千年不变的性别格局。

五四时期的凌叔华，作为沐浴过欧风美雨的知识女性，借"文酒之风吹拂"，《酒后》是她继《绣枕》之后以新女性为文学表现对象的第一篇作品，凭此作品凌叔华奠定了"新闺秀派"著名作家的稳固地位。丁西林曾将凌叔华小说《酒后》改编成同名独幕喜剧②，非常有趣的是，剧本是对小说故事的一种戏仿与反讽，以丈夫作为中心（台词量大，客人换了芷青，一直在长沙发上酣睡，睡醒了也不知所以），妻子与丈夫在言语交锋中，微妙的心思被丈夫窥破，反客为主，结果将了"出轨"的妻子一军。丈夫从男性视点对妻子的性感冲动与"出轨"妄想的嘲讽和揶揄，暴露了以现代文化人自居的知识分子的男性中心意识，但也说明女性主义在现实中的不堪一击。丈夫荫棠明显占据两性的主导地位和文化阐释权，妻子亦民试图挣脱男性话语权力陷阱，对人性健全的爱与生活的理解、对旧的婚姻制度的抨击、对爱情人格独立性的追求，都反映了她女性主体意识的伸展。剧本与原作的立意构思有较大出入，但对人物思想却是一个有意义的补充，可拿来作互文分析，以使我们加深对五四文化环境的了解。

而小说故事设置了这样的情景：夫妻二人在家宴请朋友，他们共同的朋

---

① 凌叔华：《酒后》，《现代评论》第1卷第5期，1925年1月10日。署名"叔华"。
② 丁西林：《酒后》，《现代评论》第1卷第13期，1925年3月7日。署名"西林"。

友子仪却醉卧小憩，夫妻俩也是微醺。子仪人斯文、有才华，但娶了个不解人意的妻子，因此婚姻生活不幸福；采苕心仪子仪，但进入婚姻的她现在对之更多是怜惜。男主人夸耀着幸福，许诺要不吝金钱送妻子想要的礼物。不料妻子索要的礼物竟是吻一下熟睡的子仪。丈夫说："夫妻的爱和朋友的爱是不同的呀！"但最后经过一番争执后，丈夫终于同意了妻子的请求。小说以不失调侃与刺激的家庭生活喜剧作为表达女性主体性的载体，对传统婚姻制度作了瓦解，也显示了新式家庭里的新式女性反抗男性中心文化宰制的深刻意味。采苕能够毫不避讳地在丈夫面前表达自己对异性的爱慕，一吻的要求显然公然挑战了传统夫权的权威，也颠覆了"男女授受不亲"的封建伦理规定，这无疑呈现了新女性现代人格独立浪漫的一面，看来女性个性解放的尺度，并不完全以她们步入婚姻殿堂为阈限。

《酒后》明显设置了两种性别格局，显示了男人与女人之间的权力关系：

一种是传统性别格局。这是传统男权社会的性别模式，波伏娃《第二性》中揭示了这种性别模式的统治模式：男性是绝对的主体，而女性是他者。男性通过建立将女性归入他者范畴的言语体系，来展开男性新的社会权力网络以及构建自身的主体地位。

小说里，从永璋对妻子容貌的赞美和许诺的"花钱"的奖励，可以看出这个新式家庭中男主外女主内的传统性别格局。沉醉在婚姻幸福中的永璋将"耳，口，目，灵魂，心等等字眼全数的搬出来"，用"小说式的话"来赞美妻子作为女主人的能干，叙说他作为享用这一切的主人的愉悦心情："平常在这样一间美好舒服的房子坐着，看着样样东西都是我心上人儿布置过的，已经使我心醉，我远远的望见你来，我的心便摇摇无主了。现在我眼前坐着的是天仙，住的是纯美之宫，耳中听的，就是我灵府的雅乐，鼻子闻到的——销魂的香泽，别说梅花玫瑰的甜馨比不上，就拿荷花的味儿比，亦嫌带些荷叶的苦味呢。我的口——才尝了我心上人儿特出心裁做的佳味……"

然后进一步，酒醉的他又在重复往常擅长的夫妻游戏："这腮上的酒晕，什么花比得上这可爱的颜色呢？——桃花？我嫌她太俗。牡丹？太艳。菊花？太冷。梅花？太瘦。都比不上。……不用说别的！就拿这两道眉来说罢，什么东西比得上呢？拿远山比——我嫌她太淡；蛾眉，太弯；柳叶，太直；新月，太寒。都不对。眉的美真不亚于眼的美，为什么平时人总是说不到眉呢？"一系列物化的修辞，将妻子采苕完全置于审美客体、欲望对象地位上，

无意间暴露了永璋膨胀的男性中心意识。子仪家庭生活的不幸衬托着他的幸福，于是在眼前让他晕眩的幸福中承诺给妻子这样的奖励："亲爱的，快告诉我，你想要一样什么东西？不要顾惜钱。你想要的东西，花钱我是最高兴的。"从这表白中可看出，他是把自己视为家庭的主宰的，掌控了这个家庭经济收入的支配权，他用夫权建造了他心目里女性理想的"镜中之像"：在家庭关系中，他是自封的主体，家庭的主人，妻子则被置于客体，是他的附属品，是赏心悦目的欲望对象。如伍尔夫所言："千百年来，女性就像一面赏心悦目的魔镜，将镜中男性的影像加倍放大。没有这种魔力，世界恐怕仍然遍布沼泽和丛林。"[①]永璋对于采苕——他极爱的妻子，居高临下、倍加玩赏的态度，将这位自恃现代的知识男性潜在的男权文化意识暴露无遗。他赞美妻子的容颜显然沿用了众所周知的清代李渔《闲情偶记》中品评女性之美的修辞，虚假浮泛的陈词滥调显示出他并不真正具备现代人格，也并不视妻子为与他人格平等的伙伴，而是以一种对待"玩物"的心情来看待他与妻子的关系。至于采苕的反应，也值得反思："采苕今晚似乎不象平常那样，把永璋的话，一个个字都饮下心坎中去，她的眼时时望着那睡倒的人。"采苕显然对自己作为丈夫欲望客体的事实不以为忤，并没有充分主体的自觉，对丈夫充满爱意的"物"化赞美似乎甘之如饴，已经听得十分习惯。

第二种，现代性别平等格局。"个体的生成可以视为现代性的标志。"五四是一场现代性的革命，个性主义、平等、自由人文精神的高扬，促成"人本身"发生"根本上的"转变，即"人的身体、欲动、心灵和精神的内在构造本身的转变"，而"传统的人的理念被根本动摇"，"个人在空间上、经济上、精神上都越出了所属关系的界限"。[②]在《酒后》这篇小说中，明显的，在采苕身上发生了个体意识的觉醒与伸张，采苕开始挑战传统纲常礼教训诫女性的规定，由此确立了自己的"个体"身份。她反抗传统也反抗婚姻制度的行为方式具有一种"现代性"的成分。"一旦她开始讲真话，镜中的影像便会萎缩，他在生活中位置也随之动摇。"[③]小说的有意思就在于，在传统性别格局之外紧跟

---

① [英]弗吉尼亚·吴尔夫：《一间自己的房间——本涅特先生和布朗太太及其他》，贾辉丰译，北京：人民文学出版社 2003 年版，第 30 页。

② 刘小枫：《现代性社会理论绪论》，上海：上海三联书店 1998 年版，第 22 页，第 19 页。

③ [英]弗吉尼亚·吴尔夫：《一间自己的房间——本涅特先生和布朗太太及其他》，贾辉丰译，北京：人民文学出版社 2003 年版，第 30 页。

着又制造了另一格局，对前一格局形成事实上的瓦解。

小说以采苕的女性视点，细致描绘了男性的阳刚之美、容仪之美：

> 此时子仪正睡的沉酣，两颊红的象浸了胭脂一般，那双充满神秘思想的眼，很舒适的微微闭着；两道乌黑的眉，很清楚的直向鬓角分列；他的嘴，平常充满了诙谐和议论的，此时正弯弯的轻轻的合着，腮边盈盈带着浅笑；这样子实在平常采苕没看见过。他的容仪平时都是非常恭谨斯文，永没有过象酒后这样温润优美

"充满神秘思想的眼""充满了诙谐和议论"的嘴和"温润优美"的容仪，女性将男性作为审美对象加以调侃般的审视，这是一种女性主体性的体现，但显然女性是以智性、气质作为男性评价标准，而与前面永璋对妻子容貌的物化修辞形成鲜明对比，两人在思想品位上高下立判，对知识男性的自我中心主义无疑是一个极大的讽刺。这种笔墨在五四女性创作中确是比较罕见的。写作构思本身，体现出作为女性作家的凌叔华个性意识的张扬与现代女性主体意识的自觉，而她个人对婚姻的开放态度显然被注入采苕这一人物身上。

紧跟着戏剧性的情节却是，采苕在得到永璋许可之后，一步步走向子仪，却在子仪面前静静地站了一会儿后，突然折身回到丈夫身边说："我不要kiss他了！"在这幕情景中，采苕的行动并没有如预期的方向开展，而是及时踩了刹车。但女性身体的主体性却得以充分宣示，通过这样的行为所展示出的女性处理婚姻生活的自信，让她成为个人的生命主体、精神主体，也是自己身体的主体。小说于女性身体叙事的意义还在于，采苕漫不经心的一个"吻"的要求，事实上，颠覆了传统性别角色给女人的定位，她挑战的是传统性别秩序，男主女客的性别文化，显示出知识女性在争取两性关系主体地位上的一种开放意识，与追求"为人为女的"行为自觉。现代女性的人格独立，当然不会仅仅是一个生活喜剧所表现的那样简单，采苕所要确证的也只是她个人在婚姻中作为一个独立个体的权利，追求的是现代人身体属己的权利。从此意义上说，这篇小说可以说是对五四男女平等最生动最完美的诠释。

但一场女性身体看似要出轨的行为，却适可而止，鲁迅先生的评价可谓

一语中的，“偶有出轨”，却“终于也回复了她的故道了”。新女性争取打破传统性别角色禁锢的努力，欲挣脱传统男权文化对主体的束缚，却是要在男性的宽容大度之下才能得以实现，说明女性主体性追求是严格受到身边环境、对象条件制约的。永璋藏在宽容大度的表面下仍能榨出一个男性中心主义的“小我”来，这也是《酒后》中采苕虽获得丈夫的允许，却无法完成亲吻行动的原因。不是采苕酒醒了，而是理性对情感的胜利，传统意识对现代意识的胜利，既彰显了男性的傲慢，也表征着女性无法摆脱历史限定的困难。五四女性争取做人的独立权利，而不是依附于男性，成为被困于笼中的金丝雀，这是一种集体诉求，但并非任何女性都有条件在婚姻生活中实现这个理想。婚姻的幸福系于双性和谐而不是性别间的激烈对抗，这应是文本透露的第三层意味深长的信息。

## 二、莎菲“绝叫”的身体意义之维

唤醒的身体非常可能挣脱预设的观念之链而放纵暴烈的冲动——“因为肉体中存在反抗权力的事物”[①]。正是冯沅君、凌叔华的女性欲望“临界点”的言说所奠定的拓荒基础，才有了 1927 年丁玲《莎菲女士的日记》中女性欲望赤裸裸的伸张，从丁玲开始五四女性文学书写真正发生了质的变化。“满带着‘五四’以来时代的烙印”的丁玲，表现了“心灵上负着沉重的时代苦闷的创伤的青年女性的叛逆的绝叫”[②]，标志着五四女作家从“女儿”阶段成长到“女性”阶段，女性身体真正开始了人的彻底苏醒并伸展开了她的欲望身躯，代表着女性叙述真正突破了传统男权政治的樊篱。埃莱娜·西苏曾指出女性欲望觉醒的历史意义：“这身体曾经被从她身上收缴了去，而更糟的是这身体常常成了她被压抑的原因和场所，身体被压抑的同时，呼吸和言论也被压抑了。”[③]丁玲笔下的女主人公莎菲，再也不是人们所习惯的羞答答的闺阁处子，而是情性张扬的现代欲女，“她要求过一些热烈的痛快的生活”；用“一种小儿要糖果的心情”渴望着他的“红唇”，希望“他能把我紧紧的

---

① [英]特里·伊格尔顿：《审美意识形态》，王杰、傅根、麦永雄译，桂林：广西师范大学出版社 1997 年版，第 17 页。

② 茅盾：《女作家丁玲》，《文艺月报（北平）》第 1 卷第 2 号，1933 年 7 月 15 日。

③ [法]埃拉娜·西苏：《美杜莎的笑声》，张京媛：《当代女性主义文学批评》，北京：北京大学出版社 1992 年版，第 193 页。

拥抱着，让我吻遍他全身”。这种女性欲望书写显然是发自“地底”的“绝叫”[①]。丁玲区别于此前女作家的是，她极其大胆地把主体觉醒了的年轻女性的性欲惊世骇俗地表现出来，如实表现女性性欲的自然性质，在此之前从来没有过，这是一种标准意义上的女性身体写作，即使放到20世纪末，对女性欲望的表达其前卫意义也是超前的。丁玲的女性身体叙述与西苏所倡导的“女性写作”是一致的，就是通过女性自己的身体，自己的笔，抑或是自己的言说，叙述自己的身体每一处骚动，讲述女性最真实的希求和感受。

莎菲式的“绝叫”在文本中的意义是多方面的。丁玲以大胆直观的方式，对女性欲望进行了真实呈现，无疑反映了五四女性个性意识的膨胀。

小说对莎菲女性身体欲望的萌动表现得格外惊心动魄：

> 我的心像被许多小老鼠啃着一样，又像一盆火在心里燃烧。……我无法制止我狂热的感情的激荡，我便躺在这热情的针毡上，反过去也刺着，翻过去也刺着，似乎我又是在油锅里听到那沸油的响声，感到浑身的灼热……哈……想到红唇，我又疯了！

莎菲在遇到凌吉士之前，已经经历过多个男人的追求与纠缠，但她无动于衷，只感到厌烦。遇到“美丰仪”的凌吉士后，她真正感觉到肉欲的萌发：“我觑着那脸庞，聆着那音乐般的声音，心便在忍受那感情的鞭打！为什么不扑过去吻他的嘴唇，他的眉梢，他的……无论什么地方?”女性身体的欲望反应突然呼啸而来，让莎菲猝不及防，似乎脱出了理性的控制：“我常常想，假使有那么一日，我和他的嘴唇合拢来，密密的，那我的身体就从这心的狂笑中瓦解去，也愿意。其实，单单能获得骑士般的那人儿的温柔的一抚摸，随便他的手尖触到我身上的任何部分，因此就牺牲一切，我也肯。”

在传统父权制文化中，女性的欲望被深深压抑在“奴隶的死所”，迟迟不得唤醒，历朝历代封建统治通过对贞节的表彰来控制女性的身体，要求其进行道德自律，以此达到维护男权统治的目的。但20世纪20年代新的性道德的构建，给新女性搭建了一个新的道德平台，在这个平台上，女性欲求表达有着人性的合理性，女性的“性”在新文化运动中被发现，这种开放的舆论环

① 茅盾：《女作家丁玲》，《文艺月报(北平)》第1卷第2期，1933年7月15日。

境为“莎菲”们浮出历史地表提供了合适的条件。

作为茅盾所称的“‘五四’以后解放的青年女子在性爱上的矛盾心理的代表者”①，在莎菲的精神构成中，既有现代个性解放所赋予的个体意识，又有传统旧道德制约的阴影。“道德准则规范个体的生存感觉的食色性欲，个体的生存感觉通过道德准则认识自我，塑造自我。现代伦理的基本诉求是，要人成为自在自为的人，这就怂恿个体欲望的自由想象突破传统的宗法道德的规约。”②

小说里，莎菲的心灵矛盾在于她用理性无法约束自然欲望，“我是用一种小儿要糖果的心情在望着那惹人的两个小东西”，但她清醒地意识到，“我知道在这个社会里面是不准许任我去取得我所要的来满足我的冲动，我的欲望，无论这于人并没有损害的事”。传统道德对莎菲的思想行为形成无形的约束，“一个女人这样放肆，是不会得好结果的。何况还要别人尊敬我呢”。她在日记中吐露心思，“我懊悔，我懊悔我白天所做的一些不是，一个正经女人所做不出来的”。她更痛批自己因为“色念”而“堕落”，想要“压制住那狂热的欲念”，“我自己也会因为别人所尊崇的道德而真的感到像犯罪一样难受”。这种思想上的矛盾让她处于不断的精神纠结与焦虑之中，对凌吉士的态度也是忽冷忽热，一会儿是“传奇中的情人”，一会儿又强烈谴责自己“单单为了那男人的柔发，红唇，把自己陷到比死还难忍的苦境”。别尔嘉耶夫在《论人的奴役与自由》中对这种性与灵的斗争分析得很清楚：“人企图消除自己的性和自己的个性之间的冲突。性在自己的表现里侵害个性的尊严，性使个性成为无个性力量的玩物，并贬低人。”③小说一方面大胆敞开了女性生命经验，展现现代个体意识，但通过莎菲这个充满矛盾悖谬的人物形象，也揭示了旧传统道德对女性的无形束缚，揭示了人的性与灵的斗争。

“每个人都是自己欲望的囚徒。”④莎菲的理性却对自己左冲右突的情欲无法控制，遂制造了莎菲心中灵与肉的激烈冲突。莎菲很坚定地确信，“自然我不会爱他，这不会爱，很容易说明，就是在他丰仪的里面是躲着一个何

---

① 茅盾：《女作家丁玲》，《文艺月报》第1卷第2期，1933年。

② 刘小枫：《沉重的肉身——现代性伦理的叙事纬语》，上海：上海人民出版社1998年版，第286页。

③ [俄]尼古拉·别尔嘉耶夫：《论人的奴役与自由》，张百春译，北京：中国城市出版社2002年版，第274页。

④ 刘小枫：《沉重的肉身——现代性伦理的叙事纬语》，上海：上海人民出版社1998年版，第292页。

等卑丑的灵魂”；但又强调“可是我又倾慕他，思念他，甚至于没有他，我就失去一切生活意义了”，“当我睡去的时候，我看不起美人，但刚从梦里醒来，一揉开睡眼，便又思念那市侩了”。她在得到她渴求了很久的凌吉士的吻之后，却又大骂自己，想起“那落在发际的吻，悔恨到想哭了”，“假使我自己肯，肯把严厉的拒绝放到我眸子中去，我敢相信他不会这样大胆……我应该怎样来诅咒我自己了！”她对自己因为“色的诱惑而堕落”痛悔之极，“给一个如此看不起的人接吻，给一个既不爱他还嘲笑他的男人拥抱”，她厌恶自己意志的薄弱，甚至想“用所有的力量来痛击自己的心”。

莎菲的矛盾痛苦，更多地在她“所要”与“所需”，即真正爱情与在世欲望之间展开的。一方面她为凌吉士美的外表所诱惑，被浅薄的肉欲所驾驭，近乎失去理性；另一方面正因为清楚哪种爱情才是自己真正想要的，才会为陷于“纯肉感的”行为痛责自己。“我厌恨我不喜欢的人们的殷勤”，“我总愿意有那么一个人能了解得我清清楚楚的”，“我真愿意在这种时候会有人懂得我，便骂我，我也可以快乐而骄傲了”。可见，她需要的不是仅满足动物性的浅薄的肉欲，而是“灵肉一致”的爱情，这可从她嘲笑毓芳和去霖二人排除了肉体的精神恋爱可以得见：

> 宇宙间竟会生出这样一对人来，为怕生小孩，便不肯住在一起，我猜想他们连自己也不敢断定：当两人抱在一床时是不会另外干出些别的事来，所以只好预先防范，不给那肉体接触的机会。至于那单独在一房时的拥抱和尊贵，是不会发生危险，所以悄悄表演几次，便不在禁止之列。我忍不住嘲笑他们了，这禁欲主义者！为什么会不需要拥抱那爱人的裸露的身体？为什么要压制住这爱的表现？为什么在两人还没睡在一个被窝里以前，会想到那些不相干足以担心的事？我不相信恋爱是如此的理智，如此的科学！

她因为极其渴望真正爱情，对凌吉士肉体的迷恋让她分不清爱与欲的区别。“谁都可以体会得出来，假使他这时敢于拥抱我，狂乱地吻我，我一定会倒在他手腕上哭出来：‘我爱你呵！我爱你呵！”然后“很柔顺地接受了他许多浅薄的情意”。即使了解了其世俗的一面，却克制不了肉欲，迟迟下不了离开北京去西山的决心。最后故事的收梢建立在莎菲的理性上：发现凌吉士"美丰仪"外表下却包裹着一个"卑劣的灵魂",二人的价值观完全相悖,仍然与之虚与委蛇了很长一段时间,最后在如愿以偿得到凌吉士的吻后,终于对她危险的爱情游戏踩了刹车,选择了"悄悄地活下来,悄悄地死去"。

莎菲追求灵与肉的统一,用现代理性战胜了浅薄肉欲,这一充满内在矛盾悖谬的"莎菲"形象在现代文学上的出现,应视为女性身体现代性建构完成的标志。"性并不简单属于肉体性的身体,而是属于在很大程度上决定身份的各种想象和象征的复合体。"①不能不说,个人主义者的莎菲,负载着时代的苦闷,游戏着人生,也为人生所游戏,她有蔑视世俗的个性意识,但仍然不能摆脱传统对女性身体的限定。小说更多是对她性爱心理的大胆崭露,而在身体层面上却仍没有突破传统的性爱界限。小说有三次写凌吉士吻她:一次"落在发际间"、第二次"一个湿润的软热的东西放到我脸上",而莎菲已经在高呼"我胜利了!我胜利了!"她充分享受了"他的嘴唇给我如何的湿软,如何的嫩腻,把我的心融醉到发迷的状态里"。而第三次,是分手之际,"他又吻我,但我躲开了,于是那嘴唇便落到我手上"。在爱情角力过程中,莎菲占据了心理的主动,却把身体的主动出击权让渡给凌吉士。而最终却觉得"我是给我自己糟蹋了","这有什么法子去报复而偿还一切的损失?"可见,莎菲的个性解放,仍然受到强大的传统力量的撕扯,她追求女性身体属己,欲望伸张,却又受到传统道德对女性身体规定的不自觉约束,何谓"损失",何谓"糟蹋"呢,只要是自己所情愿的事,又何来"补偿"之说呢?"现代之后的季候是,女人的身体感觉已经没有邪恶与美好、淫荡与轻逸的价值不平等,只是感觉价值的不同而已。"②当然,莎菲本就是一个分裂性、矛盾性人格,她的一切言行并不能简单用现代自由伦理去衡量、去解释。个体自由伦理追求的是身体的感性价值,遵循身体的快乐原则、平等原则。"我的生命只是我自己的玩品,我已浪费得尽够了","我决计搭车南下,在无人认识的地方,浪费我生命的余剩",莎菲的情感矛盾是现代人如何对待在世身体的问题,精神上的苦闷与困惑反映了她并不愿任由身体滑入世俗生活的深渊,但在病态的社会却不知如何拯救病态的人生,救赎迷失的灵魂。

---

① [美]彼得·布鲁克斯:《〈身体活——现代叙述中的欲望对象〉绪言》,朱生坚译,北京:新星出版社2005年版,第11页。

② 刘小枫:《沉重的肉身——现代性伦理的叙事纬语》,上海:上海人民出版社1998年版,第78-79页。

此外,在小说中,丁玲从女性立场出发,采用“性别易位”的女性书写策略,改变了女性作为审美对象、欲望对象的叙述传统。小说从莎菲对凌吉士的丰仪美形的迷恋,制造了角色上反串的游戏,用了一种玩赏的态度,“小孩想吃糖果的心情”,以及欲望化的眼光,把凌吉士置于客体“被看”的位置上,这在五四文学中是从来没有过的。如果说,凌叔华《酒后》曾经有从女性视点窥看男性丰美容仪,但主人公的女性立场显然并不稳定,而所诱发的“吻”这一行为指向并非为“性”,主要还是出于一种女性的母性情怀,因怜惜同情所生出的一个态度。而莎菲则不然,她对凌吉士的态度,纯粹是出于对异性的原始的本能,是情欲的促使。

> 他,这生人,我将怎样去形容他的美呢?固然,他的颀长的身躯,白嫩的面庞,薄薄的小嘴唇,柔软的头发,都足以闪耀人的眼睛,但他还另外有--种说不出,捉不到的丰仪来煽动你的心。
>
> 我抬起头去,呀,我看见那两个鲜红的,嫩腻的,深深凹进去的嘴角了。我能告诉人吗?我是用一种小儿要糖果的心情在望着那惹人的两个小东西。但我知道在这个社会里面是不准许我去取得我所要的来满足我的冲动,我的欲望,无论这于人并没有损害的事,我只得忍耐着,低下头去……

倨傲的姿态、玩赏的神情,莎菲看凌吉士的视点,是自居于主体的位置,是精神上的居高临下。女性完全将男性作为审美对象、欲望对象,并使用了“温柔”“妩媚”等专指女性的修饰词,“嫩玫瑰般的脸庞”“柔发”“红唇”,有意将以往传统女性身体“物化”修辞加在男性身体上,这对中国文学“他者化”的女性叙述传统无疑是一个巨大突破。莎菲在这场“恋爱游戏”中也始终掌握着两性关系的主动,用了很多花招与女性伎俩让对方主动送上来,“我把所有的心计都放在上面,好像同什么东西搏斗一样。我要那样东西,我还不愿去取得,我务必想方设计让他自己送来。是的,我了解我自己,不过是一个女性十足的女人,女人只把心思放到她要征服的男人们身上。我要占有他,我要他无条件的献上他的心,跪着求我赐给他的吻呢”。但凌吉士对于莎菲而言,只有在其作为欲望对象时才有意义,一旦莎菲对他“卑丑的灵魂”(在莎菲看来是这样)有了认识,他的价值就开始被莎菲痛贬。

由此来看，五四女作家对女性身体的书写到了过渡期丁玲这里构成一个重要转折点，从丁玲开始，才真正直接表现女性的身体在世感觉和欲望经验，而对男性躯体的欲望化审视也开始成为女性主体性自我言说的重心所在与向父权制文化发起挑战的突破点。在莎菲的欲望目光下，男性"卑丑的灵魂"和"去势"的身体无所遁形，并在精神上对男性世界进行了整体否定，由此建构起女性主体身份的意义之维。在小说中共出现四个男性：懦弱的苇弟，粗壮的安徽男人，委琐、呆拙的云霖，灵魂卑丑的凌吉士，可以说，作家从性格上、身体上、行动上、道德上，全方位对男性进行"去势"。将莎菲设置成两性关系的主宰，予取予求，把男性踩在脚下，让他们仰视她，将男性主体从其身体上抽离，把他们推下男权文化的神坛，将男性作为女性审美的对象、欲望的对象、贬低的对象、诋毁的对象、鞭挞的对象，从而颠倒男女性别角色的传统定位，也刷新女性被男权文化"厌女症"书写的文学传统，提供了"个性解放"女性身体的真实面相。

五四女作家，她们从自己的身体经验出发，对女性身体的在世形态做了比较广泛的探索，其"女儿性"当然决定了她们女性身体探索深入的领域和程度仍有所不及。五四女性身体的在世形态其实并不执于性向之一维，还可剥离出更多的女性生活层面，女性的自我认识、自我感知、自我欲求和自我选择等，都是女作家借助身体叙述所意图呈现的方面。本章对五四女作家女性身体叙事形态的解读，并不是叙事学意义上的，更多是采用了女性主义的一种批评方式，而丹纳在《艺术哲学》中所提出的"时代、种族、环境"，作为文学的三大要素，仍是可资借用的理论资源。任何女性身体经验的阐发都是在具体的历史处境中产生的，并不能完全独立于"故事讲述的年代"，所以也适当结合了社会学批评方法，从女性身体现代想象、建构的"五四"个性解放、妇女解放的历史环境以及女作家个人的成长经历与情感经验、个体人格等方面，去更多地认识女性身体书写在文学史上的意义价值。五四女性小说不仅超越了历史规定性，改写了男性书写的文学传统，也超越了其诞生的时代，无论是对女性身体自然性的正视和对女性身体反抗性的理性追问，还是对女性身体受难的历史、现实处境的揭示，无疑都深刻地反映了女性身体被父权制统治长期宰制的历史真实和女性难以摆脱的亚文化生存地位。

# 结 语

鲍德里亚强调说:“身体的地位是一种文化事实。”①这就意味着在文化动荡或文化转型期,身体扮演着重要角色,表征着一种文化的发展趋向。在中国现代史上,现代身体的想象与建构正是中国文化动荡、转型的结果,它反过来表征着中国文化走向现代化的艰难历程。其实,中国现代史就是一部身体被发现、被解放但又不断被压抑的历史过程,因此,从身体的角度切入中国近现代文化的主脉,可以清楚地感受到现代人身体那份细微而又遥深的脉动。

而女性身体作为身体的次级概念,在中国近现代史上又有特别的意义。从晚清开始的女性解放运动,将女性的身体作为救国的潜在力量,进行了强行修改和征用,导致了女性身体在解放过程中植入强国保种的宏大叙事之中,使解放走向了新的工具化的歧途。无论是“国民之母”的颂扬,还是“女国民”的倡导,抑或是“新女性”的张扬,在一片高调的赞美声中,女性其实从来不曾真正拥有主体地位。在文学本文中,女性的政治功用得到了前所未有的强调,其实是将女体与国体进行了嘉年华式的混装,女性自身的解放之路仍然显得辽远而渺茫。

五四新文化运动以摧枯拉朽之势,扫荡传统积习,铺展来自西方的新观念。个性主义、人道主义、科学主义以其耀眼的光束,照亮了昏暗的国度。娜拉,这位来自易卜生笔下的文学人物,成为一个时代的精神符号,引领无

① [法]让・鲍德里亚:《消费社会》,刘成富、全志钢译,南京大学出版社 2001 年版,第 140 页。

数被旧家庭禁锢的女性走出昏暗的妆房廊檐。女性纷纷以出走、剪发、自由婚爱等自主解放的行为方式作为确证自己人格独立的标志。五四知识社会在言说女性解放时，固然不像晚清士人一样，有着明确的政治功利目的，但他们也并非一无所求。解放的新女性在公共空间里成为新的言说对象，她们的服饰、发型，甚至乳房、生育、性欲等都成为需要重新定义的目标。在公共领域内女性身体受到了现代社会各种权力机构及知识话语、科学话语等多重规训和监视，以确保被解放了的女性身体不致逸出五四时代精神的框范。同时，与个性主义伴随的人道主义思潮将女性身体置于人的本体地位，使其获得了人的解放的社会意义。

社会文化结构的改变必然波及影响到文学的基本叙事形态。晚清和五四两个阶段的文学叙事也始终与现代女性身体的社会想象和文化建构过程形成互动，从而产生了女性身体叙事的现代性质素。以启蒙为目的的晚清新小说，有着明确强烈的工具性要求，一些废缠足题材小说充分显示了男性对现实的社会关怀和政治吁求；而由于女性在国家革命中的政治作用被想象性夸大，遂形成了政治小说中“美女救国”和“国女当道”两种叙事模式；晚清狭邪小说则让拜金主义的“神女”颠覆了既往优雅的侠妓传统的古典叙事，改写了“女神”的才子佳人神话，也为晚清新小说在叙事上带来了叙事伦理上的不可克服的矛盾。

五四文学中有大量的身体书写，身体叙事作为一个文学现代性事件，在女性身体叙述上彰显了与中国旧的文学传统的决裂。身体的发现与直陈可视是现代作家叙事的一个突破，身体的能量在文学中也得到较为充分的释放与书写。鲁迅小说中的女性身体，代表了启蒙主义者对女性伦理身体的理解和诠释，女性身体具有指示反封建或个性解放的功能；郁达夫的小说中女性身体仍然是欲望的对象或罪化的符号，在他对女性身体的垂涎和诅咒中，依稀可见其男性中心主义的印记。女作家如庐隐、凌叔华、冯沅君、丁玲在五四文坛的群体性崛起是一个历史性事件，她们惯以女性特别的感知、体验、遭际和声音表达自己的身体，通过写自己的身体，打破女性身体在“他看”的目光中被扭曲的叙事，通过闺阁女体、出走女体、疾病女体、欲望女体与男性作家病态、丑怪、恣肆的女性身体叙述相颉颃，写作中渗透着女性作家的经历印记，向读者呈现了真实的女性经验，这无疑具有强烈的文化反抗意味，也是既往文学所不能达到的。这种性别身体的书写对于文学史来说，也有重要的开拓价值。20 世纪 20 年代后期，随着政治形势的骤变，五四文学面临着向革命文学的转型过渡期。茅盾、蒋光慈、丁玲等人的革命小说，将女性身体置于新的革命的语境中，使政治与女体再次勾连，在这一过程中，女性身体成为充满魅惑的精灵，与革命年代的浪漫情愫相激荡，催生了革命文学的繁荣。但总而言之，五四一代作家无论是对女性身体的理解，还是对革命的诠释，都留下太多遗憾，从而绚烂一时的五四文学，留下一大批并不太成熟的文本。

由于受勃兰兑斯的影响，文学史历来被看作是心灵（精神）史，而忽视了这样一个事实：文学史也是身体史。从这一意义上来说，本书为中国近现代文学所提供的“女性身体”这一新的维度，对重写文学史和重新考察中国文化和文学现代转型时的具体表现形态具有相应意义。

# 参考文献

**一、史料类**

《时务报》,北京：中华书局1991年影印本

《湘报》,北京：中华书局1965年影印本

《浙江潮》,1903年,共12期,汇编本2册

《新民丛报》,1902—1907,共96期,汇编本

《新小说》,1902—1906年,上海：上海书店1981年影印本

《月月小说》,1906—1909年,上海：上海书店1981年影印本

《绣像小说》,1903—1906年,共72期,上海：上海书店1981年影印本

《民报》,东京,1905—1908年

《小说林》,上海,1907—1908年,共12期

《江苏》,上海,1903—1904年,共12期,影印本

《东方杂志》,上海：商务印书馆,1904—1911年,1—8卷

《女子世界》,上海,1904—1906年,共17期

《时报》,上海,1904—1911年

《申报》,1895—1911年,上海：上海书店1983年影印本

《新青年》,上海,1915—1916年;北京,1915—1922年

《妇女杂志》,上海：商务印书馆,1915—1931年

《新潮》,北京：北京大学出版部,1919—1922年

《新社会》,北京,1919—1920

《少年中国》,北京,1919—1924年;上海,1927—1930年

《语丝》,北京,1924—1927年

中华全国妇女联合会编：《中国妇女运动重要文献》,北京：人民出版社,1979年

张勇主编：《中国思想史参考资料集·晚清至民国卷》(上、下卷),北京：清华大学出版社,2005年

张枬、王忍之编：《辛亥革命前十年间时论选》,北京：生活·读书·新知三联书店,1960—1963年

中华全国妇女联合会编：《五四时期妇女问题选》,北京：生活·读书·新知三联书店,

1981年
中华全国妇女联合会编：《中国妇女运动历史资料(1921—1927)》，北京：人民出版社，1986年
陈大康：《中国近代小说编年》，上海：华东师范大学出版社，2002年

**二、全集、别集类**

《鲁迅全集》(18卷)，北京：人民文学出版社，2005年
《茅盾全集》(35卷)，北京：人民文学出版社，1984—1997年
《郁达夫全集》(12卷)，杭州：浙江大学出版社，2007年
《蔡元培全集》(14卷)，杭州：浙江教育出版社，1998年
《孙中山全集》(11卷)，北京：中华书局，1982年
《丁玲全集》(12卷)，石家庄：河北人民出版社，2001年
《饮冰室合集》，北京：中华书局，1989年版
《毛泽东选集》，北京：人民出版社，1969年
《中国近代孤本小说集成》(5卷)，北京：大众文艺出版社，1999年
《中国近代小说大系》，南昌：百花洲文艺出版社，1988年
《中国近代珍稀本小说》(20卷)，沈阳：春风文艺出版社，1997年
《民国丛书》(全5编)，上海：上海书店，1989年
《中国近代文学大系》(小说卷1—7册)，上海：上海书店，1991年
钟叔和编：《周作人文选》，广州：广州出版社，1995年
江中孝编：《张竞生文集》，广州：广州出版社，1998年
郭延礼选注：《秋瑾选集》，北京：人民文学出版社，2004年
高平叔编：《蔡元培全集》，北京：中华书局，1984年。

**三、专著类**

[德]埃利希·伊诺曼：《大母神——原型分析》，李以洪译，北京：东方出版社，1998年
[英]布莱恩·特纳：《身体与社会》，马海良、赵国新译，长春：春风文艺出版社2000年
[英]伊格尔顿：《审美意识形态》，王杰等译，桂林：广西师范大学出版社，2001年
汪民安、陈永国主编：《后身体：文化、权力和生命政治学》，长春：吉林人民出版社，2003年
汪民安主编：《身体的文化政治学》，郑州：河南大学出版社，2004年
汪民安著：《身体、空间与后现代性》，南京：江苏人民出版社，2006年
[美]简·盖洛普：《通过身体思考》，杨莉馨译，南京：江苏人民出版社，2005年
[美]罗伯特-麦克艾文：《夏娃的种子——重读两性对抗的历史》，王祖哲译，上海：上海人民出版社，2005年
陈顺馨、戴锦华选编：《妇女、民族与女性主义》，北京：中央编译出版社，2004年
[澳]杰梅茵·格里尔：《女太监》，[澳]欧阳昱译，天津：百花文艺出版社，2002年
[澳]杰梅茵·格里尔：《完整的女人》，[澳]欧阳昱译，天津：百花文艺出版社，2002年
[美]苏珊·桑塔格：《疾病的隐喻》，程巍译，上海：上海译文出版社，2003年
[法]米歇尔·福柯：《疯癫与文明》，刘北成、杨远婴译，北京：生活·读书·新知三联书

店，2003年
[法]米歇尔·福柯：《性经验史》，佘碧平译，上海：上海人民出版社，2000年
[德]沃尔夫冈·伊瑟尔：《虚构与想象——文学人类学疆界》，陈定家、汪正龙等译，长春：吉林人民出版社，2003年
周与沉：《身体与修行——以中国经典为中心的跨文化观照》，北京：中国社会科学出版社，2005年
王绯：《空前之迹——1851—1930：中国妇女思想与文学发展史》，北京：商务印书馆，2004年
黄华：《权力、身体与自我——福柯与女性主义文学批评》，北京：北京大学出版社，2005年
孟悦、戴锦华：《浮出历史地表》，北京：中国人民大学出版社，2004年
刘象愚、罗钢主编：《文化研究读本》，北京：中国社会科学出版社，2000年
[法]吕西·依利加雷：《二人行》，朱晓洁译，北京：生活·读书·新知三联书店，2003年
姚玳玫：《想象女性：海派小说（1892—1949）的叙事》，北京：中国社会科学出版社，2004年
[美]王德威：《想像中国的方法——历史·小说·叙事》，北京：生活·读书·新知三联书店，1998年
[法]西蒙·波娃：《第二性——女人》，桑竹影、南珊译，长沙：湖南文艺出版社，1986年
[英]安东尼·吉登斯：《现代性与自我认同》，赵旭东、方文、王铭铭译，北京：生活·读书·新知三联书店，1998年
王晓明主编：《二十世纪中国文学史论》，上海：东方出版中心，1997年
王晓明主编：《批评空间的开创》，上海：东方出版中心，1998年
[美]刘禾：《跨语际实践——文学，民族文化与被译介的现代性（中国 1900—1937》，宋伟杰等译，北京：生活·读书·新知三联书店，2002年
申丹主编：《新叙事理论译丛》，北京：北京大学出版社，2002年
[日]水田宗子：《女性的自我与表现》，收入叶渭渠主编：《日本现代女性文学集》（研究卷），北京：中国文联出版社，2000年
[美]理安·艾斯勒：《神圣的欢爱——性、神话与女性肉体的政治学》，黄觉、黄棣光译，北京：社会科学文献出版社，2004年
[奥]弗洛伊德：《精神分析引论》，高觉敷译，北京：商务印书馆，2004年
刘小枫：《沉重的肉身——现代性伦理的叙事纬语》，上海：上海人民出版社，1999年
[美]乔纳森·卡勒：《论解构》，陆扬译，北京：中国社会科学出版社，1998年
徐仲佳：《性爱问题——1920年代中国小说的现代性阐释》，北京：社会科学文献出版社，2005年
[英]特雷·伊格尔顿：《二十世纪西方文学理论》，伍晓明译，西安：陕西师范大学出版社，1987年
[日]江原由美子：《性别支配是一种装置》，丁莉译，北京：商务印书馆，2005年
王政、杜芳琴主编：《社会性别研究选译》，北京：生活·读书·新知三联书店，1998年
王逢振等编译：《性别政治》，天津：天津社会科学院出版社，2001年
[法]让·皮埃尔·韦尔南：《神话与政治之间》，余中先译，北京：生活·读书·新知三联

书店，2001 年
[法]乔治·巴塔耶：《色情史》，刘晖译，北京：商务印书馆，2003 年
汪晖、陈燕谷主编：《文化与公共性》，北京：生活·读书·新知三联书店，1998 年
陈建华：《“革命”的现代性——中国革命话语考论》，上海：上海古籍出版社，2000 年
杨思信：《文化民族主义与近代中国》，北京：人民出版社，2003 年
[美]本尼迪克特·安德森：《想象的共同体——民族主义的起源与散布》，吴叡人译，上海：上海人民出版社，2003 年
[英]埃里克·霍布斯鲍姆：《民族与民族主义》，李金梅译，上海：上海人民出版社，2000 年
[美]道格拉斯·凯尔纳：《波德里亚：批判性的读本》，陈维振等译，南京：江苏人民出版社，2005 年
陈思和：《中国新文学整体观》，上海：上海文艺出版社，2001 年
李杨：《50—70 年代中国文学经典再解读》，济南：山东教育出版社，2003 年
[美]赫伯特·马尔库塞：《爱欲与文明》，黄勇等译，上海：上海人民出版社，1987 年
[美]马克梦：《吝啬鬼、泼妇、一夫多妻者——十八世纪中国小说中的性与男女关系》，王维东、杨彩霞译，北京：人民文学出版社，2001 年
[法]梅洛·庞蒂：《知觉现象学》，姜志辉译，北京：商务印书馆，2003 年
葛红兵、宋耕：《身体政治》，上海：上海三联书店，2005 年
王岳川编：《尼采文集》，周国平等译，西宁：青海人民出版社，1995 年
黄东兰主编：《身体·心性·权力》，收入《新社会史丛书》，杭州：浙江人民出版社，2005 年
[美]贺萧：《危险的愉悦——20 世纪上海的娼妓问题与现代性》，韩敏中、盛宁译，南京：江苏人民出版社，2003 年
[美]杜赞奇：《从民族国家拯救历史——民族主义话语与中国现代史研究》，王宪明译，北京：社会科学文献出版社，2003 年
[美]高彦颐：《闺塾师——明末清初江南的才女文化》，李志生译，南京：江苏人民出版社，2005 年
夏晓虹：《晚清文人妇女观》，北京：作家出版社，1995 年
夏晓虹：《传世与觉世——梁启超的文学道路》，北京：中华书局，2006 年
夏晓虹：《晚清女性与近代中国》，北京：北京大学出版社，2004 年
黄金麟：《历史、身体、国家——近代中国的身体形成(1895—1937)》，台北：联经出版社，2000 年。
阿英：《晚清小说史》，北京：东方出版社，1996 年
[美]王德威：《被压抑的现代性——晚清小说新论》，宋伟杰译，北京：北京大学出版社，2005 年
[美]赫伯特·马尔库塞：《审美之维》，李小兵译，桂林：广西师范大学出版社，2001 年
陶慕宁：《青楼文学与中国文化》，北京：东方出版社，1993 年
[美]彼得·布鲁克斯：《身体活——现代叙述中的欲望对象》，朱生坚译，北京：新星出版社，2005 年
陈平原、夏晓虹编：《二十世纪中国小说理论资料(1897—1916)》，北京：北京大学出版社，

1989年
[美]艾梅兰：《竞争的话语——明清小说中的正统性、本真性及所生成之意义》，罗林译，南京：江苏人民出版社，2005年
陈平原：《中国现代小说的起点——清末民初小说新论》，北京：北京大学出版社，2005年
李泽厚：《中国现代思想史论》，北京：东方出版社，1987年
[美]余英时：《现代儒学论》，上海：上海人民出版社，1998年
[美]余英时：《中国知识分子论》，郑州：河南人民出版社，1997年
[美]张灏：《梁启超与中国思想的过渡(1890—1907)烈士精神与批判意识》，崔志海、葛夫平译，北京：新星出版社，2006年
《汪晖自选集》，桂林：广西师范大学出版社，1997年
刘小枫：《现代性社会理论绪论》，上海：上海三联书店，1998年
顾红亮、刘晓虹：《想象个人——中国个人观的现代转型》，上海：上海古籍出版社，2006年
[美]李欧梵：《现代性的追求》，北京：生活·读书·新知三联书店，2000年
[法]让·克鲁德·考夫曼：《女人的身体男人的目光》，谢强、马月译，北京：社会科学文献出版社，2001年
王书奴：《中国娼妓史》，长沙：岳麓书社，1998年
杨洁曾、贺宛男：《上海娼妓改造史话》，上海：上海三联书店，1998年
[日]柄谷行人：《日本现代文学的起源》，赵京华译，北京：生活·读书·新知三联书店，2003年
刘小枫：《个体信仰与文化理论》，成都：四川人民出版社，1997年
张京媛主编：《当代女性主义文学批评》，北京：北京大学出版社，1992年
[法]波德莱尔：《1846年的沙龙——波德莱尔美学论文选》，郭宏安译，桂林：广西师范大学出版社，2002年
[法]米歇尔·福柯：《规训与惩罚》，刘北成、杨远婴译，北京：生活·读书·新知三联书店，1999年
[美]理查德·桑内特：《肉体与石头——西方文明中的身体与城市》，黄煜文译，上海：上海译文出版社，2006年
[美]约瑟夫·劳斯：《知识与权力——走向科学的政治哲学》，盛晓明等译，北京：北京大学出版社，2004年
[俄]巴赫金：《诗学与访谈》，白春仁、顾亚玲译，石家庄：河北教育出版社，1998年
[俄]巴赫金：《小说理论》，石家庄：河北教育出版社，1998年
[英]斯威尼、霍德主编：《剑桥年度主题讲座：身体》，北京：华夏出版社，2006年
马庚存：《中国近代妇女史》，青岛：青岛出版社，1995年
[美]费正清编：《剑桥中华民国史(1912—1949)》(上、下卷)，北京：中国社会科学出版社，1993年
[美]卡罗尔·帕特曼：《性契约》，北京：社会科学文献出版社，2004年
[法]米歇尔·福柯：《临床医学的诞生》，刘北成译，南京：译林出版社，2001年
魏朝勇：《民国时期文学的政治想象》，北京：华夏出版社，2005年
王宇：《性别表述与现代认同》，上海：上海三联书店，2006年

[美]詹明信：《晚期资本主义的文化逻辑》，陈清桥等译，北京：生活·读书·新知三联书店，1997 年
[美]刘剑梅：《革命与情爱——二十世纪中国小说史中的女性身体与主题重述》，郭冰茹译，上海：上海三联书店，2009 年

# 索　引

J



L



M



N

# 后　记

王德威先生在《剑桥中国文学史》[①]中诊脉近现代中国文学发展道路时，追问晚清以降文学何以成为"现代"的问题，他指出，"中国文学走向现代的过程可被描述成由一系列进步因素构建，及表现这一系列进步因素的过程"，而"发掘心理及性别主体"是诸多"进步因素"中不可忽视的一维。我非常认同这一观点，也寄望于本书能从女性身体这一特定角度较为清晰地呈现近现代文学与彼时社会文化所构成的互动关系。此书将全面考察从晚清到五四期间女性身体被现代社会话语想象、建构和在文学中被叙述的过程，解读并阐释近现代文学中女性身体叙事的典型样态，以之描画出近现代社会女性主体现代性生成的社会话语逻辑与文学延展的基本轨迹。此书作为本人所主持的教育部人文社科基金项目的结项成果，进行的研究也是对原有博士论文的进一步丰富和完善，其问题的逻辑起点是一致的，在史料爬梳更全面细致的前提下，具体论证也根据发表的阶段性成果对原来思路做了有较大出入的调整，并扩充出第十章五四女性文学部分，充实丰富了原来的架构与内容。但自知才疏学浅，避免不了粗疏错误，希望前辈与同行学者不吝赐教。

该书稿其实几年前就已经完成，一些章节内容也都形成论文发表在国内中文核心刊物上，所以 2018 年下决心付梓出版。正在联系出版社之际，我申请的上海交通大学"人文社会科学成果文库资助计划"获得批准，所以非

① [美]宇文所安主编：《剑桥中国文学史》，刘倩等译，北京：生活・读书・新知三联书店 2013 年版。

常感谢上海交通大学的资助，也感谢交大出版社的李阳编辑，她为这部书的出版付出了很大心血，在此致谢！

在此，再次鸣谢，我在山东师范大学读博期间的授业恩师吴义勤教授，经我再三恳请，老师在百忙之中为我这部粗陋之作欣然作序！另外，对我的先生和爱女在写作过程中给予的资料上、情感上、时间上的各种支持也一并谢过！

是为记。

程亚丽

2021年10月26日于上海闵行寓所